Sabine Stach

Original Ostblock

WERT DER VERGANGENHEIT

Herausgegeben von
Martin Sabrow und Achim Saupe

Sabine Stach

Original Ostblock

Der Staatssozialismus
in touristischen Stadtführungen

WALLSTEIN VERLAG

Eine Publikation des Leibniz-Forschungsverbunds Wert der Vergangenheit

Verbundpartner:
Deutsches Bergbau-Museum Bochum – Leibniz-Forschungsmuseum für Georessourcen (DBM) • Deutsches Museum (DM), München • Deutsches Schifffahrtsmuseum – Leibniz-Institut für Maritime Geschichte (DSM), Bremerhaven • Leibniz-Institut für Bildungsmedien – Georg-Eckert-Institut (GEI), Braunschweig • Germanisches Nationalmuseum – Leibniz-Forschungsmuseum für Kulturgeschichte (GNM), Nürnberg • Herder-Institut für historische Ostmitteleuropaforschung – Institut der Leibniz-Gemeinschaft (HI), Marburg • Institut für Zeitgeschichte (IfZ), München-Berlin • Leibniz-Institut für Deutsche Sprache (IDS), Mannheim • Leibniz-Institut für Europäische Geschichte Mainz (IEG) • Leibniz-Institut für Geschichte und Kultur des östlichen Europa (GWZO), Leipzig • Leibniz-Institut für jüdische Geschichte und Kultur – Simon Dubnow (DI), Leipzig • Leibniz-Institut Hessische Stiftung Friedens- und Konfliktforschung (HSFK), Frankfurt • Leibniz-Institut für Medienforschung – Hans-Bredow-Institut (HBI), Hamburg • Leibniz-Institut für Raumbezogene Sozialforschung (IRS), Erkner • Leibniz-Institut für Wissensmedien (IWM), Tübingen • Leibniz-Institut zur Analyse des Biodiversitätswandels (LIB), Bonn-Hamburg • Leibniz-Zentrum für Literatur- und Kulturforschung (ZfL), Berlin • Leibniz-Zentrum Moderner Orient (ZMO), Berlin • Leibniz-Zentrum für Zeithistorische Forschung Potsdam (ZZF) • Römisch-Germanisches Zentralmuseum – Leibniz-Forschungsinstitut für Archäologie (RGZM), Mainz • Senckenberg Gesellschaft für Naturforschung (SGN)

Inhalt

Vorwort

Eine Stadtführerin, die sich mit hochgerecktem Fähnchen oder Regenschirm einen Weg durch die Menge bahnt. Dahinter ein heiteres Grüppchen Reisender, das ihrer jahreszahlenlastigen und anekdotenreichen Erzählung – mal mehr, mal weniger – aufmerksam lauscht. Ab und zu Lachen auf Knopfdruck, hier und da eine interessierte Nachfrage aus dem Publikum, am Ende artiger Applaus und weiter im Programm. So, oder so ähnlich, sah mein Bild einer touristischen Stadtführung aus, bevor ich begann, mich näher mit diesem Format zu beschäftigen. Gespeist aus der Erinnerung an zahlreiche Klassenfahrten und der Beobachtung von Reisegruppen an meinen eigenen Urlaubs- und Wohnorten, erschienen mir Stadtführungen einerseits als klassische Formen der Kultur- oder Geschichtsvermittlung. Andererseits verschwammen sie mit der Tätigkeit der Reiseleitung, mit der einige ehemalige Kommiliton:innen mittlerweile ihr Geld verdienten. Mit mir und meiner Art Urlaub zu machen hatte beides wenig zu tun. Dies mag daran liegen, dass in meiner eigenen Interrail-Zeit noch keine »free walking tours« verfügbar waren. Vielleicht auch daran, dass meine Eltern mir nur Individualtourismus beigebracht und massentaugliche Angebote in der Regel gemieden hatten. Vielleicht erklärt sich die Ignoranz aber auch aus dem stillen Unbehagen, sich einer »Herde« anderer Urlauber:innen anzuschließen – einem Distinktionsbedürfnis, das insbesondere Akademiker:innen gern vor sich her tragen. Denn Tourist:innen, das sind ja bekanntlich immer nur die anderen …

Seitdem ich im Frühjahr 2015 begonnen habe, mich aus kulturwissenschaftlicher Sicht mit dem kommerziellen Geschichtstourismus auseinanderzusetzen, habe ich meine Scheu abgelegt. Ich bin gern Touristin und gehe gern auf Stadtführungen. Ich bewundere die Guides für ihren Elan, ihre Ausdauer, ihr Wissen, ihre Energie. Manche von ihnen geben tagtäglich dieselbe Tour und vermitteln ihrem Publikum dennoch nicht das Gefühl, bloß eine Routine abzuspulen. Auch wenn ihre unterhaltsamen Präsentationen nicht immer den professionellen Standards einer akademischen Public History entsprechen, sind viele Angebote deutlich besser als ihr Ruf innerhalb der historischen Zunft. Zahlreiche Stadtführer:innen haben ein geisteswissenschaftliches Studium bzw. umfangreiche Fachkurse absolviert oder sich autodidaktisch ein enormes Wissen angeeignet. Vor allem aber beherrschen die meisten Guides eine Kunst, die sich die Fachwissenschaft derzeit mühsam anzutrainieren versucht – nämlich, Geschichte so »kleinzuarbeiten«, dass auch nicht-akademische

Öffentlichkeiten angesprochen werden. Gewidmet ist dieses Buch deshalb all jenen Stadtführer:innen, die ich im Rahmen dieses Projektes kennengelernt habe. Ich danke ihnen dafür, dass sie mir Einblicke in ihre Arbeit gewährten und mir gestatteten, mich nicht nur als zahlende Touristin, sondern auch als mitschneidende und mitschreibende Forscherin unter ihr Publikum zu mischen. Trotz äußerst engem Zeitplan mitten in der Hauptsaison nahmen sich viele von ihnen Zeit für ein Interview oder ein Gespräch am Rande der Führung – thank you!

Darüber hinaus gilt mein Dank all jenen Institutionen und Menschen, die die Arbeit an diesem Buch ermöglicht und unterstützt haben: Am Deutschen Historischen Institut (DHI) Warschau konnte ich das Projekt im Rahmen des Forschungsbereichs »Funktionalität von Geschichte in der Spätmoderne« entwickeln und durchführen; das Manuskript finalisierte ich schließlich am Leipziger Leibniz-Institut für Geschichte und Kultur des östlichen Europa (GWZO) in der Abteilung »Kultur und Imagination«. Beide Orte boten mir – in materieller wie ideeller Hinsicht – ideale Arbeitsumgebungen. Für das Vertrauen in mich und meine Projektidee, für Inspiration, Austausch und kritische Kommentare danke ich den Leitungen beider Institute sowie sämtlichen Kolleg:innen, Stipendiat:innen und Gastwissenschaftler:innen, die ihre Ideen mit mir geteilt haben. Genannt seien insbesondere Miloš Řezník, Ruth Leiserowitz, Felix Ackermann, Christhardt Henschel, Magdalena Saryusz-Wolska, Katrin Stoll, Annika Wienert und Michael Zok am DHI sowie Maren Röger, Arnold Bartetzky, Katja Castryck, Lisa Füchte, Corinne Geering, Vincent Hoyer, Stephan Krause, Hakob Matevosyan, Karin Reichenbach, Timm Schönfelder und Alexander Weidle am GWZO. Ebenso dankbar bin ich allen Praktikant:innen und studentischen Hilfskräften, die mich bei Transkriptions-, Recherche- und Redaktionstätigkeiten unterstützt haben, insbesondere Marguerite Bertheau, Stefan Mehrens, Alexander Michel, Ines Ellertmann, Annika Thöt, Leonie Schmitt, Jack McKernan und Engel Friederike Holst.

Als Kulturhistorikerin, die sich auf ethnographische Wege begeben hat, habe ich besonders stark vom Austausch mit Magdalena Banaszkiewicz, Jovana Janinovic, Alena Pfoser und Stefanie Samida profitiert – Kolleginnen, die sich seit Jahren mit Kulturerbepraktiken, Tourismus und performativer Geschichtskultur auseinandersetzen und ihre Perspektiven auf das so komplexe wie spannende Feld großzügig mit mir teilten. Mit Einladungen zu Tagungen, Kolloquien und Publikationsprojekten, mit ausführlichen Kommentaren, kritischer Lektüre und anregenden Diskussionsbeiträgen haben mich darüber hinaus zahlreiche weitere Wissenschaftler:innen aus unterschiedlichen Orten und Disziplinen unterstützt: Tobias

Becker, Antje Dietze, Kinga Gajda, Paulina Gulińska-Jurgiel, Jörn Happel, Frank Henschel, Hanno Hochmuth, Christa Klein, Yvonne Kleinmann, Erica Lehrer, Maren Möhring, Noel B. Salazar, Achim Saupe, Bettina Severin-Barboutie, Stephan Stach, Juliane Tomann, Martina Winkler, Stephanie Weismann, Irmgard Zündorf. Wichtige Impulse für meine Arbeit entstammen dem Leibniz-Forschungsverbund »Wert der Vergangenheit« (bzw. dessen Vorläufer »Historische Authentizität«). Ich freue mich deshalb sehr, dass die Herausgeber der gleichnamigen Reihe, Martin Sabrow und Achim Saupe, zugestimmt haben, mein Buch darin aufzunehmen. Für die kompetente, unkomplizierte und zuverlässige Betreuung im Wallstein-Verlag danke ich Ina Lorenz, für die Erstellung der Karten Franziska Becker.

Auch wenn hochsommerlicher Städtetourismus durchaus nicht nur erholsam ist, stellt es ein großartiges Privileg dar, das zu erforschen, was andere in ihrer Freizeit tun. Manchmal freilich fiel es mir schwer, den Blick der »Berufstouristin« im privaten Urlaub ganz abzuschalten. Mein größter Dank gilt daher meinen Freund:innen, Schwestern, Eltern und vor allem meinem Mann und meinen Söhnen, die mich wiederholt (und meist klaglos) auf Bus-, Rad- und Bootstouren, auf Walking Tours und Museumsführungen, in Bunker, Escape Rooms und immer wieder den Warschauer Kulturpalast begleitet haben.

Einleitung: Doing history in touristischen Stadtführungen

Meine erste Stadtführung durch Warschau begann mit einer Überraschung. Es war im Frühjahr 2015 und ich freute mich auf die gebuchte »Communism Tour«. Zusammen mit zwei Paaren aus den USA wartete ich am vereinbarten Treffpunkt – dem *Hard Rock Cafe* in unmittelbarer Nachbarschaft des Kulturpalastes. Im Schatten des ikonischen Gebäudes aus der Zeit des Stalinismus machten wir uns miteinander bekannt, lernten den Guide kennen und bestiegen den sichtlich in die Jahre gekommenen, himmelblauen Nysa-Kleinbus. Zu meiner Überraschung ließ der Stadtführer, der auch den Wagen steuerte, den Kulturpalast unkommentiert links liegen. Stattdessen besuchten wir zunächst eine Reihe unsanierter Vorkriegsbauten, danach das Marszałkowska-Wohnviertel (poln. *Marszałkowska Dzielnica Mieszkaniowa*, kurz *MDM*) und fuhren schließlich auf die andere Weichselseite in den Stadtteil Praga. Dort kehrten wir in eine Milchbar (poln. *bar mleczny*) ein, um Krautgerichte, Teigtaschen und Kartoffelpuffer mit Zucker zu probieren, und besuchten ein privat betriebenes Kommunismus-Museum auf einem ehemaligen Fabrikgelände. Erst viel später und nur am Rande kommentierte unser Guide den weithin sichtbaren, international bekannten Kulturpalast. Der Grund war so simpel wie banal: Ohne mein Wissen hatte ich ein Upgrade von der ursprünglich gebuchten Tour zum Thema Kommunismus zur umfassenderen Führung namens »Off the Beaten Path« erhalten, die neben dem sozialistischen auch das Erbe der Vorkriegszeit thematisierte und damit warb, das »verborgene Warschau« jenseits touristischer Hauptrouten zugänglich zu machen.[1] Und tatsächlich: Obwohl wir unser Tourist:in-Sein kaum leugnen konnten, war die gesamte Tour von Distinktionen gegenüber dem vermeintlichen »Mainstream«-Sightseeing anderer Anbieter durchzogen. Als Wahrzeichen Warschaus fand der Kulturpalast in diesem Narrativ nur bedingt Platz.

Nach einigen Jahren im Feld und mit vielen, höchst unterschiedlichen Stadtführungen in den Beinen, erscheint mir die stillschweigende Umbuchung – von der »Communism Tour« zur Tour »Off the Beaten Path« – im Rückblick symptomatisch für die Aneignung der Geschichte des Staatssozialismus im Kontext der Tourismusindustrie. Denn

1 Adventure Warsaw: Off the Beaten Path, https://adventurewarsaw.pl/en/dlagrup/off-warsaw/ [5.8.2024], Besuch der Tour am 29.3.2015.

die Erwartungshaltung, durch persönliche Auseinandersetzung mit dem Erbe des Kommunismus einen alternativen und damit authentischeren Zugang zu Städten in Ostmitteleuropa zu erhalten, zog sich wie ein roter Faden durch meine Beobachtungen in Polen, Tschechien und der Slowakei. Hierfür schien einerseits der Status des kommunistischen Erbes selbst verantwortlich, das in den genannten Ländern bis heute nur eingeschränkte Wertschätzung erfährt oder sogar ein negatives Image trägt. Andererseits verweist der alternativtouristische Habitus auf Seiten der Anbieter wie Konsument:innen auf die Vielzahl von Quellen, aus denen sich das touristische Geschichtserleben prinzipiell speist. Neben dem historischen Wissen der Guides und der materiellen Echtheit von Objekten bzw. Orten kommen in kommerziellen Stadtführungen Facetten von Authentizität zum Tragen, die in geschichtskulturellen Analysen oft unter dem Radar bleiben. Neben ökonomischen Logiken sind dies vor allem leiblich-performative. Denn als Tourist:innen hören, riechen, sehen, schmecken und fühlen wir unsere Destinationen; indem wir sie begehen, erschaffen wir jene touristischen Räume, deren Geschichte wir nachvollziehen wollen. Wir tun dies in Interaktion miteinander und mit Guides, die unsere Schritte und Blicke lenken und aktiv Beziehungen zwischen Reisenden, Einheimischen, Orten und Objekten kreieren. Dieses komplexe Zusammenspiel sinngenerierender Elemente im Geschichtstourismus besser zu verstehen, ist das Hauptziel dieser Arbeit.[2]

Um der Performanz historischer Stadtführungen auf die Spur zu kommen, habe ich mich im Wortsinn auf den Weg gemacht und zwischen 2015 und 2019 an zahlreichen Touren teilgenommen, die als (post-)sozialistische Perspektiven auf die jeweiligen Städte beworben wurden. Mein Interesse an solchen »Kommunismustouren« – die ich fortan ohne Anführungsstriche so bezeichnen und als eigenes Genre porträtieren werde – ist dabei ein doppeltes: Zum einen dienen sie mir als Basis für eine bislang ausstehende Konzeptionalisierung der zeithistorischen Stadtführung als spezifischer Form des *doing history*,[3] in der Geschichte interaktiv, raum- und körpergebunden hervorgebracht wird. Zum anderen bieten sie das empirische Material für einen analytischen Nahblick auf

2 Zur Konturierung des Begriffs Geschichtstourismus vgl. Hanno Hochmuth, Geschichtstourismus, in: Martin Sabrow/Achim Saupe (Hg.), Handbuch Historische Authentizität, Göttingen 2022, S. 178-184; Sabine Stach, Geschichtstourismus. Version: 1.0, in: Docupedia-Zeitgeschichte (10.7.2020). Vgl. auch Wiebke Kolbe, Geschichtstourismus. Theorie – Praxis – Berufsfelder, Stuttgart 2021.

3 Ich schließe damit an die Begrifflichkeit und konzeptionellen Überlegungen von Sarah Willner, Georg Koch und Stefanie Samida an. Vgl. Sarah Willner/Georg Koch/Stefanie Samida (Hg.), Doing history. Performative Praktiken in der Geschichtskultur, Münster 2016.

die Kommodifizierung des kommunistischen Erbes, das zwar längst als touristischer Standortvorteil des östlichen Europa fungiert, aber weiterhin Gegenstand kontroverser politischer Debatten ist. Was lässt sich anhand von kommerziell vertriebenen Kommunismustouren über historische Authentizität im Tourismus und die Remediatisierung von Erinnerung *in situ* lernen? Wie werden darin nationale bzw. lokale Narrative für ein internationales Publikum übersetzt und an konkrete Stadträume angebunden? Und welche Rolle kommt bei all dem den Körpern der Reisenden zu?

Englischsprachige Kommunismustouren erfreuen sich seit mehr als einem Jahrzehnt großer Beliebtheit im Städtetourismus. In ihnen erzählen Guides, die in den meisten Fällen in den 1980er Jahren geboren wurden, über eine historische Epoche, die für ihre Eltern- und Großelterngeneration prägend war. Ihr Publikum sind in der Mehrzahl Tourist:innen aus Westeuropa, Nordamerika oder Australien, die den Staatssozialismus weder aus eigener Erfahrung noch dem Familiengedächtnis, sondern in erster Linie aus einer westlichen, mediengeprägten Perspektive kennen. »Der Kommunismus«[4] scheint für sie etwas Exotisches, dessen Erbe einige Stunden spannende Urlaubsunterhaltung verspricht, zu sein. Die Erinnerungsbestände, die in den Touren aufeinandertreffen, sind folglich sehr unterschiedliche. Dies gilt umso mehr, da die Aufarbeitung der staatssozialistischen Vergangenheit in den betreffenden Ländern alles andere als abgeschlossen ist. Obwohl der Kommunismus auch im östlichen Europa bereits in den 1990er Jahren zum Sujet einer populären Retrokultur geworden ist, ist die Haltung der ost(mittel)europäischen Gesellschaften zu diesem Teil der Geschichte bis heute gespalten. Wie ich in diesem Buch anhand von Führungen durch Prag, Warschau und Bratislava zeigen möchte, folgt das touristische *doing history* aber nicht den Logiken nationaler Geschichtskulturen. Vielmehr entsteht im Zusammenspiel aus diskursiven Mustern, ökonomischen Bedingungen, materiellen Umgebungen und leiblichen Bedürfnissen etwas qualitativ Neues, das mit kollektiven Erinnerungsbeständen sowohl im Einklang als auch im Kontrast stehen kann.

4 Während im deutschsprachigen akademischen Diskurs die Bezeichnung »Staatssozialismus« überwiegt, dominiert in der Populärkultur, im mündlichen Sprachgebrauch, aber auch im englischsprachigen Fachdiskurs der Begriff »Kommunismus/Communism«. Im Folgenden werde ich »staatssozialistisch« zur analytischen Beschreibung der Länder im östlichen Europa zwischen 1945 und 1989 und »kommunistisch« als Ausdruck für die hier analysierten populären Motive nutzen.

Geschichte, Erinnerung, Tourismus

Das vielschichtige Verhältnis zwischen erinnerungskulturellen und touristischen Praktiken ist bislang kaum systematisch untersucht worden. Dieser Befund überrascht deshalb, weil die prinzipielle Wechselbeziehung zwischen Reisen, Erinnerung und (nationalem) Gedächtnis in ihrer historischen Dimension kaum bezweifelt wird. So liegt eine Reihe von tourismushistorischen Studien vor, die nach dem Zusammenhang zwischen touristischen Imaginarien und lokaler, nationaler oder imperialer Identitätsbildung fragen.[5] Als »fundamental social and cultural practice by means of which people construct ideas about the self, society, nation, the past and others«[6] hat Alon Confino den Tourismus in seiner Studie über die bundesrepublikanische Erinnerungskultur der Nachkriegsgesellschaft bezeichnet und vorgeführt, wie die kulturelle Praktik des Freizeitreisens als heuristisches Werkzeug genutzt werden kann, um den Umgang der Deutschen mit ihrer Vergangenheit zu untersuchen. In der Betrachtung des Tourismus sieht der Kulturhistoriker das Potenzial, eine prinzipielle Schwäche all jener Erinnerungsstudien zu überwinden, die sich allein auf für die Öffentlichkeit erschaffene kulturelle Repräsentationen stützen. Angesiedelt im Grenzbereich zwischen dem Privaten und dem Öffentlichen, biete das Massenphänomen Tourismus eine Möglichkeit, »people's hidden values and beliefs« sichtbar zu machen, denn:

> As tourists, people reveal about themselves more than they might have wished. In this respect, the investigation of the tourist experience takes us beyond the world of official discourse and the public sphere, but also beyond the world of the private sphere – and into an area where private and public commingle.[7]

Interessiert Confino das Reisen hier als innergesellschaftliches Phänomen, stellt sich die Frage nach dem Zusammenhang von Erinnerung und Reisen im internationalen Kontext mit anderen Akzenten. Denn dabei geht es nicht nur um die Auseinandersetzung mit der eigenen, sondern auch (und vor allem) mit der Vergangenheit der Bereisten. Der interna-

5 Vgl. exemplarisch zum östlichen Europa Peter Stachel/Martina Thomsen (Hg.), Zwischen Exotik und Vertrautem. Zum Tourismus in der Habsburgermonarchie und ihren Nachfolgestaaten, Bielefeld 2014.

6 Alon Confino, Traveling as a Culture of Remembrance. Traces of National Socialism in West Germany. 1945-1960, in: History and Memory, Bd. 12 (2000) 2, S. 92-121, hier S. 112.

7 Ebd., S. 113.

tionale Tourismus kann damit als Arena transnationaler Erinnerungsprozesse verstanden werden, die ihre eigenen Logiken der Zirkulation und Aushandlung von Vergangenheitsvorstellungen besitzt.[8] In der großen Zahl von Analysen transkultureller Erinnerungstransfers spielt der Tourismus dennoch eine marginale und zugleich unklare Rolle. Obwohl Konzepte wie »transcultural memory«[9] explizit auf die Verflechtung von Erinnerungsinhalten und Ausdrucksweisen im Zeitalter der Globalisierung abheben, ist das Reisen im touristischen Sinn, das spätestens Mitte des 20. Jahrhunderts zu einem zentralen Mobilitätsfaktor geworden ist, darin erstaunlich abwesend. Auch Astrid Erll hat in ihren Ausführungen über das »Reisen« von Erinnerung keine Tourist:innen vor Augen. Eher metaphorisch zielt ihr Konzept der »travelling memory« auf das Wandern bestimmter Topoi durch Räume, Zeiten und Medien und betont das prinzipiell Fluide, Amorphe, Transkulturelle einer jeden Erinnerungskultur.[10]

Um sich mit der Aneignung fremder Vergangenheiten im Freizeitkontext zu beschäftigen, kann Alison Landsbergs Arbeit zur erinnerungsgenerierenden Rolle von Massenmedien ein hilfreicher Ausgangspunkt sein. Mit ihrem Begriff der »prosthetic memory« hat sie eine neue Form des kulturellen Gedächtnisses bezeichnet, das nicht länger an bestimmte Gruppen gebunden und daher übertragbar sei. Vermittelt durch »massenkulturelle Technologien«, die Teil einer kapitalistischen Wirtschaft sind,[11] würden Rezipient:innen zu Träger:innen einer »deeply felt memory of a past event through which he or she did not live«.[12] Als besonders starkem Erzeuger solcher »Erinnerungsprothesen« widmet sich Landsberg dem Kino, in dem das Publikum Vergangenheit körperlich-emotional erleben könne; ähnliche Erfahrungsqualitäten schreibt sie bestimmten Fernseh-, Internet- und Museumsformaten sowie Reenactment-Veranstaltungen zu.[13] Dieser Aufzählung lassen sich, wie Sabine Marschall in ihren Überlegungen zum Nexus zwischen Tourismus und Erinnerung argumentiert, geschichtstouristische Praktiken hinzufügen, die ebenfalls – und vielleicht

8 Alena Pfoser/Emily Keightley, Tourism and the dynamics of transnational mnemonic encounters, in: Memory Studies, Bd. 14 (2021) 2, S. 125-139.

9 Rick Crownshaw (Hg.), Transcultural Memory, London 2016. Von einem umfassenden »transcultural turn« sprechen Bond und Rapson: Lucy Bond/Jessica Rapson, The transcultural turn. Interrogating memory between and beyond borders, Berlin 2014.

10 Astrid Erll, Travelling Memory, in: Parallax, Bd. 17 (2011) 4, S. 4-18.

11 Alison Landsberg, Prosthetic Memory. The Transformation of American Remembrance in the Age of Mass Culture, New York 2004, S. 18.

12 Ebd., S. 2.

13 Ebd., 32 f.

sogar noch wirkungsvoller – auf emotionale Erlebnisse und die Verwandlung fremder in eigene Erinnerungen abzielen.[14]

Doch was meint »eigene Erinnerungen« in einem touristischen Zusammenhang? Inwiefern sind die darin verfügbaren »erinnerungswürdigen Momente«[15] spezifisch? Ohne Frage unterscheiden sich touristische Geschichtsaneignungen *in situ* in vielerlei Hinsicht von audiovisuell oder literarisch vermittelten. Viel stärker als einem Kinobesuch liegen dem Reisen spezifische Sehnsüchte und Erwartungen, etwa nach multisensorischen Stimuli und Differenzerfahrungen, zugrunde.[16] Als Triebfeder des modernen Tourismus gilt die »unstillbare Sehnsucht nach Echtheit«;[17] Authentizität stellt den Kristallisationpunkt der Tourismustheorie dar. Anstelle der eher generalisierenden Urteile der frühen Tourismusforschung, die »den Touristen« wahlweise als betrogenen Sucher nach »dem Echten« oder allein an Unterhaltung und Spaß interessierten »Posttouristen« sah,[18] hat sich heute ein multidimensionales Verständnis durchgesetzt, das Tourist:innen ein vielschichtiges Echtheitsverlangen zuschreibt. Tom Selwyn hat in dieser Stoßrichtung auf die Gleichzeitigkeit von »modernen und vormodernen« Bedürfnissen hingewiesen und von einer doppelten Beschäftigung mit dem »authentischen Selbst« und dem »authentischen Anderen« gesprochen.[19] Das Interesse an einer objektiven, auf Wissen basierenden Echtheit spielt im Tourismus eine ebenso wichtige Rolle wie das subjektive Erlebnis. Die Zuschreibung von Authentizität ist dabei, wie etwa Ning Wang betont, nicht nur von kog-

14 Sabine Marschall, ›Personal memory tourism‹ and a wider exploration of the tourism-memory nexus, in: Journal of tourism and cultural change, Bd. 10 (2012) 4, S. 321-335, hier S. 326.

15 Gabi Dolff-Bonekämper, Memorable Moments – Chosen Cultural Affiliations, in: Muriel Blaive/Christian Gerbel/Thomas Lindenberger (Hg.), Clashes in European memory. The case of Communist repression and the Holocaust, Innsbruck 2011, S. 143-153.

16 Für einen Überblick zur Forschungsdebatte vgl. Richard Sharpley (Hg.), Routledge handbook of the tourist experience, Abingdon, Oxon 2022. Siehe auch Karlheinz Wöhler, Touristsein als temporäres Sein in alltagsabgewandten Räumen, in: Burkhart Lauterbach (Hg.), Auf den Spuren der Touristen. Perspektiven auf ein bedeutsames Handlungsfeld, Würzburg 2010, S. 175-198, hier S. 192.

17 Christoph Hennig, Reiselust. Touristen, Tourismus und Urlaubskultur, Frankfurt a. M. 1999, S. 169.

18 Für die erste Position stehen die Arbeiten von Dean MacCannell, für die zweite von Maxine Feifer: Dean MacCannell, The Tourist. A New Theory of the Leisure Class, New York 1976; Maxine Feifer, Going places. The ways of the tourist from Imperial Rome to the present day, London 1985, S. 259-268.

19 Tom Selwyn, Introduction, in: Tom Selwyn (Hg.), The Tourist Image. Myths and Myth Making in Tourism, Chichester, New York, Brisbane, Toronto, Singapore 1996, S. 1-32, hier S. 20.

nitiven Perspektiven und der Materialität der besuchten Orte abhängig, sondern auch vom gänzlich individuellen Streben nach einem »existential state of being«,[20] frei von den Zwängen, Rollen und sozialen Normen des Alltags.

Auch am Umgang mit Zeit lässt sich die Komplexität touristischen Erlebens nachvollziehen. Wie viele andere Angebote versprechen die Kommunismustouren einen Zeitsprung in die Vergangenheit. »Look behind the Iron Curtain!«[21] lautet der anachronistisch anmutende Werbeslogan, mit dem ein Prager Anbieter seine Kommunismustour bewirbt. Neben der vielbeschriebenen nostalgischen Suche nach dem Unberührten, Alten oder wenigstens Altertümlichen schwingt in touristischen Reisen aber auch das Potenzial einer zukünftigen Erinnerung – versinnbildlicht im vor Ort gekauften Souvenir oder dem Urlaubsfoto – mit.[22] Ohne dass er hierfür explizit an den tourismustheoretischen Fachdiskurs anschließt, beschreibt auch der Mediävist Valentin Groebner in seinem Buch »Retroland« mit leichter Hand, wie die touristische Inszenierung von Geschichte vor allem der Befriedigung individueller Zeitbedürfnisse dient.[23] Den Tourismus deutet er dabei als »Agentur des Wieder-Holens«,[24] dessen Rohstoff weniger der Raum als vielmehr die Zeit – und zwar historische genauso wie biografische – sei. In diesem Sinne bezieht sich die erstrebte »Reise ins Früher« laut Groebner nicht nur auf vergangene Epochen, sondern auch auf die eigene Kindheit und nicht zuletzt die individuelle Alltagszeit: »In den Ferien [...] soll einem die Zeit wiedergegeben werden, die man anderswo nicht hatte oder wenn, dann mit Unlust verbracht hat.«[25] Wenn das touristische Erleben also mehrere Dimensionen von Zeit betrifft, gilt dies für das geschichtstouristische erst recht.

Als hybride, körperbezogene und teils nicht-intentionale Art des Umgangs mit Zeit lässt sich der Geschichtstourismus somit am besten mit Ansätzen greifen, die im Anschluss an Raphael Samuel und andere eine

20 Ning Wang, Rethinking Authenticity in Tourism Experience, in: Annals of Tourism Research, Bd. 26 (1999) 2, S. 349-370, hier S. 358.

21 Prague Special Tours: Communism and Nuclear Bunker Tour, https://www.prague-communism-tour.com/ [24. 7. 2023].

22 Edward M. Bruner, Culture on tour. Ethnographies of travel, Chicago, Ill. 2004, S. 24; Regina Bendix, Capitalizing on memories past, present, and future. Observations on the intertwining of tourism and narration, in: Anthropological Theory, Bd. 2 (2002) 4, S. 469-487, hier S. 472 f.

23 Valentin Groebner, Retroland. Geschichtstourismus und die Sehnsucht nach dem Authentischen, Frankfurt a. M. 2018, S. 23 f.

24 Ebd., S. 16.

25 Ebd.

scharfe Abgrenzung zwischen (akademischer) Geschichte, kulturellem Gedächtnis und individuellen Erinnerungspraktiken vermeiden.[26] In ihrem Buch »Memorylands« führt Sharon Macdonald den Begriff des *past presencing* ein, um kollektive wie individuelle Vergangenheitsaneignungen mit weitem Blick zu analysieren. Ihr geht es dabei um eine ethnografische Betrachtung, die sowohl unbewusste, verinnerlichte als auch bewusste, konzeptuellere Beziehungen zur Vergangenheit einschließt und eine Vorab-Definition dessen, was in verschiedenen sozialen wie kulturellen Auseinandersetzungen mit der Vergangenheit eine Rolle spielt, vermeidet.[27] Legt man der touristischen Beschäftigung mit (vergangener) Zeit ein solches Verständnis, das Kognition und Affekt gleichermaßen ernst nimmt, zugrunde, erscheint auch der darin versprochene Zeitsprung greifbar. Denn, so betont Macdonald,

> »past presencing« does not entail taking for granted what will be considered »past« or »present« in practice, neither indeed whether a distinction will operate between these; on the contrary, part of its point is to indicate the elision and indeterminacy that is often involved, and the disruption of linear notions of past preceding present preceding future.[28]

Stadtführungen aus einer solchen Perspektive zu betrachten, heißt also, sie nicht länger als Ausdruck einer in didaktischer Hinsicht fragwürdigen Geschichtspräsentation, sondern als Teil einer situativen Praktik zu lesen, in der Zeit verräumlicht und Raum verzeitlicht wird.

Der Fokus auf den ludischen Umgang mit historischer Zeit setzt zugleich einen Kontrapunkt zur bisherigen Forschung zu Ostmitteleuropa, die vor allem an traumatischen Gedächtnisinhalten und den politischen Agenden konkreter Akteure interessiert war.[29] Wie die Memory Studies generell, weisen Studien zum östlichen Europa einen klaren Schwerpunkt auf Kriegs- und Gewalterfahrungen auf.[30] Mehr noch als in anderen

26 Vgl. Raphael Samuel, Theatres of memory. Past and present in contemporary culture, London 2012.

27 Sharon Macdonald, Memorylands. Heritage and Identity in Europe Today, London 2011, S. 16.

28 Ebd.

29 Ausnahmen stellen bspw. die Arbeiten von Marketa Spiritova und Veronika Pehe dar. Vgl. u. a. Marketa Spiritova, Performing Memories. Erinnerungspraktiken zwischen Geschichtspolitik und Populärkultur am Beispiel Tschechiens, in: Zeitschrift für Volkskunde, Bd. 110 (2014) 1, S. 31-111; Veronika Pehe, Velvet Retro. Postsocialist Nostalgia and the Politics of Heroism in Czech Popular Culture, New York 2020.

30 Ann Rigney, Remembering Hope. Transnational activism beyond the traumatic, in: Memory Studies, Bd. 11 (2018) 3, S. 368-380, hier S. 369. Siehe auch Tea Sind-

Regionen wird der Zusammenhang zwischen Geschichte und Tourismus hier fast ausschließlich unter den Labels »Thanatourismus«[31] bzw. »dark tourism«[32] diskutiert. Gemeint sind damit Reisen zu Orten, die in besonderer Weise mit Leiden und Tod verbunden sind. Dieser Fokus schlägt sich einerseits in einer inhaltlichen Leerstelle hinsichtlich positiver Erinnerungsbestände nieder. Andererseits geht er mit einer gewissen methodischen Einseitigkeit einher, denn an konkreten Praktiken der Geschichtsaneignung ist die seit den 1990er Jahren in Großbritannien boomende Forschung zu »dunklen« Destinationen kaum interessiert.[33] Die meisten Analysen beschränken sich auf die Beschreibung von Destinationen und diskutieren unterschiedliche Reisemotive.[34] Zu den positiven Ausnahmen zählt Daniel Reynolds Studie »Postcards from Auschwitz«, in der er einen nicht-normativen, phänomenologischen Ansatz wählt, um der häufig schablonenhaften Figur eines »Auschwitz-Touristen« ein Gesicht zu geben. Indem er sich den vielschichtigen Rezeptionsweisen vor Ort widmet, kann Reynolds zeigen, dass das, was häufig vorschnell als oberflächliches Streben nach Emotion abgetan wird, in einigen Fällen vielmehr Ausdruck einer Wahrheitssuche inmitten einer »Flut von Darstellungen« des Holocaust ist.[35]

Auch die Auseinandersetzung mit der Rolle des kommunistischen Erbes im internationalen Tourismus erfolgte bisher vor allem mit Blick auf

bæk Andersen/Jessica Ortner, Introduction. Memories of joy, in: Memory Studies, Bd. 12 (2019) 1, S. 5-10.

31 Anthony V. Seaton, Guided by the Dark. From Thanatopsis to Thanatourism, in: International Journal of Heritage Studies (1996) 2, S. 234-244.

32 Vgl. u.a. J. John Lennon/Malcolm Foley (Hg.), Dark tourism. The Attraction of Death and Desaster, London 2000; Richard Sharpley/Philip R. Stone (Hg.), The darker side of travel. The theory and practice of dark tourism, Bristol, UK 2009.

33 Eine Skalierung »dunkler« Reiseziele unternimmt Philip R. Stone. Mit Tschornobyl und Auschwitz liegen viele der »dunkelsten« Kategorien im östlichen Europa. Philip R. Stone, A Dark Tourism Spectrum. Towards a typology of death and macabre related tourist sites, in: Tourism: An Interdisciplinary International Journal, Bd. 54 (2006) 2, S. 145-160. Vgl. auch Frank Bajohr/Axel Drecoll/J. John Lennon (Hg.), Dark tourism. Reisen zu Stätten von Krieg, Massengewalt und NS-Verfolgung, Berlin 2020.

34 Stefanie Samida, Schlachtfelder als touristische Destinationen. Zum Konzept des Thanatourismus aus kulturwissenschaftlicher Sicht, in: Zeitschrift fur Tourismuswissenschaft, Bd. 10 (2018) 2, S. 267-290, hier 280 f.

35 Daniel P. Reynolds, Postcards from Auschwitz. Holocaust tourism and the meaning of remembrance, New York 2018, S. 23. Ebenfalls gegen allzu pauschale Urteile über »den Touristen« wenden sich neuere Studien zur »Selfie-Culture« in Gedenkstätten. Vgl. etwa Christoph Bareither, Difficult heritage and digital media. ›Selfie culture‹ and emotional practices at the Memorial to the Murdered Jews of Europe, in: International Journal of Heritage Studies, Bd. 27 (2021) 1, S. 57-72.

dessen Status als »difficult heritage« bzw. »unwanted past«. Die seit den 2000er Jahren entstandenen Studien zum »communist heritage tourism« stammen aus der Geografie, der Stadtsoziologie, der Anthropologie sowie der marketingorientierten Tourismuswissenschaft. Während Letztere nach (infra-)strukturellen Entwicklungen und den Potenzialen des Tourismus in konkreten postsozialistischen Räumen fragen,[36] haben Erstere sich mit den verschiedenen Interessenkonflikten auseinandergesetzt, die sich aus der Kommodifizierung des kommunistischen (Bau-) Erbes ergeben.[37] Am Beispiel Deutschlands, Polens, Rumäniens und anderer Länder lassen sich Zusammenstöße nationaler Geschichtspolitiken mit der profitorientierten »Heritagifizierung« des Kommunismus durch lokale Unternehmer:innen plastisch nachvollziehen.[38] Obwohl auch das kommunistische Bauerbe heute vielerorts in das offizielle Stadtmarketing integriert ist und die architektonische Ostmoderne durchaus Wertschätzung erfährt, dominiert das Interesse an seinem Status als politisch

36 Etwa Fanny Raab, The Significance of Socialist Heritage for Tourism in Berlin: Neglectable Niche or Important Part of the Tourist Offer?, in: Andreas Kagermeier/Fanny Raab (Hg.), Wettbewerbsvorteil Kulturtourismus. Innovative Strategien und Produkte, Berlin 2010, S. 125-140; Stanislav Ivanov, Opportunities for developing communist heritage tourism in Bulgaria, in: Tourism Review, Bd. 57 (2009) 2, S. 177-192; Milka Ivanova, The Inclusion of the Communist/Socialist Heritage in the Emerging Representations of Eastern Europe: The Case of Bulgaria, in: Tourism Culture & Communication, Bd. 17 (2017) 1, S. 31-46.

37 Duncan Light, Gazing on communism. Heritage tourism and post-communist identities in Germany, Hungary and Romania, in: Tourism Geographies (2000) 2, S. 157-176; Craig Young/Duncan Light, »Communist heritage tourism«. Between economic development and European integration, in: Dieter Hassenpflug/Burkhardt Kolbmüller/Sebastian Schröder-Esch (Hg.), Heritage and Media in Europe – Contributing towards Integration and Regional Development, Weimar 2006, S. 249-261; Duncan Light/Craig Young/Mariusz Czepczyński, Heritage tourism in Central and Eastern Europe, in: Dallen J. Timothy/Gyan P. Nyaupane (Hg.), Cultural heritage and tourism in the developing world. A regional perspective, London, New York 2009, S. 224-243; Dragan Klaic, Remembering and Forgetting Communist Cultural Production, in: Helmut Anheier/Yudhishthir Raj Isar (Hg.), Heritage, Memory & Identity, Los Angeles u. a. 2011, S. 177-186; Alina Brașoveanu, An incursion into a staged past. Bucharest's communist heritage as a tourism product, in: Revista de Stiinte Politice, Bd. 50 (2016), S. 153-165; Claudia Sima, Communist heritage representation gaps and disputes, in: International Journal of Tourism Cities, Bd. 3 (2017) 3, S. 2010-2226; Bailey Ashton Adie/Alberto Amore/Colin Michael Hall, Urban tourism and urban socialist and communist heritage. Beyond tragedy and farce?, in: International Journal of Tourism Cities, Bd. 3 (2017) 3, S. 291-304, hier S. 292-295; Magdalena Banaszkiewicz, Turystyka w miejscach kłopotliwego dziedzictwa, Kraków 2018.

38 Sehr systematisch und ausführlich: Sybille Frank, Der Mauer um die Wette gedenken. Die Formation einer Heritage-Industrie am Berliner Checkpoint Charlie, Frankfurt a. M. 2009.

unbequemes Erbe. Als Kontrastfolie fungiert die mittlerweile breite Forschung zur Nostalgie (bzw. im Fall Deutschlands zur »Ostalgie«),[39] die ihrerseits aber nur selten am Phänomen des Geschichtstourismus interessiert ist. Die Tourismusindustrie tritt darin eher als übergreifender kommerzieller Kontext auf, in dessen Rahmen Lenin-Souvenirs und anderer »Touristenkitsch« zirkulieren kann.[40]

Wie genau der vermeintliche Widerspruch zwischen Diktaturerinnerung und Marktökonomie, zwischen Kommunismus und Kapitalismus im Zusammentreffen zwischen Verkäufer:innen und Käufer:innen gelöst wird, ist bislang nur ansatzweise erforscht.[41] Für meine Annäherung kombiniere ich Theoriebausteine aus der Tourismus- und Kulturerbeforschung und folge einem praxeologischen Ansatz. Um den verschiedenen Vermittlungsstrategien und Aneignungspraktiken nachzugehen, greife ich unter anderem auf das von J. E. Tunbridge und G. J. Ashworth entwickelte Konzept einer prinzipiellen »heritage dissonance«[42] zurück und wende mich mit der *guided tour* einer Praktik zu, in der das Management solcher Dissonanzen gewissermaßen »live« beobachtet werden kann. Wie kaum ein anderes Beispiel scheint mir der Umgang mit Geschichte in Stadtführungen geeignet, um das komplexe Zusammenspiel unterschiedlicher Akteure und Ebenen näher zu betrachten und ein Gefühl für die vielen unvorhersehbaren, aber dennoch nicht zufälligen Effekte zu entwickeln, die jeder kulturellen Praxis eingeschrieben sind.[43]

39 Vgl. exemplarisch Thomas Ahbe, Ostalgie. Zum Umgang mit der DDR-Vergangenheit in den 1990er Jahren, Erfurt 2005; Christian Gaubert, DDR: Deutsche Dekorative Restbestände? Der DDR-Alltag im Museum, Berlin 2019, S. 11-18.

40 Vgl. Svetlana Boym, The future of nostalgia, New York 2001, S. 67; Maya Nadkarni/Olga Shevchenko, The Politics of Nostalgia. A Case for Comparative Analysis of Post-Socialist Practices, in: Ab Imperio (2004) 2, S. 487-519, hier 499 f.

41 Es existieren einige wenige ethnografische Einzelstudien, die zum Teil auch hier erwähnte Angebote aus Warschau und Krakau fokussieren: Britta Timm Knudsen, The past as staged-real environment. Communism revisited in the Crazy Guides Communism Tours, in: Journal of tourism and cultural change, Bd. 8 (2010) 3, S. 139-153; Kerry Whigham, Performing a future (in) performing a past. Identity, Cultural performance, and the Utopien impulse, in: Tourist Studies, Bd. 14 (2014) 2, S. 203-224; Agnieszka Balcerzak, Adventure Warsaw – Adventure PRL! Ethnografische Bausteine zur Kommodifizierung des kommunistischen Erbes als touristische Destination und kulturelle Ressource, in: Berliner Blätter, Bd. 85 (2022), S. 99-111; Banaszkiewicz, Turystyka w miejscach kłopotliwego dziedzictwa, S. 157-162.

42 J. E. Tunbridge/G. J. Ashworth, Dissonant heritage. The management of the past as a resource in conflict, Chichester 1996, S. 20-32.

43 Vgl. Macdonald, Memorylands, S. 6.

Stadtführungen als interaktives Storytelling

Im Gegensatz zu anderen Formaten der Public History wird Geschichte in Stadtführungen mündlich vermittelt. Als Ausdrucksform historischer Narrative steht das Mündliche allerdings selten im Fokus der Erinnerungsforschung. Während dem Transfer vom kommunikativen zum kulturellen Gedächtnis viel Aufmerksamkeit zuteilgeworden ist, existieren zur umgekehrten Richtung – zur Reoralisierung medial bereits sedimentierter Geschichte in Schriftkulturen – kaum Studien. Dies gilt zumindest für jene Formen des außerfamiliären und außerschulischen Storytelling, die jenseits der fachwissenschaftlichen Oral History und des entsprechenden Methodendiskurses stattfinden.[44] Und dies, obwohl das Nacherzählen historischer Zusammenhänge vor Publikum in vielen musealen aber auch populärkulturellen Bereichen zum Tagesgeschäft gehört: Neben Stadt-, Museums- und Gedenkstätten-Guides sind etwa Living-History-Darsteller:innen, Festredner:innen oder Moderator:innen von Reenactment-Veranstaltungen zu nennen.

Wie jede (Re-)Oralisierung beruht auch jene von Geschichte auf Selektion und Reduktion. Komplexe Informationen müssen darin »kleingearbeitet« und Fachwissen »durch den Engpass einer alltagskulturellen Anverwandlung« geschickt werden.[45] Dass die Präsentation des Staatssozialismus in Stadtführungen nicht den Kriterien einer differenzierten historischen Darstellung genügt, ist deshalb wenig überraschend. Doch auch darüber hinaus lassen sich zentrale narrative Merkmale der historischen Stadtführung auf ihre Oralität zurückführen. So zeichnet sich das mündliche Erzählen generell durch eine einfache Sprache und Redundanzen sowie eine additive Darstellung von Ereignissen aus. Meist fokussieren die Erzähler:innen sinnlich-konkrete Erzählgegenstände und personalisieren diese. Ihre Zuhörer:innen sprechen sie dabei direkt an.[46] Aus sprachwissenschaftlicher Sicht lässt sich die Stadtführung somit als eigene

44 Ausnahmen bilden einige Arbeiten zur Geschichtsvermittlung in Gedenkstätten: Christian Gudehus, Dem Gedächtnis zuhören. Erzählungen über NS-Verbrechen und ihre Repräsentation in deutschen Gedenkstätten, Essen 2006; Verena Haug, Am »authentischen« Ort. Paradoxien der Gedenkstättenpädagogik, Berlin 2015; Moritz Lautenbach-von Ostrowski, »Man behandelt sie bewusst wie Tiere«. Sprachliche Zugänge zur Erinnerung bei Führungen in KZ-Gedenkstätten, in: Markus Gloe/Anja Ballis (Hg.), Holocaust education revisited – Nähe und Distanz. Orte der Vermittlung – Didaktik und Nachhaltigkeit, Wiesbaden 2020, S. 15-35.

45 Albrecht Koschorke, Wahrheit und Erfindung. Grundzüge einer Allgemeinen Erzähltheorie, Frankfurt a. M. 2013, S. 34 f.

46 Hans-Jürgen Pandel, Historisches Erzählen. Narrativität im Geschichtsunterricht, Schwalbach/Ts. 2010, S. 58 f.

»kommunikative Gattung«[47] betrachten, die eine »besondere Mischung aus Fachtermini und einer betont flapsigen Darstellung historischer und fachlicher Sachverhalte«[48] aufweist. Neben sachlichen Informationen und Fakten – die Guides selbst sprechen hier von »history« – werden Anekdoten, urbane Legenden und Geschichten – im Duktus der Guides »stories« – präsentiert. Das Verhältnis verifizierbarer und anekdotischer Anteile variiert je nach Anbieter, Publikum und institutioneller Einbettung.[49] Im Falle der hier betrachteten Kommunismustouren liegt der Schwerpunkt zweifelsohne auf dem Erzählen unterhaltsamer Geschichten.

Anders als Audioguides oder Podcast-Rundgänge bedürfen Stadtführungen der direkten, persönlichen Begegnung zwischen Erzähler:innen und Zuhörer:innen. Als ephemere Produkte sind sie durch die physische Kopräsenz aller Aktanten – Guide, Publikum und besichtigte Objekte – vor Ort bestimmt. Die Guides interagieren verbal und non-verbal mit den Teilnehmer:innen und bringen diese durch sprachliches und gestisches Zeigen in Kontakt zur materiellen Umgebung.[50] Ihr Verhalten müssen sie dabei jeweils an das konkrete Publikum, an räumliche und situative Gegebenheiten anpassen. Diese besondere Qualität von geführten Touren, die Tamar Katriel als »situated and contingent communicative performances«[51] bezeichnet hat, hebt die Live-Angebote von anderen, aufgezeichneten Formaten deutlich ab. Traditionelle Führungen stehen daher nur bedingt in Konkurrenz zur stetig wachsenden Zahl digitaler Angebote und technischer Hilfsmittel. Mehr noch: Angesichts der Fülle an jederzeit abrufbaren virtuellen Präsentationen, die insbesondere während der Corona-Pandemie weiterwuchs, scheint die Unwiederholbarkeit einer klassischen Führung deren Reiz heute sogar zu steigern.[52]

47 Marcella Costa/Bernd Müller-Jacquier, Erklären und Fremdverstehen in Stadtführungen, in: Janet Spreckels (Hg.), Erklären im Kontext. Neue Perspektiven aus der Gesprächs- und Unterrichtsforschung, Hohengehren 2009, S. 177-192, hier 178 f.

48 Wolfgang Kesselheim, »Zeigen, erzählen und dazu gehen«. Die Stadtführung als raumbasierte kommunikative Gattung, in: Marcella Costa/Bernd Müller-Jacquier (Hg.), Deutschland als fremde Kultur. Vermittlungsverfahren in Touristenführungen, München 2010, S. 244-271, hier S. 252.

49 Einen starken Bedeutungsanstieg von »stories« konstatiert allerdings Jeroen Bryon, Tour Guides as Storytellers. From Selling to Sharing, in: Scandinavian Journal of Hospitality and Tourism, Bd. 12 (2012) 1, S. 27-43, hier S. 27.

50 Kesselheim, »Zeigen, erzählen und dazu gehen«, S. 255-257; Lautenbach-von Ostrowski, »Man behandelt sie bewusst wie Tiere«, S. 22-27.

51 Tamar Katriel, Performing the Past. A Study of Israeli Settlement Museums, New York 2009 [zuerst 1997], S. 11. Vgl. auch Pfoser, Keightley, Tourism and the dynamics of transnational mnemonic encounters.

52 Noel B. Salazar, The Mechanics and Mechanisms of Tourism Brokering, in: Ethnologia Europaea, Bd. 48 (2018) 2, S. 111-116, hier 114 f.; Armin von Rohrscheidt,

Die besondere Interaktivität stellt auch den Ausgangspunkt der Forschung zum Tourguiding dar. Während sich die frühe Tourismussoziologie vor allem für die unterschiedlichen Rollen, Subrollen und Rollenkonflikte von Guides interessiert hat,[53] sind touristische Führungen heute Gegenstand einer breiten, interdisziplinären Forschung. Eine zentrale Rolle spielt hierbei die Tourismusanthropologie, die sich seit den 1970er Jahren zunächst mit der Beziehung zwischen Reisenden und Einheimischen auseinandergesetzt und in den letzten Jahren einen Fokuswechsel hin zu den Vermittler:innen dieser Beziehung vollzogen hat.[54] Als Herausgeber:innen eines Themenheftes über Tourguiding prognostizierten Mikael Jonasson, Anette Hallin und Phil Smith 2013 gar die Etablierung eines eigenen interdisziplinären Forschungsfeldes, in dem das seit 2009 aktive *International Research Forum on Guided Tours* als wichtigster Akteur anzusehen sei.[55] 2020 erschien erstmals dessen »International Journal of Tour Guiding Research«.[56]

Zu den Klassikern der Tourismussoziologie zählt Erik Cohens »The Tourist Guide. The Origins, Structure and Dynamics of a Role« aus dem Jahr 1985. Bis heute ist seine Unterscheidung zwischen instrumentellen, sozialen, interaktionalen und kommunikativen Rollenkomponenten wichtiger Bezugspunkt vieler Studien zum Tourguiding. Ausgehend von einer zunehmenden Professionalisierung des Berufs konstatierte Cohen eine Verschiebung von den instrumentellen hin zu den kommunikativen

W stronę przewdnictwa interpretatywnego. Nowe podejścia i nowe usługi na przykładzie wybranych miast europejskich, in: Turystyka Kulturowa (2016) 3, S. 21-41, hier S. 29.

53 Catherine J. Schmidt, The Guided Tour. Insulated Adventure, in: Urban Life, Bd. 7 (1979) 4, S. 441-467; J. Christopher Holloway, The Guided Tour. A Sociological Approach, in: Annals of Tourism Research, Bd. 8 (1981) 3, S. 377-402; Erik Cohen, The Tourist Guide. The Origins, Structure and Dynamics of a Role, in: Annals of Tourism Research, Bd. 12 (1985) 1, S. 5-29. Dabei geht es nicht nur um Stadtführer:innen, sondern auch Reiseleiter:innen, die eine Gruppe über mehrere Tage oder Wochen begleiten (auf polnisch »pilot«). Zur Begrifflichkeit im Englischen vgl. Kathleen Lingle Pond, The Professional Guide. Dynamics of Tour Guiding, New York 1993, S. 13-17.

54 Jackie Feldman/J. Skinner, Tour Guides as Cultural Mediators, in: Ethnologia Europaea, Bd. 48 (2018) 2, S. 5-13, hier S. 11.

55 Mikael Jonasson/Anette Hallin/Phil Smith, Editorial, in: Scandinavian Journal of Hospitality and Tourism, Bd. 13 (2013) 2, S. 85-87, hier S. 85.

56 Die Zeitschrift richtet sich an eine sehr breite Leserschaft aus Fachwissenschaft und Praxis und proklamiert dementsprechend eine thematische Offenheit für »all aspects of Tour Guiding (local, regional and national) and tour management.« Vgl. Glen Farrugia/Luis Miguel Brito/Kevin A. Griffin, Introduction to the International Journal of Tour Guiding Research, in: International Journal of Tour Guiding Research, Bd. 1 (2020) 1, hier S. 1.

Rollenanteilen. Vom »leader«, in dem der vormoderne »pathfinder« durch unbekanntes Terrain fortlebe, sei der moderne Guide mehr und mehr zum »mediator« geworden, der eine transkulturelle Vermittlungsleistung zu erbringen habe: »In transcultural tourism, a cultural gap ordinarily exists between the visitors and the locals. The guides play a prominent role in mediating the encounter between cultures.«[57] Als »go-betweens« repräsentieren Guides folglich für die Tourist:innen die lokale Bevölkerung, für die Einheimischen wiederum die Reisenden.[58] Sie fungieren damit als »cultural mediators«[59] bzw. »cultural brokers«,[60] die eine interkulturelle Vermittlungsfunktion übernehmen. Verortet im kulturellen Grenzbereich – Edward M. Bruner spricht von einer »borderzone«[61] zwischen Tourist:innen und Einheimischen –, betrachtet die Tourismusanthropologie die Guides nicht zuletzt als Vorreiter:innen bzw. Träger:innen einer zunehmenden »Glokalisierung«.[62] Der Nahblick auf ihre konkreten Vermittlungspraktiken ist in den vorliegenden Studien sehr unterschiedlich motiviert. Während Noel B. Salazars Auseinandersetzung mit Guides in Indonesien darauf abzielt, das Zusammenspiel zwischen »global(ized) tourismscapes« und lokalen Dienstleistern zu verstehen,[63] widmen sich andere (auto-)ethnografische Analysen in stärkerem Maße Fragen der Kommodifizierung sowie der nationalen wie religiösen Identitätsbildung.[64]

Auch in der an Praktiker:innen gerichteten Literatur stellt die kulturelle Vermittlung den Schwerpunkt dar. Als Begründer der professionellen Natur- und Kulturerbeinterpretation kann hierbei Freeman Tilden gelten. In seinem Buch »Interpretating Our Heritage«[65] lieferte der Journalist bereits 1957 am Beispiel amerikanischer Nationalparks eine erste Systematik, auf die sich Überblickswerke, Lehrbücher und Handreichungen

57 Cohen, The Tourist Guide, S. 15.

58 Ebd., S. 13.

59 Feldman, Skinner, Tour Guides as Cultural Mediators.

60 Noel B. Salazar, Envisioning Eden. Mobilizing imaginaries in tourism and beyond, New York 2013, S. 114-117.

61 Bruner, Culture on tour, S. 9 und 17.

62 Noel B. Salazar, Tourism and Glocalization. »Local« Tour Guiding, in: Annals of Tourism Research, Bd. 32 (2005) 3, S. 628-646; Salazar, The Mechanics and Mechanisms of Tourism Brokering.

63 Salazar, Envisioning Eden, S. 17.

64 Vgl. Alexis C. Bunten, So, How Long Have You Been Native? Life as an Alaska Native Tour Guide, Lincoln 2015; Katriel, Performing the Past; Jackie Feldman, Mediation as a Practice of Identity, in: Ethnologia Europaea, Bd. 48 (2018) 2, S. 41-54; Eldad Brin/Chaim Noy, The said and the unsaid. Performative guiding in a Jerusalem neighbourhood, in: Tourist Studies, Bd. 10 (2010) 1, S. 19-23.

65 Freeman Tilden, Interpreting Our Heritage, Chapel Hill 1977 (zuerst 1957).

seither beziehen.[66] Indem er sechs Prinzipien der Interpretation vorstellt, präsentiert er das Guiding als anspruchsvolle, aber erlernbare Kunst. Interpretation ist für ihn »[a]n educational activity which aims to reveal meanings and relationships through the use of original objects, by firsthand experience, and by illustrative media, rather than simply to communicate factual information.«[67] Im Kulturerbe-Tourismus ist die Vermittlungsleistung, die die Guides leisten müssen, dabei sogar eine doppelte. Denn indem sie Objekte als Zeugen der Vergangenheit in den Fokus rücken, müssen sie sowohl eine kulturelle als auch eine zeitliche Distanz überbrücken.[68] Gegenüber der räumlichen hat diese temporale Dimension der Vermittlung bislang nur marginale Beachtung erfahren.[69]

Untersuchungen, die explizit an Strategien interessiert sind, die Guides zur Vergegenwärtigung von Vergangenheit anwenden, beziehen sich in erster Linie auf Museums- oder Gedenkstättenführungen.[70] Deren narrative und performative Eigenschaften lassen sich allerdings nur teilweise auf Stadtführungen übertragen. Denn Letztere präsentieren nicht kuratierte (oder zumindest kuratorisch überformte) Räume, sondern gewachsene, heterogene und belebte Umgebungen, denen eine Vielzahl von Zeitebenen eingeschrieben ist. Darüber hinaus bedingt der bisherige Forschungsfokus auf die Vermittlung musealer Narrative ein starkes Ungleichgewicht zugunsten institutionell gerahmter Formate. Rein privatwirtschaftlich organisierte Formen des Tourguiding sind bislang wenig mit Blick auf historische Narrative analysiert worden. Und dies, obwohl das Angebotsspektrum hier ausgesprochen breit ist: Neben der klassischen Stadtführung per Bus oder zu Fuß, die Besucher:innen einen Überblick über Kultur und Geschichte der Destination geben soll, gibt es zahlreiche Sonderformate für unterschiedliche Zielgruppen. Das Spektrum reicht von thematischen Rundgängen und Kostümführungen, Nachtspaziergängen und Oldtimerfahrten bis hin zu kulinarischen Touren

66 Pond, The Professional Guide, S. 16; Armin Mikos von Rohrscheidt, Współczesne przewodnictwo miejskie. Metodyka i organizacja interpretacji dziedzictwa: podręcznik, Kraków 2014, S. 48.

67 Tilden, Interpreting Our Heritage, S. 8.

68 Vgl. Katriel im Anschluss an Tilden: Katriel, Performing the Past, S. 28.

69 Vgl. auch Erik Cohen, Conclusion. An Emergent Performance Paradigm in Guiding Studies, in: Ethnologia Europaea, Bd. 48 (2018) 2, S. 117-120, hier S. 119.

70 Z. B. Katriel, Performing the Past; Gudehus, Dem Gedächtnis zuhören; Sharon Macdonald, Difficult heritage. Negotiating the Nazi past in Nuremberg and beyond, Milton Park, Abingdon, Oxon 2009, S. 146-163; Polly Williams, Performing interpretation, in: Scandinavian Journal of Hospitality and Tourism, Bd. 13 (2013) 2, S. 115-126; Irit Dekel, Quoting and Telling, in: Ethnologia Europaea, Bd. 48 (2018) 2, S. 82-95; Lautenbach-von Ostrowski, »Man behandelt sie bewusst wie Tiere«.

sowie »Pub Crawls« und zahlreichen weiteren maßgeschneiderten Spezialangeboten.[71] Zunehmend scheinen dabei Angebote gefragt, die eine informelle Begegnung zwischen Stadtführer:in und Tourist:innen versprechen.[72] Einen generellen Trend zum Verkauf von Produkten, in denen sich Menschen von der klassischen Tourist:innenrolle distanzieren können, beobachtet darüber hinaus Kjell Olsen.[73]

Die hier untersuchten Kommunismustouren lassen sich somit als prototypische Formate eines erlebnisbetonten, teils »informellen« Guiding lesen. Insbesondere die in Kleingruppen angebotenen Führungen sind als soziale und sinnliche Erlebnisse mit hohem Erinnerungswert konzipiert. Oft nutzen sie Original-Fahrzeuge und schließen den Besuch von Kneipen, Cafés, Kantinen oder Bunkern ein. Indem sie klassische Sehenswürdigkeiten links liegen lassen und zum Teil demonstrativ die Stadtzentren verlassen, scheint die von Cohen identifizierte Rollenverschiebung vom »leader« zum »mediator« in Formaten wie diesen allerdings nur noch bedingt zu greifen.[74] Vielmehr ließe sich argumentieren, dass in ihnen die vormoderne Figur des »pathfinders« eine Renaissance erlebt, welche:r den Reisenden Orientierungshilfe jenseits der Sicherheit touristischer Enklaven gibt und ihnen Zugang zu nicht-öffentlichen (bzw. nicht-touristischen) Orten ermöglicht.[75]

Stadtführungen als performative Praktiken

Wie deutlich geworden ist, sind Stadtführungen mehr als Monologe auf der Straße. Meinem Verständnis nach stellen sie interaktive, orts- und körpergebundene Praktiken dar, in denen gemeinschaftlich Raum- und Zeitvorstellungen hervorgebracht werden. Ich untersuche sie somit als eine besondere Form des *doing history*, bei der die Hervorbringung von Geschichte gewissermaßen im Vollzug greifbar wird. Auch wenn sich

71 Vgl. Bryon, Tour Guides as Storytellers; Salazar, The Mechanics and Mechanisms of Tourism Brokering, S. 115; Betty Weiler/Rosemary Black, The changing face of the tour guide. One way communicator to choreographer to co-creator of the tourist experience, in: Tourism Recreation Research, Bd. 40 (2015) 3, S. 364-378.

72 Vgl. exemplarisch V. Simoni, Informal Guiding, in: Ethnologia Europaea, Bd. 48 (2018) 2, S. 14-27.

73 Kjell Olsen, Authenticity as a Concept in Tourism Research. The Social Organization of the Experience of Authenticity, in: Tourist Studies (2002) 2, S. 159-182, hier S. 169

74 Cohen, The Tourist Guide, S. 7.

75 Zum Begriff der »touristischen Enklave« vgl. Tim Edensor, Staging Tourism. Tourists as Performers, in: Annals of Tourism Research, Bd. 27 (2000) 2, S. 322-344, hier S. 328-331.

prinzipiell alle Praktiken des »Geschichtemachens« als Aufführung im performativen Sinne untersuchen lassen,[76] erscheinen Stadtführungen in heuristischer Hinsicht besonders aufschlussreich. Sie weisen gleichermaßen sprachbasierte wie dezidiert theatrale Elemente auf; Fragen nach Körperlichkeit und Materialität können mit verbal vermittelten Narrativen in Bezug gesetzt werden. Während die bisherigen Studien aus dem Bereich der Public History ihr Verständnis von Performativität in erster Linie aus der Sprachphilosophie, der Theaterwissenschaft, der Ritualforschung oder der Geschlechterforschung entwickelt haben,[77] werde ich in diesem Buch insbesondere an performativitätstheoretische Reflexionen aus der Tourismusforschung, die dort ebenfalls eine lange Tradition haben, anschließen.

Schon 1973 hat Dean MacCannell den sozialen Raum des Tourismus mit Bezug auf Erving Goffmans »The Presentation of Self in Everyday Life«[78] als System von Vorder- und Hinterbühnen beschrieben.[79] Allerdings ging es MacCannell lediglich um Aufführungen im engeren Sinne, um *für* Tourist:innen inszenierte Darstellungen. Die geführte Tour selbst stellte für ihn eines der vielen Werkzeuge dar, mit denen Reisende hinters Licht geführt werden: Beworben als Möglichkeit, hinter die Kulissen zu schauen, gebe sie allenfalls den Blick auf »staged back regions« frei.[80] Aufschlussreicher ist die Nutzung der Theatermetapher in jüngeren Arbeiten, die touristische Praktiken – darunter auch die Teilnahme an Stadtführungen – selbst als »performances«[81] oder gar »performed art«[82] konzeptionalisieren. Tourist:innen verbleiben darin nicht länger im Status einer indifferenten, passiven Masse, sondern werden als Akteure betrachtet, deren Rezeptionsprozesse für die Hervorbringung von Bedeutung relevant sind. Für die Untersuchung des Geschichtstourismus verspricht ein

76 Christine Gundermann/Juliane Brauer/Filippo Carlà-Uhink/Judith Keilbach/Thorsten Logge/Daniel Morat/Arnika Peselmann/Stefanie Samida/Astrid Schwabe/Miriam Sénécheau/Georg Koch, Schlüsselbegriffe der Public History, Stuttgart 2021, S. 252.

77 Ebd., S. 243.

78 Erving Goffman, The Presentation of Self in Everyday Life, New York 1959.

79 Dean MacCannell, Staged Authenticity. Arrangements of Social Space in Tourist Settings, in: American Journal of Sociology, Bd. 19 (1973) 3, S. 589-603.

80 Ebd., S. 596.

81 Vgl. John Urry/Jonas Larsen, The Tourist Gaze 3.0, Los Angeles u. a. 2011, S. 14 f.; Phil Crang, Performing the Tourist Product, in: John Urry/Chris Rojek (Hg.), Touring Cultures. Transformations of Travel and Theory, London, New York 1997, S. 137-154; Edensor, Staging Tourism; Simon Coleman/Mike Crang (Hg.), Tourism. Between place and performance, New York, NY 2002.

82 Judith Adler, Travel as Performed Art, in: American Journal of Sociology, Bd. 94 (1989) 6, S. 1366-1391.

solcher performativer Blickwinkel Erkenntnisgewinne in dreierlei Hinsicht: Auf einer ersten, allgemeinen Ebene erhellt er Fragen nach der Produktion von Raum, Zeit und Geschichte im Vollzug touristischer Praktiken. Zweitens trägt er zum besseren Verständnis emotionaler und leiblicher Aspekte von Geschichte in der Öffentlichkeit bei. Dabei kann – drittens – eine performativitätstheoretische Perspektive jene Machtpositionen und Hierarchien sichtbar machen, die sich jenseits einer absichtsvollen Inszenierung in den unkontrollierten, subtileren Dimensionen touristischer Interaktion manifestieren.

(1) Aus einem performativen Blickwinkel *deutet* die Stadtführung touristische Attraktionen nicht nur, sondern *generiert* diese. »Sehenswürdigkeit« ist demnach nichts Gegebenes, sondern eine im Vollzug des Sightseeings kreierte Zuschreibung. »[T]he guided tour ›writes‹ sites as well as ›reading‹ them«,[83] konstatiert David Overend in diesem Sinne. Er überträgt damit den von Simon Coleman and Mike Crang vorgeschlagenen Fokus auf die raumgenerierende Funktion touristischer Praktiken von der Makroebene des Tourismus auf die Mikroebene einer (Stadt-) Führung.[84] Zugleich nimmt er so einen Faden wieder auf, den Elizabeth C. Fine und Jean Haskell Speer schon 1985 in ihrer Studie zu Museumsführungen im Lindheimer Home in Texas gesponnen haben. Darin hatten sie MacCannells fünf Stufen der »sight sacralization« (naming, framing, elevation, enshrinement, social reproduction) auf die Führung durch eine Ausstellung angewendet.[85] Doch wie genau lassen sich Stadtführungen als Raumpraktiken untersuchen, und welchen Prinzipien folgt die prozessuale Hervorbringung von Sehenswürdigkeit in städtischen Räumen?

Anders als eine Ausstellung gibt der Stadtraum, den Tourist:innen mit oder ohne Guide durchstreifen, in der Regel weder Lauf- noch Blickrichtungen vor. Mehr noch als die Bewegung im Museum kann jene durch die Stadt als Ausdruck einer uralten und omnipräsenten Kulturtechnik – des Gehens – untersucht werden. Die *walking tour* lässt sich somit einbetten in soziologische, philosophische, anthropologische wie humangeografische Arbeiten, die das Gehen als raumerfahrende wie -gestaltende

83 David Overend, Performing Sites. Illusion and Authenticity in the Spatial Stories of the Guided Tour, in: Scandinavian Journal of Hospitality and Tourism, Bd. 12 (2012) 1, S. 44-54, hier S. 51.

84 Simon Coleman/Mike Crang, Grounded Tourists, Travelling Theory, in: Simon Coleman/Mike Crang (Hg.), Tourism. Between place and performance, New York, NY 2002, S. 1-17, hier S. 10 f.

85 MacCannell, The Tourist, S. 43-45; Elizabeth C. Fine/Jean Haskell Speer, Tour Guide Performances as Sight Sacralization, in: Annals of Tourism Research, Bd. 12 (1985) 1, S. 73-95.

Praxis beschrieben haben.[86] Am radikalsten findet sich die Idee der im Gehen realisierten Stadt wohl bei Michel de Certeau, der den Akt des Gehens mit dem Sprechakt gleichsetzt. Das Gehen wird bei ihm zum »Raum der Äußerung«, deren Stilfiguren sich als »Rhetoriken des Gehens« beschreiben lassen.[87] Eine Übertragung dieser Überlegung auf touristische Modi des Gehens ist freilich nur bedingt möglich, denn de Certeau hat nicht Fremde im Blick, sondern die Alltagspraktiken derjenigen, die mit der Stadt vertraut sind.[88] Bleibt man dennoch in seiner Terminologie, mögen die Schritte von Tourist:innen zwar dieselben Orte kreuzen wie jene der Einheimischen und am selben Text mitschreiben, ihre »Gehfiguren« sind jedoch andere.[89] Wenn Tourist:innen *anders gehen* als Einheimische, sind auch die Räume, die ihre Gehfiguren erzeugen, andere. In seinem einflussreichen Artikel »Staging Tourism« setzt sich Tim Edensor mit den räumlichen wie sozialen Dimensionen des Tourismus auseinander und beschreibt, wie Orte durch die Anwesenheit von Tourist:innen zu besonderen, kontrollierten »dramaturgischen Räumen« werden, die bestimmte Verhaltensmuster vorgeben.[90] Touristische Praktiken sind demnach raumabhängig; sie folgen erlernten Regeln und eingeübten Mustern. Im Falle von geführten Touren kommt eine zusätzliche Regulierungsinstanz hinzu – die Guides. Als Regisseure dirigieren sie die Bewegungen ihres Publikums, synchronisieren dessen Rhythmus mit dem des städtischen Alltags[91] und wenden unterschied-

86 Tim Ingold/Jo Lee Vergunst (Hg.), Ways of walking. Ethnography and practice on foot, Farnham 2012; Bernhard Tschofen, Vom Gehen: kulturwissenschaftliche Perspektiven auf eine elementare Raumpraxis, in: Schweizerisches Archiv für Volkskunde = Archives suisses des traditions populaires, Bd. 109 (2013) 1, S. 58-79.

87 Michel de Certeau, Kunst des Handelns, Berlin 1988, S. 188-195. Die Zitate befinden sich auf S. 189 und 192.

88 Ebenfalls auf de Certeau beziehen sich Dudek und Sikora in ihrer Analyse von zivilgesellschaftlich organisierten Warschauer Stadtrundgängen: Karolina J. Dudek/Sławomir Sikora, Pustyna Kulturalna? Siedem Szkiców o Działaniu na Grochowie, Gdańsk 2018, S. 83 f.

89 Zur Veralltäglichung des touristischen Gehens vgl. Susanne Österlund-Pötzsch, Pedestrian Art. The Tourist Gait as Tactic and Performance, in: Ethnologia Europaea, Bd. 40 (2020) 2, S. 14-28. Zu technischen Methoden des Tracking von Tourist:innen siehe C. Michael Hall/Yael Ram/Noam Shoval, Introduction. Walking – more than pedestrian, in: Colin Michael Hall/Yael Ram/Noam Shoval (Hg.), The Routledge international handbook of walking, Abingdon, Oxon, New York, NY 2017, S. 1-24, hier S. 12-17.

90 Edensor, Staging Tourism.

91 Folgerichtig plädiert (und erprobt) Edensor an anderer Stelle eine »Rhythmusanalyse« des Tourismus: Tim Edensor/Julian Holloway, Rhythmanalysing the Coach Tour. The Ring of Kerry, Ireland, in: Transactions of the Institute of British Geographers, Bd. 33 (2008) 4, S. 483-501.

liche Strategien der Verräumlichung, der Positionierung bzw. der Regulierung an.[92]

Verstanden als Form des *doing history* generieren Stadtführungen allerdings nicht nur Raum, sondern auch Zeit – mithin Geschichte. Während erste Studien zur Erzeugung von Zeiterfahrungen in Museumsführungen vorliegen,[93] ist offen, welche Folgen die geführte physische Bewegung durch eine Stadt für deren Verzeitlichung hat. Zu fragen wäre also, auf welche Weise die unterschiedlichen Choreografien von Stadtführungen jeweils Raum- mit Zeiterfahrungen verschränken. Inwiefern lässt sich das, was im touristischen Begehen oder Durchfahren einer Stadt entsteht, als spezifisches temporales Ordnungsmodell, etwa als »Zeitschaft«[94] im Sinne Achim Landwehrs, lesen? Oder anders: Welcher Art ist die Zeit des Staatssozialismus, die in den Kommunismustouren »begangen« wird?

(2) Im Ausdruck des »Begehens« klingt zweitens an, dass Stadtführungen körperlich-sinnliche Praktiken sind. Zwar unterlegen die Guides das physische Erleben mit einer narrativen Spur, die Frage nach der Rezeption muss neben kognitiven jedoch auch leibliche wie emotionale Reaktionen umfassen. Eine performative Perspektive schließt deshalb sämtliche körperbezogene Wahrnehmungen ein. Die Bedeutung solcher leiblicher Prozesse wird intensiv in Studien zum historischen Reenactment und der Living History diskutiert – in dezidiert multisensorischen Formaten also, die sich durch ihre besondere Theatralität auszeichnen.[95] Unter dem Begriff des *embodiment* konzipiert diese Forschung den Körper als exploratives Werkzeug, das eingesetzt wird, um jenseits text-basierter Medien Wissen über die Vergangenheit zu generieren.[96] Auch geführte Touren – und hier nicht nur Kostümführungen oder solche, die dezidiert theatrale

92 Athinodoros Chronis spricht von »spatialization«, »emplacement« und »regulation«: Athinodoros Chronis, Moving bodies and the staging of the tourist experience, in: Annals of Tourism Research, Bd. 55 (2015), S. 124-140. Vgl. außerdem Edensor, Staging Tourism, S. 326; Cohen, The Tourist Guide, S. 11, 14.

93 Etwa Dekel, Quoting and Telling; Williams, Performing interpretation.

94 Achim Landwehr, Die anwesende Abwesenheit der Vergangenheit. Essay zur Geschichtstheorie, Frankfurt a. M. 2016, S. 281-316, zur Stadt insb. S. 310.

95 Gundermann, Brauer, Carlà-Uhink, Keilbach, Logge, Morat, Peselmann, Samida, Schwabe, Sénécheau, Koch, Schlüsselbegriffe der Public History, S. 239.

96 Vanessa Agnew, Introduction: What Is Reenactment?, in: Criticism, Bd. 46 (2004) 3, S. 327-339, hier S. 329; Anja Dreschke/Ilham Huynh/Raphaela Knipp/David Sittler, Einleitung, in: David Sittler/Raphaela Knipp/Ilham Huynh/Anja Dreschke (Hg.), Reenactments. Medienpraktiken zwischen Wiederholung und kreativer Aneignung, Bielefeld 2016, S. 9-23, hier S. 18; Juliane Tomann, Living History. Version: 1.0, in: Docupedia-Zeitgeschichte (18. 05. 2020).

Momente beinhalten[97] – lassen sich, wie ich in Teil III zeige, als körper- und affektgebundene Geschichtspraktiken analysieren. Dabei geht es mir keinesfalls um eine Diskreditierung des Diskursiven bzw. Narrativen, das in Teil II seinen Platz hat, sondern um eine Perspektiverweiterung. Denn – so formuliert es Athinodoros Chronis in seiner Studie zur Bewegung von Körpern in Führungen – »the strategic use of the body is intertwined with discursive techniques in the purposeful construction of a tourist place.«[98] Neben den sinnlich-interaktiven Verfahren, die Guides gezielt animieren, um emotionale Reaktionen zu evozieren und bestimmte Lesarten sicherzustellen, sind dabei auch jene Körpererfahrungen zu berücksichtigen, die nicht intendiert sind.

Mit der multisensorischen Raumaneignung untrennbar verbunden sind Gemeinschafts- und Präsenzerlebnisse. Sowohl der Tourismus als auch das Reenactment sind im Anschluss an Victor Turners Ritual-Forschung als liminale Räume analysiert worden, in denen die moderne Rollenfragmentierung des Individuums temporär überwunden und alternative Formen der Vergemeinschaftung erlebt werden können.[99] Auch das geführte Gehen in einer Gruppe lässt sich als rituelle Handlung lesen, die auf ein bestimmtes emotionales Erleben abzielt. So hat etwa Sarah Willner am Beispiel von Themenwanderungen auf den Spuren prähistorischer Siedler:innen die Bedeutung emotionaler Wanderstile bei geschichtsinteressierten Alpinist:innen herausgearbeitet. Die Natur-, Körper- und Alteritätserfahrungen, die sich mit der Bewegung durch die Berge verbinden, analysiert sie als wissenskulturelle Praxis und legt dar, dass Geschichtsträchtigkeit erst dann erfahrbar werde, wenn Wander-

97 Auf solche Sonderformen beschränkte sich die Betrachtung von Führungen als performativen Geschichtspraktiken im Tourismus bisher. Siehe etwa Barbara Hanke/ Nicola Aly, Stadtführungen in historischer Gewandung, in: Felix Hinz/ Andreas Körber (Hg.), Geschichtskultur – Public History – Angewandte Geschichte. Geschichte in der Gesellschaft: Medien, Praxen, Funktionen, Göttingen 2020, S. 184-196; Raphaela Knipp, Nacherlebte Fiktion. Literarische Ortsbegehungen als Reenactments textueller Verfahren, in: David Sittler/Raphaela Knipp/Ilham Huynh/Anja Dreschke (Hg.), Reenactments, S. 213-236; Wolfgang Hochbruck, Geschichtstheater. Formen der »Living History«. Eine Typologie, Bielefeld 2013, S. 78-80.

98 Chronis, Moving bodies and the staging of the tourist experience, S. 125.

99 Vgl. Anja Dreschke, Ritual, in: Vanessa Agnew/Jonathan Lamb/Juliane Tomann (Hg.), The Routledge handbook of reenactment studies. Key terms in the field, New York 2020, S. 202-206; Hennig, Reiselust, S. 43; Wang, Rethinking Authenticity in Tourism Experience, S. 365. Siehe dazu auch: Sabine Stach, Zeit-Reisen? Ein Ausblick aus tourismustheoretischer Perspektive, in: Sabine Stach/ Juliane Tomann (Hg.), Historisches Reenactment. Disziplinäre Perspektiven auf ein dynamisches Forschungsfeld, Berlin, Boston 2021, S. 209-232, hier S. 219.

stil, Performanz und räumliche Bedingungen miteinander korrespondieren.[100]

Als rituelle Körperpraktiken bieten geführte Stadt- oder Museumstouren darüber hinau eine Möglichkeit, das eigene Geschichtsbewusstsein vor anderen zu performen und sich eigener Überzeugungen zu versichern.[101] Sowohl auf Themenrouten, die sich der historischen Aufarbeitung von Krieg und Gewalt widmen, als auch an Orten, die weniger stark mit moralischen Ansprüchen verbunden sind, erhalten die Teilnehmer:innen Gelegenheit, angemessene Reaktionen auf die vermittelte Geschichte zu zeigen.[102] Die Frage, welches Verhalten jeweils als angemessen gilt, ist freilich alles andere als eindeutig. Hiervon zeugen die Debatte über die Selfie-Kultur in Gedenkstätten[103] ebenso wie das Spiel mit Waffen, das in einige Kommunismustouren integriert ist. Wie ich im letzten Kapitel thematisiere, trugen viele Führungen karnevaleske Züge, angesiedelt an der Bruchstelle zwischen touristischer Außeralltäglichkeit und offizieller Geschichtskultur.[104]

(3) Stadtführungen aus performativer Perspektive zu untersuchen bedeutet auch, sie zwischen *Inszenierung* und *Aufführung* zu situieren. Im Gegensatz zum absichtsvollen, schöpferischen Prozess der Inszenierung zielt der Begriff der Aufführung darauf ab, das Unkontrollierbare, Nicht-Reproduzierbare einer bestimmten Praktik zu erfassen.[105] Erika Fischer-Lichte zufolge zeichnet sich eine Aufführung durch die »leibliche Ko-Präsenz von Akteuren und Zuschauern«[106] aus. In diesem Sinne lassen sich Stadtführungen einerseits als von den Guides eingeübte,

100 Sarah Willner, Atmosphären und Hierarchien der Geschichtserfahrung. Zum Verhältnis emotionaler Stile des Alpinismus und Konstruktion prähistorischer Lebensrealitäten, in: Willner/Koch/Samida (Hg.), Doing History, S. 67-76.

101 Sharon Macdonald, Memory, Materiality and Tourism, in: Birgit Braasch (Hg.), Major Concepts in Tourism Research – Memory, Leeds 2008, S. 3-11, hier S. 11. Siehe dazu auch die Arbeiten von Laurajane Smith zu den unterschiedlichen »heritage performances« der Besucher:innen von »heritage sites«: Laurajane Smith, Emotional heritage. Visitor engagement at museums and heritage sites, London 2021, S. 3.

102 Williams, Performing interpretation, S. 120.

103 Bareither, Difficult heritage and digital media.

104 Siehe auch Monika Golonka-Czajkowska, Podróż do krainy zwanej Nową Hutą, czyli o komunizmie jako atrakcji turystycznej, in: Magdalena Bogusławska/Zuzanna Grębecka (Hg.), Popkomunizm. Doświadczenie komunizmu a kultura popularna, Kraków 2010, S. 287-302, hier S. 301.

105 Gundermann, Brauer, Carlà-Uhink, Keilbach, Logge, Morat, Peselmann, Samida, Schwabe, Sénécheau, Koch, Schlüsselbegriffe der Public History, S. 238 f.

106 Erika Fischer-Lichte, Einleitung. Theatralität als Modell, in: Erika Fischer-Lichte (Hg.), Theatralität als Modell in den Kulturwissenschaften, Tübingen, Basel 2004, S. 7-26, hier S. 11.

prinzipiell wiederholbare Darstellungen verstehen, in denen diese unterschiedliche Erzähl- und Authentisierungsstrategien anwenden, um bestimmte Geschichtsbilder zu vermitteln. Die Betrachtung der Tour als Aufführung rückt andererseits das Erleben aller Beteiligten – also sowohl der Guides als auch des Publikums und eventueller Passant:innen – in den Fokus und betont, dass sich Bedeutungen erst in ihrer Ko-Präsenz ergeben.[107] Diese Sichtweise korrespondiert mit der jüngeren Tourismus-Forschung, die selbst Bustouren und Stadtrundgänge, in denen das Publikum stundenlangen Monologen ausgesetzt ist, als »Koproduktionen« zwischen Erzähler:innen und Zuhörer:innen beschreiben.[108] Jedes antizipierte wie reale Publikum nimmt demnach – und sei es durch Desinteresse und Verweigerung – Einfluss auf die konkrete Tour.

Führungen sind in der jüngeren Forschungsliteratur in erster Linie als niedrigschwellige Instrumente zur Vermittlung bestimmter Anliegen beschrieben worden. Eldad Brin und Chaim Noy definieren die geführte Tour als »ideologically charged social event where the authority of the guide (when played out competently) can potentially (re)shape the identities, places, and histories that are implicated in and by the tour.«[109] Diese identitätsbildende Funktion betrifft sowohl demokratische Gesellschaften als auch Länder, in denen die Arbeit von Tourguides durch den Staat kontrolliert wird.[110] Sie gilt für institutionell gerahmte Angebote, etwa von staatlich getragenen Gedenkstätten oder zivilgesellschaftlichen Initiativen, ebenso wie für freiberuflich realisierte. Insbesondere in Ländern mit jüngeren Kriegserfahrungen oder gespaltenen Gesellschaften erfüllen Stadt-

107 Siehe auch Stefanie Samida, Per Pedes in die Germania magna oder Zurück in die Vergangenheit? Kulturwissenschaftliche Annäherungen an eine performative Praktik, in: Willner/Koch/Samida (Hg.), Doing History, S. 52; Stach, Zeit-Reisen?, S. 220.

108 Vgl. u.a. Jonas Larsen/Jane Widtfeldt Meged, Tourists Co-producing Guided Tours, in: Scandinavian Journal of Hospitality and Tourism, Bd. 13 (2013) 2, S. 88-102. Im Gegensatz dazu stehen Beschreibungen, die Tourist:innen als gänzlich passiv ansehen, etwa in: Sabine Sünwoldt, Stadtrundfahrt – Die Vermittlung des Bildes einer Stadt als touristisches Erlebnisangebot, in: Dieter Kramer/Ronald Lutz (Hg.), Reisen und Alltag, Frankfurt a.M. 1992, S. 71-80.

109 Brin, Noy, The said and the unsaid, S. 20.

110 Zum »red tourism« in China vgl. Cosmin Ciprian Caraba, Communist heritage tourism and red tourism. Concepts, developments and problems, in: Cinq Continents, 1 (2011) 1, S. 29-39; Sima, Communist heritage representation gaps and disputes; zu Indonesien: Heidi Dahles, The Politics of Tour Guiding. Image Management in Indonesia, in: Annals of Tourism Research, Bd. 29 (2002) 3, S. 783-800; zu Kuba: Simoni, Informal Guiding.

führungen wichtige politische Aufgaben. Studien zu Israel,[111] Belfast[112] oder Bosnien und Herzegowina[113] zeigen die Bandbreite der Agenden auf, die touristische Angebote prägen können. Geht es den einen um Friedenssicherung und gegenseitige Verständigung, nutzen andere das raumbasierte Erzählen einer Tour zur Stärkung konkreter Gruppenidentitäten.

Versteht man Stadtführungen als Aufführungen in Fischer-Lichtes Sinne, rückt der Anteil des Publikums an diesen Sinngebungsprozessen in den Fokus. In der Regel fungiert es durch seine wohlwollende Teilnahme als »Verstärker« der in die Skripte eingeschriebenen Deutungen.[114] Der Nahblick auf die Interaktion zwischen den Beteiligten offenbart allerdings auch Widerständigkeiten sowie Ideologien, Hierarchien und Machtgefälle jenseits des Intendierten. So sind neben ethnischen und politischen Dissonanzen etwa geschlechtsbezogene und ökonomisch bedingte Asymmetrien in Stadtführungen eingeschrieben, die in subtiler Weise Einfluss auf die Autorität der Sprechenden nehmen, wie Jackie Feldman und J. Skinner betont haben: »The guide's body, accent, gender and appearance may become semiotic objects of the tourist gaze and limit or enhance their possibilities as cultural mediators.«[115] Auch wenn das Publikum Stadtführer:innen eine privilegierte Stellung als Expert:innen zuschreibt,[116] ist es nicht die Performanz geballten Detailwissens allein, die diese mit Autorität ausstattet. Vielmehr müssen sie ihre »Rederechte«[117] in Abhängigkeit von Raum und Publikum immer wieder neu herstellen. Wie ich in Kapitel II.3 ausführen werde, stehen Guides in

111 Brin, Noy, The said and the unsaid; Feldman, Mediation as a Practice of Identity; Katriel, Performing the Past; A. S. Ron/Y. Lurie, The Intimacy of Mediation, in: Ethnologia Europaea, Bd. 48 (2018) 2, S. 55-67.

112 Jessica Rapson/Melissa Nisbett, The Role of Ex-Paramilitaries and Former Prisoners in Political Tourism, in: Political Geography, Bd. 80 (2020) 2; Jonathan Skinner, Walking the Falls. Dark Tourism and the Significance of Movement on the Political Tour of West Belfast, in: Tourist Studies, Bd. 16 (2016) 1, S. 23-39; Emily Mannheimer, The Truth about the Troubles. Negotiating Narratives of the Past in Guided Political Tours of West Belfast, in: Narrative Culture, Bd. 9 (2022) 2, S. 280-298.

113 Senija Causevic/Paul Lynch, Phoenix Tourism. Post-Conflict Tourism Role, in: Annals of Tourism Research, Bd. 38 (2011) 3, S. 708-800.

114 Mit Smith ließe sich von »performances of reinforcement« sprechen, die in den Touren dominieren. Smith, Emotional heritage, S. 3.

115 Feldman, Skinner, Tour Guides as Cultural Mediators, S. 10. Explizit mit Fragen des Geschlechts befassen sich etwa: A. Ypeij/E. Krah/F. van der Hout, Women Weavers and Male Tour Guides, in: Ethnologia Europaea, Bd. 48 (2018) 2, S. 68-81.

116 Overend, Performing Sites, S. 46 f.

117 Bei Katriel »storytelling rights«: Katriel, Performing the Past, S. 75.

touristischen Führungen, die zeithistorische Themen adressieren und zugleich vom Zusammentreffen verschiedener Generationen (mit und ohne Zeitzeug:innenstatus) geprägt sind, vor einem prinzipiellen Autorisierungsproblem.

Unabhängig davon bedingt der Dienstleistungscharakter einer kommerziellen Führung, den ich im ersten Teil genauer beschreibe, ein strukturelles Machtgefälle. Auf dem freien Markt sind Guides oft unter prekären Bedingungen tätig, abhängig von Trinkgeldern und somit in besonderer Weise auf die Antizipation und Erfüllung von Publikumserwartungen angewiesen.[118] Die Strategien, die sie zur Zufriedenstellung der Kundschaft anwenden, reichen von der Reproduktion nationaler Stereotypen über Praktiken der Selbstexotisierung bis hin zur Übernahme kolonialer Wahrnehmungsmuster.[119] Dies heißt jedoch nicht, dass Guides machtlos wären. Im Gegenteil haben einige Forscher:innen explizit ihre *agency* in den Blick gerückt und gezeigt, wie ökonomisch, historisch oder geopolitisch bedingte Hierarchien durch unterschiedliche Schutz- und Widerstandspraktiken unterlaufen werden – etwa indem sich Guides dem Blick entziehen oder ihn ihrerseits auf die Tourist:innen richten.[120] In ihrer Auseinandersetzung mit den Handlungsspielräumen von »native tour guides« spricht Alexis Celeste Bunten sogar von der strategischen Abspaltung einer »commodified persona« als professionelle Reaktion auf die Anforderungen der Heritage-Industrie.[121]

Unterwegs als »professionelle Touristin«: Zur Methodik

Im Februar 2015 kam ich als frisch promovierte Kulturhistorikerin mit einer vagen Forschungsidee ans Deutsche Historische Institut in Warschau. Ich hatte mir vorgenommen, die Touristifizierung des staatssozialistischen Erbes in Ostmitteleuropa zu untersuchen. Aus der anfänglichen

118 Zur Prekarität der Arbeitsbedingungen von Tour Guides als »postindustrial culture workers« siehe Jonathan R. Wynn, The tour guide. Walking and talking New York, Chicago 2011, S. 36-48.

119 Noel B. Salazar, Imagineering Otherness. Anthropological Legacies in Contemporary Tourism, in: Anthropological Quarterly, Bd. 86 (2013) 3, S. 669-696, hier S. 674; Bunten, So, How Long Have You Been Native?, S. 386.

120 Darya Maoz, The mutual gaze, in: Annals of Tourism Research, Bd. 33 (2006) 1, S. 221-239; Feldman, Mediation as a Practice of Identity, S. 51.

121 Alexis Celeste Bunten, Sharing culture or selling out? Developing the commodified persona in the heritage industry, in: American Ethnologist, Bd. 35 (2008) 3, S. 380-395. Vgl. auch ihre Reflektionen in: Bunten, So, How Long Have You Been Native?, S. 122.

Rundumschau auf unterschiedliche touristische Medien und Akteure – von Reiseführern bis hin zum Stadtmarketing – bildete sich rasch ein besonderes Interesse am Medium Stadtführung heraus. Wie unter dem Brennglas schien in der oben erwähnten ersten Warschauer Tour, an der ich probeweise teilgenommen hatte, greifbar, worüber ich mehr wissen wollte: Mich interessierte der unterhaltsame, erlebnisorientierte und oft sehr körperbetonte Umgang mit Geschichte, in dem sich individuelle Bedürfnisse ebenso spiegeln wie marktökonomischen Dynamiken. Um sowohl narrative als auch körperliche und materielle Aspekte der touristischen Geschichtsnutzung erfassen zu können, entschied ich mich für ein ethnografisches Vorgehen und orientierte mich an Sharon Macdonalds oben eingeführten Überlegungen zur individuellen Vergegenwärtigung von Vergangenheit. Über das Verhältnis von Sprache, Körper und Materialität heißt es bei ihr:

> [N]either language nor the embodied/material should be seen simply as supplement to the other. Not only do the discursive and the embodied/material not necessarily »say« the same things, however, they do not necessarily work in the same ways or produce the same effects.[122]

Um diese unterschiedlichen Effekte in ihrem Zusammenspiel zu analysieren und mehr über populäre Kulturen, die die »Prägung der zukünftigen Vergangenheit vorantreiben«,[123] zu erfahren, wurde ich also zu einer Art »professioneller Touristin«. Zwischen 2015 und 2019 nahm ich als teilnehmende Beobachterin an insgesamt 37 Stadtführungen teil, wovon 31 explizit dem (Post-)Sozialismus gewidmet waren.[124] Die Auswahl der Anbieter folgte sowohl systematischen als auch pragmatischen Erwägungen.[125] Die Mehrzahl der Führungen fand zu Fuß statt, hinzu kamen Autofahrten sowie eine Radtour. Wenn möglich besuchte ich dasselbe

122 Macdonald, Memorylands, S. 81.

123 Christine Hämmerling, Teilnehmende Beobachtung in der historischen Forschungspraxis, in: Lisa Spanka/Julia Lorenzen/Meike Haunschild (Hg.), Zugänge zur Zeitgeschichte. Quellen und Methoden, Marburg 2016, S. 273-315, hier S. 279.

124 Um ein Gefühl für unterschiedliche zeithistorische Themen zu bekommen, besuchte ich auch einige Touren, die der jüdischen Geschichte sowie dem Zweiten Weltkrieg gewidmet waren.

125 Auf Basis einer ersten Sammlung von Anbietern im Jahr 2015 versuchte ich, die populärsten Anbieter zu identifizieren, um möglichst routinierte Guides zu treffen. Zugleich bemühte ich mich, in allen drei Städten möglichst unterschiedliche Formate (walking tours, free walking tours, Rundfahrten) abzudecken. Insbesondere in Prag, dessen Tourismusangebot am unübersichtlichsten ist, waren bei kleineren Anbietern zahlreiche Buchungsänderungen an der Tagesordnung, so dass hier v. a. kurzfristige Verfügbarkeiten den Ausschlag für eine Aufnahme in die Untersuchung gaben.

Angebot zweimal, um ein Gefühl für die Varianz der Präsentationen mit Blick auf einzelne Tourguides, unterschiedliche Publika und im Zeitverlauf zu bekommen. Die Größe der Gruppen variierte von zwei Teilnehmer:innen bis hin zu mehreren Dutzend im Falle einzelner »free walking tours«. Bis auf wenige Ausnahmen (Krakau, Breslau) beschränkte sich meine Feldforschung auf Warschau, Prag und Bratislava.

Die Auswahl dieser drei Städte erfolgte sowohl aus forschungspragmatischen als auch heuristischen Gründen: Warschau war nun mein eigener Wohnort, mit Prag und Bratislava kamen zwei weitere Zentren meiner Forschungsregion hinzu, deren touristische Entwicklung unterschiedlich stark ausgeprägt ist. Während Prag mit über 5 Millionen ausländischen Besucher:innen pro Jahr (vor Ausbruch der Pandemie 2020) zu den größten touristischen Magneten im östlichen Europa gehört, stellen Bratislava und Warschau heute zwar ebenfalls beliebte, aber weniger stark besuchte Reiseziele dar.[126] Ausschlaggebend für den Fokus auf diese drei Städte waren ihre Topografien, die jeweils sehr unterschiedliche Grade der kommunistischen Überformung aufweisen: Während Prag im Zweiten Weltkrieg kaum zerstört wurde und das touristische Zentrum (Alt- und Neustadt, Kleinseite) daher nur wenige Areale aufweist, die komplett zwischen 1945/1948 und 1989 bebaut wurden, kann das im Krieg zu 85% zerstörte Warschau als Gegenpol angesehen werden. Der historisierende Wiederaufbau ebenso wie der sozialistisch-modernistische Neu- und Umbau der Stadt prägen den heutigen Stadtraum in hohem Maße. Zwischen diesen Extremen ist die urbane Landschaft der slowakischen Hauptstadt zu verorten. Zwar blieb hier viel Originalsubstanz vom Krieg verschont, ein Teil davon fiel jedoch der sozialistischen Stadtplanung der 1960er und 1970er zum Opfer. So musste die Synagoge 1967 der neuen Stadtautobahn weichen, und die aus dem 9. Jahrhundert stammende Burg liegt heute vis-à-vis dem Wohnbezirk Petržalka, einem der größten geschlossenen Plattenbauviertel Europas.

Die teilnehmenden Beobachtungen liefen stets nach dem gleichen Muster ab. Stadtrundfahrten bzw. -rundgänge, die in geschlossenen Kleingruppen stattfanden, buchte ich im Vorfeld online (seltener an

126 Im Jahr 2019 kamen 6,8 Mio Gäste nach Prag, 2,8 Mio ausländische Besucher:innen nach Warschau und 1,2 Mio nach Bratislava. Vgl. Prague City Tourism: Guests and nights, 2019, unter: https://www.praguecitytourism.cz/en/our-services/statistics/guests-and-nights-2012-2021-18006; Turystyka w Warszawie – Raport, 2019, unter: https://warsawtour.pl/wp-content/uploads/2021/09/Turystyka_w_Warszawie_Raport_2019.pdf; Bratislava navštívilo vlani viac ako 1,4 milióna turistov, in: Sme Bratislava, 25.2.2020, unter: https://bratislava.sme.sk/c/22334045/bratislavu-navstivilo-vlani-viac-ako-14-miliona-turistov.html [alle: 11.7.2022].

einem Ticketschalter). Im Falle der »free walking tours« und anderer Führungen, die keiner verbindlichen Voranmeldung bedurften, begab ich mich direkt zum angegebenen Treffpunkt. Wie ich schnell lernte, musste ich hierbei allerdings vieles dem Zufall überlassen: Einige Touren, die ich ausgewählt hatte, fanden nicht statt oder wurden mit ähnlichen Angeboten desselben Unternehmens zusammengelegt; andere fielen mangels Teilnehmer:innen aus.[127] Auch was die Kontaktaufnahme zu Guides und Unternehmer:innen anging, gestaltete sich mein Einstieg ins Feld teils holprig. Während Stadtführer:innen in der touristischen Hauptsaison derart ausgelastet sind, dass sie kaum erreichbar sind, widmen sie sich von Herbst bis Frühling meist anderen Tätigkeiten. Es stellte sich heraus, dass die Bereitschaft zu spontanen Interviews direkt im Anschluss an eine Tour deutlich größer war, als zu langfristig verabredeten Treffen. Es galt also, flexibel zu bleiben.

Eingetroffen am Startpunkt der Führung sprach ich jeweils die Guides an, erläuterte ihnen kurz mein Forschungsvorhaben und bat um die Erlaubnis, Audio-Mitschnitte anfertigen zu dürfen. In der Mehrzahl gestatteten sie mir dies ohne Zögern. Viele reagierten sogar äußerst aufgeschlossen auf meine Bitte, schienen sich über das Interesse an ihrer Tätigkeit zu freuen und stellten Nachfragen zu meinem Projekt. Einige erklärten sich spontan zu Gesprächen direkt nach der Führung bereit. Die teils expliziten, teils informellen Interviews unterschiedlicher Länge dienten mir vor allem dazu, mehr über die Motivationen, die biografischen Hintergründe, aber auch über praktische Erfahrungen, typische Situationen und Probleme sowie über den Prozess der Tour-Entwicklung zu erfahren. Freilich brachten auch meine Gesprächspartner:innen ihre eigenen Agenden ein: Mehrfach wurde ich um eine Einschätzung ihrer Präsentationen, aber auch konkurrierender Angebote gebeten.

Neben Feldnotizen, Beobachtungsprotokollen, Fotos und Tonaufnahmen umfasst meine Dokumentation Transkripte von Führungen und Interviews. Um die Persönlichkeitsrechte der Guides zu wahren, habe ich mich für eine Pseudonymisierung entschlossen; auf den Bildern sind nach Möglichkeit keine Gesichter zu sehen.[128] Ergänzend beziehe ich

127 Als einzige Teilnehmerin an einer Führung teilzunehmen versuchte ich zu vermeiden, um auch die Gruppendynamik bzw. das Publikum in meine Betrachtungen einbeziehen zu können. Zweimal passierte es dennoch. Drei Touren fanden mit einem rein akademischen Publikum (Studierende, Konferenzteilnehmer:innen) statt; zwei Stadtführungen besuchte ich auf Polnisch.

128 Die spezifische Situation im Feld erlaubte es mir nicht, von allen Beteiligten (Guides und Tourist:innen) informierte Einwilligungen einzuholen. Dort wo (trotz hoher Fluktuation und teils großer Teams) zu befürchten wäre, dass trotz Pseudonymisierung auf die Identität eines Guides geschlossen werden könnte,

verschiedene Formen der Selbstdarstellung seitens der Anbieter:innen (darunter Webseiten, soziale Medien und andere Arten der Werbung) sowie der Reisenden (insbesondere Einträge auf *Tripadvisor* und in Gästebüchern)[129] in meine Untersuchung ein. Wie meine Gespräche mit verschiedenen Teilnehmer:innen am Rande der Führungen verstehe ich Letztere nicht als Rezeptionsanalyse. Im Sinne des performativen Ansatzes gehen das nachträgliche Schreiben einer Bewertung oder das Gespräch mit Mitreisenden vielmehr als Bestandteil der übergeordneten touristischen Praxis in meine Analyse ein.[130] Ebenso geraten Ausstellungen, die im Verlauf mancher Führungen besucht wurden, nicht in Form eigenständiger Museumsanalysen, sondern allein durch die Brille ihrer durch die jeweiligen Guides vermittelten Aneignung in meinen Blick.

Um eine möglichst dichte Beschreibung touristischer Performanzen zu geben, werde ich immer wieder mein eigenes Erleben – als Touristin wie als ethnografisch arbeitende Kulturwissenschaftlerin – zum Ausgangspunkt nehmen. Damit greife ich Regina Bendix' Forderung nach einer stärkeren »Berücksichtigung des Körpers der Ethnographin«[131] auf. Anders als Bendix geht es mir aber nicht allein darum, einen »Aspekt der ›Subjektivität‹ aufzudecken und handzuhaben«, den eine auf das Auge fokussierte Kulturanthropologie ausblendet.[132] Vielmehr greife ich gezielt auf meine eigenen Körpererfahrungen, Interaktionen aber auch Irritationen zurück, um mich den nicht-kognitiven Prozessen der touristischen Geschichtsproduktion einfühlend bzw. nachvollziehend anzunähern.[133]

verzichte ich auf die exakte Benennung des Touranbieters. Andere Guides, die eventuell identifiziert werden könnten, habe ich mit der Bitte um Freigabe ihrer Zitate kontaktiert. Im Zuge dessen bat ein Guide darum, nicht pseudonymisiert zu werden.

129 *Tripadvisor* habe ich mir systematisch nur für den Anbieter *Adventure Warsaw* angeschaut. Ein im Kulturpalast ausgelegtes Gästebuch stellten mir *CREATours* zur Verfügung.

130 Siehe auch Chaim Noy, Pages as Stages. A Performance Approach to Visitor Books, in: Annals of Tourism Research, Bd. 35 (2008) 2, S. 509-528.

131 Regina Bendix, Was über das Auge hinausgeht. Zur Rolle der Sinne in der ethnographischen Forschung, in: Schweizerisches Archiv für Volkskunde, Bd. 102 (2006) 1, S. 71-84, hier S. 79.

132 Ebd. Weit entfernt bin ich freilich von einer systematischen »sensory ethnography« im Sinne Pinks u. a., vgl. Sarah Pink, Doing sensory ethnography, Los Angeles, Calif. 2009.

133 Hämmerling, Teilnehmende Beobachtung in der historischen Forschungspraxis, 276 f. Vgl. auch den methodischen Ansatz der »living fieldwork«: Tanja Angela Kubes, Living fieldwork – Feeling hostess. Leibliche Wahrnehmung als Erkenntnisinstrument, in: Lydia Maria Arantes/Elisa Rieger (Hg.), Ethnographien der Sinne. Wahrnehmung und Methode in empirisch-kulturwissenschaftlichen Forschungen, Bielefeld 2014, S. 111-126, hier S. 112 f.

Diese stellenweise autoethnografische Perspektive[134] wirft die Frage nach meiner eigenen Position im Feld auf, die in doppelter Hinsicht relevant ist: Zum einen nahmen meine unterschiedlichen sozialen Rollen als Wissenschaftlerin, als Touristin, als Deutsche, als Ostdeutsche und als Frau Einfluss auf meine Wahrnehmung. Zum anderen erklären sie den interventionistischen Charakter, den meine Teilnahme an den Führungen mitunter aufwies. Ein Beispiel, wie mein biografischer Hintergrund zum produktiven Störfall mit Konsequenzen für die Aufführung der Tour wurde, diskutiere ich in Kapitel III.4.

Trotz des speziellen Blickwinkels, den ich als »professionelle Touristin« einnahm, unterschied sich mein Tun im Moment der Führung nur graduell von dem des restlichen Publikums. Zusammen mit anderen Tourist:innen folgte ich den Guides, ließ meine Aufmerksamkeit durch ihre Gesten lenken und dokumentierte das Gesehene mit Fotos. Die Differenz zwischen der teilnehmenden Beobachterin und den ebenfalls durchweg beobachtenden Teilnehmer:innen erscheint nicht nur deshalb minimal, weil wir alle touristischen Praktiken vollzogen. Wie Tom Selwyn und Julie Scott pointiert formuliert haben, besteht vielmehr eine prinzipielle Ähnlichkeit zwischen touristischer und ethnografischer Praxis: »Anthropologists and tourists do similar things: they travel, spend temporary periods away from home, gather experiences and souvenirs, and tell stories about them when they get home.«[135] Neben einer deutlichen Senkung der Eintrittsschwelle ins Feld erlaubten mir diese Analogien, in den Führungen gewissermaßen unterzutauchen. Abgesehen von meiner persönlichen Vorstellung zu Beginn der Touren zeugten allein ein Notizbuch und das kleine Aufnahmegerät in meiner Hand von meiner besonderen Agenda. Gewohnt, vor Menschen mit unterschiedlichem Hintergrund aufzutreten, schienen die meisten Guides nach wenigen Minuten meine Anwesenheit vergessen zu haben und in gewohnte Präsentationsroutinen zu fallen. Lediglich ein Stadtführer ließ erkennen, dass ihn meine Präsenz nervös machte,[136] ein anderer räumte dies später im Interview ein.

134 Dezidiert autoethnographische Reflexionen finden sich bislang v. a. von aktiven Guides: Jackie Feldman, A Jewish guide in the Holy Land. How Christian pilgrims made me Israeli, Bloomington 2016; Bunten, So, How Long Have You Been Native?; Bruner, Culture on tour, S. 4-6.

135 Tom Selwyn/Julie Scott, Introduction. Thinking Through Tourism – Framing the Volume, in: Tom Selwyn/Julie Scott (Hg.), Thinking Through Tourism, Oxford u. a. 2010, S. 1-25, hier S. 2. Siehe auch Salazar, Imagineering Otherness, S. 669-696; Coleman, Crang, Grounded Tourists, Travelling Theory, S. 9.

136 Dies kam zum Ausdruck, indem er sich mehrmals für etwaige Ungenauigkeiten entschuldigte, die der Tatsache geschuldet seien, dass er diese konkrete Führung bereits einige Monate nicht mehr gegeben habe.

Inwiefern meine Anwesenheit als Forscherin dauerhaft über der Bewusstseinsschwelle der anderen Beteiligten lag, ist schwer zu bestimmen. Deutlicher scheint der Einfluss meines Alters und meiner Herkunft auf die Performanz der Touren. Ebenso wie meine Nationalität als Deutsche meine Rolle in Gesprächen über den Zweiten Weltkrieg auf eine zurückhaltend-respektvolle festlegte, stellte auch meine Geburt in der DDR in nahezu allen Kommunismustouren ein sinnstiftendes Detail dar, das Einfluss auf meine Position in der Gruppe hatte. Auf die übliche Abfrage des Heimatlandes zu Beginn der Stadtführungen antwortete ich jeweils: »Germany«. Fast immer zog dies die Nachfrage »East or West?« – und damit die Antwort »East« – nach sich. Während ich mich als teilnehmende Beobachterin nur bedingt von den anderen Tourist:innen unterschied, war ich häufig die einzige Teilnehmerin mit eigenen Erfahrungen im Staatssozialismus. In diesem Setting stattete mich meine Herkunft aus der DDR mit dem Status einer Zeitzeugin aus, der mich – auch wegen meines Alters[137] – in die Nähe der Stadtführer:innen rückte. Und dies sogar im Wortsinn: In mehreren Touren wendeten sich die Guides aktiv an mich, um eigene Aussagen zu authentisieren.

Verkaufen, Erzählen, Erleben: Zur Gliederung

Die vorliegende Studie gliedert sich in drei Teile, die ich schlagwortartig mit »Den Kommunismus verkaufen«, »Den Kommunismus erzählen« und den »Den Kommunismus erleben« überschrieben habe.[138] Verkauft, erzählt und erlebt wird freilich nicht der Kommunismus (bzw. Staatssozialismus) selbst, sondern eine Interpretation dieser Zeit. Ebenso wenig können die Tourist:innen echte Zeitreisen machen; ihr Erleben findet allein in der Gegenwart statt. Meine Ausführungen zu Ansatz und Methode zeigen, dass eine solche Abgrenzung zwischen ökonomischen, narrativen sowie körper- und raumbezogenen Perspektiven in erster Linie analytischen und schreibpraktischen Erwägungen folgt. Die einzelnen Kapitel bauen aufeinander auf, verweisen aufeinander und widersprechen sich an mancher Stelle. Denn weder gehen verbale Präsentation und körperliches Empfinden immer Hand in Hand, noch bietet jede Kommunismustour dieselbe Interpretation an. Die Gliederung des Buches in drei Hauptteile, die sich aus je vier oder fünf Kapiteln zusammensetzen, spiegelt damit auch das Kaleidoskophafte

137 Wie viele der Guides wurde auch ich Anfang der 1980er Jahre geboren.

138 Für eine ähnliche Gliederung entschied sich Sharon Macdonald, die drei ihrer insgesamt neun Kapitel in »Memorylands« wie folgt überschrieb: »Telling the past«, »Feeling the past« und »Selling the past«. Macdonald, Memorylands.

touristischer Geschichte wider. Zusammengehalten wird die Arbeit durch mein Interesse am Performativen, das Widersprüchliches, Hybrides und Uneindeutiges selbst in den Fokus rückt. Auf diese Weise möchte ich die »Black Box« touristische Stadtführung zumindest ein wenig öffnen und deren verschiedene Elemente – Akteure, Gegenstände, Wissensbestände, Praktiken – in ihrem komplexen Zusammenspiel ans Tageslicht holen.

Teil eins dient in erster Linie der Vorstellung der Kommunismustouren als Produkten der internationalen Tourismusindustrie. Einem historischen Rückblick auf den Tourismus im Staatssozialismus folgt ein Überblick über den Staatssozialismus im Tourismus – das also, was bisweilen unter dem Label *communist heritage tourism* firmiert. Neben den Zielgruppen und Anbieter:innen präsentiere ich das Produktspektrum und typische Vertriebswege. Als zentrales Element tritt hier die oben skizzierte Vermarktung der Kommunismustouren als alternative Angebote hervor – ein Fakt der, wie ich im Verlauf des Buches aufzeige, wesentlichen Einfluss auf Narrative, Authentizitätsansprüche sowie die Idee einer erfahrungsbasierten Geschichte hat. Nicht zuletzt dient dieser Teil der Vorstellung der besuchten Stadtführungen, mithin also der Einführung in das empirische Material dieser Untersuchung.

Im zweiten Teil frage ich danach, inwiefern das interaktive Storytelling in den Kommunismustouren als ein dezidiert touristisches Erzählen konzipiert werden kann. Unter Rückgriff auf Ansätze der Tourismusanthropologie und -soziologie, der Heritage und Memory Studies sowie der Erzählforschung diskutiere ich hier den Zusammenhang zwischen touristischen Bedürfnissen, populären Bildern und interaktiver Geschichtsvermittlung im Setting der globalen Tourismusindustrie. Neben Fragen der Reoralisierung setze ich mich mit der Zirkulation von medialen Bildern und den Feedbackschleifen auseinander, die wesentlich zum subjektiven Authentizitätserleben der Tourist:innen beitragen. Im Nahblick auf verschiedene Erzählsituationen treten dabei einerseits Praktiken der (Selbst-)Exotisierung, andererseits ein subtiles Spiel mit Machtpositionen, Rederechten und Vergangenheitsdeutungen zutage. Der Dienstleistungscharakter des Angebots resultiert, wie sich auf verbaler wie non-verbaler Ebene zeigen lässt, sowohl in überraschenden Transfer- und Verflechtungsgeschichten als auch in einer systematischen Veruneindeutigung von Geschichte. Er schlägt sich in Harmonisierungen ebenso nieder wie in einer paradoxen Gleichzeitigkeit von abgrenzender Diktatur- und affirmativer Alltagserinnerung, von Kapitalismuskritik und Kapitalisierung des kommunistischen Erbes.

Teil drei rückt schließlich die spezifische Raum- und Körpergebundenheit von Geschichtsaneignungen in Stadtführungen in den Mittelpunkt.

Mit Bezug auf Ansätze der Tourismus- und Reenactmentforschung beleuchte ich Fragen der Raum-Zeitlichkeit und die Verschränkung von subjekt- und objektbezogenen Modi der Authentizität in den Kommunismustouren näher. Aus performativer Perspektive zeigt sich die (post-) sozialistische Stadt als Raum, dessen Gestalt maßgeblich von Routenführung, Art der Fortbewegung und vielerlei situativen Faktoren abhängt. Von entscheidender Bedeutung für das Authentizitätserleben ist sowohl die Verortung der Besucher:innen an »authentischen« Orten als auch die Möglichkeit, intensive Körpererfahrungen zu machen. Letzteres findet insbesondere durch die Integration immersiver Erlebnisräume statt, die in einige Kommunismustouren als Zeitkapseln integriert sind, darunter Kantinen, Milchbars, Kaufhallen, Originalfahrzeuge und Bunkermuseen. Ihre körperlich-sinnliche Aneignung lese ich als interaktives Spiel, an dem sich verschiedene Implikationen der Idee eines erfahrungsbasierten Wissens näher untersuchen lassen.

Die vielschichtige touristische Suche nach Authentizität geht, wie ich insbesondere im letzten Teil zeige, mit einer Reihe von epistemologischen wie auch ethischen Problemen einher. Denn auch wenn mein Ziel keine didaktisch-motivierte Kritik an den konkreten Angeboten ist, gilt es die Gefahren des populären »Geschichtemachens« im Blick zu behalten. Es griffe jedoch zu kurz, das, was häufig schlicht als Verzerrung oder Verfälschung von Geschichte angesehen wird, allein auf die scheinbar mindere Qualität profitorientierter Formate zurückzuführen. Im Gegenteil möchte ich mit dieser Arbeit der häufig sehr normativen Perspektive vieler Fachwissenschaftler:innen eine theoretisch basierte Reflexion des (vermeintlich) Trivialen, Fehlerhaften, Oberflächlichen entgegensetzen. Public History konsequent als *doing history* zu betrachten, heißt für mich nicht zuletzt, diese Zuschreibungen im positiven Sinne zu verkomplizieren. Denn das historische Wissen, das im Rahmen der Tourismusindustrie und in Interaktion mit einem gemischten, internationalen Publikum hervorgebracht wird, ist viel mehr als ein Abziehbild globaler Populärkultur oder nationaler Erinnerungsbestände.

I. Die »communism tour« oder: Den Kommunismus verkaufen

I.1 Die Vorgeschichte: Kommunismustouren im Kommunismus

Für west- bzw. nordeuropäische, amerikanische und australische Reisende stellte der »Ostblock« schon lange vor seinem Zerfall eine touristische Destination dar. Die Motivationen, eine Reise dorthin zu unternehmen, waren auch damals vielfältig. Neben Jugendaustausch und politisch motivierten Bildungsfahrten bewarben die Auslandsreisebüros der Tschechoslowakei und Polens vielerlei Spezialtourismen wie Kultur-, Jagd-, Angel- oder Reiturlaube. Auch für Verwandtenbesuche oder um ihre ehemalige Heimat wiederzusehen überquerten seit den 1970er Jahren immer mehr Menschen den Eisernen Vorhang.[1] Das Interessens- und Erwartungsspektrum der Tourist:innen war folglich ein weites: Neben Reisenden mit familiären Bezügen zum Reiseziel waren Kulturinteressierte unterwegs, die auf den Spuren regionaler Traditionen – etwa des böhmischen Bädertourismus – wandeln wollten, aber auch Neugierige, für die das politische System selbst die Hauptattraktion der Reise ausmachte.[2] Letztere waren nicht zwangsläufig Sympathisant:innen des Kommunismus. Im Gegenteil brachen spätestens seit den 1970er Jahren immer mehr Angehörige der US-amerikanischen und westeuropäischen Mittelschicht ins östliche Europa auf, die hier Reiseerfahrungen suchten, die an den üblichen Urlaubszielen in Spanien, Frankreich oder Kalifornien längst

1 Tatsächlich hatte das Gros der amerikanischen Polen-Reisenden polnische Wurzeln, und auch unter den westdeutschen Reisenden, die in den 1970er Jahren in die Volksrepublik reisten, waren viele Heimatvertriebene aus den ehemaligen deutschen Ostgebieten, die sogenannten »Heimweh- oder Sehnsuchtstouristen«. Vgl. Joanna Dybiec, Guidebook Gazes. Poland in American and German Travel Guides 1945-2002, Münster 2004, S. 99; Corinna Felsch, Reisen in die Vergangenheit. Westdeutsche Fahrten nach Polen 1970-1990, Berlin 2015, S. 21-26.

2 Sune Bechmann Pedersen und Christian Noack unterscheiden in diesem Sinne zwischen einem auf politische Anschauung des Ostblocks abzielenden »Cold War Tourism« und einem an klassischen Sehenswürdigkeiten interessierten »Tourism in the Cold War«. Weil Ost(mittel)europa als gefährliche, abenteuerliche Destination imaginiert werde, sehen sie Ersteren in der Nähe des *dark tourism*. Sune Bechmann Pedersen/Christian Noack, Crossing the Iron Curtain. An introduction, in: Sune Bechmann Pedersen/Christian Noack (Hg.), Tourism and travel during the Cold War. Negotiating tourist experiences across the Iron Curtain, Abingdon, Oxon, New York, NY 2020, S. 1-20, hier S. 5.

nicht mehr zu erwarten waren.[3] Denn mit der zunehmenden Demokratisierung des Reisens und der Ausweitung des Tourismus zum Massenphänomen in den 1960er Jahren hatten sich auch die Voraussetzungen zur Akkumulation kulturellen Kapitals gewandelt: Im Streben nach Distinktion mussten neue, exotischere Reiseziele her.[4] Mit einer solchen Exotik lockten die Länder hinter dem Eisernen Vorhang in besonderer Weise. Eine Reise in den Osten versprach nicht nur hautnahe Eindrücke vom Leben in einem kommunistischen System,[5] sondern insgesamt ein abenteuerliches Reiseerlebnis. Mehraufwand, Restriktionen und Hindernisse, die mit einer solchen Fahrt verbunden waren – etwa eine wenig komfortable Unterbringung, langwierige Einreiseformalitäten oder sicherheitsdienstliche Schikanen – wurden nicht nur als notwendiger Teil einer solchen Reise akzeptiert, ja sie waren sogar fester Bestandteil des Erwartungsspektrums.[6]

Sowohl kulturell als auch politisch, familiär oder sportlich motivierte Reisen trugen zum stetigen Anwachsen des Tourismus in Polen und der Tschechoslowakei bei. Hatte der Staat in den 1940er und 1950er Jahren noch auf den Ausbau der internen Infrastruktur gesetzt, investierten sowohl die Volksrepublik als auch die ČSSR ab den 1960er Jahren gezielt in den Einreisetourismus, um auf diese Weise die staatlichen Deviseneinnahmen zu erhöhen.[7] Bereits Mitte der 1960er überwogen in Polen die Einreise- zum ersten Mal die Ausreisezahlen[8] – ein Trend, der sich durch Visaerleichterungen in den 1970er Jahren weiter fortsetzte.[9] Der Fokus auf zahlungskräftige Ausländer:innen brachte eine zunehmende Zweiteilung der touristischen Angebote für Reisende aus dem Inland

3 Light, Gazing on communism, S. 160.

4 Zur Bedeutung der Distinktion bzw. der »feinen Unterschiede« im Sinne Bourdieus vgl. u. a. Marco D'Eramo, Die Welt im Selfie. Eine Besichtigung des touristischen Zeitalters, Berlin 2018, S. 190 f.

5 Dybiec, Guidebook Gazes, S. 152.

6 Light, Gazing on communism, S. 161.

7 Vgl. Paweł Sowiński, Wakacje w Polsce Ludowej. Polityka władz i ruch turystyczny: 1945-1989, Warszawa 2005, S. 157; Marcin Majowski, Polska Ludowa zaprasza. Polityka turystyczna w czasach Edwarda Gierka, Warszawa 2008, S. 22-24; Pavel Mücke, Šťastnou cestu …?! Proměny politik cestování a cestovního ruchu v Československu za časů studené války (1945-1989), Pelhřimov 2017, S. 248-271; Pedersen, Noack, Crossing the Iron Curtain.

8 Sowiński, Wakacje w Polsce Ludowej, S. 148.

9 Dennoch erreichte der Devisentourismus unter Edward Gierek nicht den staatlicherseits avisierten Umfang. Die Einreisezahlen blieben auch hinter denen in die Tschechoslowakei zurück. Die Gründe reichten von einer fehlenden Infrastruktur im Land selbst bis hin zu logistischen Problemen bei der Bewerbung der Volksrepublik im Ausland. Majowski, Polska Ludowa zaprasza, S. 44.

bzw. den »Bruderstaaten« und solchen aus dem »kapitalistischen Ausland« mit sich. Das Monopol auf die Bedienung des Auslandstourismus hatten die Reisebüros ORBIS in Polen (bis 1989) und ČEDOK in der Tschechoslowakei (bis 1980). Beide staatlichen Reisebüros betrieben Hotels, vermittelten Übernachtungen, Stadtführungen, Exkursionen sowie andere Dienstleistungen und übernahmen Melde- und Geldtauschformalitäten. Auf diese Weise etablierte sich ein zunehmend exklusiver Markt um die westlichen Kund:innen. In beiden Ländern entstanden Hotels gehobenen Standards, die ausländischen Gästen vorbehalten waren. In den sogenannten *Tuzex-* bzw. *Pewex-*Läden konnten zollfrei westliche Produkte, Coupons zum Tanken und andere Waren erstanden werden, die ohne westliche Währungen nicht zugänglich waren. Ein Pflichttausch nach festen Kursen sollte den Fluss von Devisen zusätzlich absichern.[10]

Für Reiseleiter:innen und Stadtführer:innen bedeutete das Anwachsen der neuen Zielgruppe eine Reihe von Herausforderungen. 1965 brachten die Warschauer Fremdenführer:innen einen Werbeflyer in einer Auflage von 30.000 Stück in Umlauf, der ihre Dienste auf Englisch, Französisch und Deutsch bewarb.[11] Hierfür suchten die unter dem Dach der Polnischen Gesellschaft für Touristik und Landeskunde *(Polskie Towarzystwo Turystyczno-Krajoznawcze, PTTK)* organisierten Guides händeringend neue Kolleg:innen mit Fremdsprachenkenntnissen, um den steigenden Bedarf abzudecken.[12] Auch die Führer:innen in Prag bemühten sich, alle Anfragen zu bedienen. Gerade bei den kleineren Sprachen kam es jedoch immer wieder zu Engpässen, so dass häufig Reisende verschiedener Nationalitäten zu einer Gruppe zusammengefasst werden mussten.[13]

10 Ebd., S. 30-36; vgl. auch Włodzimierz Borodziej, Pauschalreisen als staatliche Veranstaltung – das polnische Reisebüro ORBIS, in: Włodzimierz Borodziej/Jerzy Kochanowski/Joachim von Puttkamer (Hg.), »Schleichwege«. Inoffizielle Begegnungen sozialistischer Staatsbürger zwischen 1956 und 1989, Köln 2010, S. 207-228.

11 Z prac zarządu koła, in: Biuletyn Informacyjno-Szkoleniowy Koła przewodników Warszawskich (1965) 23-25, S. 17-20, hier S. 19; Uczymy się jezykow obcych!, in: Gościniec (1965) 12, S. 11 und 16.

12 Als Fernziel wurde formuliert, dass jeder Stadtführer wenigstens eine Fremdsprache beherrschen solle. Marek Borchert: Rozmowy z Janem, in: Gościniec (1965) 1, S. 8f. Auch auf staatlicher Ebene wurde die Ausweitung der Sprachkenntnisse unter den Guides als Forderung formuliert: Uchwała Rady Narodowej 98, zit.n. Gościniec (1964) 7/8, S. 14.

13 Eliška Řezníčková, Českoslovenští průvodci cestovního ruchu a jejich role ve společnosti v období tzv. Normalizace, Diplomarbeit, Karlsuniversität Prag 2016, online verfügbar im Repositorium der Universität, https://dspace.cuni.cz/handle/20.500.11956/81084, S. 82f. Nicht selten führte dies zu Irrtümern und schwierigen

Fremde Welt jenseits des Kapitalismus?

Westliche Reisende waren demnach auch vor 1989 eingebettet in eine durchaus gewinnorientierte Tourismusindustrie, die ihrerseits auf die Wünsche und Vorstellungen der Tourist:innen reagieren musste. Welcher Art die Erwartungshaltung westlicher Reisender war, skizzierte der Herausgeber des Reiseführers »Osteuropa« aus der *rororo*-Reihe »Anders reisen«. Auch wenn seine Autor:innen gerade angetreten waren, um ein differenziertes Bild zu zeichnen, nahm Norbert Ropers in seiner Einleitung vor allem Bezug auf das populäre Bild einer fremdartigen, grauen Welt:

> Osteuropa – bei diesem Stichwort fallen den meisten mehr Reisebarrieren als Reiseziele ein: militärisch ausgebaute Grenzanlagen, umständliche Einreiseformalitäten, Aufenthaltsreglementierungen en masse. Und auch die Länder selbst scheinen weiter entfernt zu sein als viele Staaten außerhalb unseres Kontinents. Sie gehören zu einer anderen, fremden Welt, zum »sozialistischen Lager«, einer Welt, die eigentümlich grau erscheint und die zwiespältige Gefühle in uns auslöst.[14]

Egal ob in einer Reisegruppe oder – was weitaus seltener geschah – individuell unterwegs, erwarteten die Tourist:innen demnach kaum eine Erholungsreise. Vielmehr galt ihre Neugier in hohem Maße dem Alltag im Staatssozialismus. Dass sich das Interesse der Polen-Reisenden nicht nur auf Naturschönheiten und Baudenkmäler, sondern auch die Lebenswelten Einheimischer richtete, geht auch aus einem Interview mit Zbigniew Polakowski hervor, das Ende 1966 im polnischen Parteiorgan *Trybuna Ludu* erschien. Gefragt nach den Eindrücken und Interessen von westlichen Tourist:innen in Warschau antwortete der damalige Vorsitzende des Warschauer Fremdenführerzirkels:

> Sehr oft interessieren sie sich für gesellschaftliche Probleme, das Lebensniveau, politische Beziehungen. Im Allgemeinen sind sie überrascht von dem, was sie in Polen sehen, wenn sie sich davon überzeugen, dass ihre Informationen oft falsch waren. Sie sagen, dass es bei uns sehr viel besser ist, als sie annahmen. Sehr gern würden sie eine durchschnittliche polnische Wohnung und ihre Bewohner sehen.

Kombinationen – etwa wenn Rumän:innen französische Führungen erhielten oder Gäste aus Estland keinen russischsprachigen Guide akzeptieren wollten.

14 Norbert Ropers, Osteuropa – Anders reisen, in: Norbert Ropers (Hg.): Osteuropa. Ein Reisebuch in den Alltag, Reinbek b. Hamburg 1985 (=Anders reisen), S. 12-19, hier S. 12.

> Wenn solche Besuche durchgeführt werden könnten, hätten sie wahrscheinlich größeren Erfolg als eine Besichtigung des Schlosses in Wilanów.[15]

Auch wenn die von Polakowski konstatierte – positive – Überraschung der Gäste natürlich im Kontext ihrer Zeit und des Mediums, das mit Belegen für den Fortschritt im Sozialismus nicht sparte, interpretiert werden muss, lässt sich die Haltung der damaligen Reisenden erahnen. Zwischen den Zeilen deutet das Zitat auf Probleme hin, die sich aus ihren Erwartungen für die Stadtführer:innen ergaben. Einerseits existierte offenbar eine Diskrepanz zwischen Kundenwunsch und Standardprogramm: Ein reines Kulturprogramm, das sie zu klassischen Sehenswürdigkeiten wie dem königlichen Erbe Warschaus (Schloss Wilanów, Łazienki-Park) und in die wiederaufgebaute Altstadt führte, konnte die Neugier der Gäste laut Polakowski nicht vollumfänglich befriedigen. Andererseits verweist die Aussage auf ein wirkmächtiges Vorurteil über das Leben im sowjetischen Machtbereich, nämlich dass in einem nichtdemokratischen Land auch kein »normales« Leben möglich sei. Dieses Klischee spiegelt sich auch in den Alltagsbeschreibungen vieler zeitgenössischer englisch- und deutschsprachiger Reiseführer wider:

> [W]e find people […] going about the business of living, by no means neglecting the everywhere-essential ingredient of relaxation to the accompaniment of uninhibited laughter and good humor. It is this element of Eastern European life that comes as the biggest surprise to most of us from the West.[16]

Weil das politische System selbstverständlich als Schlüssel für das Verständnis von Land und Leuten angesetzt wird, erscheint jede Form von Normalität, erst recht der Lebensfreude, hier als Überraschung. Die Erkenntnis, dass im Staatssozialismus ebenso gelacht, gespielt und gelebt werde wie anderswo, räumte Stereotype über Osteuropa freilich nicht aus. Im Gegenteil erscheint sie als Ausnahme, die andere Vorannahmen bestätigte und Kontraste eher verschärfte. So wurden Ähnlichkeiten des Alltags in Ost und West etwa durch die Darstellung technisch-materieller Rückständigkeit relativiert.[17] Dass diese gleichzeitig ihren eigenen Reiz

15 Interview mit Zbigniew Polakowski, in: Trybuna Ludu, 15.12.1966, zit. n. Gosciniec (1967) 1, S. 15 f. Soweit nicht anders angegeben, stammen alle Übersetzungen aus dem Polnischen, Tschechischen und Slowakischen von der Autorin.

16 Robert Kane, Eastern Europe A-Z, 1968, S. 7, zit. n. Dybiec, Guidebook Gazes, S. 159.

17 Vgl. auch die Analyse Michelle Standleys von Bustouren für westdeutsche Tourist:innen in den 1970er Jahren durch Ostberlin. Anhand von Beschwerden der

hatte, zeigt sich nicht nur in Darstellungen von ländlichen Szenen, sondern auch mit Blick auf das urbane Leben. Ein besonders nostalgischer Blick prägt die Schilderungen Prags, das sich bereits in den 1960er Jahren großer Beliebtheit unter Kulturtourist:innen erfreute. Weit vom heutigen Übertourismus entfernt, lockte die Stadt schon damals so viele Gäste aus aller Welt an, dass die Straßen in den Sommermonaten »von Fremden – Fußgängern und Fahrern – überfüllt«[18] gewesen seien. Dennoch dominierte der Eindruck, dass in der Hauptstadt der Tschechoslowakei »seit Jahrhunderten die Zeit stillsteh[e]«:

> Vergangene Zeitalter sind zur steinernen Schönheit alter Paläste, Brücken, Gäßchen und neckischer Statuen erstarrt. In denkwürdigen alten Häusern träumen Menschen ebenso wie anderwärts, und ebenso geben sie sich dem Neid und der Eifersucht hin, streiten, lesen Zeitungen, liegen mit Grippe oder Blinddarmreizung im Bett.[19]

Zum Erstaunen über das gewöhnliche Leben tritt hier die Faszination von den historischen Gemäuern, in denen es sich abspielt. Dass die Altstadt (noch) nicht als Kulturerbe deklariert und umfassend musealisiert ist, wird als bemerkenswert herausgehoben und als besonders authentisch wahrgenommen.[20]

Mit der Neugier auf den Alltag der Menschen unter kommunistischer Herrschaft und der Idee einer Zeitreise sind zwei Charakteristika des touristischen Blicks hinter den Eisernen Vorhang benannt, die auch Joanna Dybiec in ihrer Studie über amerikanische und deutsche Polen-Reiseführer herausgearbeitet hat. Mit Blick auf das Image Polens in amerikanischen Reiseführern der 1980er schreibt sie:

> [T]he guidebooks promised a voyage in time to experience the past. The possibility of time travel was explained by what shall be referred to as the »freezer concept.« The guides stated that the years of politically induced isolation resulted in eastern Europe preserving forms of live

Teilnehmer:innen zeigt sie die Wirkmacht der Klischees von Rückständigkeit und Tristesse. Michelle Standley, Experiencing communism, bolstering capitalism. Guided bus tours of 1970s East Berlin, in: Bechmann Pedersen/Noack, Tourism and travel during the Cold War, S. 61-76.

18 Ctibor Rybár, Prag in einem Tag, Prag 1968, S. 9.

19 Ebd., S. 7.

20 Erst 1992 wurde das historische Zentrum Prags in die UNESCO-Welterbeliste aufgenommen. Den rasanten Wandel der Stadt Český Krumlov von einem ungeschliffenen Juwel zu einem Ort des Massentourismus durch die Zertifizierung als Kulturerbe 1993 dokumentiert auf sehr anregende Weise das Kunstprojekt UNES-CO von Kateřina Šeda. Sie präsentierte damit die Tschechische Republik auf der 16. internationalen Architektur-Biennale in Venedig.

> and tradition already forgotten in other parts of Europe or in the U.S. Furthermore, the separation had contributed to the existence of a world left untouched by the Americanization processes. Finally, the political separation was intricately connected with the economic situation, which was often presented as »backward.« Consequently, the freezer concept allowed to interpret eastern Europe as an enormous open-air museum of by-gone times.[21]

Während Dybiec das »Einfrieren« im Falle Polens primär auf Naturschätze, Technik und traditionelle Lebensweisen bezieht, konnten Großstädte wie Prag kaum als vom Fortschritt gänzlich unberührte Destinationen beschrieben werden. Die Vorstellung der Ursprünglichkeit betraf hier vor allem die (angebliche) Absenz kapitalistischer Produktionslogiken, die sich im Fehlen einer professionellen Kulturerbe-Industrie zeigte. Die Zugehörigkeit zum rückständigen und isolierten kommunistischen Block, so die Vorstellung, habe Dinge konserviert, die der Kapitalismus längst ausrangiert oder zumindest überformt habe.

Osteuropa erscheint hier als Sehnsuchtsort für jene, die sich selbst als abenteuerlustige *Reisende* sahen und von konsumorientierten *Tourist:innen* abgrenzen wollten – ein Motiv, das zumindest partiell in den heutigen Kommunismustouren fortlebt. Es gehört freilich zu den Paradoxien der Tourismusindustrie, dass dieses Unterfangen von Beginn an zum Scheitern verurteilt war. »Die Befreiung von der industriellen Welt hat sich selber als Industrie etabliert, die Reise aus der Warenwelt ist ihrerseits zur Ware geworden«,[22] schrieb Hans Magnus Enzensberger bereits 1958 in seinem berühmten Essay zur Dialektik des Tourismus. Auch wenn er bei der Abfassung wohl weniger an den »Devisentourismus« gedacht haben dürfte, war die kapitalistische Logik, die touristische Sehnsüchte zugleich hervorbringt und zerstört, hier nicht weniger relevant. Im Gegenteil – ihre Herkunft aus dem »kapitalistischen Ausland« machte Tourist:innen aus den USA, der Bundesrepublik, Österreich oder Skandinavien für die Planwirtschaften zu attraktiven Gästen, die kaum unbemerkt, geschweige denn unabhängig, reisen konnten.

21 Dybiec, Guidebook Gazes, S. 165 f.

22 Hans Magnus Enzensberger, Vergebliche Brandung der Ferne. Eine Theorie des Tourismus, in: Merkur, Bd. 12 (1958) 8, S. 701-720, hier S. 711.

Zwischen Agitation und Trinkgeld: Stadtführer:innen im Staatssozialismus

Die zunehmende Präsenz westlicher Reisender blieb nicht ohne Auswirkung auf lokale Strukturen, Angebote und Selbstverständnisse. Auch die Rolle der Stadtführer:innen wurde im Kontakt mit ausländischen Reisenden auf den Prüfstand gestellt und neu ausgehandelt. Offiziell fungierten die Guides als Agitator:innen des sozialistischen Staates, die in- wie ausländischen Gästen die Errungenschaften der Volksrepublik bzw. der Tschechoslowakei präsentieren sollten. So propagierte etwa die Polnische Gesellschaft für Touristik und Landeskunde seit den 1960er Jahren offensiv ihr Konzept einer »modernen Landeskunde«, das Touristenführer:innen die Rolle von Lehrer:innen, Erzieher:innen und politischen Agitator:innen zuwies. In diesem Sinne heißt es in einem Leitartikel des Informationsbulletins der polnischen Fremdenführer:innen *Gościniec* im Oktober 1966:

> Wir, die Fremdenführer aus ganz Polen, sind eine Einheit an der breiten Front der Kulturvermittlung, wir sind ein Medium der Massenkommunikation. [...] Wir zeigen der polnischen Öffentlichkeit und ausländischen Besuchern anhand konkreter Bauvorhaben das neue Polen. Wir erklären den Zweck der baulichen Anstrengungen und grundsätzliche Leitlinien der Zukunftsplanungen.[23]

Bemerkenswert am hier inszenierten Idealbild sozialistischer Touristenführer:innen ist nicht nur das offene Bekenntnis zur ideologischen Volkserziehung, sondern auch der Fokus auf das »neue Polen«. Unter Kultur wurden weniger historische Relikte und nationale Traditionen als vielmehr der Aufbau einer sozialistischen Gesellschaft verstanden. Neben Baudenkmälern, Parks und Museen standen daher auch Betriebe, Fabriken, Bahnhöfe, Wohnsiedlungen und sogar Baustellen auf den Besichtigungsprogrammen. Geschichte kam – jedenfalls in der Theorie – lediglich die Rolle eines »Scharniers« zur Gegenwart zu, das als Ausgangspunkt für die Präsentation des aktuellen und des zukünftigen Polens dienen könne.[24] Gegenüber Ausländer:innen sollten die Guides als Botschafter:innen ihrer Länder auftreten; als Repräsentant:innen der polnischen Nation wie des Sozialismus hatten sie westliche Gäste von der Überlegenheit des politischen Systems zu überzeugen. Dieser Rolle wurde staatlicherseits eine hohe Bedeutung beigemessen, und viele Guides brachten in pro-

23 Od Redakcji, Kongres Kultury Polskiej, in: Gościniec (1966) 10, S. 2.
24 Vgl. Eugeniusz Piontek, W Poszukiwaniu Profilu, in: Gościniec (1968) 2, S. 8-10.

grammatischen Statements zum Ausdruck, dass sie sich ihrer hohen Verantwortung bewusst seien. Denn tatsächlich waren die Stadtführer:innen neben Reiseleiter:innen häufig die einzigen Einheimischen, mit denen Tourist:innen während ihres Aufenthaltes in näheren Austausch traten.[25] Aus diesem Grunde enthielten die politischen Schulungen, die zur Ausbildung der Guides in Polen, aber auch der ČSSR gehörten, teilweise separate Teile für jene, die Führungen auf Englisch, Deutsch oder Französisch anboten.[26] Spezielle Fortbildungen, Informationsabende und verschiedene Argumentationshilfen sollten dabei helfen, falsche Vorstellungen von Reisenden aus dem Westen zu beheben und Provokationen durch »Gegenpropaganda« abzuwehren. In einem Artikel, der 1970 im Organ der polnischen Touristenführer:innen erschien, stilisierte der Autor Lech Zacher den Einreisetourismus gar zum ideologischen Kampf, in dem die Guides an vorderster Front stünden:

> Es findet also eine besondere Art der ideologischen Konfrontation statt. [...] Entscheidend ist, in dieser bedeutenden Konfrontation zu bestehen, um als Sieger aus ihr hervorzugehen [...]. Dazu sind zwei Dinge notwendig: Zum einen eine genaue Kenntnis der fremden Ideologie und Propaganda, zum anderen müssen die eigenen Propagandamethoden perfektioniert und die Tourismusarbeiter mit guten Argumenten ausgerüstet werden, mit denen sie nicht nur fremden und feindlichen Inhalten entgegentreten, sondern auch eine konkrete Wirkung erzielen können.[27]

Als Argumente sollten dem Autor zufolge Fakten dienen, welche vom Stand der Industrialisierung, der Beseitigung von Arbeitslosigkeit und Analphabetismus bis hin zu Vorteilen des Schulwesens und des Gesundheitssystems reichten. Ähnliche Beweise der Fortschrittlichkeit präsentierte Milan Lion in seinem Heft »Fakten und Argumente für Führer« für die Tschechoslowakei der 1980er Jahre. Im Vorwort kritisierte er die Voreingenommenheit vieler Tourist:innen und hob zugleich die starke meinungsbildende Funktion der Guides heraus.

> Die Tschechoslowakei wird von vielen Ausländern besucht, deren Meinung oft von der antisozialistischen Propaganda ihres eigenen Landes beeinflusst ist. Ihre Ansichten sind häufig a priori einseitig.

25 Od Redakcji, Kongres Kultury Polskiej, in: Gościnięç (1966) 10, S. 2.

26 Vgl. etwa ein Methodik-Seminar im Jahr 1965, das aus drei Teilen bestand: (1) Merkmale guter Propaganda, (2) Aufgaben im Hinblick auf nationales Publikum, (3) Aufgaben im Hinblick auf Ausländer. Gościniec (1965) 12, S. 14.

27 Lech Zacher, Szansa aktywnosci politycznej, in: Gościniec (1970) 4, S. 3 f., hier S. 3.

> Sie suchen in allem nach Mängeln und sehen das Leben in unserem Land viel kritischer als in ihrem eigenen. Es ist daher die Aufgabe des Fremdenführers, die vorgefassten Meinungen seiner Kunden zu relativieren. Dafür hat er eine ganze Reihe von sachlichen Argumenten, und wenn er sie zu nutzen weiß, kehrt der ausländische Gast sehr oft mit ganz anderen Ansichten nach Hause zurück als er bei seiner Ankunft hatte.[28]

Als besonders schwierige Zielgruppe galten die Auslandspol:innen, die nicht von der Schönheit des Landes überzeugt werden müssten, sondern davon, dass das sozialistische System das einzig wahre für ihre Heimat sei. Aus diesem Grunde wurde 1970 im Reisebüro ORBIS eine eigene Sektion im Klub der Reiseleiter für all jene gegründet, die sich auf die Begleitung der *Polonia* spezialisiert hatten. Eine dort um 1970 debattierte Frage betraf die Komposition geeigneter Reiseprogramme, in denen offenbar zu viele Sakralbauten und zu wenige zeitgenössische Aspekte zu finden waren.[29] Gleichzeitig waren sich die politischen Agitator:innen darüber im Klaren, dass bestimmte Themen besser zu umschiffen seien – etwa die Zwischenkriegszeit, die von den Auslandspol:innen häufig glorifiziert werde. »Es genügt, wenn wir die wirtschaftlichen und sozialen Errungenschaften so herausstellen, dass der Zuhörer selbst den aktuellen Zustand mit dem Vorkriegszustand vergleichen kann«,[30] empfahl ein Artikel zum Umgang mit ihnen. Doch auch im Zusammentreffen mit anderen Nationalitäten barg die Präsentation der Vergangenheit zahlreiche Fallstricke. In einer eigens für »schwierige Fragen« eingerichteten Rubrik widmete sich der *Gościniec* ab 1970 solchen Fragen, die von den Guides als unbequem und problematisch empfunden wurden – etwa nach dem Verlauf der polnischen Westgrenze, nach dem Verhalten der Roten Armee während des Warschauer Aufstands oder zum Katyń-Massaker. Daneben veranstalteten die Propaganda-Abteilungen der Polnischen Vereinigten Arbeiterpartei regelmäßig Vorträge zu historischen Themen.[31]

Die wiederkehrenden Belehrungen über den adäquaten Umgang mit westlichen Tourist:innen, die in politischen Schulungen und Artikeln

28 Milan Lion, Fakta a argumenty pro průvodce, Praha 1985, S. 5.

29 Michał Jachnis, Sekcja pilotow wycieczek polonijnych, in: Gościniec (1970) 1, S. 4.

30 Michał Jachnis, Polacy z szerokiego świata, in Gościniec (1969) 8, S. 5.

31 1966 etwa stellte der Warschauer Fremdenführerzirkel seinen Mitgliedern eine Dokumentensammlung zum Hirtenbrief der polnischen Bischöfe zur Verfügung, der 1965 für politische Spannungen gesorgt hatte, und organisierte einen Diskussionsabend dazu. Vgl. Książka, która każdy przewodnik powinien przeczytać, in: Gościniec (1966) 3, S. 9.

kommuniziert wurden, lassen erahnen, dass zwischen propagandistischem Anspruch einerseits und touristischer Praxis andererseits eine Diskrepanz bestand.[32] Weder waren alle westlichen Reisenden der Überzeugungskraft »objektiver Argumente« zugänglich, noch waren alle Urlauber:innen an politisch-historischen Problemen interessiert. Dasselbe galt für die Guides selbst, die sich in der Mehrheit nicht als politische Agitator:innen verstanden. Sowohl in der ČSSR als auch in Polen war der Großteil von ihnen nebenberuflich im Tourismus tätig und spekulierte auf großzügige Trinkgelder der Tourist:innen.[33] Nicht selten waren die Touristenführer:innen an diversen Zusatzgeschäften, darunter Geldwechsel, Provisionen, Schwarzhandel und private Extraführungen, beteiligt. In Prag bestachen manche von ihnen gar die Dispatcher, die bei den Reisebüros für die Vergabe der Gruppen zuständig waren, um an ausländische Reisegruppen zu gelangen.[34] Die hohe Bedeutung der Trinkgelder legt nahe, dass die Stadtführung für westliche Tourist:innen auch vor 1989 als Dienstleistung aufgefasst werden kann, die sich am Kundenwunsch orientierte und durchaus kommerziellen Logiken folgte. Doch welche Auswirkungen hatte dies konkret? Welcher Art waren die Kommunismustouren, die im Kommunismus verkauft wurden?

Befragt nach dem Programm, das Ausländer:innen über die PTTK buchen konnten, berichtete ein Warschauer Stadtführer 1964 dem *Express Wieczorny*:

> Um Ausländer kümmern wir uns kollektiv oder individuell. Zuletzt hat ein Reiseführer eine neunstündige Tour für einen einzigen Engländer durchgeführt. Ausländischen Besuchern zeigen wir zunächst den Film »Varsovie quand meme«, damit sie eine Vorstellung vom Ausmaß der Zerstörung bekommen. […] Dann zeigen wir ihnen die Alt- und

32 Vgl. auch die Befunde Cathleen Giustinos über Tourguides in Burgen und Schlössern in den 1950er Jahren: Cathleen M. Giustino, Open Gates and Wandering Minds. Codes, Castles, and Chateaux in Socialist Czechoslovakia before 1960, in: Cathleen M. Giustino/Catherine J. Plum/Alexander Vari (Hg.), Socialist escapes. Breaking away from ideology and everyday routine in Eastern Europe, 1945-1989, New York, NY, Oxford 2015, S. 48-72.

33 Die Tätigkeit als Stadtführer:in galt als Amateurtätigkeit, die fast immer neben dem eigentlichen Beruf ausgeführt wurde. Ab 1973 musste in Polen der Arbeitgeber zustimmen, wenn ein:e Arbeitnehmer:in nebenbei als Guide tätig sein wollte. Vgl. Tomascz Kowalik, Biura Obslugi Ruchu Turystycznego: Jak to na wycieczce ladnie …, in: Gościniec (1981) 1, S. 3-7, hier S. 7.

34 Unter den geführten Gruppen sollten pro Guide nicht mehr als 50 % ausländische sein. Řezníčkova, Českoslovenští průvodci, S. 54. Zu den »Nebengeschäften« der Fremdenführer siehe auch Borodziej, Pauschalreisen als staatliche Veranstaltung – das polnische Reisebüro ORBIS, S. 225-228.

> Neustadt, den Łazienki-Park, Wilanów, neue Bau- und Architekturdenkmäler und andere Orte, die sie interessieren.[35]

Das oben skizzierte Ideal, den Aufbau des Sozialismus zu präsentieren, wird hier über den Umweg des Wiederaufbaus der Stadt Warschau in der jungen Volksrepublik realisiert. Darüber hinaus orientierten sich die Auswahl der Sehenswürdigkeiten und ihre Interpretation aber vor allem an Herkunft und Interesse der Kund:innen. Eine gelungene Präsentation müsse, darin waren sich die Fremdsprachen-Guides offenbar einig, Bezüge zum Vorwissen der Reisenden und zu ihrer eigenen Kultur herstellen. Lokale Historie ausschließlich im nationalen Rahmen zu interpretieren oder gar auf Bezüge zum sozialistischen Block zu reduzieren, erschien angesichts der vielfältigen historischen Verflechtungen mit dem Westen undenkbar. Aus diesem Grunde tauschten die Stadtführer:innen untereinander Informationen über das Wirken ausländischer Künstler:innen, Wissenschaftler:innen oder Politiker:innen in ihren Städten aus.[36] Zusätzlich sollten Fach-Exkursionen, die die fremdsprachigen PTTK-Stadtführer:innen regelmäßig ins Ausland führten, sowohl der Verbesserung ihrer Sprachkenntnisse als auch dem Kennenlernen jener Kulturen dienen, aus denen potenziell Kund:innen kamen.[37]

Wie eine solche Verknüpfung von lokalem, nationalem und internationalem Kulturerbe aussehen konnte, zeigt sich im von Alois Svoboda verfassten Prag-Reiseführer, der 1964 in deutscher und 1968 in englischer Übersetzung erschien. Darin widmete der Autor eine Rubrik »Prag und [der] CSSR im Spiegel der eigenen Geschichte und der Weltgeschichte«. Die Liste wichtiger historischer Ereignisse, die der Kontextualisierung tschechoslowakischer Geschichte dienen sollte, reichte vom Hunneneinfall in Europa über die Thronbesteigung der Ming-Dynastie in China bis hin zur Angliederung Österreichs an Deutschland. Dem Eintrag für 1957, »Die Sowjetunion startet den ersten künstlichen Erdtrabanten«, folgte »1963 – Ermordung J.F. Kennedys«.[38] Wenngleich derlei Bezüge

35 Wszystkie drogi prowadza na Starówkę, in: Express Wieczorny, 17.7.1964, zit.n. Gościniec (1964) 7/8, S. 18-21.

36 Halina Rogala, Uwagi o nawiązywaniu kontaktu z grupą zagraniczną, in: Gościniec (1965) 12, S. 7-9. Als Beispiel führt die Autorin den Historiker Joachim Lelewel auf, mit dessen Figur eine Brücke zu belgischem Publikum geschlagen werden könne, da er im belgischen Exil gelebt hatte.

37 Michal Jachnis, Uwagi o szkoleniu Zagranicznym, in: Gościniec (1968) 3, S. 6.

38 Alois Svoboda, Prague – an intimate guide to Czechoslovakia's thousand-year-old capital its beauties, its art-historical monuments, its sights, ancient and modern, its romantic nooks and corners, with their historical and literary associations, Prag 1968 // Alois Svoboda, Prag. Das tausendjährige, hunderttürmige Prag in Stadtwanderun-

in alle Himmelsrichtungen weit entfernt sind von Ansätzen einer systematischen Vermittlungsarbeit, wie sie Freeman Tilden nur wenige Jahre zuvor in den USA entworfen hatte,[39] zeugen einzelne Transfer- und Verflechtungsgeschichten davon, dass transkulturelle Interpretationen durchaus zum Standardrepertoire der polnischen und tschechoslowakischen Guides bzw. Reiseführerautor:innen gehörten.

Dass die Bezugnahmen auf »andere Kulturen« nicht auf die bloße Nennung historischer Persönlichkeiten aus den jeweiligen Herkunftsländern der Reisenden beschränkt bleiben mussten, zeigen die Erinnerungen des Warschauer Guides Henryk, mit dem ich 2018 mehrere Interviews führen konnte. Seit 1958 als freiberuflicher Touristenführer aktiv, spezialisierte er sich bereits in den 1960er Jahren auf englischsprachige Gäste. Seine Beschreibungen legen nahe, dass er in der Präsentation für ausländische Reisegruppen stark auf unterhaltsame Überraschungseffekte setzte. So habe Henryk den Kultur- und Wissenschaftspalast in Warschau gern aus Sicht eines US-Bürgers vorgestellt, für den das Gebäude weniger eine Kopie der »Sieben Schwestern« in Moskau als des Empire-State-Buildings in New York oder des Cleveland-Towers in Ohio darstelle.[40] Ebenso stark wich Henryks Vermittlungspraxis laut eigenen Aussagen vom agitatorischen Ideal ab, wenn er über die polnisch-amerikanische Freundschaft sprach. Als Anlass dafür habe er häufig den einstigen Standort des »Denkmals der Dankbarkeit an die Vereinigten Staaten« genutzt, das sich nach dem Ersten Weltkrieg am Warschauer Hoover-Platz befunden hatte.[41] Selbst wenn dieser Platz nicht auf der Besichtigungsroute lag, habe er das Thema gern in seine Erzählung integriert, indem er einfach ein anderes »Dankbarkeitsdenkmal« als Aufhänger genutzt habe – jenes nämlich, das im Stadtteil Praga an die Hilfe der Roten Armee erinnerte.[42]

gen – ein intimer Führer durch Prags Schönheiten, Denkmäler, Sehenswürdigkeiten und romantische Winkel, Prag 1964, S. 200-207. Etwas zielgerichteter war der Versuch, die Herkunftsregionen der Gäste einzubinden, in den Präsentationen solcher Orte, die mit dem Namen berühmter Persönlichkeiten in Verbindung gebracht werden konnten: So diente das Faust-Haus in Prag als Aufhänger, um sowohl Johann Wolfgang von Goethe als auch den Engländer Eduard Kelley zu thematisieren, der hier im 16. Jahrhundert seine alchimistischen Versuche betrieben habe. Ebd., S. 237 ff.

39 Tilden, Interpreting Our Heritage.

40 Interview mit Henryk, 3. 8. 2018. Allerdings stellte der Kulturpalast auch in Führungen für Polen häufig einen Anlass für ironische Bemerkungen dar, wie mir ein anderer Stadtführer berichtete. Interview mit Antoni, 11. 10. 2018.

41 Das Monument war 1922 als Erinnerung an die Unterstützung der polnischen Unabhängigkeit durch die USA sowie die Wirtschaftshilfen der American Relief Administration, geleitet von Hoover, errichtet und bereits 1930 aus denkmalpflegerischen Erwägungen deinstalliert worden.

42 Interview mit Henryk, 27. 9. 2018.

Solche nonkonformen Erzählungen als bewusste Subversion oder Provokation zu lesen, griffe zu kurz. Vielmehr illustrieren Henryks Erinnerungen eine Pragmatik des Tourguiding im Staatssozialismus, die Parallelen zur heutigen Praxis aufweist. Offenbar genossen die Guides relativ große Freiheit und bemühten sich, ihre Gäste mit Geschichten zu unterhalten, die Anknüpfungspunkte zu deren eigenen Lebenswelten bargen. Wie ihre Kolleg:innen weltweit nutzten sie Anekdoten, Witze und Ironie, um Assoziationen anzuregen und sich zugleich von der eigenen propagandistischen Rolle zu distanzieren. Es ist deshalb anzunehmen, dass ihre Führungen sowohl westliche Erwartungen bestätigten als auch alternative Erzählungen boten. Auch wenn ihre Interpretation der sozialistischen Stadt für westliche Reisende – gewissermaßen also die »kommunistische Kommunismustour« – formal unter dem Dach von staatlichen Organisationen bzw. Reisebüros stattfand, trug sie den Charakter einer Dienstleistung, die kommerziellen Erwägungen ebenso folgte wie nationalen, lokalpatriotischen und sozialistischen Vermittlungszielen. Inhaltliche Kontrollen von Stadtführungen waren sowohl in der Tschechoslowakei als auch in Polen selten, eventuellen Beschwerden folgte in der Regel keine Sanktion. Auch die Angst vor Spitzeln scheint die fremdsprachigen Touren kaum betroffen zu haben, denn zum einen waren nur wenige Mitarbeiter:innen der Staatssicherheitsdienste in der Lage, englischen, deutschen oder französischen Ausführungen zu folgen. Zum anderen stellten Reisegruppen in der Regel eine geschlossene Einheit dar, der sich unbekannte Personen nicht ohne Weiteres anschließen konnten.[43]

Nicht zuletzt standen Berufsethos und Selbstbild der Stadtführer:innen, die mit internationalem Publikum zu tun hatten, einer offenen Politisierung ihrer Touren entgegen. Einige Texte in den zeitgenössischen Foren der Guides legen nahe, dass sie zur Rolle des Agitators oder einer Botschafterin für den Sozialismus mehrheitlich auf Distanz blieben. Sie beriefen sich stattdessen auf eine lange Berufstradition und verstanden sich in erster Linie als Expert:innen, denen es peinlich gewesen wäre, sich vor westlichen Tourist:innen einer offen ideologischen Sprache zu bedienen.[44] Dass eine gewisse Scham gegenüber den internationalen Gästen durchaus kein marginales Problem darstellte, zeigt sich in einer wiederkehrenden Diskussion um Minderwertigkeitskomplexe im *Gościniec*. In der Rubrik »Methodik« verurteilte ein Stadtführer 1968 sowohl das großzügige, selbstbewusste Auftreten der Ausländer:innen als auch die Reaktion vieler Guides darauf:

43 Vgl. auch Řezníčkova, Českoslovenští průvodci, S. 86 ff.
44 Interview mit Henryk, 19.4.2018.

> Wir dürfen keinen Minderwertigkeitskomplex bekommen, nur weil wir es mit einem Ausländer zu tun haben, selbst wenn es ein wohlhabender ist, der oft mit einem kleinen Geschenk oder einer Einladung zum Kaffee versuchen wird, uns näher zu kommen.[45]

Auch Zacher kritisierte im bereits zitierten Artikel die Haltung jener Touristenführer:innen, die sich in der Begegnung mit »reichen Touristen aus einem kapitalistischen Land« selbst erniedrigen würden: »Dieser Komplex beruht auf dem Glauben, dass alles, was aus dem Westen kommt, besser ist«,[46] kritisierte er eine solche Verhaltensweise.

Bezeichnenderweise negierte Zacher die Spannung, die sich aus der (materiellen) Ungleichheit zwischen westlichen Reisenden und einheimischem Guide ergeben konnte, nicht, sondern erkannte sie als Herausforderung an, die situativ zu meistern sei. Als Lösung empfahl er eine angemessene Dosierung von Lob und Kritik, wobei er weit über das Wohlstands- und Machtgefälle in der touristischen Begegnung hinausging:

> Nicht selten bemüht sich ein Reiseführer nach Kräften, einen guten Eindruck von unserem Land und seinen Menschen zu vermitteln, aber verdirbt seine Bemühungen durch unnötigen Spott oder Ironie. Unsere oftmals berechtigten Klagen sind kein Staatsgeheimnis, dennoch ist Mäßigung geboten. Ebenso wie Mäßigung bei unkritischem Lob für alles, was uns gehört.[47]

Auf den ersten Blick betrifft dieses 1970 formulierte Plädoyer, der sozialistischen Gesellschaft nicht durch allzu scharfe Kritik in den Rücken zu fallen, ein zeitspezifisches, politisch bedingtes Spannungsfeld, in dem sich die Guides tagtäglich auf pragmatische Weise bewegen mussten. Letztlich jedoch spiegeln sich in der Mahnung zur Angemessenheit Vermittlungs- und Managementkompetenzen, die Stadtführer:innen auch heute im internationalen Tourismus benötigen. Wie können Guides als neutrale Berichterstatter:innen, Botschafter:innen ihrer Kulturen und individuelle Erzähler:innen zugleich auftreten? Wie finden sie das rechte Mittelmaß zwischen partikularen und universellen Geschichten? Mit welchen narrativen oder performativen Strategien können sie konfliktreiche Themen entschärfen bzw. umschiffen und verschiedene Erwartungen und politische Haltungen in ihre Touren integrieren?

45 Tomasz Michalski, Uwagi metodyczne dotyące prowadzenia wycieczek po miejscach straceń, in: Gościniec (1968) 9, S. 3-5, hier S. 3.

46 Lech Zacher, Szansa aktywnosci politycznej, in: Gościniec (1970) 4, S. 3 f., hier S. 3.

47 Ebd.

Auch wenn sich die politischen und reisepraktischen Parameter des Einreisetourismus mit dem Systemwechsel grundlegend änderten, legt der Rückblick auf die Reisepraxis vor 1989 nahe, dass die Einbettung der Stadtführung in die internationale Tourismusindustrie eine Reihe erzählerischer und performativer Dynamiken bedingt, die orts- und zeitunabhängig wirksam sind. Der Blick, den Reisende vor und nach dem Fall des Eisernen Vorhangs auf »den Osten« richteten, unterscheidet sich, wie ich noch zeigen werde, allenfalls graduell voneinander. Auch die Vorstellung, dass die Systemgrenze zugleich eine Art Zeitschwelle sei, die Reisende überschreiten können, ist bis heute im touristischen Imaginarium eines rückständigen, abenteuerlichen Ostens präsent. Sogar die Annahme, dass eine Reise in den kommunistischen Block in eine ursprüngliche Welt frei von kapitalistischer Überformung führt, scheint im Kleinformat der Kommunismustour auf paradoxe Weise zu überdauern. Ebenso wie der »Devisentourismus« kapitalistischen Marktlogiken folgte, ohne dabei die Vorstellung einer Realanschauung des Kommunismus aufzugeben, werden die heutigen Touren als »Alternativangebote« jenseits des touristischen Mainstreams vermarktet.

I.2 Der Markt: »Alternativer« Geschichtstourismus zwischen Berlin und Moskau

Mit dem Fall des Eisernen Vorhangs wurde Europas Osten auch für ein breiteres Reisepublikum zur Destination. Der bürokratische Aufwand einer Fahrt nach Polen, in die Tschechoslowakei, nach Ostdeutschland, Ungarn oder Rumänien verringerte sich deutlich. Als relativ billige Reiseländer wurden sie insbesondere für Tourist:innen mit kleinem Budget eine reizvolle Alternative zu Reisen im Westen. Zugleich verband sich die alte Hoffnung, exotische und erschwingliche Ziele jenseits der standardisierten Tourismusindustrie zu bereisen, Anfang der 1990er mit der Vorstellung, hier Geschichte »live« erleben zu können. Die medialen Bilder des Mauerfalls in Berlin, der Revolution in Rumänien, aber auch der »Samtenen Revolution« waren noch frisch; amerikanische Reiseführer lockten mit dem »spirit of change«, der in Ostmitteleuropa spürbar sei.[48]

Die plötzlich zu Relikten einer untergegangenen Epoche gewordenen Bauten des Staatssozialismus spielten bei der Erkundung des »Ostens« eine zentrale Rolle. Insbesondere Denkmäler und Monumentalarchitektur bildeten eine geeignete Kulisse, um der Andersartigkeit der kommunistischen Systeme leiblich nachzuspüren, sie fotografisch zu dokumentieren und später den Daheimgebliebenen zu präsentieren. Dafür galt es allerdings, schnell zu agieren, denn die Reisewelle fiel mit der ersten Phase der Dekommunisierung des öffentlichen Raums zusammen: Monumente wurden demontiert, Straßen, Plätze und Institutionen umbenannt.[49] Darüber hinaus siedelten sich westliche Handelsketten, Konzerne und Unternehmen auf den neuen Absatzmärkten an und trugen binnen weniger Jahre zur Überformung der Innenstädte bei. Das, was dem populären Bild des Ostblocks entsprach – graue Innenstädte, omnipräsente Propagandalosungen oder Huldigungen an die Rote Armee –, verschwand Schritt für Schritt aus den touristischen Zentren. Nur selten entstanden aus den Resten neue, musealisierte Räume wie im Falle des 1993 in der Nähe Budapests eingerichteten Szoborparks, in dem Dutzende Denkmäler in Form eines Statuen-Gartens aufgestellt wurden.[50]

48 Andaluna Borcila, American Representations of Post-Communism. Television, Travel Sites, and Post-Cold War Narratives, London, New York 2015, S. 16, 114; Dybiec, Guidebook Gazes, S. 167-172.

49 In Polen folgte eine zweite Welle der Dekommunisierung im Untersuchungszeitraum ab 2017. Vgl. dazu Kapitel II.3.

50 Vgl. Peter Springer, Stalins Stiefel. Politische Ikonographie und künstlerische Aneignung, Bonn 2012, S. 51-60.

Die Herausbildung eines eigenständigen Marktsegments *communist heritage tourism* kann damit einerseits auf die Faszination am staatssozialistischen Bauerbe selbst, andererseits als Reaktion auf dessen sukzessives Verschwinden beschrieben werden.[51] Im selben Maße, in dem die postsozialistischen Länder ihren Status einer *per se* exotischen Destination einbüßten und die Innenstädte Bratislavas, Prags, Warschaus, aber auch Krakaus, Danzigs, Brünns, Budapests, Bukarests und anderer langsam ihr »sozialistisches Flair« verloren, erhielten einzelne Relikte der jüngsten Vergangenheit den Rang von Sehenswürdigkeiten. Ungeachtet ihrer steigenden Popularität firmierten bestimmte Denkmale, Gebäude oder ganze Stadtteile als touristische Nische, nicht selten als Geheimtipp.[52] Im Laufe der Jahre entwickelten private Unternehmen daraus schließlich neue touristischer Produkte, darunter Kommunismustouren, Alltagsmuseen und »Cold War«-Ausstellungen ebenso wie Hotels und Restaurants im Retrostil. Als Rohstoff für die Tourismusindustrie taugte die kommunistische Vergangenheit offenbar in doppelter Hinsicht – als »Insidertipp« ebenso wie als *unique selling point* des östlichen Europas.[53]

Die Entstehung dieses Nischenmarkts, die ich im Folgenden kurz skizzieren möchte, fand natürlich nicht losgelöst vom Weltmarktgeschehen statt. Vielmehr überlagerte sich die Transformation in Ostmitteleuropa mit einem Wandlungsprozess der Tourismuswirtschaft selbst: Zunehmend Teil der »experience economy«,[54] ging der globale Trend im Tourismus ab

51 Light, Gazing on communism, S. 159 f.; Light, Young, Czepczyński, Heritage tourism in Central and Eastern Europe, S. 234-238. Noch 2019 pries der Bratislavaer Anbieter *Authentic Slovakia* seine »Bratislava Post Socialist City Tour« als »letzte Chance« an, auf den Spuren einer sozialistischen Stadt zu wandeln, deren Industrieerbe sukzessive durch Bürobauten ersetzt werde. Bratislavu spoznávajú turisti aj inak: Z okien retro auta sa vrátia v čase, Bratislavské Noviny, 22. 6. 2019.

52 Dass dem kommunistischen Erbe trotz seiner zunehmenden Vermarktung bis heute oft der Status eines Insidertipps zukommt, zeigt die Webseite *crowded planet*, auf der drei von sieben »alternative prague insider tips with no tourists« mit dem Staatssozialismus verbunden sind: Margherita: 7 Alternative Prague Insider Tips (with no tourists), 4. 9. 2015, https://www.thecrowdedplanet.com/7-alternative-prague-insider-tips-with-no-tourists/ [11. 5. 2021]. Als »oft übersehen« bezeichnete die Reisebloggerin Jessica Blythe die Stadt Bratislava noch 2015 und stellte die »Post Socialist City Tour« als »less conventional historical tour« vor. Jessica Blythe: Bratislava's Communist Past: A Tour with a Difference, 19. 11. 2015, http://www.exploration-online.com/2015/11/19/bratislavas-communist-past-a-tour-with-a-difference/ [26. 5. 2021].

53 Light, Young, Czepczyński, Heritage tourism in Central and Eastern Europe, S. 228. Im Gespräch mit mir setzte eine Bratislavaer Tourismus-Unternehmerin das kommunistische Erbe in Osteuropa gar mit der Flamenco-Tradition in Spanien gleich. Interview mit Hana, 17. 10. 2016.

54 B. Joseph II Pine/James Gilmore, Welcome to the Experience Economy, in: Harvard Business Review, 1. 7. 1998.

den 1990er Jahren nicht nur hin zu erlebnisorientierten Angeboten, sondern prinzipiell zu einer stärkeren Marktsegmentierung.[55] Auf individuelle Wünsche abgestimmte Formate traten zunehmend in Konkurrenz zu Pauschalangeboten. Nicht nur in Ostmitteleuropa entstanden neue Angebote, die als »nicht-touristische« Erlebnisse vermarktet wurden.[56] Einen nicht unwesentlichen Anteil an dieser Entwicklung hatte die flächendeckende Ausbreitung des Internets um die Jahrtausendwende, mit dessen Hilfe die persönliche Recherche und Zusammenstellung von Reisen um ein Vielfaches einfacher geworden war.

Eine Vorreiterrolle im *communist heritage tourism* spielte Berlin. Die ehemals geteilte Stadt konnte als Schauplatz des Kalten Krieges *par excellence* in Szene gesetzt werden. Zugleich gelang es vielen Anbietern, das ostdeutsche Phänomen der »Ostalgie« erfolgreich in touristische Produkte für einen globalen Markt zu übersetzen. Anders als in Ostmitteleuropa, wo die Vermarktung des staatssozialistischen Erbes im starken Konflikt mit nationalen Geschichtspolitiken stand,[57] nahmen lokale Unternehmer:innen – und zunehmend auch das städtische Tourismusmarketing – bereits Mitte der 1990er Jahre die touristische Nachfrage nach der jüngsten Geschichte auf.[58] Unter den ersten Erfolgsprodukten waren die »Trabi-Safaris« in Berlin (und Dresden). Eigentlich als Produkt für den »satten, erlebnishungrigen Wessi«[59] auf den Markt gebracht, erfreute sich die Fahrt im Zweitakter auch bei Ostdeutschen und schließlich Tourist:innen aus aller Welt großer Beliebtheit. Anders als die kommerziellen

55 Richard Prentice, Experiential Cultural Tourism. Museums & the Marketing of the New Romanticism of Evoked Authenticity, in: Museum Management and Curatorship, Bd. 19 (2001) 1, S. 5-26; Bryon, Tour Guides as Storytellers.

56 Richard Prentice spricht von »non-packaged, individual or more often discretely-packaged experience[s]«: Prentice, Experiential Cultural Tourism, S. 9. Zur Bedeutung der »neuen« erlebnisorientierten Tourist:innen in Polen vgl. Mikos von Rohrscheidt, Współczesne przewodnictwo miejskie, S. 46f.

57 Vgl. Monika Murzyn, Heritage Transformation in Central and Eastern Europe, in: Brian Graham (Hg.), The ashgate research companion to heritage and identity, Burlington, Vt. 2008, S. 315-346, hier S. 336-339; Łucja Piekarska-Duraj, Negotiating historical narratives for Nowa Huta – heritage as a factor for local identity building, in: Sebastian Schröder-Esch/Justus H. Ulbricht (Hg.), The politics of Heritage and Regional Development Strategies – Actors, Interests, Conflicts, Weimar 2006, S. 167-174; Duncan Light, An Unwanted Past. Contemporary tourism and the heritage of communism in Romania, in: International Journal of Heritage Studies (2000) 6, S. 145-160; Young, Light, »Communist heritage tourism«.

58 Raab, The Significance of Socialist Heritage for Tourism in Berlin: Neglectable Niche or Important Part of the Tourist Offer?, S. 127.

59 So Rico Heinzig, der Gründer des Unternehmens. Jutta Schütz, Ostalgie erfahren, ntv, 18.8.2003, https://www.n-tv.de/archiv/Ostalgie-erfahren-article104290.html [20.11.2019].

Mauer- und Ostberlin-Stadttouren, die sich erst ab Mitte der 2000er Jahre im großen Stil etablierten, bestand das Erlebnis allerdings weniger im »Erfahren« lokaler Geschichte als im Trabant-Fahren selbst.[60]

Die Wechselwirkung zwischen der Entwicklung des Tourismus und des materiellen Erbes veranschaulicht auch das Schicksal der Berliner Mauer: Unmittelbar nach dem Mauerfall tauchten fliegende Händler auf, die Mauerstücke als Souvenirs verkauften. Gleichzeitig gehörte der ehemalige Sperrwall, insbesondere die 1990 von internationalen Künstlern gestaltete *East Side Gallery*, zu den »Must-Sees« eines Berlin-Besuchs. Im Gegensatz dazu stand der rasante Abbau der Mauer im Zuge innerstädtischer Investments auf der zentralen Brachfläche. Erst 1997 rief der Berliner Senat die »Aktion Mauermarketing« aus und setzte sich – nicht zuletzt aufgrund der hohen touristischen Nachfrage – für die Markierung des Mauerverlaufs und die Erhaltung bestimmter Fragmente ein. In denselben Zeitraum fiel die Gestaltung der ehemaligen innerstädtischen Grenzübergänge. Auf Initiative des Senats wurden dort jeweils großformatige Porträts eines sowjetischen und eines amerikanischen Soldaten angebracht. Am Checkpoint Charlie rekonstruierte das bereits seit 1962 bestehende »Mauermuseum« in Eigenregie ein Schild »You are leaving the American Sector« und das berühmte Kontrollhäuschen der Alliierten.[61]

Gründungsgeschichten

Auch östlich von Deutschland ging der Entwicklung touristischer Produkte das Interesse westlicher Reisender voraus. Zeugnis davon legen die Gründungsgeschichten hinter den Kommunismustouren ab, die seit Mitte der 2000er Jahre in den touristischen Zentren zwischen Prag und Moskau auftauchten.[62] Bei den Anbietern handelte es sich in der Regel

60 Der Anbieter, der eine große Zahl an Trabants in Berlin und Dresden besitzt, wirbt für eine Tour im Konvoi, die »alle wichtigen Highlights« beinhalte: »Berlin ganz nah! – abseits der touristischen Pfade, Berliner Mitte, Westen Berlins, ehemaliger Ostteil der Stadt, East Side Gallery« http://www.trabi-safari.de/berlin-compact/ [17.5.2021].

61 Zur Markierung und zur Vermarktung der Berliner Mauer in den 1990er Jahren vgl. Frank, Der Mauer um die Wette gedenken, S. 160-175.

62 Eine Ausnahme bildet Prag: *Prague Walks* brachte bereits 1996, inspiriert durch seine Erfolge mit einer »Ghost Tour«, einen »Communism Walk« auf den Markt. Anders als die 2010 entwickelte Kommunismustour von *Prague Extravaganza* scheint dieses Angebot allerdings nie sehr stark nachgefragt gewesen zu sein. Vgl. Interviews mit Aneta, 10.6.2018, und mit Lucie, 19.10.2016.

um junge Einheimische, die mit der neuen Idee gleichzeitig den ersten Schritt in die Selbständigkeit als Unternehmer:innen oder freiberufliche Stadtführer:innen wagten.[63] Als erste polnische Anbieter betraten 2004 die *Crazy Guides* in Krakau den Markt.[64] Der auf ihrer Webseite prominent platzierte Gründungsmythos des Unternehmens, der Teil seiner ironisch-spielerischen Selbstdarstellung rund um Inhaber Michał Ostrowski ist, kann als prototypische Initialzündung gelesen werden:

> […] It all started on one cold autumn day of the late 1970s when **the Communist world heard the first scream of the newly born Michal** (Mike) Ostrowski. […]
>
> **In 2004** he was finishing his law degree at the same time **working as a receptionist in one of Krakow's hotels.** A boring job, but one which enabled him to study for his exams and write love poems to his pet dog. **He had a lot of contact with foreigners,** and quite often chatted with them or shared a beer on his nightshifts.
> One fine day he got a call saying that an American couple (Mark & Mary), who were visiting Krakow, wanted to take a two hour guided tour of the city. Our Great Leader arrived with his filthy, trashy Fiat 126p (the one he used to impress girls with) and, after realizing that the couple already knew Krakow quite well, he proposed that they skip the tourist traps, jump into his love machine and drive to some of the city's hidden treasures.
> He took them to the legendary mounds, with their panoramic views over the city, to the Bohemian bars in the Jewish quarter, and finally he made them dinner in his apartment. The couple loved it so much (and tipped him a lot) so, in the evening, as a bonus he took them to Nowa Huta and explained some of the crazy history of this purpose-built Socialist city. Afterwards, naturally, they went for a beer (or six) and the couple told him that his tour was so great, so cool, that he had to start his own company …

Selbst das Startkapital erhielt Michał der Geschichte zufolge von den amerikanischen Ideengebern:

> We don't remember who came with the name …Crazy Guides …But what we do remember is that **Our Great Leader Mike was broke** after spending all of his salary on travelling and partying. Luckily for him,

63 Siehe dazu Kapitel I.3.

64 Zu Entstehung und Performances der *Crazy Guides* vgl. Knudsen, The past as staged-real environment; Whigham, Performing a future (in) performing a past; Banaszkiewicz, Turystyka w miejscach kłopotliwego dziedzictwa, S. 157-162.

> **Mark and Mary offered to give him the money to start up …** for free! And that's exactly what they did! **He bought a Trabant**, made a few Crazy modifications and painted it in a truly funky style. Mark and Mary helped him prepare the uniquely eccentric offer and **that's how it started.**[65]

Bemerkenswert an dieser Entstehungslegende ist einerseits die Betonung des informellen, freundschaftlichen Kontakts zwischen Guide und Tourist:innen. Die Idee eines nicht-standardisierten gemeinsamen Erlebnisses, bei dem der lokale Guide auch sehr persönliche Einblicke in sein Leben zulässt, ist bis heute ein wichtiges Element vieler Kommunismustouren. Andererseits erstaunt die Offenheit, mit der die Gründung als das Produkt einer Zufallsbegegnung beschrieben wird, in der das eigene kapitalistische Interesse (»Mike was broke«) und die Finanzkraft der Tourist:innen aus dem Westen (»tipped him a lot«, »offered to give him the money to start up«) in glücklicher Fügung zusammenkommen.

Auch die Gründungsgeschichte von *Authentic Slovakia*, dem ersten Anbieter von Kommunismustouren in Bratislava, zeugt von der eher beiläufigen, schrittweisen Identifizierung einer Marktlücke: Ein Brüderpaar war 2010 – ihr Slogan »tours beyond the ordinary«[66] signalisiert es – mit der unternehmerischen Idee gestartet, Tourist:innen die »echte« Slowakei jenseits der üblichen Sehenswürdigkeiten zu zeigen.[67] Die Nachfrage nach mehrtägigen Trips durch die Ostslowakei war jedoch gering, so dass die beiden beschlossen, stattdessen wenigstens ein »anderes« Bratislava zu zeigen als bereits etablierte Anbieter. In ihrer Tour »Changing Bratislava« fokussierten sie anstelle des historischen Erbes den städtebaulichen Wandel seit den 1960er Jahren, inklusive der Entstehung von Plattenbausiedlungen, Betrieben und Monumenten ebenso wie deren Rückbau im Zuge der Systemtransformation und die Investmentpolitik seit den 1990er Jahren. »I will not show the castle – it's a touristic place«,[68] stellte ihr Guide auch in meiner ersten Tour mit dem Anbieter gleich zu Beginn lachend klar. Wie sich im Laufe der Zeit herausgestellt hatte, lag das Interesse der Besucher:innen allerdings deutlich stärker auf der Zeit vor 1989 als danach. Insbesondere in jenen Touren, die die Brüder seit 2011

65 Crazy Guides, Our History, https://www.crazyguides.com/history/ [11. 5. 2021]. Hervorhebungen im Original.

66 Authentic slovakia, TOURS BEYOND THE ORDINARY, https://www.authenticslovakia.com/ [17. 5. 2021].

67 Die Ausführungen im Folgenden beruhen auf Angaben aus dem Interview mit Peter, 17. 10. 2016.

68 Authentic Slovakia: Bratislava Post Socialist City Tour, 14. 7. 2015.

im alten Škoda ihres Vaters durchführten, habe die Stadtrundfahrt durch viele Nachfragen der Kund:innen ein deutliches Ungleichgewicht zugunsten des Staatsozialismus erhalten:

> […] the topic of communism grew from the beginning up to now because people are really interested in this era, mostly from the western countries […]. This communist topic has been really spread by peoples' questions.[69]

Auch hier war es also die westliche Nachfrage im Wortsinn, die die Jungunternehmer auf eine aussichtsreiche Marktnische aufmerksam machte. Das Austesten dieses Marktsegments spiegelt sich auch in den wechselnden Namen wider, mit denen *Authentic Slovakia* seine Touren vor, während und nach dem Untersuchungszeitraum versah: Aus der »Changing Bratislava Tour« wurden die »Explore Bratislava Tour« und die »Retro Škoda Tour« sowie schließlich die »Bratislava Post Socialist City Tour«[70] bzw. die »Post-Communist Bratislava Tour« (heutiger Name). Mit der schrittweisen Optimierung der Tour änderten sich auch Zielgruppe und Preis: Während das Unternehmen anfangs eher junge »budget traveler« anvisiert habe, trieben die Wartungskosten des Fuhrparks die Preise so in die Höhe, dass das Durchschnittsalter der Gäste nunmehr bei etwa 40 Jahren liege.[71]

Zielgruppen

Den Impuls für die ersten Kommunismustouren gab also der Kontakt mit einer bestimmten Zielgruppe – vor allem Reisenden aus den USA, Australien, West- und Südeuropa, Skandinavien sowie Südamerika. Spätere Versuche, das zunehmend erfolgreiche Produkt auch für ein einheimisches Publikum in der Landessprache anzubieten, erwiesen sich als wenig rentabel. Weder in Prag, noch in Warschau oder Bratislava konnte das Modell eins zu eins übersetzt werden.[72] Auch in Moskau scheiterten Versuche, eine russischsprachige Version der dortigen Communism Tour einzuführen, am fehlenden Interesse.[73] Einheimische Besucher:innen nehmen zwar vereinzelt an den englisch-sprachigen Führungen teil,[74] zur

69 Interview mit Peter, 17.10.2016.

70 So der Name der Tour während der Feldforschung 2015-2019.

71 Interview mit Peter, 17.10.2016.

72 Auch Peter berichtete über die Schwierigkeit, die »Post-communist Bratislava Tour« in seiner eigenen Muttersprache zu halten: Ebd.

73 Banaszkiewicz, Turystyka w miejscach kłopotliwego dziedzictwa, S. 183 f.

74 Etwa dann, wenn sie ausländischem Besuch ihre eigene Stadt zeigen wollen.

Zielgruppe der Kommunismustouren gehören sie aber nicht. Stattdessen haben dieselben Unternehmen teils andere Formate im Angebot, die sich dezidiert an den einheimischen Markt richten, unter ihnen »city games«, Stadtrallyes sowie verschiedene Teambuilding-Events und Themenparties.[75] Ob ein Anbieter auch die lokale Bevölkerung anzusprechen versucht, lässt sich an den Sprachversionen der Webseiten ablesen: Während die Krakauer *Crazy Guides* und deren Pendants in der Hauptstadt *Adventure Warsaw* und *WPT 1313*[76] ihre Fahrten in Retro-Autos auch auf Polnisch bewerben, beschränkt sich *Authentic Slovakia* auf eine englische Webseite.

Das genaue Kund:innenprofil hängt vom konkreten Angebot ab, das sich in den vergangenen zehn Jahren stark ausdifferenziert hat. Neben den genannten Stadtrundfahrten in Originalfahrzeugen konnten sich auch *walking tours* und – in geringem Umfang – Radtouren etablieren. Die Alters- bzw. Sozialstruktur der Gruppen ist vor allem davon abhängig, ob eine Führung als private Tour gebucht werden muss oder, wie etwa im Falle von »free walking tours«, öffentlich zugänglich ist. Erstere finden in Kleingruppen statt und sind daher deutlich teurer als Letztere, die nur auf Trinkgeldern basieren. Zwar führen die Unternehmer:innen bzw. Guides, mit denen ich gesprochen habe, keine Statistiken über Herkunft, Alter oder Motivation ihrer Gäste. Übereinstimmend berichteten sie aber, dass an erster Stelle Englisch-Muttersprachler:innen aus den USA oder Großbritannien stünden. Danach folgen Reisende aus Deutschland, Frankreich, Australien und Skandinavien. Tourist:innen, die den Staatssozialismus aus eigener Erfahrung kennen, nähmen nur selten an ihren Stadtführungen teil.[77] Dass Letztere sogar eher eine Art »Anti-Zielgruppe« darstellen, deren Anwesenheit bei den Touren problematisch sein kann, zeigen meine Notizen über den Auftakt einer Führung mit Tereza in Prag:

75 Dies betrifft vor allem *Adventure Warsaw* sowie *WPT 1313* in Warschau.

76 *WPT 1313*, dessen Name für »Warszawskie Przedsiębiorstwo Turystyczne« steht und auf das filmische Schaffen des polnischen Regisseurs Tomasz Bareja anspielt, verfolgt ein ähnliches Geschäftsmodell wie *Adventure Warsaw*. Da das Unternehmen, das in erster Linie allgemeine Stadtrundfahrten in »Retro-Autos« anbietet, erst im Untersuchungszeitraum eine spezifische Kommunismustour entwickelte, wurde sein Angebot hier nicht systematisch untersucht. Eine Analyse des Angebotsspektrums findet sich bei Agnieszka Balcerzak, »The Charm of the PRL«. Memory Culture, (Post)Socialist Nostalgia and Historical Tourism in Poland, in: Slovenský Národopis, Bd. 69 (2021) 2, S. 255-273; Balcerzak, Adventure Warsaw – Adventure PRL! Ethnografische Bausteine zur Kommodifizierung des kommunistischen Erbes als touristische Destination und kulturelle Ressource.

77 Interviews mit Maciej, 21.3.2019; Peter, 17.10.2016; Lucie, 19.10.2016.

> Neben mir nehmen teil: drei Pärchen Ende zwanzig/Anfang dreißig aus Großbritannien, Indien und Frankreich, zwei Alleinreisende (eine jüngere Frau aus Mexiko und ein älterer Mann aus England) sowie eine Gruppe von jungen Deutschen Anfang 20. Wie ich später erfahre, sind es sechs Freunde […], die für ein Osbourne-Konzert nach Prag gekommen sind und an ihrem zweiten und letzten Tag hier gerne eine Tour machen wollten. […] Tereza begrüßt uns routinisiert-energisch, laut und in gutem Englisch und zählt durch, ob die Anzahl der zahlenden Gäste stimmt. […] Sie bittet uns, der Reihe nach unsere Namen und unsere Herkunft zu nennen, was wir auch alle tun (s. o.). Obwohl die Gruppe aus Ingolstadt und ich uns als Deutsche vorstellen, ruft sie danach »Good – no people from communist countries, all capitalists!« Erst später (im Bunker) hakt sie noch einmal bei den Deutschen nach, ob sie eigentlich aus West- oder Ostdeutschland sind.[78]

Terezas erleichterter Ausruf »All capitalists« kann als selbstironischer Bezug auf die Tatsache verstanden werden, dass hier der Kommunismus in Form einer Dienstleistung für zahlendes Publikum kapitalisiert wird.[79] Vor allem aber fand hier ein Abgleich des antizipierten mit dem realen Publikum statt. Ohne dass sie eruierte, ob unter den Deutschen auch Ostdeutsche sind, zeigte sich die Stadtführerin erleichtert, dass offenbar kein:e Teilnehmer:in eigene Erfahrungen mit dem Staatssozialismus mitbrachte. Wie ich noch zeigen werde, steckt hinter einer solchen Nationalitäten-Abfrage weit mehr als bloßes Interesse am Profil der eigenen Kundschaft. Sie ist vielmehr Bestandteil einer Zielgruppensegmentierung, die eng mit Fragen des Konfliktmanagements verbunden ist.

Innerhalb des Angebotsspektrums für ausländische Kundschaft scheint den Kommunismustouren – und damit jenen, die an ihnen teilnehmen – ein besonderer Ruf vorauszueilen. Dies zumindest deutet sich in folgender Episode an, die ich bei der Buchung einer Führung in Prag erlebte: Ich hatte das Ticketbüro des Anbieters genau in dem Moment erreicht, als der junge Mann den Verkaufsstand eigentlich schließen wollte. Auf meine Nachfrage hin behauptet er zuerst mürrisch, dass seiner Erinnerung zufolge sämtliche »communism tours« diese Woche bereits ausgebucht seien. Als ich insistierte, er möge es doch prüfen, begab er sich widerwillig zurück in seine Bude, rief per Handy irgendwo an und fragte: »Máme v tom týdnu ještě nějaké komunisté?« (dt.: »Haben wir in dieser

78 Prague Special Tours: Communism and Nuclear Bunker Tour, 14. 6. 2018.

79 Zu Motiven der Kapitalismuskritik und des Umgangs mit der eigenen Rolle als Unternehmer:innen siehe auch Kapitel II.1.

Woche noch irgendwelche Kommunisten?«). Knurrig bestätigte er mir, dass es tatsächlich noch einen Platz in der morgigen englischen Tour gebe, und stellte mir eine Quittung aus.[80] Dieser Verkäufer wollte offensichtlich endlich in den Feierabend gehen. Darüber hinaus sprach aus seinem herablassenden Verhalten aber auch ein prinzipielles Unverständnis für das touristische Interesse ausgerechnet an dieser historischen Epoche.

Deregulierung, Ausdifferenzierung, Professionalisierung

Eine nicht unwesentliche Voraussetzung für die Entwicklung und Ausbreitung der Kommunismustouren war die schrittweise Deregulierung des Stadtführer:innen-Berufs seit den 2000er Jahren. Anders als etwa in Spanien, Italien oder Österreich kann in Polen, Tschechien und der Slowakei heute jede:r, gemäß der bestehenden Gewerberegelungen, Stadttouren im öffentlichen Raum anbieten.[81] Eine Lizenz des örtlichen Tourismusverbandes, die in der Regel eine mehrmonatige Ausbildung voraussetzt, ist nicht mehr nötig, was seitens alteingesessener Guides höchst kritisch gesehen wird.[82] Der zeitliche Horizont, in dem sich der Markt auch nicht-professionellen Guides öffnete, unterscheidet sich von Land zu Land: Während die Tätigkeit des Guides in Prag bereits seit 2008 offiziell zum freien Gewerbe gehört,[83] wurde die Lizenzpflicht in Warschau erst zum 1. Januar 2014 abgeschafft.[84] Anders als in Warschau, wo die ersten thematischen Touren über die Zeit des Staatssozialismus von lizenzierten Guides auf den Markt gebracht wurden, waren es in Bratislava und Prag Quereinsteiger:innen ohne vorherige Berufserfahrung im Tourismus.

Besonders relevant ist dieser Unterschied mit Blick auf Prag, wo deutlich weniger einheimische Stadtführer:innen aktiv sind. Wegen des enormen

80 Gray Line: Communist Walking Tour, 9.8.2016.

81 Anders ist die Situation in Museen und anderen Einrichtungen, die häufig eigene Lizenzen ausgeben.

82 Bereits im Vorfeld der Änderung fanden hitzige Debatten unter den polnischen Guides statt: Zygmunt Kruczek, Problematyka deregulacji zawodu pilota wycieczek i przewodnika turystycznego, Kraków 2013. Zur Kritik der Prager Guides an der Situation seit 1989 vgl. Řezníčková, Českoslovenští průvodci cestovního ruchu, S. 101-107.

83 Zákon č. 130/2008b, https://www.zakonyprolidi.cz/cs/2008-130 [21.11.2019].

84 Ustawa z dnia 13 czerwca 2013 r. o zmianie ustaw regulujących wykonywanie niektórych zawodów, https://www.gov.pl/web/sport/ustawa-z-dnia-13-czerwca-2013-r-o-zmianie-ustaw-regulujacych-wykonywanie-niektorych-zawodow-tzw-ustawa-deregulacyjna [21.11.2019].

Einreisetourismus arbeiten viele touristische Unternehmen hier mit Englisch-, Deutsch- oder Spanisch-Muttersprachler:innen zusammen, von denen einige nur zeitweise in der Stadt leben. Diese sind allein wegen ihrer fehlenden Tschechischkenntnisse meist nicht in der Lage, die offizielle Lizenz zu erwerben, die *Prague City Tourism* (tsch. *Pražská Informáční Služba*) anbietet.[85] In Warschau wiederum wurde die legislative Neuerung im Falle des Kulturpalasts überhaupt erst zum Impuls, ein reguläres touristisches Produkt zu entwickeln. Waren die Innenräume der 1955 errichteten Dominante – anders als die Aussichtsplattform – erst seit 2011 im Rahmen von Vermietungen und Messen zugänglich, nahm die organisierende Firma die Gesetzesänderung zum Anlass, nun tägliche Führungen durch den Palast zu etablieren.[86]

Ebenfalls im engen Zusammenhang mit der Deregulierung des Marktes steht das Phänomen der bereits genannten »free walking tours«, das die Kluft zwischen »offiziellen« und »inoffiziellen« Guides weiter vertieft hat.[87] Das Prinzip ist denkbar einfach: Solche formal kostenlosen Touren müssen nicht im Voraus gebucht werden, stattdessen beginnen sie zu festen Zeiten an festen Orten. Anstelle eines festen Preises geben die Teilnehmer:innen am Ende ein Trinkgeld. 2003 von Christopher Sandeman in Berlin erfunden,[88] breitete sich das Geschäftsmodell rasch in ganz Europa aus. Neben allgemeinen, überblicksartigen Touren und den allseits berüchtigten »pub crawls«[89] sind in den vergangenen zehn Jahren immer mehr thematische Führungen dieses Formats auf den Markt gekommen, darunter auch einige, die sich explizit dem Kommunismus widmen.

Zusammen mit der steigenden Nachfrage nach alternativen Angeboten hat die Liberalisierung des Marktes zu einer stetigen Ausdifferenzierung, Ausbreitung und Professionalisierung (nicht nur) der Kommunismustouren geführt. Unternehmen, die mit zwei oder drei Guides starteten, konnten die Anzahl ihrer Mitarbeiter:innen im Laufe der Jahre deutlich erhöhen. So hat *Authentic Slovakia* aus Bratislava im Untersuchungs-

85 Vgl. Interview mit Ella, 18.10.2016.

86 Interview mit Adam und Mikołaj, 19.3.2016.

87 Zu typischen lokalen Konflikten zwischen professionellen Guides und den Anbietern von »Free Tours« vgl. exemplarisch: Kampf um Stadtführungen: Verband sauer auf »Free Tours«, BR 24, 3.5.2019, https://www.br.de/nachrichten/bayern/kampf-um-stadtfuehrungen-verband-sauer-auf-free-tours,RPL01RJ [25.11.2019].

88 Sandeman's New Europe, About us, https://www.neweuropetours.eu/about-us/ [17.5.2021].

89 Die »pub crawls«, in denen vor allem gemeinsam Bars und Kneipen besucht werden, bilden das finanzielle Rückgrat der Provider, während die Thementouren eher ein finanzielles Risiko darstellen. Interview mit Hana, 17.10.2016.

zeitraum eine Filiale in Košice gegründet, und das von *Adventure Warsaw* auf einem ehemaligen Fabrikgelänge betriebene Museum über das »Leben in der Volksrepublik« (poln. »Życie w PRL«)[90] konnte 2019 an den Verfassungsplatz (poln. *Plac Konstytucji*) im Stadtzentrum umziehen. Auch inhaltlich haben die Stadtführungen eine klarere Linie gefunden. Wenngleich die Guides, vor allem in kleineren Privattouren, weiterhin viel Wert auf das persönliche Gespräch mit den Gästen legen, sind die Führungen heute deutlich standardisierter als ihre Prototypen. Vor allem ist die Grenze zwischen Privat- und Berufsleben der Guides längst nicht mehr so durchlässig, wie bei den ersten Touren in Krakau, in denen die Tourist:innen teils in privaten Plattenbauwohnungen bewirtet wurden.[91]

Wenngleich (oder gerade weil) der Markt für zeithistorische Stadtführungen im Verhältnis noch immer eine Nische darstellt, müssen die Unternehmer:innen sich gegenüber Konkurrenz aus verschiedenen Richtungen durchsetzen.[92] Die Anbieter:innen von Privattouren stehen im Wettstreit mit den äußerst populären »free walking tours«. Diese wiederum müssen sich, vor allem in Prag, wo 85 % der Tourist:innen aus dem Ausland kommen,[93] sowohl gegen ständige Neu-Einsteiger als auch ausländische Unternehmen behaupten, die den lokalen Markt mitbespielen. So sind etwa *Prague Extravaganza* (Prag), *BeFreeTours* (Bratislava) und *Free Walking Tours* (Budapest) im Netzwerk *United Europe Free Tours* organisiert, und viele polnische Anbieter arbeiten im Rahmen von *FREE Walkative! Tour* zusammen, um sich gemeinsam neben dem internationalen Marktführer *Sandeman* zu positionieren.

Die Dynamik des Marktes findet sich auch in meiner fünfjährigen Beobachtung des Feldes wieder. Als ich 2015 anfing, erste Touren zu recherchieren und Anbieter:innen zu kontaktieren, gab es viele der heutigen »communism tours« noch nicht, andere haben sich nicht auf dem Markt

90 »Muzeum Życia w PRL«, https://mzprl.pl/ [14.8.2025]. Am alten Standort trug das Museum noch den Namen »Zauber der Volksrepublik« (poln. »Czar PRL-u«).

91 Die Touren der *Crazy Guides* in Krakau waren anfangs generell stärker als Schauspiel inszeniert. »Mike« etwa trug in den frühen Jahren eine Arbeiterkluft, wenn er die Tourist:innen durch Nowa Huta führte. Golonka-Czajkowska, Podróż do krainy zwanej Nową Hutą, cyzli o komunizmie jako atrakcji turystycznej, S. 301; Knudsen, The past as staged-real environment, S. 145.

92 Dass alle Unternehmer:innen die mit ihren Kommunismustouren konkurrierenden Angebote genau im Blick haben, zeigte sich auch in meinen Interviews. Einige fragten mich direkt nach meinen Eindrücken von der Konkurrenz.

93 2019 kamen 6.803.741 von 8.044.324 Prag-Besucher:innen aus dem Ausland. Prague City Tourism, Guests and nights – Prague – 2019, https://www.praguecitytourism.cz/en/our-services/statistics/guests-and-nights-revised-data-2012-2019-14836 [15.5.2021].

behaupten können oder sind von offenen Angeboten zu Privatführungen geworden.[94] Fast alle Internetauftritte der Unternehmen, die sich auf das Thema Kommunismus spezialisiert haben, sind in den letzten Jahren – spätestens während der Covid-19-Pandemie – erneuert worden. Gleichzeitig hat die stetige Ausdifferenzierung der internationalen *communist heritage industry* dazu geführt, dass die Konkurrenz härter und der Ton rauer geworden ist. Bis 2017 empfingen mich alle Anbieter:innen, die ich um ein Interview bat, mit großem Interesse und waren bereit, mir umfassend Auskunft zu geben. Im Kulturpalast vertrauten mir Adam und Mikołaj sogar das dort ausgelegte Gästebuch an, damit ich zu Hause in Ruhe darin lesen könne. Diese Offenheit, ebenso wie das Vertrauen in mein rein wissenschaftliches Interesse, war später keine Selbstverständlichkeit mehr. Durfte ich in den ersten Jahren von den meisten Führungen Audiomitschnitte anfertigen, schien die Skepsis der Guides, ob ich nicht selbst eine ähnliche Tour auf den Markt bringen wollte, zuzunehmen. 2018 kommentierte eine Stadtführerin in Prag meine entsprechende Anfrage mit dem rigorosen Hinweis, ihr Arbeitgeber verbiete Audio- und Videoaufnahmen prinzipiell.[95] In Bratislava lehnte eine Unternehmerin, mit der ich bereits 2016 ein Gespräch geführt hatte, 2019 meine erneute Interviewanfrage mit der Begründung ab, die Anfragen aus Journalismus und Forschung hätten mittlerweile überhandgenommen. Das harte Geschäft erlaube ihr keine Zeit für solche unentgeltlichen Zusatzaufgaben.[96] Dazu passt auch die Tatsache, dass keine:r der Guides mir das Skript der Tour in schriftlicher Form zur Verfügung stellte. Obwohl mir dies mehrere Gesprächspartner:innen (ohne entsprechende Nachfrage meinerseits) angeboten hatten, erhielt ich kein einziges. Verwunderlich ist das kaum, denn das Drehbuch einer Tour gleicht dem Patent eines Produkts – es an Fremde herauszugeben, stellt gerade auf umkämpften Märkten wie dem Prager Tourismus ein hohes Risiko dar.[97]

94 So existiert der »Communism Walk« von *Prague Walks* heute nicht mehr. Die »Free Red Prague Tour« von *NEXT City Tours* (ehemals *HostelCulture*, später *Generations Tours*) wurde im Untersuchungszeitraum als private *Red Prague Tour* angeboten und existiert heute nicht mehr. Zu Beginn meiner Feldforschung noch nicht auf dem Markt war die Tour »Communist Prague – The Life Behind the Iron Curtain Tour« von *SANDEMANs NEW Europe*.

95 Prague Special Tours: Communism and Nuclear Bunker Tour, 14.6.2018.

96 Telefonat mit Hana, 30.7.2019.

97 Zum Problem des geistigen Eigentums vgl. Wynn, The tour guide, S. 33.

»[W]hen I had my first tour with someone from Australia, I said: Wow! That's quite impressive. A person from the other side of the world came to Warsaw and I can show him the building.«[98] Als Adam im Interview 2016 vom Beginn seiner Arbeit als Guide im Kultur- und Wissenschaftspalast erzählte, leuchteten seine Augen. Deutlich vermittelte er, dass er sein Tun keineswegs als bloßen »Brotjob« empfand. Seine Tätigkeit als Führer durch das monumentale Gebäude sah er vielmehr als Teilhabe an etwas Großem an. Die Faszination, die er mit seinem Geschäftspartner teilte, bezog sich auf den Kulturpalast selbst – auf einen weltbekannten Ort, zu dem die beiden privilegierten Zugang hatten. »We both love the Palace«,[99] fassten sie ihre Motivation zusammen, das erste Unternehmen zu gründen, das Gäste aus Polen und der ganzen Welt durch die Innenräume des wohl markantesten Bauwerks von Warschau führte. Auch wenn es sicher Tourguides gibt, die ihre Tätigkeit mangels Alternativen ausüben, scheint Adams hohe Identifikation mit dem Ort seiner Führungen typisch. Die meisten der von mir interviewten Guides und Tourveranstalter:innen einte ihr großes Interesse für Lokal- und Zeitgeschichte, gepaart mit Kommunikationsfreudigkeit sowie Sinn für und Mut zum Unternehmertum. Mit viel Enthusiasmus präsentieren sie tagtäglich Geschichte und Detailwissen auf unterhaltsame Weise. Doch wer genau sind diese Stadtführer:innen? Woher kommen sie, welcher Generation gehören sie an und wie legitimieren sie sich als Geschichtsvermittler:innen?

Zeitzeug:innen, »local guides«, Expats

Größtenteils gehören jene, die die hier untersuchten Kommunismustouren entwarfen, etablierten und präsentierten, zur Alterskohorte derer, die in Ostdeutschland als »Dritte Generation Ost« auftreten.[100] Es sind also »Wendekinder«, die – geboren zwischen 1975 und 1985 – die letzten Jahre des Staatssozialismus als Kinder erlebten. Geprägt durch die Biografien ihrer Familien in Diktatur, Mangelwirtschaft und später der Transformationsgesellschaft, schlossen sie ihre eigene Ausbildung bereits im Rahmen einer postsozialistischen Leistungsgesellschaft ab und starteten unter ganz anderen Voraussetzungen ins Berufsleben als ihre Eltern. Im Gegensatz zu deren Generation hatten sie beruflich freie Wahl und

98 Interview mit Adam und Mikołaj, 19.3.2016.

99 Ebd.

100 Dritte Generation Ost, https://netzwerk.dritte-generation-ost.de/ [19.5.2021].

konnten schon in jungen Jahren durch die Welt reisen. Ihr Zugang zum kommunikativen wie kollektiven Gedächtnis scheint unideologischer und spielerischer als jener ihrer Vorfahren – nicht zuletzt, da sie die eigenen Lebensentwürfe weder gegen Vorwürfe des Opportunismus noch der Nostalgie verteidigen müssen.[101] Zeitzeug:innen im klassischen Sinne sind die Anbieter:innen bzw. Guides der Kommunismustouren demzufolge nur selten. Lediglich in Prag begegneten mir mit Kateřina, Aneta und Ondřej drei Stadtführer:innen, die bereits in den 1960er Jahren und früher geboren sind. Während diese drei auf eigene Erinnerungen zurückgreifen konnten, mussten ihre jüngeren Kolleg:innen die Erfahrungen und Erlebnisse ihrer Eltern, Großeltern oder älteren Geschwister einbeziehen, um ihre Berichte vom Leben im Staatssozialismus zu individualisieren und zu authentisieren.[102] Wie andere Guides, die zeithistorische Themen behandeln, unterfütterten sie insbesondere ihre alltagsgeschichtlichen Ausführungen mit Details aus der persönlichen Familiengeschichte.[103] Unabhängig vom Anteil fiktionaler Elemente nahmen sie teils namentlich Bezug auf Verwandte und Bekannte; einige setzten gar eigene Kindheitsfotos als Illustrationsmaterial wie Authentizitätsmarker ein. Einer eher spielerischen Strategie der Autorisierung bediente sich ein junger Guide in Warschau: Augenzwinkernd, aber nicht ohne Stolz stellte der 1982 Geborene seine Verwurzelung in der Volksrepublik mit dem Statement »Born in PRL« zur Schau, das auf seinem knallgelben T-Shirt prangte (Abb. 1).[104]

Das in den Touren vermittelte Bild des Staatssozialismus ist demnach ein mehrfach vermitteltes: Von Angehörigen, Bekannten und aus medialen Darstellungen wird es durch die Guides an eine touristische Öffentlichkeit weitergegeben. Den Hintergrund dieser Interpretationsleistung bildet ihre eigene Sozialisierung im Spät- bzw. Postsozialismus. Anders als ältere Kolleg:innen (und Reisende), die auf eigene Erfahrungen aus der Zeit des Kalten Krieges zurückgreifen können, zeigte sich die Sichtweise der meisten jüngeren Guides vor allem durch die retrospektive Vintage-Kultur der 1990er und 2000er, ihre Filme und

101 Ähnliches ist für dieselbe Generation in Rumänien beschrieben worden: Cristina Petrescu, »How We Survived Communism and Even Laughed«. Nostalgia for the Past before the Internet in the Romanian Transition to Democracy, Vortrag im September 2014, https://ahistcon.org/PDF/congresos/XII_tercera_circular.pdf [5.5.2017].

102 Zur Bedeutung von Zeitzeugenschaft zur Authentisierung der historischen Präsentationen siehe Kapitel II.3 und III.1.

103 Vgl. auch Banaszkiewicz, Turystyka w miejscach kłopotliwego dziedzictwa, S. 174.

104 FREE Walking TOUR Foundation: Communist Warsaw, 28.4.2015.

Abb. 1: Guide einer Kommunismustour mit »BORN in PRL«-T-Shirt, Warschau, 28.4.2015

Ästhetiken,[105] geprägt. Insbesondere in Tschechien bezogen sich die Guides wiederholt auf bekannte Tragikomödien wie »Pelíšky« (1999), um einzelne Facetten des Lebens im Staatssozialismus zu illustrieren. Bisweilen lag der biografische Ausgangspunkt sogar ganz explizit in den 1990er Jahren, wie etwa Zofia in der Einführung ihrer Tour »Communist Warsaw« herausstellte: »I was born in the late eighties, which means [...] I don't remember [...] the communists but I remember the transition.«[106]

Ohnehin sind die »Rederechte«[107] hinsichtlich zeitgeschichtlicher Inhalte im Tourismus nicht allein vom Alter der Guides abhängig. Insbesondere für ausländische Reisende stelle deren lokale Verwurzelung ein mindestens ebenso entscheidendes Kriterium dar, wie der Unternehmer Maciej im Interview betonte.[108] Auch folgende, äußerst positive Bewertung einer Kommunismustour auf *Tripadvisor* legt dies nahe: »Our guide was 24 years old Tomasz who didn't live through the socialist times, but

105 Vgl. Marek Jeziński/Łukasz Wojtkowski, Nostalgia Commodified. Towards the marketization of the post-communist past through new media, in: medien & zeit, Bd. 31 (2016) 4, S. 96-104; Pehe, Velvet Retro.

106 Free Walking Tour Foundation: Communist Warsaw, 13.9.2016.

107 Vgl. dazu Kapitel II.3.

108 Interview mit Maciej, 21.3.2016.

gave an interesting perspective on ›his‹ Warsaw.«[109] Tatsächlich arbeiten die meisten Unternehmen in Warschau und Bratislava mit einheimischen Stadtführer:innen zusammen und bewerben ihre Touren mit dem Verweis auf ihr Team aus »local guides«, das Nicht-Einheimischen exklusive Einblicke in die Stadt bieten könne. Zentrale Voraussetzung dafür ist nicht die konkrete Herkunft, sondern eine umfassende, alltagsbasierte Ortskenntnis, die auch später erworben sein kann. So betonten sämtliche Guides, die nicht in Warschau oder Bratislava geboren waren, am Anfang ihrer Touren, wie lange sie dort bereits lebten.

Eine Ausnahme stellt in dieser Hinsicht Prag dar, wo fast die Hälfte der von mir besuchten Kommunismustouren durch Guides aus den USA bzw. Kanada gegeben wurde.[110] Der Grund hierfür ist vermutlich ein doppelter: Anders als in Warschau und Bratislava kommt das Gros der Städtereisenden in Prag aus dem Ausland, so dass fremdsprachigen Führungen generell ein deutlich höherer Stellenwert zukommt. Zugleich leben zahlreiche US-Amerikaner:innen in Prag, für die die Arbeit im Tourismus eine naheliegende und typische Einnahmequelle ist.[111] Im Tourguiding-Geschäft der Stadt haben Englisch-Muttersprachler:innen daher einen viel höheren Anteil als in den anderen untersuchten Städten. In zwei Fällen betonten die Expats allerdings ihre Verankerung in der tschechischen Kultur, indem sie sich als Kinder von in den 1960er Jahren emigrierten Familien vorstellten.[112]

Ausbildung, Berufsbiografien und Rekrutierung der Guides

Für die Autorität der Guides als Geschichtsvermittler:innen sind freilich nicht nur ihre Herkunft und ihr Alter von Belang. Ebenso wichtig ist der Ausweis formaler Qualifikationen. Weil den freiberuflichen Stadtführer:innen der autorisierende Rahmen etwa eines Museums fehlte, legten sie oft

109 Kasssia: There isn't a better drive back through time to a day in the life of communist Poland than Adventure Warsaw, Bewertung Adventure Warsaw auf Tripadvisor, 7.6.2010, https://www.tripadvisor.com/ShowUserReviews-g274856-d1577275-r66803534-Adventure_Warsaw-Warsaw_Mazovia_Province_Central_Poland.html [22.8.2023].

110 Einige international tätige Operator wie *Generation Tours* oder *Discover Prague* arbeiten prinzipiell nur mit Muttersprachler:innen zusammen.

111 2018 lebten in Tschechien über 9.500 US-Amerikaner, viele von ihnen in Prag. Český statistický úřad/Ředitelství služby cizinecké policie Ministerstva vnitra ČR, Cizinci v ČR podle státního občanství v letech 1994-2018, https://www.czso.cz/csu/cizinci/4-ciz_pocet_cizincu [22.10.2020].

112 Wie sie ihren fehlenden Insiderstatus kompensierten, beschreibe ich ausführlich in Kapitel II.3.

besonderen Wert auf eine einführende Darstellung ihrer Ausbildung, die in den meisten Fällen eine akademische war. Viele der Guides, die ich begleitete, hatten ein geisteswissenschaftliches Studium, darunter Geschichte, Philosophie, Theologie oder Kunstgeschichte, absolviert. Ebenso begegneten mir aber auch eine Ingenieurin, ein Jurist, eine Ökonomin und ein Verfahrenstechniker. Während einige noch studierten, war ein Stadtführer bereits promoviert, ein anderer hatte gerade begonnen, an einer Dissertation zu arbeiten. Unter den Unternehmensgründer:innen waren mit einem Geographen und einem Stadtplaner außerdem zwei Akademiker:innen, deren Expertise explizit im Umgang mit Raum lag. Als typisches Sprungbrett ins Tourguiding erwiesen sich außerdem Sprachausbildungen oder Berufe im Tourismus (Kellnern, Hoteljobs, Ticketverkauf, aber auch Tätigkeiten im Marketing). Die Wege, ja Umwege, die jeweils zur Wahl dieses Jobs führten, waren demnach höchst unterschiedliche. Denn tatsächlich ist das Tourguiding, wie der Soziologe Jonathan Wynn konstatiert hat, typischerweise Teil nicht-stringenter, »unordentlicher Karrieren«.[113] Die Tätigkeit als Stadtführer:in, die meistens freiberuflich ausgeübt wird, stellt darüber hinaus nur selten die einzige Einnahmequelle dar. Typische Zweit- und Drittjobs sind Sprachlehrer:in oder Übersetzer:in; es begegneten mir aber auch eine Hochzeitsplanerin, ein Cheerleader-Trainer, ein Dichter sowie Guides, die außerdem beim Radio oder in der kirchlichen Mission tätig waren. Insgesamt schilderten sie ihre berufliche Situation meist als unsicher. Viele Stadtführer:innen waren darauf angewiesen, in der Hauptsaison für ihren Lebensunterhalt im nächsten Winter zu sparen. Etwas anders zeigte sich die Situation bei all jenen, die selbst ein touristisches Unternehmen gegründet hatten und zum Zeitpunkt der Interviews komplett von ihren Einnahmen im Tourismus lebten.

Die Entscheidung für oder wider eine offizielle Lizensierung als Stadtführer:in hängt von unterschiedlichen Variablen, darunter dem beruflichen Hintergrund, der Herkunft der Guides oder den Vorgaben seitens der Tour-Veranstalter, ab. Wie oben geschildert bestand in keiner der drei Städte im Untersuchungszeitraum ein Lizenzzwang. Dennoch hatten vor allem die selbständigen Guides, die für verschiedene Anbieter tätig waren, meist die entsprechende mehrmonatige lokale Ausbildung absolviert und machten diese Legitimation in Form eines Ansteck- oder Umhängekärtchens sichtbar. Kleine Unternehmen, die lediglich Spezialangebote wie die Kommunismustouren vertreiben und mit einigen wenigen Stadtführer:innen zusammenarbeiten, verlangten solche offiziellen

113 »untidy career«-Wynn, The tour guide, S. 35-57.

Berechtigungen eher nicht. Darüber hinaus sahen Guides, die sich ganz auf einzelne thematische Führungen spezialisiert hatten, oft keinen Mehrwert in der alle Epochen umfassenden Ausbildung. Im Falle der ausländischen Stadtführer:innen hatte der Verzicht auf eine Lizenz außerdem ganz praktische Ursachen: Die entsprechenden Kurse in Warschau, Prag und Bratislava fanden bis zum Ende des Untersuchungszeitraums nur in den jeweiligen Landessprachen statt, so dass ein relativ hohes Sprachniveau nötig gewesen wäre, um Kurs und Prüfung zu absolvieren.

Wichtiger als die formale Befähigung zum Tourguiding, die in erster Linie auf der Prüfung faktografischen Wissens beruht, schien für die meisten Anbieter die persönliche Eignung der Guides. Diese sollen kontaktfreudig, ortskundig und geschichtsinteressiert sein und Unterhaltungs- bzw. Showtalent mitbringen. Das »Menschliche« sei für sie als Unternehmerin wichtiger als die Ausbildung selbst, erzählte mir etwa Lucie im Gespräch über ihre Rekrutierungsphilosophie. Als Guides ihrer Touren kämen deshalb Bewerber:innen infrage, wenn sie wissbegierig und neugierig sind.[114] Ein anderer Unternehmensgründer betonte, dass es ihm bei der Rekrutierung vor allem auf Kreativität, Engagement und eine starke Persönlichkeit ankomme. Damit sie gute »Performer« blieben, seien Nebenberufe (ebenso wie die Arbeit für andere Anbieter) sogar wünschenswert »to refresh their heads«.[115] Dass die Guides vor allem einen gewissen Enthusiasmus – für das Thema, aber auch die Tätigkeit im Allgemeinen – ausstrahlen sollen, zeigt auch die Selbstdarstellung von *Walkative!*, einem europaweit tätigen Anbieter von »free walking tours«. Auf seiner Webseite heißt es über das Team: »And there is one more thing – we simply love guiding you. When you talk to our guides, they will all agree that this is their dream job.«[116]

Panorama der Motivationen

In seinem Porträt der New Yorker Guide-Szene zeichnet Wynn das Bild einer informellen, nur lose gebundenen Gruppe, die sich schwer greifen lasse. Verstanden als »Bodentruppen« der Reisebranche, versammeln sich im Milieu der Stadtführer:innen nach Wynn unterschiedlichste, meist unkonventionelle Intellektuelle und Autodidakt:innen, die die eigene

114 Interview mit Lucie, 19.10.2016.

115 Interview mit Maciej, 21.3.2016. Auch andere Unternehmensgründer:innen hoben die Persönlichkeit ihrer Guides als ausschlaggebendes Anstellungskriterium heraus. Interviews mit Hana, 17.10.2016, sowie Adam und Mikołaj, 19.3.2016.

116 Walkative!, Who we are, https://freewalkingtour.com/about/ [22.8.2023].

Faszination für verborgene Geschichten ihrer Stadt mit anderen teilen wollen. Obgleich eine prekäre, saisonale Arbeit, locke viele die Aussicht auf eine kreative, selbstbestimmte Tätigkeit jenseits der Monotonie eines Schreibtischjobs.[117] Diese Befunde Wynns decken sich mit meinen eigenen Eindrücken aus Warschau, Prag und Bratislava.[118] Fast alle Guides, die mir begegneten, zeichneten sich durch Kommunikationsfreude und Bühnentalent aus, sie waren augenscheinlich gern Geschichtenerzähler:innen und hatten spürbar Freude daran, andere zu unterhalten. Fast durchweg brachten sie mir gegenüber ihre Passion für den eigenen Job zum Ausdruck. Obwohl ihre Motivationen, als Guides zu arbeiten, ganz unterschiedlich gelagert waren, lassen sich Gemeinsamkeiten finden, die auf ein geteiltes Berufsverständnis hindeuten.

Wie aus den verschiedenen Ausbildungswegen zu erahnen, basieren die Entscheidungen für einen Job als Guide auf unterschiedlichen Überlegungen. Unter den Stadtführer:innen in Warschau, Prag und Bratislava waren einerseits solche, die aus ökonomischen Erwägungen oder durch puren Zufall in die Tätigkeiten »hineingerutscht« waren, andererseits Personen, die ihr spezifisches Interesse für Kultur und Geschichte zum Tourguiding führte. Zur ersten Kategorie gehörten etwa Aneta, eine tschechische Stadtführerin Ende 40, die sich später sogar als Tour-Veranstalterin selbständig machte, und Ella, eine junge Australierin mit tschechischen Wurzeln. Beide hatten sich jahrelang mit Jobs in Bars, Hotels und verschiedenen Büros in Prag durchgeschlagen, bevor sie von Bekannten in die Tourguide-Szene eingeführt wurden. Wie Aneta betonte, lag ihr vor allem daran, unabhängig zu sein und ein alternatives Lebensmodell zu realisieren.[119] Anders Roman, der ebenfalls in Prag sein eigenes Unternehmen im Tourismus gründete und sich auf zeitgeschichtliche Touren spezialisiert hat: Nachdem er einige Jahre für große Firmen (sowohl im als auch außerhalb des Tourismus) gearbeitet hatte, habe für ihn festgestanden, dass er selbst als Unternehmer tätig sein wollte. Am Anfang seiner Geschäftsidee stand keine eigene Erfahrung als Tourguide, sondern eine genaue Analyse des Marktes. Um nicht wie viele andere Prager Start-ups bereits nach kurzer Zeit zu scheitern, entschloss sich Roman bewusst für kleinformatige, thematische Angebote mit hohem Anspruch: »My main motto always was that I want to offer […] top quality service. […] It's a business thing: once you have experiences in

117 Vgl. Wynn, The tour guide, S. 4, 6, 12, 35.

118 Mehrere Guides sprachen explizit von ihrer Abneigung gegen eine Arbeit im Büro. Interviews mit Roman, 9. 8. 2016; Aneta, 10. 6. 2018; Daniel, 10. 8. 2016.

119 Interviews mit Aneta, 10. 6. 2018, sowie mit Ella, 18. 10. 2016.

sale [...] the way you differ[entiate] good companies from great companies is that the great companies always try to offer something better.«[120]

Wenngleich Roman sich in erster Linie als erfahrener Geschäftsmann präsentierte, der an der stetigen Optimierung seines Produkts arbeitete, schmälerte dies nicht die Leidenschaft, mit der er über dessen Inhalt sprach. Im Interview stellte er sich als »history buff«[121] vor und betonte sein großes Interesse an Geschichte, das er bereits als Schulkind in Hobbies wie dem Flugzeugmodellbau und später bei historischen Schaukämpfen (»historical fencing«) ausgelebt habe. Solche Selbstbeschreibungen als Geschichtsenthusiast:innen begegneten mir bei vielen Guides bzw. Tour-Veranstalter:innen. Einige standen darüber hinaus im Austausch mit (Laien-)Historiker:innen oder gehörten örtlichen Reenactment-Gruppen an.[122] So berief sich ein Bratislavaer Guide in seinen Ausführungen über den Stadtteil Petržalka auf einen befreundeten Lokalhistoriker, der über die Entstehung der riesigen Plattenbausiedlung geforscht und ein Buch darüber veröffentlicht habe.[123] Noch deutlicher trat die Überlappung verschiedener geschichtsinteressierter Milieus in der Zusammenarbeit zwischen Touranbietern und den Betreiber:innen privater Museen zutage, die in Eigenregie die Relikte des Kalten Krieges restaurieren und in kleinen Ausstellungen, insbesondere in ehemaligen Bunkern, zugänglich machen.[124] Bei solchen Kooperationen handelte es sich offenbar um klassische Win-win-Sitationen: Während die Touranbieter:innen den Betreibern eine gewisse Öffentlichkeit – und damit regelmäßige Einnahmen – verschafften, boten die Bastler und Amateurkuratoren ihnen einen, teils exklusiven, Zugang zu Orten jenseits des Massentourismus.

In vielerlei Hinsicht lassen sich Stadtführer:innen damit als Public Historians charakterisieren, deren Anliegen die Vermittlung, teils gar die eigene Erforschung, lokaler Geschichte ist.[125] Folgt man ihren Selbstdarstellungen, steht hinter der Entwicklung und Durchführung von Kommunismustouren mehr als die clevere Identifikation einer Markt-

120 Interview mit Roman, 9.8.2016.

121 Ebd.

122 Neben Roman stellte sich auch ein Guide aus Warschau als aktiver Reenactor vor.

123 Authentic Slovakia: Bratislava Post Socialist City Tour, 17.10.2016. Zur Rezeption lokalhistorischer Expertise siehe auch Mikos von Rohrscheidt, Współczesne przewodnictwo miejskie, S. 369.

124 Die enge Kooperation zwischen Guides und Forscher:innen ist nicht auf Geschichte beschränkt und für den Ethnotourismus bereits beschrieben worden. Die Verflechtungen zwischen Guide-Szene und Anthropolog:innen in Indonesien analysiert etwa Salazar. Salazar, Imagineering Otherness, S. 677.

125 Vgl. Wynn, The tour guide, S. 55; Pond, The Professional Guide, S. 14. Zum Selbstverständnis der Guides als Stadthistoriker:innen siehe auch Kapitel III.2.

lücke. So gaben einige Guides an, durch die Vermittlung der jüngsten Geschichte an ein breites, nicht-akademisches Publikum bewusst eine erinnerungskulturelle Leerstelle schließen zu wollen. Diesen Anspruch erhoben insbesondere Stadtführer:innen in Bratislava, das in historiografischer Sicht noch immer im Schatten Prags steht. So stammt das Gros der international bekannten Bilder vom Prager Frühling und seiner gewaltsamen Beendigung aus Prag, während Bratislava im Bildgedächtnis dieser Zeit weit weniger präsent ist.[126] Überhaupt fehle es hier an einer Musealisierung der Zeitgeschichte, wie die Stadtführerin Laura beklagte. Weil in ihrer Stadt keinerlei Museum existiere, in dem in- wie ausländische Reisende etwas über die Zeit des Staatssozialismus erfahren können, habe sich die Bauingenieurin entschlossen, in ihrer Freizeit unentgeltliche Stadtführungen über dieses Thema zu geben.[127]

Auch Hana, Tourismus-Managerin und Autorin einer Kommunismustour in Bratislava, betonte, dass ihre Arbeit in erster Linie darauf abziele, lokales Wissen zu sammeln und zugänglich zu machen.[128] Ihr Tourskript beruhe daher zu großen Teilen auf Gesprächen mit ihrer Familie, mit älteren Slowak:innen, aber auch der Forschung einer befreundeten Doktorandin: »I found some information that is not really in the textbooks, but that makes Slovakia more interesting and important than it is portrayed in the text books. […] [F]oreigner[s] would be unable to find these stories. It's something that is running between the generations«.[129] Was Hana hier formulierte, war das Programm einer Oral History, deren Endprodukt keine wissenschaftliche Monografie, sondern das Skript einer geführten Tour ist. Interessant ist darüber hinaus ihre Formulierung, dass die Nationalgeschichte erst durch Ergänzungen aus dem kommunikativen Gedächtnis an Anziehungskraft, ja Relevanz gewinne. Als Kontrastfolie diente ihr, ebenso wie vielen anderen Guides, hierbei das Schulfach Geschichte, das auf dem Feld des Tourismus ein äußerst schlechtes Images hat.[130] Anders als in der schulischen Vermittlung sei es ihr An-

126 Teils werden Bildikonen, die ihren Ursprung in der slowakischen Stadt haben, fälschlicherweise Prag zugeordnet. Vgl. Elena Demke, »Die Macht der Ohnmächtigen« im Bild. Die Ikone des Prager Frühlings aus Bratislava, in: Gerhard Paul (Hg.), Das Jahrhundert der Bilder. 1949 bis heute, Göttingen 2008, S. 379-385.

127 Ihre Recherche nach Gleichgesinnten habe sie zu *BeFreeTours* geführt. Dass die Durchführung ihrer »free walking tours« jedoch kein Ehrenamt, sondern eine kommerzielle Tätigkeit darstellt, sei ihr erst klargeworden, als sie sich dem Anbieter bereits angeschlossen hatte. Interview mit Laura, 2.8.2019.

128 Interview mit Hana, 17.10.2016.

129 Ebd.

130 Zur demonstrativen Abgrenzung vom schulischen Geschichtsunterricht siehe auch Kapitel II.4.

liegen, Geschichte durch unterhaltsame Präsentationen attraktiv und einfach zu präsentieren und dabei zugänglich zu machen, was sonst im Privaten oder zwischen Buchdeckeln verborgen bleibe. Das Ziel einer solchen Bildungsmission war für viele Guides nicht nur die Schließung von Wissenslücken hinsichtlich der Gewaltgeschichte des 20. Jahrhunderts, sondern auch das Ausräumen populärer Irrtümer. Im Kontrast zur Tatsache, dass kommerzielle touristische Angebote häufig für die Tradierung von Stereotypen kritisiert werden, sah Aneta aus Prag ihre Aufgabe gerade in deren Korrektur: »I think it is good to tell Americans especially that we were not starving here«, beschrieb sie ein Anliegen ihrer Kommunismustour und ergänzte: »I don't remember we would miss toilet paper. It's a fame [sic].«[131]

Der Anspruch, im internationalen Tourismus Geschichte zu vermitteln, stand allerdings nicht für alle Stadtführer:innen am Beginn ihrer Auseinandersetzung mit dem lokalen Erbe des Staatssozialismus. In Bratislava und Warschau beschrieben sich die Erfinder der ersten Kommunismustouren mir gegenüber vielmehr als Stadtforscher:innen, Abenteurer:innen bzw. *urban explorers*, die ihre über Jahre entwickelte architekturhistorische Expertise erst später in die Entwicklung eines touristischen Produkts einfließen ließen.[132] Wie sich diese Art der »Forschung« von jener klassisch ausgebildeter Historiker:innen unterscheidet, zeigt die Geschichte hinter der »Post-Communist Bratislava Tour«: Deren Initiator Peter hatte den urbanen Wandel seiner Heimatstadt zusammen mit seinem Bruder und Freunden aus der Froschperspektive mitverfolgt, indem er seit den frühen 1990er Jahren stillgelegte Fabrikgelände durchstreifte. Seine Präsentation der Stadt basierte in weiten Strecken auf diesen Live-Beobachtungen der Transformationszeit und brachte eine entsprechend nostalgische Haltung zum Ausdruck. Der temporale Sehnsuchtsort, auf den sich seine sehr persönlichen Geschichten bezogen, waren die »wilden Neunziger« und das verschwindende Bratislava der frühen 2000er Jahre. Geboren 1982 war Peter, wie andere Anbieter von Kommunismustouren auch, in einer sich rapide wandelnden Stadt aufgewachsen. Die Zeit nach dem Systemumbruch, in der sich ihre Eltern neu orientierten mussten, erlebten seine Freunde und er als Freiraum, den man heute kaum noch finde. Die damalige Stadt erschien in Peters Erzählungen wie ein riesiger Abenteuerspielplatz für Heranwachsende:

131 Interview mit Aneta, 10. 6. 2018.

132 Zur Subkultur des »Urban Exploring« als Modus der Vergangenheitsaneignung vgl. Jerome de Groot, Consuming history. Historians and heritage in contemporary popular culture, London 2016, S. 147 f.

> For drinking we had the really cool places, like sitting on the pillars of the »Old Bridge« and […] [at a special spot up] the »UFO-Bridge.« […] Now it's hard to go [to the latter] because there are new bars. But before it was easier. We just went on the ladder and every Friday at five, six p. m. we went there with [a] bottle of wine, well […] not every Friday. But when I was 17, 18 it was one of my most popular places of Friday drink.[133]

Die jugendliche Faszination für den Wandel der Stadt beschrieb er als Ausgangspunkt für seine Karriere als Guide. Zusammen mit seinem Bruder habe er dieses »andere« Bratislava für Reisende sichtbar machen wollen:

> We [decided to] make something different. The thing of […] difference was the most important. […] Actually, first time we called this tour »Changing Bratislava tour«, because we wanted to focus [on] how the modern development projects suddenly are there, destroying the abandoned factories. It was a little bit an urban exploring tour and it still is.[134]

Auch das Tourangebot von *Adventure Warsaw* ist laut seinem Gründer aus dem persönlichen Interesse am Warschauer Stadtraum, vor allem der Faszination an dessen Brüchen und Kontrasten, erwachsen. In seiner Abschlussarbeit im Bereich Stadtplanung hatte sich der Geograph mit der kontrafaktischen Frage auseinandergesetzt, wie Warschau heute aussähe, hätte sich die Stadt nach dem Zweiten Weltkrieg nicht in der Einflusssphäre der Sowjetunion wiedergefunden. Die im Zuge dieser Recherche neu entdeckten Orte zeigte er in der Folge gern seinen Freund:innen und später den ersten Tourist:innen.[135] Folgt man dieser Erzählung, ist die erste Kommunismustour in Warschau direkt aus der urbanistischen Erkundung der Stadt entstanden; aus einer Forschungsarbeit ist eine Geschäftsidee geworden. Dabei sei die Erforschung der Stadt allerdings nicht abgeschlossen. Im Gegenteil fungierten die täglichen Rundfahrten laut dem Betreiber als »research by driving around the city«[136] und dienten der ständigen Aktualisierung und Erweiterung von Wissen. Wie im Falle Peters gründete seine Leidenschaft für die Stadt insbesondere im Fluiden und Ambivalenten der urbanen Landschaft. Während die Prager Guides häufig die Schönheit der Stadt als Motivation,

133 Interview mit Peter, 17. 10. 2016.

134 Ebd. Zu seinem Einstieg in die Tourismusbranche siehe auch das vorangegangene Kapitel.

135 Interview mit Maciej, 21. 3. 2016.

136 Ebd. Siehe auch Wynn, The tour guide, S. 84.

dort tätig zu sein, anführten (»I fell in love with the city«),[137] wurde Warschau in den Kommunismustouren fast durchweg als eine Stadt »auf den zweiten Blick« präsentiert. Durch ihre Zerstörung während des Zweiten Weltkriegs sei sie nicht mehr so schön wie vor dem Krieg, habe dafür aber eine besonders interessante Geschichte zu bieten und trage, so formulierte es ein dortiger Guide, ihren »coolen« Spitznamen »Phönix« – im Gegensatz zur US-amerikanischen Stadt Phoenix – zu Recht.[138]

So unterschiedlich ihre konkreten Motivationen waren, zeugen meine Begegnungen mit den Stadtführer:innen durchweg davon, dass Guiding in mehrfacher Hinsicht eine identitätsbildende Tätigkeit darstellt. In der Entwicklung und Durchführung ihrer Touren können Guides Leidenschaften beruflich kapitalisieren, die andere nur als Hobby ausleben, und nehmen aktiv an der Produktion von Kulturerbe teil. Zugleich zwingt sie der tagtägliche Kontakt mit (ausländischen) Besucher:innen zur permanenten Selbsterläuterung und Positionierung zwischen den Kulturen und Zeiten.[139] Im Anschluss an die Fachliteratur können sie damit als »go-betweens«[140] bzw. »front-runners of glocalization«[141] betrachtet werden, die in der Überlappungszone zwischen touristischer und lokaler Sphäre arbeiten.[142] Für einige der befragten Guides stellte ihre Tätigkeit sogar selbst eine Art des Reisens dar, denn als Stadtführer:in begegne man der Welt in der eigenen Heimat.[143] Ob diese Konstellation kosmopolitische Weltanschauungen fördert oder eher pragmatisch betrachtet wird, lässt sich kaum pauschal beantworten. So nutzte der tschechische Rentner Ondřej Stadtführungen nicht nur, um seine Pension aufzubessern, sondern auch seine englische Sprachpraxis zu pflegen.[144] Andersherum konnte die Kanadierin Olivia mit ihrer Muttersprache ihren Lebensunterhalt verdienen, ohne dass sie Sprachlehrerin werden oder einen Bürojob annehmen musste. Dort zu arbeiten, wo andere Urlaub machen, und neue Bekanntschaften zu schließen, betrachteten die meisten Stadtführer:innen als Privileg.[145] »The most interesting person, I had on my tour,

137 So etwa Benjamin in seiner Vorstellung am Beginn der Tour. Discover Prague: WWII & Communism Tour, 11.6.2018.

138 Adventure Warsaw: Communism Tour, 10.9.2016.

139 Zum Einfluss des Guiding auf die (religiöse, nationale) Identität des Guides vgl. insb. Feldman, A Jewish guide in the Holy Land.

140 Cohen, The Tourist Guide, S. 13.

141 Salazar, Tourism and Glocalization.

142 Bruner, Culture on tour, S. 9.

143 Interview mit Hana, 17.10.2016.

144 Prague Walks: Communism Walk, 17.7.2015.

145 Peter betonte den großen Vorteil, mit Tourist:innen zu arbeiten, die – im Gegensatz zu den Einwohner:innen Bratislavas – immer gute Laune hätten. Interview mit Peter, 17.10.2016.

was a guy, who was standing on the moon«,[146] berichtete mir ein Prager Guide mit leuchtenden Augen. Es muss hier dahingestellt bleiben, ob ihm tatsächlich einer der zwölf Menschen, die je an einer Mondlandung teilnahmen, als Tourist begegnet ist. In jedem Fall spricht aus seiner Erzählung – ebenso wie aus Adams eingangs erwähnter Begeisterung darüber, dass er einem Australier den Warschauer Kulturpalast präsentieren durfte – eine hohe Identifikation mit der eigenen Tätigkeit als Guide. Sie ist, so scheint mir, für viele sowohl Beruf als auch Berufung.

146 Interview mit Roman, 9. 8. 2016.

Touristische Produkte unterscheiden sich von herkömmlichen Waren in einem Punkt grundsätzlich: Nicht sie selbst zirkulieren auf dem globalen Markt, sondern ihre Abnehmer:innen. Der Konsum eines touristischen Angebots setzt eine physische Bewegung voraus und ist an den Ort der Destination bzw. den Akt des Besuchs gebunden. Dies gilt auch für den Geschichtstourismus, wobei weder die materiellen noch die immateriellen Relikte der Vergangenheit an sich käufliche Produkte darstellen. Ihrem Konsum geht vielmehr ein vielfältiger Auswahl-, Gestaltungs-, ja Produktionsprozess voraus. Erst in Gestalt einer Gedenkstätte, eines Museums oder Themenparks, als Souvenir oder geführte Tour nimmt lokale Geschichtskultur eine »verkäufliche Form« an.[147] Um Stadtführungen als Produkte in den Blick zu nehmen, scheint es daher sinnvoll, zunächst wie Gregory J. Ashworth zwischen Geschichte und Kulturerbe zu unterscheiden. In seiner mittlerweile klassischen Darstellung »From History To Heritage« differenziert er zwischen *history* als »the remembered record of the past« und *heritage* als »contemporary commodity purposefully created to satisfy contemporary consumption.«[148] Nicht die Geschichte des Staatssozialismus, sondern dessen konsumierbar gemachtes Erbe ist demnach die hier betrachtete Ware. Historische Ereignisse, Figuren, Erinnerungen und ihre im Raum erhaltenen physischen Spuren stellen aus dieser Perspektive das »Rohmaterial« dar, aus dem die eben vorgestellten Unternehmer:innen durch Selektion und Präsentation Heritage-Produkte für unterschiedliche Marktsegmente generieren.

Entscheidend für die Produktion von Kulturerbe ist somit der an konkreten Zielgruppen ausgerichtete Akt der Interpretation, der aus ein und demselben Rohstoff ganz unterschiedliche Produkte zu kreieren imstande ist: »The interpretation, not the resource, is literally the product«,[149] spitzt Ashworth entsprechend zu. Für die Analyse von geführten Touren leuchtet ein solches Verständnis in besonderem Maße ein. Wenn Ashworth schreibt, dass Kulturerbe ohne Konsument:innen letztlich nicht existiere,[150] gilt dies umso mehr für die Stadtführung als Dienstleistung, in der

147 Burkhard Schnepel, Kulturerbe im Zeitalter des Massentourismus. Eine programmatische Einführung, in: Felix Girke/Eva-Maria Knoll/Burkhard Schnepel (Hg.), Kultur all inclusive, Bielefeld 2014, S. 21-43, hier S. 29.

148 G. J. Ashworth, From History to Heritage – From Heritage to Identity. In search of concepts and models, in: G. J. Ashworth/P. J. Larkham (Hg.), Building a New Heritage. Tourism, Culture and Identity in the New Europe, London, New York 1994, S. 13-30, hier S. 16.

149 Ebd., S. 17.

150 Ebd., S. 18.

Produktion und Konsumption per Definition zeitlich zusammenfallen müssen. Doch inwiefern lassen sich die Interpretationen, die lokale Guides über den Staatssozialismus liefern, als immaterielle Produkte einer globalen Heritage-Industrie beschreiben? Wie entwickeln die oben vorgestellten Anbieter:innen diese Produkte und passen sie an die Bedürfnisse des Marktes an? Kurz: Welcher Art ist die »Ware«, die hier vertrieben wird?

Bereits 1957 hat Freeman Tilden das Tourguiding als erlernbare, auf das Publikum auszurichtende Tätigkeit beschrieben und sechs Prinzipien der Kulturerbe-Interpretation formuliert. Anders als Ashworth beschreibt Tilden nicht die materiellen Spuren der Vergangenheit, sondern vor allem die durch wissenschaftliche Forschung generierten »Informationen« als Rohmaterial der Interpretationen durch die Guides.[151] Auch er hebt dabei die große Bedeutung von Selektion heraus. Insbesondere mit seinem zweiten Lehrsatz – »information, as such, is not interpretation«[152] – betont er die Notwendigkeit, eine Auswahl zu treffen und scheinbar unverbundene Fakten zu einem schlüssigen Gesamtbild, in seinen Worten einer »great human story«,[153] zusammenzusetzen. Der Produktkern ist damit im Wesentlichen ein immaterieller – nämlich das interpretierende Lenken von Aufmerksamkeit.

Wie aus ein und demselben Material durch Interpretation ganz unterschiedliche touristische Produkte werden können, wird deutlich, wenn man sich verschiedenen Stadtführungen durch denselben Raum anschließt. So überschneiden sich in Prag und Bratislava die Routen der Kommunismustouren mit denen von überblicksartigen, allgemeinen Stadttouren an zahlreichen Punkten. Diese Punkte fungieren jedoch als Erzählanker ganz unterschiedlicher Art: Dient der Stopp auf dem Vorplatz der Burg in einer allgemeinen Bratislava-Tour vor allem als Ort, an dem von Befestigung, Belagerung und Baugeschichte die Rede ist, fungiert das hoch über der Donau gelegene Plateau in der Kommunismustour in erster Linie als Aussichtsplattform in Richtung Petržalka, einem riesigen Plattenbauviertel auf der anderen Flussseite. Ebenso unterschiedlich können die Blicke ausfallen, die auf den von Tourist:innen bevölkerten Altstädter Ring in Prag gerichtet werden. Im selben Augenblick, in dem hunderte Wartende die berühmte Rathausuhr fokussierten, lenkten die Guides der Kommunismustouren die Aufmerksamkeit auf eine dem Prager Aufstand gewidmete Gedenkplatte am selben Gebäude.[154] Genauso am Kinský-Palais gegenüber: Während der Stadtpalast in der Regel als

151 Tilden, Interpreting Our Heritage, S. 18-25.

152 Ebd., S. 9.

153 Ebd., S. 24.

154 Prague Extravaganza: Communism and Nuclear Bunker Tour, 10.8.2016.

ehemalige Schule von Franz Kafka oder als Baudenkmal präsentiert wird, in dem Rokoko und Klassizismus zusammentreffen, wählte Lucie für ihre Kommunismustour bewusst »einen anderen Blickwinkel«[155] auf das Ensemble: Anders als die Reisegruppen neben uns, erfuhren wir, dass hier Klement Gottwald im Februar 1948 die kommunistische Machtübernahme verkündet habe.[156] In Betrachtung derselben Bausubstanz konsumierten wir folglich gänzlich unterschiedliche Produkte. Gleichzeitig lässt sich auch die »communism tour« selbst nicht als *ein* homogenes Produkt analysieren, sondern als ganze Produktpalette, die ich im Folgenden kurz vorstelle.

Auto- und Radtouren

Die Art der Fortbewegung bei Stadtführungen lässt sich grob in Rundfahrten und Spaziergänge unterscheiden. Im Falle der Kommunismustouren finden Erstere in der Regel als exklusive »Privatführungen« in Retro-Fahrzeugen statt und sind daher nicht als offene Angebote (ohne vorherige Buchung) verfügbar. Anders als die Kommunismustour zu Fuß, die keiner generellen Beschränkung der Teilnehmer:innenzahl unterliegt, ist die Größe des Publikums bei Fahrten in PKWs, Bussen, auf Fahrrädern oder mit dem Schiff abhängig von der Anzahl der Sitzplätze. Während einige Anbieter, darunter *Adventure Warsaw,* auf einen ganzen Fuhrpark zurückgreifen können, der neben Kleinbussen der Firma *Nysa* auch einen ungarischen *Ikarus*-Bus sowie einen ehemaligen Linienbus der polnischen Firma *Jelcz* – im Volksmund bekannt als »Gurke« (poln. »ogórek«) – umfasst, ist bei Anbietern, denen lediglich ein oder zwei Wagen zur Verfügung stehen, schnell die Kapazitätsgrenze erreicht. Dasselbe gilt für die Radtouren, die in Bratislava angeboten wurden: Hier kooperierten die Anbieter:innen im Untersuchungszeitraum mit einem lokalen Fahrradverleih, dessen verfügbares Sortiment den Rahmen der Tour vorgab.[157]

155 Interview mit Lucie, 19.10.2016. Denselben Ausdruck (»another perspective on old town square«) wählte auch ihr Kollege Daniel in der Tour selbst. Prague Extravaganza: Communism and Nuclear Bunker Tour, 10.8.2016.

156 Allerdings sprach Gottwald am 25.2.1948 nicht hier, sondern auf dem Wenzelsplatz. Auch die Rede, die er vier Tage früher am Altstädter Ring hielt, absolvierte er nicht auf dem Balkon, sondern auf einer improvisierten Bühne vor dem Palais. Adam B. Bartoš, Žádný balkon, Gottwald řečnil z korby vozu, in: iDNES, 26.2.2008, https://www.idnes.cz/zpravy/domaci/zadny-balkon-gottwald-recnil-z-korby-vozu.A080226_142058_domaci_adb [15.8.2025].

157 Das betraf etwa den Anbieter *Authentic Slovakia*. Die Agentur *Luka Tours* hingegen betrieb selbst einen Fahrradverleih. Kommunismusbezogene Fahrradtouren

Die Tatsache, dass Auto- und Radtouren auf Kleingruppen beschränkt sind, steht im direkten Zusammenhang mit Preis und Leistung. Sie werden häufig von gemeinsam Reisenden als Gesamtpaket – oft inklusive Transfer vom und zum Hotel – gebucht.[158] Mit um die 40 Euro pro Person waren die Preise für eine Kommunismustour im Originalfahrzeug bereits vor der Corona-Pandemie relativ hoch.[159] Der Erlebniswert einer Fahrt im Oldtimer aus sozialistischer Produktion stellte für viele Kund:innen – dies belegen sowohl meine Gespräche am Rande der Touren als auch zahlreiche Reviews auf *Tripadvisor* – die Hauptmotivation zur Teilnahme dar. Auch gemeinsame kulinarische Erlebnisse in einer Bar, Kantine oder einem Restaurant erwiesen sich als besonders attraktiv.[160] In Privattouren scheint somit das soziale Moment zentral: Die Teilnehmer:innen interagierten darin stärker miteinander als in offenen Formaten. Gleichzeitig fungierten die Guides hier als persönliche Ansprechpartner:innen, die Tipps und Empfehlungen bereitstellten und auf Wunsch sogar Route und Schwerpunkt der Präsentationen veränderten. Die Touren selbst erstreckten sich über einen Zeitraum von zwei bis vier Stunden, der teilweise überzogen wurde. Auf diese Weise existierte viel Raum für Gespräche – auch jenseits des Themas Kommunismus. Abhängig von gegenseitiger Sympathie, allgemeiner Laune und Temperament der Gäste konnten sich die üblichen Gesprächsanteile dabei streckenweise in ihr Gegenteil verkehren – dann etwa, wenn einzelne Teilnehmer:innen ausführlich eigene Geschichten und Meinungen einbrachten oder viel nachfragten. In der Kommunismustour im Retro-Auto verbinden sich damit verschiedene neuere Formen des Tourguiding, die Jeroen Bryon in seiner Studie über die wachsende Bedeutung der »experience economy« im Tourismus herausgearbeitet hat. Als neue Akteure identifiziert er »alternative«, »entrepreneurial« und »relational guides«,[161] deren jeweilige Rollen in den Kommunismustouren kombiniert scheinen: Wie »alter-

haben sich bislang nur in Bratislava etabliert, wo die unmittelbare Nähe zur österreichischen Grenze zur Erkundung der ehemaligen Blockgrenze einlädt. Ich selbst nahm 2016 am »Iron Curtain Cycle Trail« von *Luka Tours* teil, der uns aus dem Stadtzentrum hinaus über den Donauradweg führte.

158 Für Alleinreisende oder Paare gibt es in der Hauptsaison meist die Option, sich anderen Tourist:innen anzuschließen, die im selben Zeitraum an der gleichen Stadtführung interessiert sind. Dies ermöglichte es mir, mich bestehenden Reisegesellschaften als teilnehmende Beobachterin anzuschließen.

159 Dies war der Grundpreis pro Person bei den Touren von *Adventure Warsaw* sowie den *Crazy Guides* in Krakau. Die Kommunismustour von *Authentic Slovakia* war etwas preiswerter und zugleich abhängig von der Anzahl der Teilnehmer:innen.

160 Siehe dazu Kapitel III.3 und 4.

161 Bryon, Tour Guides as Storytellers, S. 34-40.

native« Guides wenden sich die Stadtführer:innen darin mehrheitlich an Tourist:innen, die an Orten jenseits des Massentourismus interessiert sind; wie »unternehmerische« Guides stellen sie Unterhaltung und sinnliche Erlebnisse ins Zentrum ihrer Angebote und wie »relationale« Guides präsentieren sie sich als Gastgeber:innen, die ihre ganz persönliche Sicht auf die Stadt mit Gleichgesinnten teilen.

Das soziale Setting der Autotouren erhält also sowohl durch das Fortbewegungsmittel als auch die damit verbundene Limitierung des Publikums ein spezielles Gepräge. Wie auch im herkömmlichen Reisebus ist die Gruppe während der Fahrt von der Außenwelt, die nur an bestimmten Stopps physisch betreten wird, isoliert. Der Blick nach draußen wird durch die Autofenster gefiltert und durch die Fortbewegung rhythmisiert.[162] Stärker als bei einem Spaziergang sind die Betrachtungen aus dem Auto heraus selektiv, die Umwelt wirkt bisweilen in ihre Einzelteile zerlegt.[163] Gleich einer Blase erscheint die Kommunikationssituation im Auto stark verdichtet, die Zusammengehörigkeit der Teilnehmer:innen intensiver.[164] Diese physische Abschirmung der Reisegesellschaft in einem alten Škoda, Nysa oder Trabant steht im Kontrast zur Aufmerksamkeit, die diese Fahrzeuge – und damit auch ihre Passagiere – häufig seitens Passant:innen auf sich ziehen. Versteht man die Stadtführung als Praktik des *doing history*, sind solche technischen, sinnlichen und sozialen Aspekte, die sich mit einer Tour im (Retro-)Auto verbinden, mehr als interessante Randnotizen. In Teil III werde ich näher darauf eingehen, inwiefern sie als konstitutive Elemente der Hervorbringung von Geschichte zu verstehen sind.

Stadtrundgänge

Zu den klassischen Formaten gehört der Stadtrundgang zu Fuß. Aus vertriebsökonomischer Sicht zu unterscheiden sind hier geschlossene Führungen, die vorab für eine feste Gruppe gebucht werden,[165] und offene Stadtführungen, denen sich Gäste spontan anschließen können. Zu Letzteren gehören die bereits erwähnten »free walking tours«, die zu

162 Vgl. Edensor, Holloway, Rhythmanalysing the Coach Tour.

163 Sünwoldt, Stadtrundfahrt – Die Vermittlung des Bildes einer Stadt als touristisches Erlebnisangebot, S. 78 f.

164 Zur speziellen soziokulturellen Situation im Bus vgl. Standley, Experiencing communism, bolstering capitalism, S. 64-66.

165 Etwa für Busreisegruppen, die hier aus forschungspraktischen Gründen aber keine Rolle spielen.

festen Zeiten für Laufkundschaft angeboten werden und sich seit Mitte der 2000er Jahre zunehmender Beliebtheit erfreuen. In Prag, dessen Zentrum nur teilweise für private Kraftfahrzeuge zugänglich ist, findet das Gros der Touren in Form von Spaziergängen statt. Eine Besonderheit stellen dabei Stadtrundgänge dar, die durch Fahrten mit öffentlichen Verkehrsmitteln, darunter Busse, Straßen- und U-Bahnen, ergänzt werden, um auf diese Weise auch Orte außerhalb Laufweite einzubeziehen.[166] Im Vergleich mit den Stadtrundfahrten ist der Radius von solchen *walking tours* prinzipiell kleiner und die Streckenführung weniger flexibel. Selbst bei privat gebuchten Touren kann die Streckenführung im vereinbarten Zeitfenster nur bedingt an Sonderwünsche angepasst werden. Meist folgen die Touren daher stark optimierten Routen, die sich zu einer – teils chronologischen – Erzählung zusammenfügen. Auch die Länge der Führung (anderthalb bis zwei Stunden) stellt ein erprobtes Maximum dar, das Guides in der Regel nicht überschreiten, um auch körperlich weniger belastbare Tourist:innen nicht zu überfordern. Ein prinzipielles Problem liegt in der fehlenden Barrierefreiheit der meisten Touren zu Fuß. Auch in den Kommunismustouren war die Teilnahme im Rollstuhl oder mit Kinderwagen nicht vorgesehen, teils sogar unmöglich.[167]

Wie ich noch genauer ausführen werde, schlägt sich der generell kleinere Aktionsradius von Spaziergängen deutlich im Spektrum der besuchten Orte nieder. Während die Kommunismustouren per Auto in Bratislava und Warschau Bauten beiderseits der Donau bzw. der Weichsel einbanden, beschränkten sich die *walking tours* in allen drei Städten notgedrungen auf einen eher kleinen Teil des Stadtraums und damit zum Teil auch auf bestimmte Objektarten. So spielte in Warschau die Architektur der 1950er Jahre eine herausgehobene Rolle, während in Prag meist Denkmäler und andere Erinnerungszeichen als Erzählanker dienten.[168] Eine Sonderform stellen Führungen durch baulich geschlossene Ensembles dar. Dies können Innenräume, etwa des Warschauer Kulturpalasts oder unterirdische Bunkeranlagen, aber auch ganze Betriebsareale wie die Danziger Werft sein. Anders als in Kommunismustouren durch den heterogenen Stadtraum lässt sich der Blick der Tourist:innen darin stärker

166 Prague Special Tours: Communism and Nuclear Bunker Tour, 16.7.2015, 11.8.2016, 14.6.2018; Discover Prague: WWII & Communism Tour, 11.8.2016 und 11.6.2018.

167 So waren in der »Free Communism Tour« in Bratislava beispielsweise nicht nur relativ lange Wegstrecken ohne Zwischenstopp, sondern auch zahlreiche Treppenstufen zu bewältigen.

168 Ausnahmen in Prag stellten die Touren von *Context Travel, Gray Line* und *NEXT City Tours* dar. Siehe dazu ausführlich Kapitel III.1.

auf »das Sozialistische« fokussieren, da die Guides weniger »themenfremde« Objekte kommentieren müssen. Der damit angedeuteten sujetbildenden Wirkung des Stadtraums widme ich mich genauer in Kapitel II.1.

Hinsichtlich Breite und Differenziertheit des vermittelten Wissens wiesen die Spaziergänge eine deutlich größere Varianz auf als die Fahrten im Oldtimer. Das Spektrum reichte hier von Formaten, die sich explizit an ein bildungsaffines Kulturpublikum richteten, bis hin zu kurzen Rundgängen, die eher als Präludium für einen ausführlichen Bunkerbesuch dienten.[169] Als besonders standardisiert erwiesen sich die formal kostenlosen »free walking tours«, die in allen drei untersuchten Städten mit spezifischen Angeboten zum Thema Kommunismus vertreten waren.[170] Um zu verhindern, dass Gäste während der Tour abspringen, und am Ende möglichst viel Trinkgeld zu erhalten, schienen die Guides hier in besonderem Maße um eine kurzweilige, anekdotische Präsentationsweise bemüht, die relativ festen Skripten folgte. Raum für nuancierte Reflexionen oder differenzierte Antworten auf Nachfragen blieb darin allenfalls dann, wenn die Gruppen sehr klein blieben.

Produktentwicklung und -lebenszyklus

Die Entwicklung einer thematischen Stadtführung lässt sich in drei Hauptphasen gliedern, an denen je unterschiedliche Akteure mitwirken: die Ausarbeitung des Drehbuchs, die Test- und Variationsphase und schließlich die Etablierung auf dem Markt. Im ersten Schritt entwirft ein:e Autor:in oder ein kleines Team von Guides auf Basis verschiedener historiografischer, populärhistorischer und mündlicher Quellen das Skript.[171] Allerdings ist die Generierung eines schlüssigen Prototyps, der räumliche wie erzählerische Notwendigkeiten in Einklang bringt, kein

169 Zu Ersteren zähle ich etwa die Tour »From Iron Curtain to Velvet Revolution« von *Context Travel*, zu Letzteren die von *Prague Special Tours* angebotene »Communism and Nuclear Bunker Tour«.

170 Erst während meines Untersuchungszeitraums wurde die »Free Communism Tour« in Bratislava auf den Markt gebracht, die Prager »Free Red Prague Tour«, die ich 2016 besuchte, gibt es heute nicht mehr. Die Tour »Communist Warsaw« blieb über den gesamten Forschungszeitraum relativ stabil. Erst nach dem Untersuchungszeitraum brachte Christopher *Sandeman's New Europe* seine »Communist Prague Tour« auf den Markt.

171 Zu unterschiedlichen Recherchetechniken und Quellen vgl. Mikos von Rohrscheidt, Współczesne przewodnictwo miejskie, S. 369. Auch Wynn spricht von »a panoply of research techniques«, darunter auch »neighborhood talking« oder Informationen von Freunden. Wynn, The tour guide, S. 86 f.

leichtes Unterfangen, wie meine Gesprächspartner:innen übereinstimmend betonten. Es gilt einerseits, mögliche Sehenswürdigkeiten bzw. interessante Orte zu eruieren und zu einer praktikablen Route zu komponieren, andererseits muss eine stimmige Gesamterzählung erdacht werden. Der Warschauer Guide Maciej startete mit einem Set von interessanten Orten, die er den Tourist:innen unbedingt zeigen wollte, und beschrieb sein Vorgehen wie folgt:

> I was looking for a connection between these places, some historical connection. […] I found a lot of interesting spots, but everything was from different […] background[s]. So I was trying to select, [what] would be the step-by-step-line, that fit[s] to the history, to the story, I want to tell. So first, I had places, then I started to think about what kind of story I want to tell by my tours and then I selected places that would [fit] into the history.[172]

Interessant an Maciejs Schilderung ist nicht nur, dass er »history« und »story« im selben Atemzug nennt, sondern auch, wie er parallel in räumlichen und erzählerischen Strukturen denkt. Einerseits sollte die Selektion der zu besuchenden Punkte einer narrativen Grundlinie folgen, andererseits ergebe sich die »(hi)story« aus den Orten selbst, wenn man deren historischen »Hintergrund« kenne. Ähnlich beschrieb mir auch der Unternehmer Roman die Schwierigkeit, »logische« Touren zu kreieren: »[You] start with a basic idea but then you have to […] put it down on paper and say [whether …] it [is] doable. Can I connect it in a logical, chronological order?« Er fasste zusammen: »So you always have to create something, which makes logic sense and that they [the participants of the tour – S.St.] will be able to understand.«[173] Im Gegensatz dazu stand das Vorgehen Hanas, die in Bratislava das Skript für ihre »Free Communism Tour« verfasste. Hierfür habe sie zunächst ein chronologisch und thematisch strukturiertes Erzählgerüst erstellt und dazu erst im zweiten Schritt passende Orte ausgewählt.[174] Was sich hier zeigt, sind zwei prinzipiell unterschiedliche Herangehensweisen – eine eher raumbasierte und eine eher textbasierte. Während Letztere von einer *story* ausgeht, die später erzählerisch im Stadtraum verankert werden muss, basiert Erstere auf der Idee, dass die Stadt selbst durch ihre physische Gestalt eine solche Geschichte erzähle und lediglich Übersetzer:innen brauche. Welche Implikationen diese beiden unterschiedlichen Herangehensweisen für das

172 Interview mit Maciej, 21.3.2016.
173 Interview mit Roman, 9.8.2016.
174 Interview mit Hana, 17.10.2016.

jeweils entstehende Bild des Staatssozialismus haben, diskutiere ich genauer in Kapitel III.1.

Ob eine Tour als Produkt »funktioniert«, stellt sich nach seiner Markteinführung heraus. Das Drehbuch muss sich sowohl hinsichtlich der Inszenierungsqualität als auch praktischer Aspekte bewähren. Lässt es den verschiedenen Guides, die es als »Regisseur:innen«[175] zur Aufführung bringen, ausreichend Freiraum, um eigene Akzente zu setzen? Greifen physischer Raum und historische Narration harmonisch ineinander? Aber auch: Finden die Gäste den Treffpunkt und erweist sich das kalkulierte Zeitfenster als realistisch? Diese Test- und Anpassungsphase kann einige Monate oder auch mehrere Jahre dauern und beruht auf der Evaluierung sowohl durch Tourist:innen als auch die Guides selbst.[176] Hinweise für die Optimierung ihres Angebots finden die Anbieter:innen in Gesprächen mit dem Publikum während und nach der Tour, in Bewertungen auf *Tripadvisor* und anderen Portalen sowie im Austausch mit den einzelnen beteiligten Stadtführer:innen. Auf Basis dieser Informationen werden Route und Skript in der Regel über einen längeren Zeitraum angepasst, wie der Unternehmer Maciej aus Warschau berichtete: »[the] tours were evaluated by our guests during the tours over the years [...] and slowly it [sic] stopped [at] that level we have now.«[177] Die Anpassungen betrafen häufig den Zeitrahmen (die ersten »Communism Tours« von *Adventure Warsaw* dauerten sechs Stunden),[178] die Anfangszeit, den Treffpunkt oder einzelne Teile der Route. Die von *CREATours* angebotene Besichtigung des Kulturpalasts wurde laut ihren Managern nach zwei Jahren komplett verändert, um den Erwartungen der Kund:innen besser gerecht zu werden. Später kam es außerdem zu einer Ausdifferenzierung der Tour in unterschiedliche Varianten für unterschiedliche Zielgruppen, die erneut weitere Anpassungen nach sich zog.[179] Daneben lassen sich über den gesamten Untersuchungszeitraum hinweg zahlreiche kleinere Änderungen hinsichtlich Vertriebsmodell und Preis feststellen. Als »learning by doing«[180] oder gar »trial and error«[181]-Prinzip beschrieben mir zwei Prager Stadtführer:innen diesen Prozess. Hinzu kommt der Wandel

175 Vgl. Edensor, Staging Tourism, S. 326.

176 *BeFreeTours* nahm nach zwei Jahren eine Überarbeitung vor, in die alle Guides mit ihren Erfahrungen eingebunden wurden. Vgl. Interview mit Laura, 2. 8. 2019.

177 Interview mit Maciej, 21. 3. 2016.

178 Ebd.

179 Interview mit Adam und Mikołaj, 19. 3. 2016. Zur Ausdifferenzierung im Verlauf des Produktlebenszyklus siehe auch Tunbridge, Ashworth, Dissonant heritage, S. 21 f.

180 Interview mit Samuel, 12. 8. 2016.

181 Interview mit Lucas, 13. 6. 2018.

des Stadtraums, dem die Guides permanent ihre Präsentationen anpassen müssen. Zusammen mit der Tradierung des Skripts von Guide zu Guide bewirkt dieser Zwang zur Flexibilität und Aktualität eine ständige Fortentwicklung des Produkts. Im Falle des Tourguiding stelle die Produktentwicklung damit, so Lucie aus Prag, eine »never ending story«[182] dar. Zeigen die Anpassungen keinen Erfolg, gelangt die Produktlebenszeit an ihr Ende.[183]

Hat sich eine Tour etabliert, wird sie innerhalb des Unternehmens von Guide zu Guide weitergegeben und jeweils adaptiert. Dabei handelt es sich in den meisten Fällen um einen informellen Lern- und Weiterverarbeitungsprozess: Häufig hospitiert der bzw. die neue Stadtführer:in zunächst in der entsprechenden Führung einer Kollegin bzw. eines Kollegen, später begleitet jene:r sie bzw. ihn bei der ersten eigenen Tour.[184] Eher selten ist das wichtigste Kriterium hierbei eine möglichst hohe Übereinstimmung mit dem Originalskript. Dessen Verbindlichkeit, ebenso wie seine Detailliertheit, unterscheidet sich vielmehr von Anbieter zu Anbieter stark.[185] Die Vorgaben an die Guides reichen von einer losen Empfehlung bestimmter Haltepunkte bis hin zu einer ausführlichen Beschreibung der Stopps inklusive jeweils zu vermittelnder historischer Hintergründe und passender Anekdoten. Die größte Varianz zeigte sich bei jenen Touren, die – wie der Prager »Communism Walk« oder die »Bratislava Postsocialist City Tour« – explizit als lockeres Gespräch mit Zeitzeug:innen konzipiert waren. So führten mich der Rentner Ondřej, aber auch die knapp 50-jährige Aneta zwar auf einer fast identischen Route durch das Zentrum Prags, ihre sehr persönlichen Erinnerungen

182 Interview mit Lucie, 19. 10. 2016.

183 So entwickelte sich während meines Untersuchungszeitraums aus einer Privattour, die man im Vorfeld buchen musste, eine erfolgreiche »Free Walking Tour«. Umgekehrt fand die »Free Red Prague Tour«, die ich 2016 besuchte, kurz darauf nur noch als kostenpflichtige Führung statt und wurde später ganz vom Markt genommen. Bei der »Communism and Bunker Tour« von *Prague Extravaganza* verdoppelte sich der Preis im Laufe der Zeit auf 600 Kronen, da sie mit einem Kantinen- und einem Bunkerbesuch gleich um mehrere Erlebnisse bereichert wurde. Der Anbieter *CREATours* ist heute überhaupt nicht mehr aktiv.

184 In einigen Fällen ist diese erste Tour als eine Art Prüfung angelegt. So etwa bei *BeFreeTours* in Bratislava.

185 Meine Einschätzung bezieht sich auf die Touren, die ich mehrmals (bei unterschiedlichen Guides) besucht habe. Dies sind: »Communist Warsaw« (*FREE Walking TOUR Foundation*), »Bratislava Post Socialist City Tour« *(Authentic Slovakia)*, »Free Communism Tour« (*BeFreeTours* Bratislava), »WWII & Communism Tour« *(Discover Prague)*, »Communism Walk« (*Prague Walks*), »Communism and Nuclear Bunker Tour« (*Prague Special Tours*), »Communism and Bunker Tour« *(Prague Extravaganza)*.

und Wertungen ließen jedoch zwei gänzlich unterschiedliche Erzählungen über das Leben im Staatssozialismus bzw. der Transformationszeit entstehen. Auch die beiden Touren, die ich mit Peter aus Bratislava erlebte, waren trotz gleicher Streckenführung und einer Vielzahl von identischen Anekdoten und Witzen sehr unterschiedlich: Spontane Assoziationen des Guides ebenso wie die Gespräche innerhalb unserer jeweils kleinen Reisegemeinschaft lenkten die Unterhaltung in teils ganz verschiedene Richtungen.[186] Ganz anders die »Free Communism Tour« in derselben Stadt, deren Skript die Managerin über Wochen bis ins Detail ausgearbeitet hatte.[187] In ihr waren nicht nur die einzelnen Stopps festgeschrieben, an denen jeweils bestimmte Themen – etwa die kommunistische Machtübernahme von 1948, Verstaatlichung und Restitution, Rolle der Kirche, Sozialpolitik, Wohnen, Freizeit, Prager Frühling – vorgestellt werden sollten. Im Versuch, eine möglichst ausgewogene Sichtweise zu geben, waren alle Guides darüber hinaus angehalten, an festgelegten Punkten bestimmte faktografische Überblicke zu geben. Für persönliche Erzählungen aus der eigenen Familie sah dieses Skript nur wenige feste Spots innerhalb der thematischen Ausführungen vor, wie mir die Autorin berichtete: »I write an example [into the script – S. St.] and tell them [= the guides – S. St.] to find something in their family. Something similar or something special.«[188] Auch in der – einmal von einem jungen Amerikaner, einmal von einer Kanadierin dargebotenen – »WWII & Communism Tour« von *Discover Prague* zeigten sich große Übereinstimmungen bei Fakten und Anekdoten, was auf die Existenz eines relativ festen Drehbuchs schließen lässt.

Nationale Geschichten des Ostblocks

Doch welcher Art ist die Interpretation der jüngsten Vergangenheit, die Tourist:innen in Gestalt einer Kommunismustour zum Kauf angeboten wird? Auf welchen gemeinsamen Nenner lassen sich die Führungen in Warschau, Prag und Bratislava bezogen auf die darin erzählte »great human story« im Sinne Tildens bringen? Tatsächlich ähnelten sich Großnarrativ und Präsentationsweise in allen drei Städten und über die verschiedenen Formate hinweg in erstaunlichem Maße. Obgleich als klassische Nationalgeschichten angelegt und über weite Strecken in der

186 Authentic Slovakia: Bratislava Post Socialist City Tour, 14.7.2015 und 17.10.2016.
187 Interview mit Hana, 17.10.2016.
188 Ebd.

ersten Person Plural vorgetragen, präsentierten die Guides letztlich universelle Geschichten vom Leben im sowjetisch dominierten »Ostblock«. Auch wenn die Namen der führenden Politiker, die Daten wichtiger historische Ereignisse und die vorgestellten Konsumartikel je nach Land variierten, zeichneten die polnischen, tschechischen wie slowakischen Kommunismustouren gleichermaßen das Bild einer absurden Epoche, gekennzeichnet durch ideologische Verblendung, Misswirtschaft und Tristesse einerseits sowie Improvisation, Zusammenhalt und Witz andererseits.[189]

Egal ob in Warschau, Prag oder Bratislava basiert eine solche Interpretation auf einem Bild des Kommunismus als fremdem Machtgefüge, das durch eine elitäre Gruppe moskautreuer Politiker:innen in den jeweiligen Ländern installiert und bis zu dessen Erosion in den 1980er Jahren durch repressive Methoden am Leben gehalten worden sei. Die Haltung der polnischen und tschechoslowakischen Gesellschaft gegenüber diesen Kommunist:innen wurde als insgesamt ablehnend dargestellt, so dass 1989 als Befreiungsschlag und als Rückkehr zu einer 1938 bzw. 1939 jäh unterbrochenen Nationalgeschichte erschien. Eine solche Lesart, die den Kommunismus externalisierte und dabei kaum zeitliche Binnendifferenzierungen vornahm, korrespondiert weitestgehend mit dem antitotalitären geschichtspolitischen Konsens, der seit den 1990er Jahren den öffentlichen Diskurs in Ostmitteleuropa bestimmt.[190] Zugleich ist sie kompatibel mit der Darstellung des Lebens im Staatssozialismus als einer unterhaltsamen Tragikomödie, wie sie in zahlreichen tschechischen Filmen und Romanen dominiert.[191] Obwohl die populärkulturelle Auseinandersetzung mit der Zeit vor 1989 in Polen lange Zeit weit weniger spielerisch-ironisch war als in Tschechien,[192] zeigte sich in den Warschauer

189 Wie die Guides mit ihren oft ironisch vorgetragenen Schilderungen genuin touristische Bedürfnisse aufgreifen, diskutiere ich in Kapitel II.1 ausführlich.

190 Vgl. u. a. Christiane Brenner, Das »totalitäre Zeitalter«? Demokratie und Diktatur in Tschechiens Erinnerungspolitik, in: Osteuropa (2008) 6, S. 103-116; Rudolf Jaworski, Geschichtsdenken im Umbruch. Osteuropäische Vergangenheitsdiskurse im Vergleich, in: Andrei Corbea-Hoisie et al. (Hg.), Umbruch im östlichen Europa. Die nationale Wende und das kollektive Gedächtnis, Innsbruck u. a. 2004, S. 27-44; Michal Kopeček, In search for »National Memory«. The Politics of History, Nostalgia and the Historiography of Communism in the Czech Republic and East Central Europe after 1989, in: Michal Kopeček (Hg.), Past in the Making. Historical Revisionism in Central Europe after 1989, Budapest, New York 2008, S. 75-96, hier S. 77.

191 Vgl. Pehe, Velvet Retro, S. 46-49.

192 Zur stärkeren Ästhetisierung und Kommerzialisierung von Relikten der PRL kam es ab Mitte der 2000er. Vgl. Zuzanna Grębecka, Między śmiechem a nostalgią – powroty do komunistycznej przeszłości, in: Magdalena Bogusławska/Zuzanna

Kommunismustouren eine ganz ähnliche Grunderzählung wie in Prag. Die übliche antitotalitäre Rhetorik, die Polen als doppeltes Opfer erst Deutschlands und dann der Sowjetunion charakterisiert, durchbrachen die Guides mit Anekdoten und ironischen Kommentaren über die Absurditäten eines durchherrschten Alltags. Dabei verniedlichten sie, ebenso wie ihre Kolleg:innen in Tschechien und der Slowakei, den Staatssozialismus wiederholt als harmloses Abenteuer und ließen auch positive Bezüge auf das damalige Leben zu. Ihre alltagsgeschichtlichen Ausführungen basierten vor allem auf der Zeit des Spätsozialismus.

Aus dezidiert nationaler Perspektive wurde die Geschichte des Staatssozialismus vor allem dann erzählt, wenn es um Widerstand, Opposition, Reform oder Revolution ging. Der Prager Frühling und seine gewaltsame Beendigung gaben den Guides Anlass, über die demokratische und liberale Tradition der Tschechoslowakei und charakteristische »schwejksche« Formen der Verweigerung zu sprechen. Die breite Gewerkschaftsbewegung in Polen ebenso wie die starke Position der katholischen Kirche erlaubten es wiederum, die Erfahrung des Kommunismus in eine lange Geschichte des polnischen Befreiungskampfes gegen Fremdherrschaft und Besatzung, der seinen Ausgang bereits mit der ersten Teilung Polen-Litauens 1772 genommen habe, einzugliedern. Etwas anders präsentierte sich das nationale Moment schließlich in Bratislava, das weniger aus einer spezifischen Widerstandstradition als über die Abgrenzung zum tschechischen Landesteil entstand. Die Betonung einer stärker in der Bevölkerung gelebten Religiosität ebenso wie die Präsentation eigener slowakischer Helden[193] diente der Konturierung einer eigenen Nationalkultur innerhalb der Tschechoslowakei, die in der einvernehmlichen Trennung beider Landesteile 1993 ihren logischen Schlusspunkt gefunden habe.

Auch in den Erzählungen über Aufstieg und Fall des Kommunismus zeigten sich die Grenzen einer universellen Ostblock-Erzählung. So begannen viele polnische Stadtführer:innen ihre Geschichte mit der Russischen Revolution von 1917 und stellten den Polnisch-Sowjetischen Krieg (1919-1921) als ersten Versuch der Bolschewiki, sich Polen einzuverleiben, dar. Während sich die Polen diesem Imperialismus 1920 im sogenannten

Grębecka (Hg.), Popkomunizm. Doświadczenie komunizmu a kultura popularna, Kraków 2010, S. 321-343, hier S. 332; Jeziński, Wojtkowski, Nostalgia Commodified.

193 Etwa Alexander Dubček. Außerdem nutzte eine Stadtführerin das berühmte Foto von Ladislav Bielik, das einen Mann zeigt, der sich am 21. August 1968 mit entblößter Brust einem Panzer entgegenstellte, um die Prag-Zentriertheit der Reformbewegung und ihrer Niederschlagung zu kritisieren. BeFreeTours: Free Tour Bratislava, 13.7.2015. Zur Geschichte der Bildikone vgl. Demke, »Die Macht der Ohnmächtigen« im Bild.

»Wunder an der Weichsel« noch erfolgreich hätten widersetzen können, habe der Einmarsch der Sowjetunion 1939, spätestens aber der 1944 verlorene Warschauer Aufstand, das Schicksal Polens endgültig besiegelt.[194] Ganz anders klangen die Ursprungserzählungen, mit denen die Guides in der ehemaligen Tschechoslowakei einsetzten, denn dort lässt sich der Kommunismus nur schwerlich monokausal als Ergebnis sowjetischen Machtstrebens erklären. Hier widmeten sich die Stadtführer:innen in unterschiedlicher Intensität der wachsenden Popularität der Kommunistischen Partei bereits vor dem Zweiten Weltkrieg und lieferten verschiedene Erklärungen für deren gutes Wahlergebnis im Jahr 1946 und die formal rechtmäßige Machtübernahme 1948. Die besondere linke Tradition des tschechischen Landesteils diente einer slowakischen Stadtführerin dabei zur weiteren nationalen Differenzierung: Es seien prozentual wesentlich mehr Tschech:innen gewesen, die damals für die Kommunisten gestimmt hätten. So sei die Slowakei wohl das einzige Land, über das der Kommunismus paradoxerweise nicht aus dem Osten, sondern dem Westen gekommen sei.[195]

194 Vgl. sämtliche Touren von Adventure Warsaw und der FREE Walking TOUR Foundation.

195 BeFreeTours: Free Communism Tour, 2.8.2019.

I.5 Der Vertrieb: Verkauf, Marketing und Medien

Zwei Tage, nachdem ich an einem kalten Oktobernachmittag die »Free Communism Tour« in Bratislava besucht hatte,[196] erhielt ich eine E-Mail von Nela, unserer Stadtführerin. Im Anhang schickte sie mir und den anderen Teilnehmer:innen zwei Bilder unserer kleinen Gruppe, die ein Passant auf ihre Bitte hin aufgenommen hatte: Ein Pärchen aus Belgien, Nela und ich stehen auf dem abendlichen Vorplatz der Burg, im Hintergrund die hell erleuchtete SNP-Brücke und die Wohnblöcke von Petržalka. Dazu schrieb sie:

> Hey guys,
> thank you for being such a lovely group on our Communist tour on Friday and it was really a pleasure to go with you even if it was just 4 of us and to reveal you our recent history!
> I am sending you the picture we took at Bratislava Castle so that we can all have a nice memory:)
> Have the best time on your travels and safe journey back home! Take care!
> Nela
> P. S. I forgot to ask you, if you would like to review the tour or possibly recommend to other travellers, the link is this one. It helps us a lot. Thank you!:)

Nelas E-Mail, die Links zum Portal *Tripadvisor* und zur Seite des Anbieters enthielt, ist in doppelter Hinsicht aufschlussreich für die Art und Weise, wie Kommunismustouren vermarktet werden: Zum einen enthält sie wichtige Hinweise auf das spezielle Vertriebssystem von »free walking tours«. Zum anderen offenbaren Form und Inhalt der Nachricht einiges über das Marketing von thematischen Stadtführungen im digitalen Zeitalter. Wie lässt sich dieses charakterisieren und wie sieht es konkret im Falle der Kommunismustouren aus?

Travel 2.0 – Buchung, Ranking und Rating

Die an Individualtourist:innen gerichteten Kommunismustouren werden in erster Linie über das Internet vertrieben. Alle Anbieter betreiben eigene Webseiten, auf denen ihre Produkte beworben werden und meist direkt buchbar sind. Dort finden sich Telefonnummern oder E-Mail-Adressen,

196 BeFreeTours: Free Communism Tour, 20. 10. 2017.

über die Interessierte Kontakt aufnehmen und Plätze reservieren können. Das Procedere ist in der Regel auf Spontanität angelegt: ist eine Mindestzahl von Gästen für eine Tour festgelegt, bleibt oft bis kurz vor Start offen, ob sie stattfinden wird oder nicht. Was für mich im Forschungsprozess oft eine Hürde war, stellt für Tourist:innen die Chance dar, sich die Teilnahme je nach Lust, Laune und Wetter bis zur letzten Sekunde offenzuhalten. Diese Unverbindlichkeit auf Seiten der Reisenden haben die »free walking tours«-Anbieter zum Grundkonzept erhoben: Ihre Stadtführungen finden, unabhängig von Saison oder Witterung, über das ganze Jahr nach einem festen Zeitplan statt, der über die Webseiten einsehbar ist. Eine Anmeldung ist nicht nötig; bezahlt wird am Ende der Tour in Form eines Trinkgeldes.

Da in Städten wie Prag mittlerweile eine unüberschaubare Zahl von Spezialanbietern tätig ist, sind Reisende bei ihrer Recherche auf Empfehlungen angewiesen. Klassischerweise erhalten sie diese in Touristen-Informationen, an Hotelrezeptionen oder in Form persönlicher Tipps von anderen Reisenden. Eine nicht zu unterschätzende Rolle bei der Planung einer Stadtführung spielen daneben die Angebote des Web 2.0, die als »elektronische Mundpropaganda« (»electronic word of mouth« – eWOM) zunehmend direkte, mündliche Gespräche ersetzen und die Gemeinschaft von Tourist:innen mit ähnlichen Interessen von realen Begegnungen entkoppeln.[197] Es überrascht wenig, dass Reisen zu den populärsten Themen in Online-Communities gehört. Von Nutzer:innen erstellte tourismusbezogene Inhalte sind heute in verschiedensten sozialen Medien zu finden, darunter Reiseblogs und Review-Portale. Diese Entwicklung zum »Travel 2.0« spiegelt zugleich einen allgemeinen Trend im Marketing wider, nämlich jenen von einem »business-to-consumer« zu einem »peer-to-peer« Modell.[198] Unternehmen binden diese von Reisenden generierten Berichte wiederum gezielt in ihre Marketingstrategien ein, indem sich auf die vermeintliche »Weisheit der Vielen« (»wisdom of the crowds«) berufen.

197 Als »community of practice« bezeichnen Elizabeth Carnegie und Jerzy Kociatkiewicz diese Gemeinschaft in ihrer Studie über Kulturtourist:innen im Baltikum. Elizabeth Carnegie/Jerzy Kociatkiewicz, Occupying whateverland. Journeys to museums in the Baltic, in: Annals of Tourism Research (2019) 75, S. 238-247, hier S. 244.

198 J. Miguéns/R. Baggio/C. Costa, Social media and Tourism Destinations: Tripadvisor Case Study, in: Proceedings of the IASK International Conference on ›Advances in Tourism Research‹, Aveiro, 2008, online verfügbar unter: https://www.researchgate.net/publication/265189859_Social_media_and_Tourism_Destinations_TripAdvisor_Case_Study [3.4.2024]. Andere auf dem Prinzip des crowdsourcing basierende Reiseportale sind etwa *Flickr Travel, YouTube Travel, WAYN* oder *Wikitravel.*

Welch hohen Stellenwert digitale Kundenbewertungen für den Vertrieb der Kommunismustouren haben, zeigt ein Blick auf die strategische Nutzung des weltweit größten Reiseportals *Tripadvisor*.[199] Das im Jahr 2000 gegründete, in den USA angesiedelte Unternehmen wirbt unter dem Slogan »Know better. Book better. Go better« damit, Reisenden Orientierung zu vermitteln und ihnen bei der möglichst effizienten Reiseplanung zu helfen. Vor allem für die »free walking tour«-Anbieter, die auf keine gewachsenen, lokalen Vertriebswege zurückgreifen können, ist die Bedeutung des Portals kaum zu überschätzen. Verschiedene Studien zeigen, dass die Bewertungen direkten Einfluss auf die Kaufentscheidungen potenzieller Kund:innen nehmen.[200] Die Anzahl von Tour-Reviews in der Rubrik »things to do« wirkt sich direkt auf die Sichtbarkeit eines Angebots aus. Viele der hier untersuchten Anbieter durften sich im Untersuchungszeitraum mit dem »Travelers' Choice Award« schmücken, den *Tripadvisor* laut eigenen Angaben jenen 10 % aller Unternehmen verleiht, die kontinuierlich gute Bewertungen erhalten.[201]

Die Verlagerung von Marketing und Vertrieb ins Digitale geht mit der Speicherung persönlicher Daten einher. Ebenso wie ich am Anfang der »Free Communism Tour« in Bratislava meine E-Mail-Adresse in einer Liste hinterlassen musste, fragten auch andere Anbieter am Anfang Kontakte ab. Für die Teilnahme an der »Free Red Prague Tour« etwa bat mich der Guide nicht nur, Name und Kontakt in einer Liste zu vermerken, sondern auch, wo ich in Prag untergebracht, wie ich auf das Angebot gestoßen und was meine nächste Reisestation sei.[202] Erfolgte bereits die Anmeldung per E-Mail, können später Erinnerungen, Änderungen oder die Bitte um Bewertungen versandt werden.[203] Die große Bedeutung digitaler Kommunikation heißt aber nicht, dass keinerlei analoge Vertriebswege mehr genutzt werden. Die meisten Anbieter arbeiten zusätzlich mit Flyern, die in Touristeninformationen, Hotels oder Museen ausgelegt

199 Zu Tripadvisor-Bewertungen als eigener narrativer Gattung vgl. Camilla Vásquez, Narrativity and involvement in online consumer reviews. The case of TripAdvisor, in: Narrative Inquiry, Bd. 22 (2012) 1, S. 105-121.

200 Dies legen verschiedenen Studien, darunter v. a. das von *Tripadvisor* selbst in Auftrag gegebene »TripBarometer 2017/2018« mit 23.198 Befragten nahe. Hier zeigt sich der große Einfluss, den das Portal auch auf die Auswahl von Aktivitäten am Urlaubsort hat. Vgl. TripBarometer 2017/2018, unter: https://www.tripadvisor.com/TripAdvisorInsights/w4594 [3. 4. 2024].

201 Ehemals »Certificate of Excellence«. Vgl. Tripadvisor Travelers' Choice Awards, https://www.tripadvisorsupport.com/en-US/hc/owner/articles/616 [25. 8. 2023].

202 NEXT City Tours: Free Red Prague Tour, 12. 8. 2016.

203 Im Falle der »Free Red Prague Tour« erhielt ich am Tag davor einen »reminder« und am Tag danach eine Aufforderung zur Online-Bewertung per E-Mail.

werden. In Prag, dessen Zentrum eine dichte touristische Infrastruktur aufweist, setzen einige Anbieter, die sich die Miete leisten können, darüber hinaus auf den Vertrieb von Tickets in eigenen Verkaufsstellen.[204] Von großer Bedeutung sind außerdem lokale Partner, die eine ähnliche Zielgruppe ansprechen. So arbeiteten einige der Anbieter in Prag mit dem dortigen *Museum of communism* zusammen. In manchen Fällen war dessen Ausstellung Teil der Führung, in anderen erhielten die Gäste Rabatt-Gutscheine für einen Museumsbesuch. Interessante Rückschlüsse lassen auch die Rubriken »Our Partners« auf den Webseiten und die während der Tour ausgesprochenen Empfehlungen der Guides zu: Während *Prague Special Tours* andere Erlebnisse, etwa »Prague Beer Tours«, »Prague Underground Tours« oder einen Besuch im *Museum of medieval torture instruments*, bewarb,[205] betonte *Authentic Slovakia* seine Zusammenarbeit mit unterschiedlichen lokalen Initiativen, mit denen die Gründer des Unternehmens persönlich befreundet seien, darunter Weinbauern und kleine Touranbieter: »We support homegrown, local projects that thrive to reveal, discuss and present aspects of Slovak history and identity from different perspectives. All our partners love what they do and they do it really well«,[206] hieß es auf ihrer Webseite.

»More local experiences« für geschichtsaffine Gäste

Die digitale Nachricht, die uns die Stadtführerin aus Bratislava inklusive der nachträglichen Bitte um eine Bewertung ihrer Tour auf *Tripadvisor* sandte, kann also exemplarisch für die Marketingformate im hier untersuchten Sektor stehen. Auch inhaltlich bediente sich Nela bestimmter Codes, die für die Bewerbung von Kommunismustouren typisch sind. Zum Ersten werden sie – wie oben ausgeführt – als Angebote präsentiert, die sich an ein geschichtsaffines Publikum jenseits des Mainstreams richten. Wie die Texter:innen vieler Werbeflyer und Webseiten suggerierte auch Nela eine persönliche Beziehung zu uns Reisenden. Ihr Ton war der einer Gastgeberin, nicht einer Dienstleisterin. Zum Zweiten präsentierte

204 *Gray Line* verkauft die Tickets in kleinen Kiosken auf der Straße, *Discover Prague* und *Prague Special Tours* verfügen über eigene Verkaufsbüros in unmittelbarer Nähe des Altstädter Rings.

205 Erstere waren auf der Webseite als »Partner« vermerkt, Flyer für Letztere lagen im Bunker aus, der in der Tour »Communism and Nuclear Bunker Tour« besucht wird. Vgl. Prague Special Tours, Our partners, http://www.prague-special-tours.com/partners [20.3.2020].

206 Authentic Slovakia, Our partners, https://www.authenticslovakia.com/about-us/our-partners/ [25.8.2023].

sie sich als lokale Expertin, die uns Einblicke gewährte, die über größere Anbieter so nicht erhältlich seien. Ihr Ausdruck »to reveal our recent history« deutet darüber hinaus auf ein besonderes Geschichtsverständnis hin, das im touristischen Kontext – und insbesondere in »alternativen« und unterhaltsamen Angeboten wie den Kommunismustouren – vorherrscht: Die Anbieter:innen versprechen gute Unterhaltung, die *en passant* historisches Wissen vermittle. Dieses Wissen sei in den Raum eingeschrieben, aber nur gemeinsam mit lokalen Expert:innen entschlüsselbar.[207] Die Formulierung vom »Enthüllen« der Zeitgeschichte nutzte Nela demnach nicht zufällig.

Die Vorstellung, eine komplexe historische Epoche ans Tageslicht zu bringen, die in den üblichen Angeboten der Tourismusindustrie kaum repräsentiert sei, ist auch in Werbetexten und Rezensionen zu finden: »This tour sheds light on the dark times and their defeat«,[208] heißt es auf dem Flyer, der die »World War II & Communism Tour« von *Discover Prague* bewirbt. In einer anderen Beschreibung derselben Tour wird die Stadt selbst als Erzählerin vorgestellt: »Prague tossed and turned in the storms of the 20th century. The city has fascinating stories to tell about the clashes of the great movements of the century as well as the power of the powerless.«[209] Insgesamt wird das Geschichtserlebnis von Kommunismustouren als gemeinsame Erkundung (»exploration«) des Raums, als Zeitreise, Eintauchen oder Suche nach den Spuren einer vergangenen Zeit beworben. Als »[a] tour that throws light into the depths of Warsaw's history«,[210] lobte ein:e Teilnehmer:in das gleichsam archäologische Vordringen in Warschaus Vergangenheit. Auch die Werbung der »Free Red Prague Tour« spielte mit dem Bild tiefer liegender Zeitschichten, die darin zugänglich würden: »Dive deep into the dark past of communist Prague on our free Red Prague tour. A city of physical beauty, it is hard to grasp its ghostly past in the hands of the Soviet Union.«[211] Wie ich in Kapitel III.4 genauer ausführen werde, lässt sich der Topos einer »dunklen«[212]

207 Siehe dazu Kapitel III.2.

208 Discover Prague: World War II & Communism Tour, Werbeflyer im Privatarchiv der Autorin.

209 Discover Prague: World War II & Communism Tour, in: Discover – Pocket Guide to Prague, o. J., S. 6.

210 zipisal [Israel]: Great, original and fun tour of Warsaw, Bewertung Adventure Warsaw auf Tripadvisor, 9. 11. 2017, https://www.tripadvisor.de/Attraction_Review-g274856-d1577275-Reviews-or30-Adventure_Warsaw-Warsaw_Mazovia_Province_Central_Poland.html#REVIEWS [25. 5. 2021].

211 Next City Tours: Free Red Prague Tour, https://www.freetour.com/prague/free-red-prague-tour [12. 8. 2016].

212 Die Phrasen in der Werbung variieren zwischen »dark times«, »dark period«, »dark past«.

Geschichte in Aussagen wie diesen doppelt lesen: Zum einen verweist er auf eine verborgene Vergangenheit, die im Medium der Stadtführung greifbar werde; zum anderen charakterisiert er den Staatssozialismus als problematische Epoche. Auch der Verweis auf die Unrechtmäßigkeit des überwundenen Systems, das von Gewalt und Willkür geprägt war, lässt sich somit als bewusste Marketingstrategie deuten. Das Angebot richtet sich demnach an Reisende, die an »Orten des Schreckens« interessiert sind, und verleiht ihm so das Label des *dark tourism* – ein Begriff, der aus dem akademischen zunehmend in den touristischen Diskurs gewandert ist.[213]

Die potenziellen Kund:innen werden hier als Gäste mit einem Spezialinteresse – an der Gewaltgeschichte des 20. Jahrhunderts bzw. an der (post-)sozialistischen Stadt – adressiert. Diese Ansprache als Kulturtourist:innen, ja als »history buffs«,[214] gab die Möglichkeit, uns von »normalen« Tourist:innen abzugrenzen. Insbesondere die als »free walking tours« angebotenen Stadtführungen über den Kommunismus wurden häufig als Zusatzangebote für jene beworben, die bereits Grundwissen mitbringen oder in anderen Touren erworben haben. So erscheint es keineswegs als Zufall, dass die allgemeinen »old town tours« häufig mit einer Werbung für spezifischere Thementouren desselben Anbieters abschließen. Umgekehrt erfragten die Guides am Anfang einer Kommunismustour teils, wer bereits die allgemeinere Führung absolviert habe. Noch konsequenter vertrieb *Free Walkative!* in Warschau seine Stadtführungen im Untersuchungszeitraum als aufeinander aufbauende Angebote: Hier konnte man am Vormittag eine Tour über den Zweiten Weltkrieg besuchen und nach einer Mittagspause »Communist Warsaw« als Fortsetzung erleben.[215]

Dieser Anspruch ist auch in der Performanz der Touren zu erkennen. So konnte ich in einigen Führungen beobachten, wie Gäste und Guides die Stadtführung gemeinsam als Bildungserlebnis performten und damit einer Mischung aus Distinktionsbedürfnis und Pflichtbewusstsein Ausdruck gaben. »I am very glad to have you all here«, begrüßte uns etwa Zofia in Warschau, um fortzufahren: »You know, this tour is not very popular, it's not […] as popular as the old town [tour]«.[216] Obwohl die

213 Vgl. etwa die Webseite www.dark-tourism.org, die sich als »comprehensive guide to travel to ›dark-tourism‹ destinations worldwide« explizit an Tourist:innen richtet [25.8.2023].

214 »History buffs will not want to miss this tour!« Good Prague Tours: Communism tour, https://www.goodpraguetours.eu/tours/communismtour/ [23.3.2019].

215 Interview mit Wiktor, 12.3.2018.

216 Free Walking Tour Foundation: Communist Warsaw, 13.9.2016.

Tour in der Hochsaison im Durchschnitt 25 Menschen anzog[217] und an diesem Septembertag sogar weit mehr Gäste vor ihr standen, versicherte die Stadtführerin das Publikum seines besonderen, lobenswerten Engagements. Das Selbstverständnis bildungsbewusster Reisender, das Zofia ihren Zuhörer:innen zuschrieb, spricht auch aus vielen Einträgen auf *Tripadvisor*. Über die »Communism Tour« von *Adventure Warsaw* ist etwa zu lesen: »by the end of the tour, you really feel like you have learned a lot about Warsaw that the average tour just doesn't teach you.«[218] Showtalent der Guides, Unterhaltsamkeit und Witze wurden dabei teilweise als wohlverdienter Ausgleich dafür angesehen, sich im Urlaub freiwillig mit Gewaltgeschichte auseinanderzusetzen, wie eine andere Bewertung derselben Tour nahelegt: »I enjoyed our guide's self-deprecating sense of humor, which brought some levity to the often brutally tragic history of the city of Warsaw.«[219]

Zur permanenten Inszenierung der Kommunismustouren als Nischenangebote trägt auch die bereits erwähnte Imagination eines Freundschaftsverhältnisses zwischen Guide und Gästen bei, die insbesondere in kleinen Gruppen möglich ist. Sowohl im Marketing als auch in der Interaktion selbst distanzierten sich die Beteiligten in unterschiedlichem Maße und auf spielerische Art von der ökonomischen Natur ihrer Beziehung. So ließen einige Stadtführer:innen Regenschirme, Schilder oder T-Shirts, die sie als Guides erkennbar machten, im Laufe der Tour verschwinden.[220] »Meet us as a tourist but leave as our friend«, bewarb das kleine Unternehmen *Prague Extravaganza* sein Gesamtangebot und erläuterte, warum es die Teilnehmer:innenzahl seiner Kommunismustour beschränkte – nämlich, um für alle Gäste die Möglichkeit persönlicher Gespräche mit ihren »laid-back, local guide[s]«[221] zu gewährleisten. Besonders ausgeprägt war die intime Gesprächsatmosphäre in Peters »Bratislava Post Socialist

217 Interview mit Wiktor, 12.3.2018.

218 smileymaili [Hawaii]: Off the Beaten Path Tour, Bewertung Adventure Warsaw auf Tripadvisor, 6.7.2017, https://www.tripadvisor.de/ShowUserReviews-g274856-d1577275-r499152282-Adventure_Warsaw-Warsaw_Mazovia_Province_Central_Poland.html [25.8.2023].

219 Dodoubleg [Niederlande]: Authentic, off the beaten track, relaxed and funny, Bewertung Adventure Warsaw auf Tripadvisor, 7.12.2010, https://www.tripadvisor.de/ShowUserReviews-g274856-d1577275-r89315266-Adventure_Warsaw-Warsaw_Mazovia_Province_Central_Poland.html [25.8.2023].

220 Etwa Benjamin, der seine knallgelbe Weste, die ihn als Tourguide kennzeichnet, am dritten Stopp auszog. Discover Prague: World War II & Communism Tour, 11.6.2018.

221 Prague Extravaganza: Communism & Bunker Tour, Werbeflyer im Privatarchiv der Autorin.

City Tour«. Er kündigte seine Tour als »persönlicher« an und führte uns nicht nur an Orte seiner Kindheit und Jugend, sondern auch seines heutigen Alltags: So passierten wir seinen ehemaligen Kindergarten, die Wohnung seiner Eltern und sogar die aktuelle Arbeitsstelle seiner Freundin.[222] Die *en passant* gelieferten biografischen Erzählungen wurden dabei wiederholt zum Ausgangspunkt für einen allgemeinen Austausch aller Teilnehmer:innen über ihr Privatleben. Eine ähnliche Inszenierung der Kommunismustour als »nicht-touristisches« Alternativangebot schwingt auch in Nelas E-Mail mit, in der sie dem gemeinsamen Erlebnis einen persönlichen Erinnerungswert auch für sich selbst zuschreibt: »I am sending you the picture we took at Bratislava Castle so that we can all have a nice memory:)«.

Während Nela mit ihrem Statement den reinen Dienstleistungscharakter ihrer Tour negiert, weiteten andere Guides diesen gerade aus, wenn sie sich mit ihren Gästen »verbrüderten«.[223] Sie warnten vor den üblichen »Touristenfallen« und empfahlen uns Restaurants, Kneipen und sehenswerte Orte jenseits der touristischen Zentren, die sie angeblich selbst privat besuchten. Auch die nicht-einheimischen Guides in Prag ließen ihr Publikum an der diesbezüglichen Expertise der Expat-Community teilhaben. So teilten sie am Rande der Touren oder in kostenfreien Booklets bzw. Stadtplänen[224] häufig »Insider-Tipps« von Ausländer:innen, deren Aufenthalt in Prag meist selbst als touristisches Erlebnis begonnen habe. »[W]e would like to pass on what our friends are doing«, heißt es in diesem Sinne im »Pocket Guide to Prague«, den *Discover Prague* bei seinen Touren verteilte. Wer diese »Freunde« sind, bleibt hier offen; in jedem Fall wird ihnen eine »lokale« Expertise zugeschrieben. Dass Erlebnisse jenseits des touristischen Zentrums etwas prinzipiell Estrebenswertes sind, scheint dabei selbstverständlich, wie es in folgender Empfehlung, einen Klub im Stadtteil Žižkov zu besuchen, heißt: »the district it's in, is full of bars and provides for a somewhat grungier and much more local experience than you might have in the center.«[225]

222 Authentic Slovakia: Bratislava Post Socialist City Tour, 14. 7. 2015.
223 Banaszkiewicz, Turystyka w miejscach kłopotliwego dziedzictwa, S. 174.
224 Verschiedene Stadtpläne (»free maps«) befinden sich in meinem Privatarchiv.
225 Beide Zitate aus Discover Prague: World War II & Communism Tour, in: Discover – Pocket Guide to Prague, o. J., S. 1 bzw. 23.

Über Geld spricht man nicht? Trink- und Kopfgelder

Zwei Jahre nach der Tour mit Nela begleitete ich ihre Kollegin Laura bei der gleichen Führung durch Bratislava. Diesmal erhielt ich zwar kein Gruppenbild, hatte aber Gelegenheit, nach der Tour kurz mit der Stadtführerin zu sprechen. Laura wirkte nachdenklich und gab mir gern Auskunft, doch als das Gespräch auf das Geschäftsmodell der »free walking tours« kam, antwortete sie kurz und knapp: »It's a secret.«[226] Bereits früher hatte die lokale Managerin desselben Unternehmens im Interview ausweichend auf die Frage nach den Trinkgeldern reagiert (»my partner told me not to say anything«[227]). Offenbar handelte es sich um ein sensibles Thema, das nach außen von niemandem kommentiert werden sollte. Tatsächlich ist das Geschäftsmodell höchst umstritten. Der Erfinder des »free walking tours«-Konzepts, Christopher Sandeman, ist bereits vor etlichen Jahren für die intransparente, halb legale Finanzierungslogik seiner »kostenlosen« Führungen in die Kritik geraten.[228] Denn anders als während der Touren (und gegenüber dem Finanzamt) suggeriert, agieren die Guides nicht als »Freiwillige«, die vom Trinkgeld der Tourist:innen leben. Sie sind vielmehr als Selbständige tätig, die ein erhebliches finanzielles Risiko tragen. Ihre Einnahmen sind nicht nur abhängig von der Anzahl und der Zahlungsfreudigkeit der Gäste, sie fließen auch zu großen Teilen an das Unternehmen. So offenbarten Recherchen des ZDF im Falle von *Sandeman's New Europe* die Existenz eines »Kopfgeldes«: Pro Teilnehmer:in, der bzw. die sich einer Tour anschließt, müssen die Guides demnach eine Pauschale von einigen Euro abführen.[229] Geben die Reisenden wenig Trinkgeld oder springen gar während der Tour ab, kann es im schlimmsten Fall sogar passieren, dass ein:e Stadtführer:in Verluste macht. Ein ähnliches System praktizierten vermutlich auch die meisten Anbieter der »free communism tours«.[230]

226 BeFreeTours: Free Communism Tour, 2. 8. 2019.

227 Interview mit Hana, 17. 10. 2016.

228 Den Anstoß gab eine Sendung des ZDF-Magazins »Frontal 21«, in der ein ehemaliger Guide von *Sandeman's New Europe* Auskunft über das Geschäftsmodell gab. Vgl. u. a. Vicky Baker, The rise of the »free« city tour, in: The Guardian, 12. 6. 2013, https://www.theguardian.com/travel/2013/jun/12/free-pay-you-want-city-tours; »Free« city tours exposed for dodgy employment practices, in: The Local, 11. 3. 2010, https://www.thelocal.de/20100311/25813 [beide 15. 8. 2025].

229 Vgl. auch Chris Sandeman: Antwort auf benjamin7833: Great guides – shame about the exploitation (1. 3. 2011), 18. 3. 2011, https://www.tripadvisor.com/ShowUserReviews-g187323-d1025949-r98485340-SANDEMANs_NEW_Europe_Berlin-Berlin.html.

230 In Prag berichtete ein Guide, er müsse pro Teilnehmer:in 50 Tschechische Kronen an den Operator abführen. Lucie, die selbst ein Unternehmen in Prag führt, das

Vor diesem Hintergrund erscheinen die Gruppenfotos, die am Beginn vieler »free walking tours« gemacht werden, in neuem Licht. Was als »tradition to start off the tour«[231] und visuelle Urlaubserinnerung für die Besucher:innen verschleiert wurde, erweist sich bei näherer Betrachtung als Kontrollinstrument der Unternehmen. Für Nela, Laura und ihre Kolleg:innen dienten die Gruppenbilder höchstwahrscheinlich als Dokumentation der Teilnehmer:innenzahl gegenüber ihrem Arbeitgeber, anhand der dieser die abzuführende »Marketinggebühr« festlegen konnte. Zofias oben zitierte Begrüßung »I am very glad to have you all here« ließe sich aus dieser Perspektive gar wortwörtlich als Hinweis auf die Unsicherheit interpretieren, die »free communism tours« für freiberufliche Guides bedeuten. Anders als allgemeine Stadttouren oder »pub crawls« stellen sie in finanzieller Hinsicht keine attraktive Beschäftigung für die Guides dar. Im Gegenteil scheint das ökonomische Risiko bei solchen Spezialangeboten besonders hoch, so dass einige Anbieter von Problemen berichteten, motivierte Guides für bestimmte Thementouren zu finden.[232] Aufgrund dieser Unsicherheiten entschlossen sich mehrere Unternehmen im Untersuchungszeitraum, die Kommunismustour aus ihrem »free walking tour«-Sortiment auszugliedern und ausschließlich als Bezahl-Angebot zu vertreiben.[233]

Einen ebenso handfesten ökonomischen Hintergrund haben die Bewertungen auf *Tripadvisor*, um die die Guides am Ende ihrer Touren bitten. So berichtete Samuel, der ungewöhnlich offen mit mir über das Geschäftsmodell sprach, dass ihm sein Prager Arbeitgeber für jeden mit fünf Sternen versehenen Eintrag, der ihn namentlich erwähnt, eine Extra-Prämie zahle.[234] Der finanzielle Erfolg wird so direkt mit einem der wichtigsten Marketinginstrumente der Unternehmen gekoppelt: Verbessert jede Bestbewertung das Ranking des Tour-Operators, ziehen die Stadtführer:innen im Gegenzug selbst einen Vorteil aus den Reviews. Umgekehrt kann eine schlechte Bewertung Sanktionen oder gar eine Beendigung der Zusammenarbeit durch den Anbieter zur Folge haben.[235]

u. a. »free walking tours« anbietet, sprach von prozentuellen Abgaben der Trinkgelder. Vgl. Gespräch mit Samuel, 23. 5. 2019; Interview mit Lucie, 19. 10. 2016.

231 Good Prague Tours: Communism Tour, 13. 6. 2018.

232 Interview mit Lucie, 19. 10. 2016; Interview mit Ella, 18. 10. 2016.

233 Etwa *Prague Extravaganza* oder *NEXT City Tours*. Andersherum gestaltete Good Prague Tours seine kostenpflichtige »Communism Tour« nach dem Untersuchungszeitraum zu einer kostenlosen »WWII and Communism Tour« um.

234 Gespräch mit Samuel, 23. 5. 2019.

235 Auch folgende Bitte um gute Reviews eines Prager Guides zeigt den starken Einfluss von *Tripadvisor* auf die Rekrutierung: »There is a couple of ways you can thank me for the tour if you enjoyed it, but one very important way is going on

Dass Nela die Bitte um eine Bewertung in das Postscriptum ihrer E-Mail verbannte, ist ebenfalls kein Zufall, sondern symptomatisch. Denn über Geld spricht man nicht – weder im Interview mit mir noch gegenüber dem Publikum. Die Trinkgelder am Ende der Tour wurden fast immer diskret und schnell eingesammelt. Vielfach beobachtete ich, wie unangenehm den Guides das Procedere war, denn allzu offensichtlich widersprach es der Inszenierung der Tour als Gemeinschaftserlebnis Gleichgesinnter. »The thing, that I don't like to say is now said«,[236] kommentierte Samuel seine Bitte um Geld und Reviews am Ende der Tour sichtlich unbehaglich. Mit einem Scherz löste Olivia das Problem, als sie auf *Tripadvisor* zu sprechen kam: »If you liked it – my name is Olivia. If you didn't like it, my name is Georgina.«[237]

Während einige Guides die kapitalistische Vermarktungslogik peinlichberührt oder ironisch kommentierten, verschleierten andere sie, indem sie die Touranbieter als gemeinnützige Organisationen und ihr eigenes Tun als eine Art Ehrenamt erscheinen ließen. So stellte Zofia das Anliegen der Warschauer *Free Walking Tour Foundation* wie folgt vor:

> [T]he main aim of the foundation is the promotion of the Polish city and culture. […] [N]o matter what budget people might have, they should have access to the culture, and you know, having [a] tour with a local guide is also part of the culture. As a foundation, we don't have salaries, so if you consider at the end of the trip that I did a good job, then you can leave me a tip, but […] I'm not gonna get offended and nobody will. Because we are [a] foundation and we live from donations.[238]

Die Frage, welcher Zusammenhang zwischen solchen Distanzierungen von der Tourismusindustrie und dem generierten Bild des (Post-)Sozialismus besteht, zieht sich wie ein roter Faden durch dieses Buch. Denn sie

Tripadvisor. […] I don't actually get a set of tours that I do week to week to week. It's actually something kind of various from week to week and that is something really … The managers of the company […] look at things like *Tripadvisor* as far as deciding how many tours they give to different guides. So if you enjoyed the tour with me, my name is Lucas and of course it is at *Good Prague Tours* and it only takes a couple of minutes to go on there and to leave a quick review. You know, say that you did the tour with me and maybe just a little bit about what you enjoyed about it.« Good Prague Tours: Communism Tour, 13. 6. 2018.

236 NEXT City Tours: Free Red Prague Tour, 12. 8. 2016.

237 Discover Prague: World War II & Communism Tour, 11. 8. 2016.

238 Free Walking Tour Foundation: Communist Warsaw, 13. 9. 2016. Ebenfalls explizit als »volunteering« beschrieb Eliška ihr Tun: BeFreeTours: Free Tour Bratislava, 13. 7. 2015.

berührt ein Grundparadox der Vermarktung des Kommunismus: Während die Zeit bis 1989 als Mangel an Demokratie und Marktwirtschaft von fast allen Guides negativ kommentiert wurde, fanden sich in den Passagen, die der Transformationszeit bzw. der Gegenwart gewidmet waren, häufig stark kapitalismuskritische Elemente.[239] Den schnellen, teils von ausländischen Investoren vorangetriebenen Umbau Bratislavas und Warschaus in den 1990er Jahren lehnten die Guides ebenso ab wie die Auswüchse des Massentourismus, der insbesondere Prag stark verändert hat.

Die unternehmerische Teilhabe an der globalen Tourismusindustrie steht zu dieser Haltung im Widerspruch. Generell verlangt es den Guides eine gewisse Schizophrenie ab, in virtuoser Teilhabe an der postindustriellen Dienstleistungswirtschaft Kapital aus dem Erbe des Kommunismus zu schlagen.[240] Das eigene Unternehmertum relativierten die Freiberufler:innen deshalb immer wieder durch selbst-ironische Distanzierungen vom Mainstream-Tourismus und spielerische Rollenwechsel. Wie Britta T. Knudsen in ihrer Studie über die Krakauer Crazy Guides herausgearbeitet hat, lässt sich in deren frühen Touren durch Nowa Huta sogar ein sehr spezifisches »capitalist framing« erkennen, das Bezug auf den Identitätswandel des Arbeiterstadtteils nimmt: So trat Mike, zentrale Figur der Führungen durch Nowa Huta, in den ersten Jahren als Klischee eines Kapitalisten mit Zigarre und Anzug auf. Nach Knudsen inszenierten sich die Guides auf diese Weise als »new symbolic workers of the new capitalist and democratic century in Poland«.[241] Die Guides in Warschau, Prag und Bratislava stellten den Kontrast zwischen Planwirtschaft, Arbeiterkultur und spätkapitalistischer Tourismusindustrie zwar nicht offensiv zur Schau, kommentierten aber wiederholt augenzwinkernd das eigene Rollendilemma.

239 Vgl. auch Wynns Beschreibung der Selbstsicht von Tour Guides als Aktivist:innen gegen die »Disneyification« ihrer Stadt und die Abgrenzung von Busrundfahrten als »cultural fast food«. Wynn, The tour guide, S. 7, 23, 27 f.

240 Besonders stark artikulierte die Zeitzeugin, Unternehmensgründerin und Stadtführerin Aneta ihre kapitalismuskritische Haltung in der Tour: Prague Walks: Communism Walk, 10. 6. 2018.

241 Knudsen, The past as staged-real environment, S. 145.

II. Geschichte(n) für Tourist:innen oder: Den Kommunismus erzählen

II.1 Exotisierung: Der Staatssozialismus als absurde Zeit

»Hear a story of control, terror and propaganda, but also of the absurdities of life under communism«,[1] bewarb ein Warschauer Anbieter seine Tour über den Kommunismus und unterschied sich in dieser Art, das Thema zu umreißen, wenig von der Konkurrenz. Ob zu Fuß oder im Auto, ob in Polen, Tschechien oder der Slowakei – in den englischsprachigen Kommunismustouren, an denen ich teilnahm, erschien der Staatssozialismus im Wesentlichen als seltsame, zum Glück aber abgeschlossene Epoche. Unabhängig von Ort und Format der Stadtführung erzählten die Guides die Nachkriegsgeschichte des östlichen Europas einerseits als Kampf des Guten gegen das Böse, der 1989 im Showdown der Revolutionen und mit Happy End kulminierte, andererseits als eine Art Ausnahmezustand, gekennzeichnet von zahlreichen Merkwürdigkeiten. Mit Hayden White gesprochen trägt die narrative Modellierung einer Kommunismustour damit sowohl Züge der Romanze als auch der Satire.[2] Letzterer kommt, wie ich im Folgenden zeige, in den auf Unterhaltung zielenden Stadtführungen eine besondere Bedeutung zu. Als Zielscheibe von Spott und Ironie fungierten vor allem die kommunistischen Machthaber:innen, die uns die Guides als ideologisch verblendet und der Lebenswelt der »normalen« Bevölkerung völlig entfremdet vorstellten. Als Beleg für ihre Doppelzüngigkeit reiche ein Blick auf den Gigantismus ihrer Bauprojekte oder die vielen Privilegien, die hohe Funktionär:innen genossen hätten. Die kommunistische Elite bloßzustellen, war im Erzählrahmen der Kommunismustour somit ein Leichtes: Mit ironischer Stimme vorgetragene politische Losungen ebenso wie daraus entwickelte Wortspiele – etwa »Let's make everybody equal! Of course, in poverty …«[3] resultierten in gemeinsamem

1 Walkative!. Communist Warsaw, https://freewalkingtour.com/tours/communist-warsaw/ [28.8.2023]. Das Unternehmen, das polenweit Free Walking Tours anbietet, hieß im Untersuchungszeitraum noch »Free Walking Tour Foundation«. Auch die Route der Tour »Communist Warsaw« und deren Werbung wurden mittlerweile verändert. Bis 2020 war im Werbetext die Rede von »absurdities of communist ideology and economics«. https://freewalkingtour.com/warsaw/tours/free/communist-warsaw/ [12.5.2020].

2 Hayden V. White, Metahistory. Die historische Einbildungskraft im 19. Jahrhundert in Europa, Frankfurt a. M. 2015, S. 21-25.

3 Prague Extravaganza: Communism and Bunker Tour, 15.7.2015.

Gelächter und entlarvten die Versprechen des real existierenden Sozialismus als großen Schwindel. Als Rohstoff zweideutiger Anspielungen dienten den Guides insbesondere Beispiele missglückter Propaganda. So sei etwa die Einbalsamierung der Leiche des ersten kommunistischen Staatspräsidenten der Tschechoslowakei, Klement Gottwald, nach dem Vorbild Lenins auf ganzer Linie gescheitert. Selbst 40 Spezialist:innen sei es nicht gelungen, die Verwesung des Körpers zu verhindern, so dass er 1962 beigesetzt werden musste.[4] Zeitgleich sei das riesige Stalin-Denkmal, das von 1955 bis 1962 auf einem Hügel in Prag thronte, als »Warteschlange für Fleisch« (tsch. »fronta na maso«) lächerlich gemacht worden.[5] Und gleiche nicht der Warschauer Kulturpalast einem riesigen »Stinkefinger«[6] Stalins?

Wie erwähnt korrespondieren die omnipräsenten Verweise auf Lächerliches mit dem Bild, das Filme, Serien und andere populärkulturelle Medien seit den 1990er Jahren vom Leben im Staatssozialismus zeichnen.[7] Darüber hinaus folgt die fortwährende Erzeugung ungläubigen Kopfschüttelns aber auch einer dem Tourismus eigenen Logik der Exotisierung und Selbstexotisierung, die das Authentische vor allem im kulturell Anderen verortet. Dieses »Andere« situierten die Kommunismustouren sowohl zeitlich als auch räumlich: Den Staatssozialismus präsentierten die Guides durchweg als *terra incognita*, dessen Fremdartigkeit aller Globalisierung zum Trotz nach wie vor im materiellen wie immateriellen Erbe erlebbar sei. Der damit einhergehende Fokus auf Gegensätze – zwischen Anspruch und Realität, zwischen Ost und West – lässt sich als klassische Form eines tourismustypischen *othering* beschreiben. Doch wie genau geht die satirische Bloßstellung eines diktatorischen Regimes mit der Exotisierung einer touristischen Destination zusammen und welche Folgen hat eine solche Überlagerung für die Präsentation von Vergangenheit und Gegenwart?

Zur Beantwortung dieser Fragen wende ich mich zuerst dem spezifisch westlichen Blick zu, der die Kommunismustouren prägt, um danach

4 Context Travel: From Iron Curtain to Velvet Revolution, 16.7.2015. Die fortschreitende Entstalinisierung, die ebenfalls ein Grund für die Einäscherung gewesen sein könnte, wurde nicht explizit erwähnt.

5 Der Spottname bezieht sich auf die Form des Denkmals: Hinter einer 15 Meter hohen Stalinfigur stehen, v-förmig angeordnet, acht weitere Figuren (Werktätige und Soldaten). Prague Extravaganza: Communism and Bunker Tour, 15.7.2015.

6 Adventure Warsaw: Communism Tour, 10.9.2016.

7 Zur populärkulturellen Darstellung des Sozialismus als Komödie von den 1990er Jahren bis Mitte der 2000er vgl. Pehe, Velvet Retro, S. 46-63. Zum Lachen über den Kommunismus in Polen: Grębecka, Między śmiechem a nostalgią – powroty do komunistycznej przeszłości.

Praktiken, Funktionen aber auch Subversionen der (Selbst-)Exotisierung nachzuzeichnen. Stereotypisierung, Überzeichnung und Ironisierung interpretiere ich außerdem als humoristische Strategien, die Guides gezielt einsetzten, um Spannungen zu minimieren, die sich aus der Kommodifizierung des kommunistischen Erbes ergeben können.[8] Insbesondere das ironische Erzählen ermöglichte eine Gleichzeitigkeit von Totalitarismusgedächtnis und Nostalgie, von Identität und Distanzierung, von Selbst-Exotisierung und *agency*, von ökonomischem Profit und Kapitalismuskritik. Die Kommunismustouren zeigten sich damit als mehrdeutige Interpretationen der Geschichte: Während Trivialisierung und Spott einer gemeinschaftlichen Distanzierung vom Erbe des Kommunismus dienten, unterliefen jene Teile, die das städtebauliche Schicksal von Warschau und Bratislava nach 1989 thematisierten, eine solche negative Bewertung.

Der wilde Osten – Praktiken des Othering

Aufbauend auf wegweisende Arbeiten von Dean MacCannell,[9] Jonathan Culler[10] und anderen hat John Urry mit seinem Konzept des *touristischen Blicks* den Symbolkonsum von Tourist:innen in den Fokus gerückt. Deren Reiseverhalten, so Urry, werde von kulturell vorstrukturierten Wahrnehmungsmustern geprägt; ihre Aufmerksamkeit richte sich insbesondere auf Zeichen der Alltagsfremde und des Besonderen: »[P]otential objects of the tourist gaze must be different in some way or other. They must be out of the ordinary.«[11] Auch tourismusanthropologische Untersuchungen aus unterschiedlichsten geografischen Räumen belegen die permanente Konstruktion von Fremdheit, die laut Joel B. Salazar eine Grundkonstante des globalen Tourismus darstellt:

> Undeniably, global tourism is the quintessential business of difference projection and the interpretive vehicle of Othering par excellence (with many peoples now cleverly Othering themselves). This involves the constant (re)production of stereotypes and categories of ethnic and cultural difference across the globe.[12]

8 Zum Management potenzieller Spannungen siehe Kapitel II.3.

9 MacCannell, The Tourist.

10 Jonathan Culler, Semiotics of Tourism, in: American Journal of Semiotics, Bd. 1 (1981) 1-2, S. 127-140.

11 John Urry, The Tourist Gaze. Leisure and Travel in Contemporary Society, London u. a. 1994 (zuerst 1990), S. 11.

12 Salazar, Imagineering Otherness, S. 690.

Die kulturelle Differenz, die Kommunismustouren imaginieren und kapitalisieren, ist zugleich eine temporale und basiert auf der Kontrastierung eines exotischen Ostens mit der »normalen« westlichen Welt. Die Führungen stehen damit in der Tradition westlicher Berichterstattung, die den Zusammenbruch der sozialistischen Staaten 1989/1991 von Beginn an als Übergang zu ebendieser »Normalität« begrüßte. So hat Analuna Borcila in ihrer Untersuchung amerikanischer Repräsentationen von Rumänien während und nach dem Systemumbruch exemplarisch aufgezeigt, auf welche Weise westliche Medien die Transformation einer staatssozialistischen Gesellschaft hin zu einer neoliberal organisierten Demokratie als gleichsam notwendigen Entwicklungsschritt darstellten und auf diese Weise ein spezifisches Blickregime etablierten, dessen Wirkmacht bis heute spürbar ist. Borcila zufolge war der durch Fernsehen und Reiseführer gelenkte Blick der Betrachter:innen nicht nur ein westlich-normativer, der eine im Kalten Krieg erlernte Dichotomie reproduzierte, sondern zugleich ein »pseudo-klinischer«: Bei den Reisenden der 1990er Jahre erkennt sie eine »diagnostische« Haltung, in deren Fokus der Fortschritt der »Selbstbefreiung« der Menschen im östlichen Europa stehe.[13]

Diesem Muster weiterhin folgend präsentierten die Guides der Kommunismustouren die Zeit vor 1989 in erster Linie als Epoche der Absenz – nämlich der Absenz von Demokratie und Kapitalismus nach westlichem Vorbild. In ihren Erzählungen kamen die Stadtführer:innen in Warschau, Prag und Bratislava immer wieder auf die *fehlenden* Freiheiten und *mangelnden* Konsummöglichkeiten zurück. Dies geschah jedoch weniger, indem sie konkrete Einschränkungen erläuterten, verschiedene Phasen unterschieden oder Ursachen erklärten. Vielmehr wurden die eingeschränkte Auswahl an Produkten, das Fehlen von Werbung, lange Wartezeiten, aber auch die Abwesenheit einer freien Presse und basaler Menschenrechte als allgemein bekannte Charakteristika des Lebens hinter dem Eisernen Vorhang vorausgesetzt. Oft beschränkten sich die Erläuterungen zu Wirtschaft und Staatssystem deshalb auf floskelhafte, binär codierte Zusammenfassungen wie jene, die Nela in Bratislava gab: Ökonomisch sei der Staatssozialismus als »centrally planned economy as opposed to the free market«, politisch als »lack of basic freedoms« zu verstehen. Die Samtene Revolution interpretierte sie in diesem Sinne als eine Art Neustart, nun unter den richtigen Vorzeichen: »[A]fter ten days the communists resigned and the democracy was installed here.«[14] Ungeachtet anderer Implikationen dieser Verkürzung ist bemerkenswert,

13 Borcila, American Representations of Post-Communism, S. 4f.

14 BeFreeTours: Free Communism Tour, 20. 10. 2017.

wie »die Demokratie« von ihr als homogenes Gesamtpaket vorgestellt wurde, das 1989 endlich auch in die Tschechoslowakei importiert werden konnte. Demokratie und Marktwirtschaft wurden so stillschweigend gleichgesetzt, die Mitbestimmungsrechte um ein Konsumrecht erweitert.[15]

Die Guides tradierten damit Darstellungen, die bereits in den 1990er Jahren in Populärkultur und Werbung zu finden waren.[16] Sie riefen das Bild eines »goldenen Westens« auf, der für die Menschen im Osten bis zum Fall des Eisernen Vorhangs ein unerreichbares Konsumparadies dargestellt habe. Maya Nadkarni und Olga Shevchenko haben in diesem Zusammenhang von einer genuin westlichen Form postsozialistischer Nostalgie gesprochen, die sich nicht auf den Osten selbst, sondern dessen Idealisierung des Westens beziehe.[17] Letztlich, so ließe sich im Anschluss an sie formulieren, scheinen Kommunismustouren eine Sphäre, in der das westliche Bedürfnis, im sehnsuchtsvollen Blick der Anderen zu stehen, noch immer befriedigt werden kann. Auch das populäre Bild des »grauen« Ostblocks lässt sich als Ausdruck einer solchen nostalgisch gefärbten Absenz-Erzählung interpretieren. Dass der Alltag der Menschen hinter dem Eisernen Vorhang grau – also charakterisiert durch das Fehlen jedweder Farbanteile – gewesen sei, wurde in den meisten Touren als Binsenweisheit vorausgesetzt.[18] Keine:r der Stadtführer:innen warf die Frage nach dem Ursprung der Metapher, die sich bis in die 1950er Jahre zurückverfolgen lässt und zuerst durch westliche Journalist:innen in den Mediendiskurs eingespeist wurde,[19] auf. Stattdessen dienten die Verweise auf Tristesse und Monotonie als (farbloser) Hintergrund, vor

15 Zu den politischen Implikationen von Konsumpraktiken siehe auch Daphne Berdahl, Consumer Rites. The Politics of Consumption in Re-Unified Germany, in: Daphne Berdahl (Hg.), On the Social Life of Postsocialism. Memory, Consumption, Germany, Bloomington 2010, S. 33-47; Daphne Berdahl, The Spirit of Capitalism and the Boundaries of Citizenship in Post-Wall Germany, in: Daphne Berdahl (Hg.), On the Social Life of Postsocialism. Memory, Consumption, Germany, Bloomington 2010, S. 87-100.

16 Kacper Pobłocki, The Economics of Nostalgia. Socialist Films and Capitalist Commodities in Contemporary Poland, in: Oksana Sarkisova/Péter Apor (Hg.), Past for the eyes. East European representations of communism in cinema and museums after 1989, Budapest, New York 2010, S. 181-214, hier S. 198.

17 Nadkarni, Shevchenko, The Politics of Nostalgia, S. 495.

18 Etwa wenn Guides erwähnten, das Leben heute sei »not so grey anymore« – Prague Extravaganza: Communism and Bunker Tour, 10. 8. 2016. Teils war auch ganz wörtlich die graue Farbe der Häuser, vor allem der Plattenbauten, gemeint. Vgl. Context Travel: From Iron Curtain to Velvet Revolution, 16. 7. 2015.

19 Błażej Brzostek, Äußere Zeichen gesellschaftlicher Unterschiede in Bukarest und Warschau in den 1950er und 1960er Jahren, in: Włodzimierz Borodziej/Jerzy Kochanowski/Joachim von Puttkamer (Hg.), »Schleichwege«. Inoffizielle Begegnungen sozialistischer Staatsbürger zwischen 1956 und 1989, Köln 2010, S. 25-54.

dem Konsumsehnsüchte, aber auch widerständige Alltagsstrategien umso effektvoller inszeniert werden konnten. In der Beschreibung der Tour »Communist Warsaw« war im Untersuchungszeitraum zu lesen:

> The streets, even in the summer, looked grey; there were no people in restaurants in the evenings; they served rather awful food in bars; there were big queues in front of every shop; and the new buildings were the blocks of flats that look rather like wardrobes. As for the people, they were not smiling at all … why would they?[20]

Das Leben, das hier geschildert wird, ist trist und mangelhaft – alles andere als ein touristischer Sehnsuchtsort. Und doch trage es einen attraktiven Aspekt, der das Thema für eine gelungene Urlaubsunterhaltung qualifiziere, wie es weiter heißt: »These were not very fun times. Well, that is not entirely true. Laughing was one of the ways to make this grey life into bit more bearable.«[21] Das Andere, das hier als besichtigungswürdig herausgestellt wird, besteht demnach im Hässlichen, Langweiligen, Unbequemen, gepaart mit der Fähigkeit, genau darüber zu lachen. Humor wird somit zum unentbehrlichen Bestandteil einer Aneignung des ehemaligen »Ostblocks« erklärt.

Es ist deshalb kein Zufall, dass sich eine der erfolgreichsten Tourismus-Parodien der 2000er Jahre einem fiktiven Land irgendwo im postsozialistischen Osteuropa widmet. Der 2003 erschienene Reiseführer *Molvania. A Land Untouched by Modern Dentistry*[22] treibt das westliche Stereotyp vom rückständigen, unansehnlichen, deshalb aber umso authentischeren Osteuropa auf die Spitze und inszeniert es als schrägen »Anti-Sehnsuchtsort«[23] schlechthin. Das Land, das angeblich als Verbündeter Deutschlands am Zweiten Weltkrieg teilnahm, sich später unter sowjetischer Kontrolle wiederfand und bereits 1983 die ersten freien Wahlen abhielt,

20 Walkative!: Communist Warsaw, https://freewalkingtour.com/warsaw/tours/free/communist-warsaw/ [12. 5. 2020]. Die aktualisierte Beschreibung spricht nur noch von »grey capital of the communist paradise«, https://freewalkingtour.com/tours/communist-warsaw/ [28. 8. 2023].

21 Ebd.

22 Santo Cilauro/Rom Gleisner/Robert Sitch, Molvania. A Land Untouched by Modern Dentistry, South Yarra Victoria 2003.

23 Bianca Hoenig/Hannah Wadle, Einleitung. Touristische Sehnsuchtsorte in Mittel- und Osteuropa, in: Bianca Hoenig/Hannah Wadle (Hg.), Eden für jeden?, Göttingen 2019, S. 11-41, hier S. 12. Zu den erstaunlich ähnlichen Rhetoriken in Reiseführern über Molwanîen, Bulgarien oder Russland siehe Peter Oliver Loew, Molwanien ist überall. Die imaginären Welten Ostmitteleuropas, das reisende Individuum und der unaufhörliche Schwall der Erzählungen, in: Rudolf Jaworski/Peter Oliver Loew/Christian Pletzing (Hg.), Der genormte Blick aufs Fremde. Reiseführer in und über Ostmitteleuropa, Wiesbaden 2010, S. 13-17.

habe mit dem maroden Bauerbe des Kommunismus ebenso zu kämpfen wie mit rechtspopulistischen Strömungen, Korruption, Gewalt, Antiziganismus oder Prostitution. Die Modernisierung Molwanîens sei nur lückenhaft vollzogen, die Hexen-Verbrennung im NATO-Beitrittsstaat nach wie vor straffrei. Sämtliche Sehenswürdigkeiten, die im Reiseführer präsentiert werden, erweisen sich als dreckig, gefährlich oder langweilig, jedenfalls mehr als zweifelhaft. Dennoch lohne sich eine Reise dorthin, denn durch seinen »warmherzigen slawischen Humor« und seine Gastfreundschaft gleiche die Bevölkerung all diese Unzulänglichkeiten aus.[24] Als Hauptattraktion des postkommunistischen Landes wird das Erlebnis von Kontrasten herausgestellt:

> Heute ist Molwanîen ein Staat im Übergang zwischen der alten und der neuen Welt, und die Kontraste sind vielfältig. [...] Trotz oder vielleicht gerade wegen dieser Widersprüche reisen jedes Jahr mehr Menschen nach Molwanîen, um den einzigartigen Charme des Landes kennenzulernen.[25]

In diesem Punkt scheint sich eine Reise nach Molwanîen kaum von einer nach Bratislava oder Warschau zu unterscheiden (Abb. 2). In den Kommunismustouren fand sich der – ohnehin im Städtetourismus sehr beliebte – Verweis auf urbane Gegensätze auf die Spitze getrieben. Durchweg wiesen uns die Guides hier auf das enge Nebeneinander von neu und alt, hochmodern und rückständig, edel und verfallen, anspruchsvoll und simpel hin.[26] Besondere Aufmerksamkeit galt hierbei dem scheinbar chaotischen Umbau der Städte seit 1989, der weniger von städteplanerischen Konzepten als von Korruption und Spekulation geprägt sei.

Auch wenn die Touren durch Warschau, Prag und Bratislava in den Jahren ab 2015 kein derart überzeichnetes Bild präsentierten wie der fiktive Molwanîen-Reiseführer von 2003, waren die Fäden, aus denen darin Geschichten von Absenz und Absurdität gewebt werden, dieselben. Sie sind untrennbar verbunden mit der Denktradition, die von Edward Said als »Orientalismus«[27] beschrieben und von verschiedene Forscher:innen auf die westliche Imagination Osteuropas bzw. Südosteuropas übertragen

24 Santo Cilauro/Tom Gleisner/Rob Sitch, Molwanîen. Land des schadhaften Lächelns, München 2005, S. 20.

25 Ebd., S. 15.

26 Jonathan Wynn beschreibt die Herausstellung urbaner Kontraste als einen von acht typischen »story telling tricks« von Stadtführer:innen (in New York). Wynn, The tour guide, S. 99-101.

27 Edward W. Said, Orientalism, New York 1978.

Abb. 2: Ohne dass dies offengelegt wird, findet sich im Molwanîen-Reiseführer (S. 111) sogar ein Bild des Warschauer Kulturpalastes, der in der molwanischen Stadt Dzrebo verortet wird. Der kleine Ausschnitt zeigt ein Stück der Fassade und eine große »Sex Shop«-Werbung.

wurde.[28] Über die Präsentation Molwanîens hinaus finden sich solche orientalisierenden Muster in zahlreichen weiteren parodistischen Darstellungen eines »wilden Ostens«, die in den 2000er Jahren auf den Markt kamen. Gegenstand von Persiflagen wurden insbesondere die durch den Zerfall der Sowjetunion, Jugoslawiens, aber auch der Tschechoslowakei entstandenen kleinen Nationalstaaten, die viele Menschen jenseits der Region nur schwerlich auf einer Landkarte lokalisieren konnten.[29] Filme wie »Borat« (2006) oder der Horror-Thriller »Hostel« (2005) trugen zwar zur Bekanntheitssteigerung von Kasachstan und der Slowakei bei, verorteten diese Länder aber gleichermaßen irgendwo in einem weit entfernten, gefährlichen, homogenen Osten.[30]

Die kontrastive, exotisierende Darstellungsweise des östlichen Europas lebt von einer doppelten Codierung als rückständig *und* faszinierend –

28 Larry Wolff, Inventing Eastern Europe. The map of civilization on the mind of the enlightenment, Stanford, Calif. 2000; Maria Todorova, Imagining the Balkans, Oxford 2009 [zuerst 1997]; Hoenig, Wadle, Einleitung, S. 12. Als »kind of new orientalism within Europe« bezeichnet auch Britta T. Knudsen die Krakauer Kommunismustouren: Knudsen, The past as staged-real environment, S. 150 f.

29 Robert A. Saunders, Branding Interrupted. The Impact of Alternative Narrators on Nation Brandings in the former Second World, in: Nadia Kaneva (Hg.), Branding Post-Communist Nations. Marketizing National Identities in the »New« Europe, New York 2012, S. 49-78.

30 Zugleich kurbelte die »Mockumentary« des britischen Komikers Sacha Baron Cohen den Tourismus nach Kasachstan erheblich an: Nach dem Kinostart verzeichnete die kasachische Botschaft in Großbritannien eine nie dagewesene Anzahl an Visaanträgen. Ebd.

zwei Attributen, die auch in der Ethnologie lange Zeit aneinandergekoppelt waren und erst im Zuge der fachspezifischen und postkolonialen Debatten um Alterität kritisch problematisiert wurden.[31] Das kulturell bzw. räumlich »Andere« ist dabei nicht mehr trennbar vom zeitlich »Anderen«, denn entscheidend ist seine Funktion als Gegenstück zum eigenen Alltag, wie Kjell Olsen formuliert: »The past, the other or another place becomes the counterconcept to modernity and is inscribed with the authenticity for which tourists search.«[32] Im Anschluss an Dean MacCannells heute klassische These, dass der moderne Tourist nach einem vormodernen Ganzen suche, um die eigene Entfremdung wenigstens temporär zu überwinden,[33] haben zahlreiche Studien aufgezeigt, dass sich die Projektion eines »authentischen« Seins jenseits zivilisatorischer Zwänge wie ein roter Faden durch Reisewerbung und -literatur zieht. Zeichen des Modernen und der Globalisierung werden darin häufig zugunsten prämoderner Szenen (etwa der Arbeit von Handwerker:innen oder Marktverkäufer:innen, aber auch Freizeitszenen im Café oder auf der Piazza) ausgeblendet.[34] Anders als der Alltag der Reisenden im 21. Jahrhundert stehen solche Tätigkeiten für ein einfaches Leben und symbolisieren das Ideal seelisch ausgeglichener Menschen, die frei von der Eile moderner Berufsarbeit instinktiven Lebensrhythmen folgen und stabile soziale Bindungen besitzen.[35]

Interessanterweise fanden sich in den Interpretationen des Lebens im Staatssozialismus, die die Guides ihrem Publikum offerierten, ebenfalls eine Reihe von Indizien für eine solche, vermeintlich prämoderne Gelassenheit.

31 Graham Huggan, The Postcolonial Exotic. Marketing the Margins, London 2001. Zur westeuropäischen Imagination Polens und Rumäniens als rückständig-exotischen Reisezielen vgl. Mathilde Verschaeve/Hannah Wadle, Tourism and Postsocialist Heterotopias. Eastern Europe as an Imagined Rural Past, in: David Picard/Michael A. Di Giovine (Hg.), Tourism and the Power of Otherness. Seductions of Difference, Bristol, Buffalo, Toronto 2014, S. 74-91.

32 Olsen, Authenticity as a Concept in Tourism Research, S. 162. Siehe auch Eva Ulrike Pirker/Mark Rüdiger, Authentizitätsfiktionen in populären Geschichtskulturen: Annäherungen, in: Eva Ulrike Pirker (Hg.), Echte Geschichte. Authentizitätsfiktionen in populären Geschichtskulturen, Bielefeld 2010, S. 11-30, hier S. 16. Pirker und Rüdiger zitieren ebenfalls Olsen.

33 MacCannell, The Tourist. Vgl. auch Selwyn, Introduction, S. 21.

34 Salazar, Tourism and Glocalization, S. 642; Hennig, Reiselust, S. 124-129; Nicolai Scherle, Nichts Fremdes ist mir fremd. Reiseführer im Kontext von Raum und der systemimmanenten Dialektik des Verständnisses von Eigenem und Fremdem, in: Rudolf Jaworski/Peter Oliver Loew/Christian Pletzing (Hg.), Der genormte Blick aufs Fremde. Reiseführer in und über Ostmitteleuropa, Wiesbaden 2010, S. 52-70, hier S. 63-70.

35 Elisabeth Fendl/Klara Löffler, Utopiazza. Städtische Erlebnisräume in Reiseführern, in: Zeitschrift für Volkskunde 88 (1992), S. 30-48.

Insbesondere betraf dies das Motiv vom einfachen Leben, das in den Kommunismustouren in unterschiedlichen Variationen auftauchte. Wie die »edlen Wilden« im Imaginarium der Tourismuswerbung – so jedenfalls ließe sich auf Basis der Führungen zuspitzen – genossen die Menschen im Staatssozialismus ein entschleunigtes Dasein. Denn eine Ressource sei trotz permanenten Mangels vor 1989 unendlich vorhanden gewesen: Zeit. Hast und Eile, Zeitnot und Effizienzdenken, wie sie Urlauber:innen aus dem eigenen Alltag kennen, waren in den Erzählungen der Guides über das Leben im Staatssozialismus abwesend. Zwei ältere Guides riefen explizit die damalige Ruhe und Stressfreiheit in Erinnerung: »There wasn't any pressure as nowadays. [...] We had less choice but it was more peaceful«, bemerkte eine Prager Stadtführerin, während ihr Kollege berichtete, dass private Angelegenheiten üblicherweise in der Arbeitszeit erledigt wurden (»work intensity was not high«).[36] Stattdessen traten Wartezeiten in den Vordergrund – in der Schlange vorm Laden, auf ein Auto, einen Reisepass, im Betrieb.[37] Der allgemeinen Arbeitsmoral stellten die Guides in diesem Kontext ein schlechtes Zeugnis aus: Zwar habe es keine Erwerbslosigkeit, dafür aber jede Menge unproduktive Beschäftigungen gegeben.[38] Die Mehrzahl der Menschen, so erläuterten mehrere Stadtführer:innen, habe auf Arbeit vor allem sinnlose oder private Tätigkeiten ausgeführt, auf Material gewartet oder dieses sogar entwendet. »If you don't steal, you rob your family«, stellte Lucie den Gästen ihrer Tour als zeitgenössisches Sprichwort aus der Tschechoslowakei vor.[39]

Nicht selten wurde der Überfluss an Zeit zusammen mit Praktiken des Trinkens und Rauchens thematisiert. Im Gegensatz zu anderen Konsumprodukten habe es an Alkohol und Tabak nie gemangelt.[40] Die Liebe der Einheimischen zu ihren jeweiligen »Nationalgetränken« – in Tschechien Bier, in der Slowakei Borovička, in Polen Wodka – stellt auch in klas-

36 Prague Walks: Communism Walk, 17.7.2015 und 10.6.2018.

37 Zum Motiv des Zeitüberflusses vgl. Sabine Stach, Urbanität und Nostalgie? Auf der Suche nach Entschleunigung in der touristischen Vermarktung des »kommunistischen Erbes«, in: Hoenig/Wadle, Eden für jeden?, S. 289-295. Zum Motiv des Zeit-Habens und der Nostalgie nach dem Analogen siehe auch Kapitel III.3.

38 »Everyone was employed, so many jobs were useless.« Authentic Slovakia: Bratislava Post Socialist City Tour, 17.10.2016.

39 Prague Extravaganza: Communism and Bunker Tour, 15.7.2015. Ähnliche Erzählungen über die Berufstätigkeit finden sich auch in der Tour desselben Anbieters, die ich am 10.8.2016 besuchte, und weiteren.

40 Vgl. sämtliche Touren des Anbieters *CREATours* im Kulturpalast, in denen die Guides berichteten, dass die Rolling Stones als Gage für ihr dortiges Konzert im Jahr 1967 einen Waggon voller Wodka erhalten hätten.

sischen Stadtführungen ein beliebtes Motiv dar, denn Tourismus ist immer auch Kulinaristik. In den Kommunismustouren dienten die typischen Getränke aber auffällig häufig als anekdotische Aufhänger für die Schilderung historischer Misserfolge und Peinlichkeiten: In Prag deuteten einige Guides augenzwinkernd einen Zusammenhang zwischen der Bierkultur und der Befreiung Prags durch die Rote Armee an, indem sie die rhetorische Frage stellten, ob die Amerikaner, die Pilsen schon am 6. Mai 1945 befreit hatten, in der Stadt des Bieres »hängengeblieben« waren.[41] Auch im Warschauer Kulturpalast hörten wir zahlreiche Geschichten, die sich um den Konsum von Genussmitteln rankten. Vor allem ging es darin um Trinkgelage der kommunistischen Führung aus Polen und Moskau, die unter dem Einfluss des Alkohols ihre endlosen Parteikongresse verschlafen und ihre Reden verpatzt hätten.[42] In Anekdoten wie diesen wurde einerseits das Stereotyp der trinkfesten Slaw:innen aufgerufen und in einen Zusammenhang mit Politik- und Ereignisgeschichte gebracht, andererseits eine bestimmte Akteursgruppe – in diesem Fall die Moskauer und Warschauer Parteielite – durch Mittel des grotesken Realismus als besonders primitiv charakterisiert.[43] Noch einen Schritt weiter ging die Erzählung eines Prager Guides, der die staatliche Subventionierung von Alkohol nicht aus der zentralen Preisregulierung erklärte, sondern als gezielte Maßnahme zur Ruhigstellung der gesamten Bevölkerung interpretierte. Diesen Zusammenhang stellte er her, indem er vor der bei Tourist:innen beliebten Prager Brauerei *U Fleků* auf die Zeit der sogenannten Normalisierung in der Tschechoslowakei zu sprechen kam:

> [T]hey artificially lower[ed] the price of tobacco and alcohol. [B]eer was one and a half crowns a pin. So think about how low that is! At the end of the day you could actually go to your local *hospoda*, your local Czech bar, and you could drink and chain-smoke until you didn't care anymore. Yeah, this is actually a legitimate tactic … *Brave new*

41 Eingebettet war dies in Ausführungen zum »Prager Aufstand«. Dass die US-Armee den Aufständischen nicht zu Hilfe kam, hatte seinen Grund in der zwischen den Alliierten vereinbarten Demarkationslinie 70 km westlich von Prag. Prague Special Tours: Communism and Nuclear Bunker Tour, 16.7.2015, 11.8.2016, 14.6.2018.

42 Statt der geplanten Eröffnung des Parteikongresses habe Brežnev einmal betrunken die Internationale angestimmt. CREATours: Palace »in a nutshell«, 3.11.2018. Auch in den anderen Touren desselben Anbieters (19.5.2015, 27.6.2015) war das Alkoholmotiv sehr präsent.

43 Zu Tradition und Funktion des »grotesken Realismus« in der Literatur vgl. Michail Bachtin, Rabelais und seine Welt. Volkskultur als Gegenkultur, Frankfurt a.M. 1987, S. 69-105.

> *world* is an example if you guys read that: Just drug people up until they're fine and happy, yeah.[44]

Auch diese Erzählung, die das wenig schmeichelhafte Bild einer passiv-primitiven Bevölkerung zeichnet, trug zum Narrativ des einfachen Lebens im »Ostblock« bei. Bei näherer Betrachtung offenbart das Motiv des Trinkens damit eine Doppelfunktion: Es diente einerseits dem tourismustypischen Spiel mit nationalen bzw. regionalen Stereotypen, andererseits trug es zur kollektiven Charakterisierung der staatssozialistischen Arbeits- und Alltagswelt und der Primitivisierung der Menschen bei.

Selbstexotisierung und Subversion

Im Zuge ihrer Geschichten vom langsameren, ja schlichteren Dasein der Menschen im Staatssozialismus akzentuierten die Guides eine gewisse Weltfremdheit, die sich aus der Abschottung hinter dem Eisernen Vorhang ergeben habe. Diese sei nicht zuletzt im Umgang mit (Fremd-)Sprachen zum Ausdruck gekommen, wie ein Stadtführer anhand der Bezeichnung »cinkciarz«, die sich in der Volksrepublik Polen Ende der 1950er Jahre für illegal tätige Geldwechsler durchgesetzt habe, ausführte. Obwohl sich der Begriff für unsere Ohren eher chinesisch anhöre, sei er aus dem Englischen »change cash« entstanden – einer Sprache, der im sowjetisch dominierten Polen kaum jemand mächtig gewesen sei.[45] Mit dieser Deutung verstärkte der Guide das Motiv kultureller Ferne und spielte zugleich auf die Verständigungsschwierigkeiten zwischen dem slawischen Osten und dem romanisch-germanischen Westen an. Das hier adressierte Problem von »Sprachlosigkeit« erscheint heute allerdings spiegelverkehrt, denn Kenntnisse westlicher Sprachen sind in Polen, Tschechien und der Slowakei längst zur Selbstverständlichkeit geworden, während andersherum nur wenige Tourist:innen die dortigen Landessprachen beherrschen. In der Performanz der englischsprachigen Kommunismustouren erwies sich diese Asymmetrie wiederholt als Ausgangspunkt für die Subversion der oben beschriebenen Exotisierung. Darüber hinaus zeigte sich, wie das Spiel mit Sprache als Träger historischer Deutung fungieren kann.

44 Discover Prague: WWII & Communism Tour, 11. 6. 2018.

45 Allerdings sprach der Guide von »change money«. FREE Walking TOUR Foundation: Communist Warsaw, 13. 9. 2016. Vgl. auch den Eintrag »change money« in: Andrzej Markowski/Radosław Pawelec, Wielki słownik wyrazów obcych i trudnych, Warszawa 2001, S. 114.

Ihre eigene Zugehörigkeit zu einer slawischen Nation thematisierten die Guides meist auf humoristische Art. So widmete eine Stadtführerin in Bratislava am Anfang ihrer Tour gleich mehrere Minuten den Irrtümern, die regelmäßig zutage treten, wenn sie sich im Ausland als Slowakin vorstelle. Am häufigsten sei die Verwechslung der Slowakei mit Slowenien. »But you are standing in Slovakia – to make it sure«,[46] beendete sie lachend ihre Ausführungen. Während sie die Peripherialität der Slowakei als Wissensdefizit derer entlarvte, die – anders als die Teilnehmer:innen dieser Führung – das Land nie besucht haben, führten andere Guides dem anwesenden Publikum gezielt dessen eigene Wissenslücken vor Augen. Eine zentrale Rolle kam hierbei der Inszenierung sprachlicher Kompetenzen zu. So boten viele Guides ihren Gästen im Laufe der Tour einen »kleinen Sprachkurs« an, bei dem die Tourist:innen zur gegenseitigen Erheiterung daran scheiterten, bestimmte Floskeln auf Tschechisch, Slowakisch oder Polnisch nachzusprechen.[47] Die scheinbare Unmöglichkeit, eine slawische Sprache zu verstehen (geschweige denn selbst zu sprechen), wurde außerdem in Szene gesetzt, wenn die Guides landessprachliche bzw. russische Inschriften vorlasen, obwohl sie niemand im Publikum verstand. Selbst ihre eigenen Vornamen nutzten polnische Guides wiederholt, um den fremden Klang der Sprache zu thematisieren.[48]

Die Demonstration lokaler Sprachen bzw. Dialekte stellt freilich kein Alleinstellungsmerkmal des Geschichtstourismus in Ostmitteleuropa dar. Im Gegenteil gehören landessprachliche Begrüßungen und die Vermittlung regionaler Vokabeln zum Basisrepertoire im Kultur- bzw. Ethnotourismus, denn als Teil einer standardisierten »cultural tourism formula«[49] signalisiert Sprache Zugehörigkeit und stellt die kulturelle Differenz zwischen Reisenden und Einheimischen zur Schau. Im spezifischen Kontext der Kommunismustouren ließ das Spiel mit (Fremd-)Sprache jedoch weitere sinnstiftende Ebenen erkennen. Ihre Fähigkeit mit verschiedenen slawischen Sprachen zu operieren, setzten die Guides wiederholt als subtilen Kommentar zur Performanz von Sprache und als Akt der Selbstermächtigung ein. Auf der historiografischen Ebene berührte die Problematik der Sprache vor allem Fragen der kommunistischen

46 BeFreeTours: Free Tour Bratislava, 13. 7. 2015.

47 Als typisches Eingangsritual taucht der Mini-Sprachkurs auch bei Feldman auf: Feldman, Mediation as a Practice of Identity, S. 45.

48 Viele von ihnen geben sich internationalisierte Namen, damit die Tourist:innen sie ansprechen (und auf Tripadvisor später eindeutig adressieren) können.

49 Bunten, Sharing culture or selling out? Developing the commodified persona in the heritage industry, S. 385.

Diskursordnung. Ohne dass dies explizit thematisiert wurde, verdeutlichten Ausführungen über den obligatorischen Russisch-Unterricht oder sozialistische Sprachrituale wie den Gruß »Čest práci!«[50] (dt. »Ehre der Arbeit«) in der Tschechoslowakei die politische Bedeutung, die Sprache prinzipiell innewohnt.[51] Als Gegenstück zur offiziellen Sphäre dienten den Guides wiederkehrende Referenzen auf den »Volksmund«, in denen sich die Brüchigkeit der staatlicherseits beanspruchten Diskurshoheit andeutete. Plastisch wurde der Machtaspekt sprachlicher Souveränität darüber hinaus in ihren Erzählungen über den Einmarsch der Warschauer-Pakt-Truppen, wonach Tschech:innen und Slowak:innen die an der Invasion Beteiligten im August 1968 durch den Austausch von Straßen- und Ortsschildern derart verwirrt hätten, dass Letztere ihre militärischen Ziele immer wieder verfehlt hätten.[52] Die Orientierung im Raum und dessen toponymische Bezeichnung erwiesen sich in diesem Beispiel als bedeutsame Ressourcen, die Einheimische zum eigenen strategischen Vorteil ausspielen konnten.

Analog zum Widerstand im Jahr 1968 nutzten auch die Stadtführer:innen in den Jahren 2015 bis 2020 ihren sprachlichen Vorteil, um sich und ihre Landsleute vom Objekt eines panoptischen[53] Blicks zum agierenden Subjekt zu emanzipieren.[54] Auf mehr oder weniger subtile Weise ließen einige von ihnen das Publikum spüren, wie sehr es auf ihre orts- und sprachkundige Navigation angewiesen war.[55] Ihre Unentbehrlichkeit als Lotsen durch unbekanntes Terrain stellten die Guides beispielsweise beim gemeinsamen Besuch von Milchbars und Kantinen unter Beweis,

50 Authentic Slovakia: Bratislava Post Socialist City Tour, 17.10.2016.

51 Zur Performativität von interaktiven Sprachspielen vgl. auch Kapitel III.4.

52 Good Prague Tours: Communism Tour, 13.6.2018. Zu den Formen des Widerstands vgl. Jan Skála [Pauer], Die ČSSR. Vom Prager Frühling zur Charta 77, Berlin 1978, S. 38-40.

53 Als »panoptic mode« bezeichnet Barbara Kirshenblatt-Gimblett im Anschluss an Foucault das Betrachten ohne selbst betrachtet zu werden, das die Beobachteten zu »signs of themselves« degradiere. Barbara Kirshenblatt-Gimblett, Objects of Ethnography, in: Barbara Kirshenblatt-Gimblett (Hg.), Destination culture. Tourism, museums, and heritage, Berkeley 1998, S. 17-78, hier S. 54 f.

54 Vgl. auch die in Kapitel III.4 beschriebene Nachstellung einer geheimdienstlichen Berichterstattung über die (ausländischen) Teilnehmer:innen der Tour, bei der die Stadtführerin für kurze Zeit ins Tschechische wechselte. Prague Extravaganza: Communism and Bunker Tour, 15.7.2015.

55 Zur Problematik des »sprachlosen Touristen« und seiner »kommunikativen Entwürdigung« vgl. Konrad Ehlich, Tourismus und sprachliches Handeln – diesseits und jenseits von Lingua-franca-Kommunikation, in: Doris Höhmann (Hg.), Tourismuskommunikation. Im Spannungsfeld von Sprach- und Kulturkontakt, Frankfurt a. M. 2014, S. 13-36, hier S. 18.

in denen das Personal weder Englisch sprach noch eine fremdsprachige Speisekarte bereithielt. Auch die rhetorische Frage »I can drop you out here, right?«,[56] mit der ein Guide in Bratislava das Auto auf einer Industriebrache am Rand der Stadt zum Stehen brachte, spielte offen auf die potenzielle Orientierungslosigkeit unserer Reisegruppe an. Immer wieder führte die Tatsache, dass die Kommunismustouren als alternative, weniger touristische Angebote inszeniert werden, in Situationen wie diese, die als punktuelle Umkehr des asymmetrischen Machtverhältnisses zwischen (östlichen) Dienstleister:innen und (westlichen) Kund:innen gelesen werden kann. Im Streben nach authentischen Erfahrungen hatten wir Tourist:innen die Komfortzone innerstädtischer Viertel und klimatisierter Reisebusse verlassen und uns auf Rollenvariationen eingelassen, die sich mitunter riskant anfühlten.[57] Indem uns die Guides unsere Hilflosigkeit vor Augen führten, stellten sie die übliche Rollenverteilung zwischen touristischen Beobachter:innen und einheimischen Beobachteten infrage und wiesen uns darauf hin, dass auch wir Reisenden Gegenstand der Betrachtung – die Tourismusforschung spricht in diesem Zusammenhang von »local gazes«, »mutual gazes« oder »reverse gazes«[58] – waren.

Was hier aufscheint, ist eine Subversion des touristischen *othering*, die Alexis C. Bunten als integralen Bestandteil der »Selbstkommodifizierung« von einheimischen Guides beschreibt. Der Ethnologin zufolge bilden Letztere eine »commodified persona« aus, die es ihnen erlaubt, sowohl die Erwartungen des Publikums zu erfüllen als auch die eigene kulturelle Identität zu schützen:

> The practices of constructing a commodified persona involve representation of cultural uniformity as a simplifying trope, self-exoticizing as the Other, polyvocal alternations of identity culled from a repertoire of possibilities, and rejections of stereotyping through covert acts of resistance.[59]

Die Reproduktion stereotyper Bilder durch Touristenführer:innen stellt aus dieser Perspektive keinen ökonomisch motivierten Ausverkauf der eigenen Person dar, sondern ist ebenso Ausdruck einer subtilen Selbst-

56 Authentic Slovakia: Bratislava Post Socialist City Tour, 14.7.2015.

57 Olsen, Authenticity as a Concept in Tourism Research, S. 175 f. Siehe dazu ausführlich Kapitel III.3.

58 Vgl. Maoz, The mutual gaze; Alex Gillespie, Tourist photography and the reverse gaze, in: Ethos, Bd. 34 (2006) 3, S. 343-366.

59 Bunten, Sharing culture or selling out? Developing the commodified persona in the heritage industry, S. 381.

ermächtigungsstrategie einheimischer Führer:innen, wie auch Noel B. Salazar anhand des Tourismus in Asien herausgearbeitet hat:

> While on the discursive level, tourism service providers are (re)producing globally dominant images and ideas, on the metadiscursive level they seem to be conveying a surprisingly dissonant message. There are many instances where shifts of role alignment occur and the common asymmetry between immobile locals and mobile tourists is blurred or temporarily interrupted.[60]

Während die Guides die medial geprägte Erwartung eines »wilden Ostens« durchaus bedienten, verharrten sie selbst nicht in der Rolle als Repräsentant:innen dieser exotischen, fremden Kultur.[61] Im Spiel mit Sprache und Orientierung begegneten sie dem westlichen Publikum vielmehr auf Augenhöhe und führten uns ihren Wissens- und Erfahrungsvorsprung vor Augen. Als transkulturelle Mittler:innen konnten die Guides beliebig die Seiten wechseln: Mal repräsentierten sie die einheimische Bevölkerung und deren historisches Erbe, mal distanzierten sie sich durch Selbstironie und Witz von den eigenen, weniger mobilen Landsleuten und stellten sich als kosmopolitische, weltgewandte und reiseerfahrene Insider:innen auf die Seite der Tourist:innen.[62] Im Falle der Kommunismustouren spielte freilich auch die Generationenzugehörigkeit eine wichtige Rolle, denn ihr Alter schützte die mehrheitlich nach 1980 geborenen Guides bis zu einem gewissen Grad davor, selbst als Repräsentant:innen postsozialistischer Strukturen oder Mentalitäten betrachtet zu werden. Der von ihnen offerierte Blick »hinter den Eisernen Vorgang« war auf eine vergangene Welt gerichtet, die ihnen offenbar genauso seltsam erschien wie ausländischen Tourist:innen.[63] *Gemeinsam* bestaunten wir die Zeit vor 1989 als absurd.

60 Noel B. Salazar, Tourism Imaginaries. A conceptual approach, in: Annals of Tourism Research, Bd. 39 (2011) 2, S. 863-882, hier S. 13 (E-Paper).

61 Zur touristischen Inszenierung als ironisches Spiel siehe auch: Hazel Tucker, Welcome to Flintstones-Land. Contesting Place and Identity in Goreme, Central Turkey, in: Simon Coleman/Mike Crang (Hg.), Tourism. Between place and performance, New York, NY 2002, S. 143-159.

62 Zur Bedeutung des Kosmopolitischen in der Arbeit von Guides vgl. Nicolai Scherle/Mikael Jonasson, Performing Guided Tours, in: Scandinavian Journal of Hospitality and Tourism, Bd. 12 (2012) 1, S. 55-73.

63 Vgl. auch Katriels Ausführungen zur jüngeren Generation von Museums-Guides in Israel. Katriel, Performing the Past, S. 88.

Epistemologien des Absurden

Besonders populär waren in sämtlichen Kommunismustouren Anekdoten, die auf den Kontrast zwischen ideologischer Rhetorik und staatssozialistischer Realität abhoben. Wie sehr allerdings solche Erzählungen bisweilen Zusammenhänge verschleierten anstatt sie zu erhellen, lässt sich an den Führungen durch den Warschauer Kultur- und Wissenschaftspalast zeigen: Gleich zu Beginn unserer dortigen Tour mit Adam erfuhren wir, dass sich die Warschauer:innen keineswegs über dieses »Geschenk« Stalins an die junge Volksrepublik gefreut hätten. Im Gegenteil sei die Errichtung eines so gigantischen Hochhauses in der ruinösen Nachkriegs-Stadt wie ein Schlag ins Gesicht der Bevölkerung gewesen, der es in den 1950er Jahren noch immer an Lebensmitteln und Wohnraum mangelte. Diese Erfahrung illustrierte der Guide Adam mit einer Fotografie, die den strahlend hellen Kulturpalast inmitten des innerstädtischen Trümmerfeldes zeigte und ausgiebig bestaunt wurde. Wirkte »der Palast« nicht wie eine Mondrakete in dieser wüsten Schuttlandschaft? In den nächsten Sälen erläuterte uns Adam Herkunft und Besonderheiten der luxuriösen Ausstattung und charakterisierte die Nutzung durch die Parteielite, die hier getagt, gefeiert und geschlemmt habe, als äußerst dekadent. Hier habe sich neben Ballsälen und Restaurants (Abb. 3) der erste Striptease-Klub Polens befunden, hier seien 1967 die Rolling Stones aufgetreten.[64] Was der Guide skizzierte, war eine groteske Welt, in der die hohen Ideale des Kommunismus auf die leiblichen Ausschweifungen der Führungselite prallten. Er folgte dabei einem »Lachprinzip«, das der Literaturwissenschaftler Michail Bachtin als Tradition des grotesken Realismus beschrieben hat.[65]

Die mit Ironie und Sarkasmus angereicherte Groteske vom unerwünschten Geschenk Stalins zog sich durch die gesamte Führung. Die Präsenz des monumentalen Bauwerkes mitten in der kriegsversehrten Stadt, seine elitäre Nutzung, sein phallisches Aussehen – alles an ihm schien bizarr und kaum nachvollziehbar. Diese Art der Sinngebung überzeugte zwar unmittelbar, entpuppte sich bei näherer Betrachtung jedoch als nicht ganz logisch: Wenn die luxuriösen Teile des Monumentalbaus den Parteifunktionären vorbehalten waren, wer saß dann im Publikum des Rolling Stones-Konzerts? Gab es unter den Mitgliedern der PZPR etwa Fans der Band? Und welche Rolle spielten jene Teile des Kulturpalastes, die – wie etwa der »Palast der Jugend« an der Nordseite – explizit der

64 CREATours: Palace Complex, 27. 6. 2015.
65 Bachtin, Rabelais und seine Welt, S. 68-105.

Abb. 3: Ein Guide berichtet im Kulturpalast von dessen einstiger Nutzung – hier: ein Restaurant gehobener Qualität, das der Parteielite vorbehalten gewesen sei, Warschau, 19.5.2015.

Freizeitgestaltung für Kinder und Jugendliche dienen sollte? Tatsächlich ist es sehr unwahrscheinlich, dass sämtliche Warschauer den Kulturpalast rundherum ablehnten. Im Gegenteil wurde er auch als Symbol der Modernität wahrgenommen, spätestens seit den 1960er Jahren spielte sich hier ein aktives Leben ab.[66] Das Schwimmbad und die Kinosäle ebenso wie die verschiedenen Museen und Theater im Inneren des Palastes waren – dies berichteten die Guides nur am Rande[67] – keineswegs den Mitgliedern der PZPR vorbehalten und passten ihr Angebot deshalb dem Geschmack der Zeit an. Für Tourist:innen aus allen Ecken der Volksrepublik stellte der Besuch auf der Aussichtsplattform, allein schon

66 Konrad Rokicki, Kłopotliwy dar. Pałac Kultury i Nauki, in: Jerzy Kochanowski/Piotr Majewski/Tomasz Markiewicz/Konrad Rokicki (Hg.), Zbudować Warszawę piękną … O nowy krajobraz stolicy (1944-1956), Warszawa 2003, S. 97-210, hier S. 191-193.

67 Wörtlich hieß es in einer Tour: »[B]ack in the communist days […] the government said: […] It's not for the working class. You didn't get the point. It's for us to go to opera house, to go to restaurants. Maybe it's for the young generation to go to the swimming pools, to museums and cinemas but it's not for the working class.« Adventure Warsaw: Communism Tour, 10.9.2016.

wegen der Fahrt im Aufzug, seit seiner Eröffnung ein Highlight ihrer Hauptstadtreisen dar.[68]

Die Erzählung über Widersprüche erweist sich also zugleich als widersprüchliche Erzählung. Doch warum stieß sich offenbar niemand an der fehlenden Schlüssigkeit dieser selektiven Darstellungsweise? Welche Bedürfnisse spiegeln sich im Bild einer derart surreal anmutenden Vergangenheit? Ein Blick auf die Bewertungen der Touren im Gästebuch des Kulturpalastes und auf *Tripadvisor* liefert erste Anhaltspunkte, dass das Motiv vom absurden Gigantismus des Palasts *pars pro toto* für eine übergreifende Deutung des Staatssozialismus steht: »Amazing explanation, best way to make sense of such a preposterous building«, schrieb etwa Rita aus Spanien am Ende einer Führung in das Gästebuch.[69] Und auch der *Tripadvisor*-Nutzer »PeterH099« lobte die Präsentation des Lebens im Staatssozialismus in einer Warschauer Tour nicht *trotz*, sondern *wegen* der überzeichnenden, verzerrenden Darstellung:

> How to put things in perspective? Not so easy for something like the Communist times in Warsaw. The guys of Adventure Warsaw made it a memorable tour, concluding on the grotesque side of Communism that it is like living in a comedy, without dwelling too much on the dark side of it […].[70]

Dieser unter dem Titel »Learning about Warsaw and Communism in a different way« veröffentlichte Review legt ebenso wie der Gästebucheintrag die Vermutung nahe, dass die Erzählform der Groteske von

68 Zur Popularisierung des Palasts ab Ende der 1950er vgl. u. a. Jakub Sawicki, Der Warschauer Kultur- und Wissenschaftspalast in der polnischen Öffentlichkeit. Eine historisierende Verortung des größten Hauses Polens vor und nach 1989, in: Arnold Bartetzky/Christian Dietz/Jörg Haspel/John Ziesemer (Hg.), Von der Ablehnung zur Aneignung? Das architektonische Erbe des Sozialismus in Mittel- und Osteuropa. From rejection to appropriation? The architectural heritage of socialism in Central and Eastern Europe, Köln 2014, S. 127-140. Dass der Kulturpalast nicht direkt durch Unterdrückungsakte des Staates »kontaminiert« sei, betont auch Dominik Bartmanski, Ein p/ostmodernes Totem. Wie man als kommunistische Ikone den Kommunismus überdauert, in: Christine Gölz/Alfrun Kliems (Hg.), Spielplätze der Verweigerung. Gegenkulturen im östlichen Europa nach 1956, Köln, Weimar, Wien 2014, S. 202-221, hier S. 216 f. Zur großen Neugier der polnischen Bevölkerung bereits während des Baus vgl. Beata Chomątowska, Pałac. Biografia intymna, Kraków 2015, S. 145 ff.

69 Eintrag im Gästebuch, das *CREATours* 2015 für einige Monate in einem der Säle des Kulturpalastes ausgelegt hatte.

70 PeterH099 [Niederlande]: Learning about Warsaw and Communism in a different way, Bewertung Adventure Warsaw auf Tripadvisor, 6. 11. 2012, https://www.tripadvisor.com/ShowUserReviews-g274856-d1577275-r144782270-Adventure_Warsaw-Warsaw_Mazovia_Province_Central_Poland.html [30. 8. 2023].

diesen Tourist:innen als besonders geeignet empfunden wurde, um etwas über die staatssozialistische Vergangenheit zu lernen. Indem das aus heutiger Sicht Paradoxe mit der damaligen Welterfahrung in eins gesetzt wird, erhält das Absurde dabei den Rang eines überzeitlichen Erklärungsprinzips.

Tatsächlich weist die Vorstellung vom Leben »wie in einer Komödie« Anschlussmöglichkeiten an Forschungen zur Lebensrealität im Spätsozialismus auf. In seinem Buch »Everything was forever, until it was no more« widmet sich Alexei Yurchak der prinzipiellen Paradoxie des Lebens in der späten Sowjetunion.[71] Ausgehend von der Frage, wieso das Ende des Staatssozialismus einerseits völlig unerwartet kam, andererseits aber nicht überraschend war, geht er der Formalisierung ritualisierter Akte seit den 1960er Jahren nach. Anders als frühere Forschungen sieht er in der massenhaften, andauernden, ritualisierten Reproduktion des offiziellen Diskurses keine Sinnentleerung, sondern die Geburt neuer Bedeutungen. Indem Yurchak eine performative Perspektive auf die Beteiligung an kollektiven Sprechakten einnimmt, arbeitet er viele Praktiken – darunter die Pflege eines speziellen, absurden Humors – als kulturelle Grundprinzipien der späten UdSSR heraus. Die Ästhetiken der Ironie und die Witzkultur, die sich ab den 1970er Jahren auch in anderen sowjetisch dominierten Ländern herausbildeten, beschreibt er nicht als Ausdruck von Widerstand oder Subversion,[72] sondern als omnipräsente Praktiken kreativer Umdeutung des Systems, an denen sich die Mehrheit der Menschen, Mitglieder des Komsomol ebenso wie subkultureller Milieus, beteiligt habe, als »refusal to accept any boundary between seriousness and humor, support and opposition, sense and nonsense.«[73]

Während Yurchak das Paradoxe als Effekt eines »performative shift« nach Stalins Tod historisiert, verallgemeinerten die Guides den zeitgenössischen Humor des Absurden einerseits als Charakteristikum der gesamten Zeit vor 1989. Andererseits erschienen Witz, Satire und Groteske in ihren Präsentationen nicht so sehr als Diskursmodi der betrachteten Zeit, sondern vor allem als Schlüssel zu deren Verständnis in der Gegenwart. Das gesamte Leben in der Volksrepublik und der Tschechoslowakei avancierte zur Satire, deren historischer Ursprung dabei freilich verloren ging. Selbst da, wo die Stadtführer:innen konkrete zeitgenössische Autor:innen

71 Alexei Yurchak, Everything was forever, until it was no more. The last Soviet generation, Princeton, NJ 2006.

72 Diese Perspektive überwiegt etwa in Christine Gölz/Alfrun Kliems (Hg.), Spielplätze der Verweigerung. Gegenkulturen im östlichen Europa nach 1956, Köln, Weimar, Wien 2014.

73 Yurchak, Everything was forever, until it was no more, S. 243.

absurder Kunst benannten, relativierten sie deren schöpferische Kreativität: »Havel [...] was a playwright of many theatre plays based on absurd situations«, erklärte uns ein Stadtführer in Prag, um sofort zu ergänzen: »It was really easy to write about absurd situations here at the time.«[74] Nur wenig später schlug derselbe Guide dann den Bogen zur heutigen Erinnerungskultur, die immer noch in dieser Tradition stehe: »We usually make bittersweet comments about the time.«[75]

Dieses Phänomen, dem sich Veronika Pehe in Bezug auf die tschechische Populärkultur unter dem Begriff des »Retro« annähert,[76] wird in den polnischen Kulturwissenschaften als »Bareizacja« beschrieben. Der Begriff spielt auf die Filme des polnischen Regisseurs Stanisław Bareja an, der in den 1970er Jahren mit seinen Komödien bekannt wurde.[77] Diese widmeten sich der Lebenswirklichkeit ihrer Zeit auf satirische Weise, fingen das »Chaos der sozialistischen Wirtschaft«[78] in unterhaltsamer Weise ein und genießen heute Kultstatus. Wie gut sich Barejas Sicht auf die Volksrepublik als Vorlage für die touristische Nutzung des Kommunismus eignet, belegt nicht zuletzt der Erfolg des Warschauer Anbieters *WPT 1313*, dessen Geschäftsidee direkt von »Zmiennicy« (dt. »Die Ablöse«), einer Fernsehserie des Regisseurs aus den 1980er Jahren, inspiriert ist.[79] Sowohl Zuzanna Grębecka als auch Dobrochna Kałwa haben auf die Problematik, die sich aus dieser Kombination ergibt, hingewiesen. So nähmen junge Leute, die kaum oder keine eigenen Erinnerungen an das Leben in der Volksrepublik haben, Darstellungen wie die Barejas als »paradokumentarisch« wahr und schrieben das Absurde nicht länger der Kreation des Künstlers zu. Die Groteske werde so als »Realismus« aufgefasst, das Absurde als Charakteristikum der Zeit.[80] Die Analogie zur

74 Prague Extravaganza: Communism and Bunker Tour, 10. 8. 2016.

75 Ebd. Zum »Bittersüßen« (»hořkosladká«) als Genre vgl. Pehe, Velvet Retro, S. 48.

76 Pehe, Velvet Retro.

77 Bereits aus den 1970ern stammt der Begriff »bareizm«, der ursprünglich Kritik an Barejas Schaffen als kitschig und von minderwertiger Qualität artikulierte. Vgl. Pobłocki, The Economics of Nostalgia, S. 189; Grębecka, Między śmiechem a nostalgią – powroty do komunistycznej przeszłości.

78 Pobłocki, The Economics of Nostalgia, S. 189.

79 Darin geht es um einen Taxifahrer des Warschauer Taxiunternehmens (*Warszawski Przedsiębiorstwo Taksówkowe, WPT*), der in einem Fiat 125p (»Polski Fiat«) mit der Nummer 1313 unterwegs ist. Dieselben Fiats nutzt das Unternehmen, dessen Akronym für Warschauer Tourismusunternehmen (*Warszawski Przedsiębiorstwo Turystyczne, WPT*) steht. Mit Tomasz Bareja gehört sogar ein Verwandter des berühmten Regisseurs zu den Mitarbeiter:innen. Vgl. https://wpt1313.com/pol/O-Nas/Ekipa [30. 8. 2023] sowie Balcerzak, »The Charm of the PRL«, S. 259-262.

80 Grębecka, Między śmiechem a nostalgią – powroty do komunistycznej przeszłości, S. 337; Dobrochna Kałwa, PRL w polskiej świadomości/pamięci historzcynej, in:

Funktion des Spotts in den Stadtführungen liegt auf der Hand: Indem man über die Volksrepublik in ihrer Gesamtheit lachen darf, geht der Ursprung des Lächerlichen verloren.[81]

Wenig überraschend war dieser Sinngebungsmodus vor allem bei jenen Guides stark ausgeprägt, in deren Sozialisation die von Pehe und Grębecka beobachtete populärkulturelle Nostalgie der 1990er Jahre vermutlich eine zentrale Rolle gespielt hat. Etwas differenzierter erschien der Blick auf das Groteske bei Samuel, einem aus den USA stammenden Guide in Prag. Anders als sein tschechischer Kollege versuchte er, sich aktiv einen Reim auf den schöpferischen »Absurdismus« zu machen, den er nicht nur bei Havel fand. Als Aufhänger dienten ihm die Werke des tschechischen Künstlers David Černý, die heute an vielen öffentlichen Orten in Prag zu finden sind – darunter der hoch über dem Gehweg »Hängende Mann« in unmittelbarer Nähe eines ehemaligen Gefängnisses der Staatssicherheit. Zur Interpretation schlug Samuel einen weiten Bogen bis zur »Orangenen Alternative« in Polen, einer künstlerischen Protestbewegung, die sich in den 1980er Jahren in Breslau formiert und in zahlreichen Happenings die gesellschaftliche Normalität in Frage gestellt hatte: »They dressed up as gnomes and they made the police arrest them, trying to make them look foolish. So you see a lot of this kind of absurdist art that came out of Communism or sometimes was a response to Communism.«[82] Diese Deutung unterscheidet sich von der seines tschechischen Kollegen: Ähnlich wie in Yurchaks Konzept stellte das Absurde bei Samuel keinen übergreifenden Deutungsrahmen, sondern einen spezifischen Modus kultureller Produktion im Spätsozialismus dar.

Trivialisierung, Spott und »Ironie der Geschichte«

Ihren komischen Effekt erhielten die Geschichten über den Staatssozialismus als völlig absurde Zeit durch den Einsatz von Ironie, Sarkasmus und Spott. In ironischem Tonfall vorgetragene Aussagen wie »Stalin wanted to show, how friendly he was«,[83] »our big friend coming from the East«[84] oder »the Soviet army […] came here and liberated us from

Zdzisław Noga/Krzysztof Mikulski (Hg.), Pamieć polska, pamieć niemiecka od XIX do XXI wieku, Toruń 2006, S. 150-160, hier S. 156 f.

81 Grębecka, Między śmiechem a nostalgią – powroty do komunistycznej przeszłości, S. 340-342.

82 Next City Tour: Free Red Prague Tour, 12. 8. 2016.

83 CREATours: Palace Complex, 27. 6. 2015.

84 Prague Extravaganza: Communism and Bunker Tour, 10. 8. 2016.

liberalism«[85] stellen eine Form des uneigentlichen Sprechens dar, in der stillschweigend negiert wird, was wörtlich mitgeteilt wird.[86] In humoristischer Weise markierten die Guides die zitierten propagandistischen Slogans als verlogen, ohne dass sie diese Wertung verbalisieren mussten. Möglich war dies durch die Aktualisierung eines geteilten diskursiven Rahmens – im Falle der Kommunismustouren ein Set populärer Bilder von Repression und Propaganda, von Mangel und Monotonie, in dem eine tatsächliche Diskussion sozialistischer Ideen kaum Platz hatte. »If you're a real communist, don't expect positive speeches about communism and the Soviet Union!«,[87] warnte der Teilnehmer einer Warschauer Tour dementsprechend auf *Tripadvisor* vor falschen Erwartungen.

Weil das ironische Sprechen nur dann erfolgreich sein kann, wenn ein geteilter Wissensbestand – und eine geteilte Haltung – adressiert wird,[88] zeigten sich Spott, Trivialisierung und Banalisierung in den Kommunismustouren als kooperative Praktiken, wobei die Guides eher als Impulsgeber:innen denn als monologische Allein-Erzähler:innen fungierten.[89] Wiederholt konnte ich beobachten, wie Reisende – insbesondere Englisch-Muttersprachler:innen – einzelne Sätze von Guides im Sinne populärer Vorstellungen vervollständigten, wenn diese kurz stockten. Andere brachten aktiv eigene Kontrastwahrnehmungen in das Gespräch ein. Ein Teilnehmer etwa wies die Gruppe vor dem Prager »Museum of Communism« lachend auf die Ironie hin, dass ausgerechnet diese Ausstellung im selben Gebäude wie ein *McDonalds*-Restaurant lokalisiert sei.[90] Ein besonders beliebtes Objekt gemeinsamen Spotts stellte, zumindest in Prag und Bratislava, »die kommunistische Architektur« dar. Als ein Guide in Bratislava Bilder vom Bau des größten Plattenbauviertels zeigte, brachte eine Besucherin ungefragt den Begriff des »concrete jungle« in die Erzählung ein. Obwohl an dieser Stelle gar nicht vom Stadtführer intendiert, lachten wir gemeinsam über den Allgemeinplatz von der »hässlichen« kommunistischen Architektur.[91] Dieser schien sich sowohl auf

85 Authentic Slovakia: Bratislava Post Socialist City Tour, 17. 10. 2016.

86 White, Metahistory, S. 55.

87 Sante B: How to visit Warsaw in a different way, Bewertung Adventure Warsaw auf Tripadvisor, 27. 12. 2016, https://www.tripadvisor.de/ShowUserReviews-g274856-d1577275-r446897345-Adventure_Warsaw-Warsaw_Mazovia_Province_Central_Poland.html [3. 6. 2021].

88 Linda Hutcheon, Irony's Edge. The Theory and Politics of Irony, London, New York 1995, S. 9-29.

89 Zur Bedeutung des kooperativen Spiels siehe auch Kapitel III 3 und 4.

90 Prague Extravaganza: Communism and Bunker Tour, 10. 8. 2016. Das Museum, das heute an einem anderen Standort untergebracht ist, nutzte die Nähe zu McDonalds einst in einer Werbekampagne. Vgl. Pehe, Velvet Retro, S. 9.

91 Authentic Slovakia: Bratislava Post Socialist City Tour, 14. 7. 2015.

monumentale Repräsentationsbauten als auch den standardisierten Wohnungsbau zu beziehen. Statt nähere Ausführungen über die Ostmoderne und deren Entwicklung zu geben, beschränkten sich die meisten Touren auf die Nutzung wertender Attribute wie »brutalist«, »grey« oder »ugly«.[92] Sätze wie »This is a typical communist architecture [sic]«[93] reichten aus, um ein Gebäude als legitimes Spottobjekt zu markieren. Monumentale und außergewöhnliche Bauprojekte wie das 1983 eingeweihte markante Rundfunkgebäude in Bratislava eigneten sich in besonderer Weise für die gemeinschaftliche Verspottung des vermeintlich schlechten Geschmacks. So erwähnten fast alle Stadtführer:innen in Bratislava, dass der britische *Telegraph* den Bau in Form einer auf den Kopf gestellten Pyramide zu den »30 ugliest buildings in the world« rechne.[94]

Das gemeinsame Lachen über die vermeintlich omnipräsente Hässlichkeit von Großbauprojekten diktatorischer Regime steht im Gegensatz zu den üblicherweise in der Tourismusforschung fokussierten Prozessen der *sight sacralization*.[95] Es unterscheidet sich aber auch grundsätzlich vom entlarvenden Lachen über »schwieriges Erbe«, das Sharon Macdonald bei zivilgesellschaftlich organisierten Führungen mit stärker pädagogischem Anspruch beobachtet hat. Als *façade peeling* beschreibt sie einen Modus, mit dem Guides auf dem Reichsparteitagsgelände in Nürnberg den Blick der Besucher:innen gezielt hinter konkrete Fassaden lenken, um einer möglichen Bewunderung oder gar Sakralisierung des monumentalen Nazi-Bauerbes seitens der Besucher:innen proaktiv entgegenzuwirken.[96] Von einer solchen didaktisch motivierten Dekonstruktion war in der ironisch-spöttischen Kommentierung der kommunistischen Monumentalbauten ebenso wenig zu spüren wie von einer Sakralisierung als Sehenswürdigkeit. Vielmehr ersetzte das Lachen meist eine Erläuterung über Intention, Funktion und Entstehung der Bauwerke. Eine mögliche Anerkennung oder gar Wertschätzung der Architektur wurde nicht explizit

92 Anders verhält es sich mit den Warschauer Touren, die auf Polnisch stattfinden. In ihnen sind die Ausführungen zur Architekturgeschichte wesentlich detailreicher. Vgl. Interview mit Maciej, 21.3.2016.

93 Authentic Slovakia: Bratislava Post Socialist City Tour, 17.10.2016.

94 Are these the world's ugliest buildings?, in: The Telegraph, 5.8.2018, https://www.telegraph.co.uk/travel/lists/ugliest-buildings-in-the-world/slovak-radio-building/ [15.8.2025]. Ganz ähnlich verspotteten einige Prager Guides den zwischen 1985 und 1992 im Stadtteil Žižkov errichteten Fernsehturm.

95 MacCannell unterscheidet fünf Phasen der Entstehung von »Sehenswürdigkeiten«. Fine & Speer haben diese exemplarisch auf den Verlauf einer Guided Tour übertragen. MacCannell, The Tourist, S. 44f.; Fine, Speer, Tour Guide Performances as Sight Sacralization.

96 Macdonald, Difficult heritage, S. 151-153.

vermieden, durch den Verzicht auf weiterführende Informationen aber als abwegig markiert.[97] Die interaktive Banalisierung, die wir Tourist:innen auf diese Weise gemeinsam mit den Guides praktizierten,[98] projizierten wir dabei stillschweigend auf die damalige Bevölkerung. Verweise auf den »Volksmund« erweckten den Eindruck, dass die Repräsentationsarchitektur schon von den Zeitgenoss:innen durchweg als lachhaft, größenwahnsinnig oder mangelhaft angesehen wurde.

Ein weiteres beliebtes Beispiel öffentlichen Spotts stellte die ehemalige Parteizentrale in Warschau dar. Am Schicksal des zentral gelegenen Gebäudes, das den Spitznamen »Weißes Haus« getragen habe, lässt sich darüber hinaus die Vorstellung einer besonderen »Ironie der Geschichte« näher betrachten, auf die viele Guides zu sprechen kamen. So sei das Gebäude, das 1952 eingeweiht worden war, mit dem Ende der kommunistischen Herrschaft von der Partei an den nun demokratischen Staat übergegangen. Nachdem sich die ursprüngliche Idee, hier die Universitätsbibliothek anzusiedeln, als nicht realisierbar herausgestellt habe, sei 1991 die neu gegründete Wertpapierbörse eingezogen. Heute befindet sich im vormaligen Sitz der Partei das Bank- und Finanzzentrum Warschau. Im Erdgeschoss sind Restaurants und exklusive Geschäfte – darunter bis 2019 auch ein Ferrari-Laden – angesiedelt. Aus dem »heart of communism«, so einer der Warschauer Guides, sei ironischerweise das »heart of capitalism« geworden.[99] Dies schließe freilich nicht aus, dass es personelle Kontinuitäten gibt, wie sein Kollege in einer späteren Tour unterstellte: »So the old communists are actually buying the new Ferraris in the very same building.«[100]

Ihre Geschichten über einen solchen Direktaustausch von Symbolen des Kommunismus durch Symbole des Kapitalismus unterstrichen die Guides gern durch zusätzliches Bildmaterial. Unterhaltsame Aufhänger dafür fanden sich in fast allen Touren: Auf dem Sockel des Prager Stalin-Denkmals sei 1996 eine riesige Michael-Jackson-Figur installiert worden, als dieser dort seine »HIStory World Tour« begann (Abb. 4).[101] Stalins

97 Dabei wurden selbst herausgehobene Bauprojekte wie der *Plac Konstytucji* in Warschau – entgegen dem baulichen Ersteindruck – zum Teil als »langweilig« oder monoton abgetan. Adventure Warsaw: Communism Tour, 10. 9. 2015. Hier führte der Guide den Platz zuerst als »most communist square« ein und stellte dann die rhetorische Frage »How do you like it?«, um sofort selbst zu antworten: »I know it's boring […]. It's basically everything the same.«

98 Zu performativen Praktiken der Banalisierung siehe auch Kapitel III.4.

99 FREE Walking TOUR Foundation: Communist Warsaw, 28. 4. 2015.

100 FREE Walking TOUR Foundation: Communist Warsaw, 13. 6. 2016.

101 U. a. in Prague Extravaganza: Communism and Bunker Tour, 15. 7. 2015; Discover Prague: WWII & Communism Tour, 11. 6. 2018; NEXT City Tour: Free Red Prague Tour, 12. 8. 2016.

Abb. 4: Ironie der Geschichte? Ein Prager Stadtführer zeigt das Bild einer 1996 in Prag auf dem Sockel des einstigen Stalin-Denkmals installierten Michael-Jackson-Figur, Prag, 11. 6. 2018.

»Geschenk«, den Warschauer Kulturpalast, könne man heute für kommerzielle Zwecke und zu hohen Preisen mieten.[102] Und im Hotel Bôrik in Bratislava, in dem früher die kommunistische Elite abgestiegen sei, würden heute internationale Stars untergebracht.[103] Solcherlei symbolische Inversionen seien, das suggerierten die Darstellungen durchweg, kein bloßer Zufall, sondern Ausdruck einer spezifischen, retrospektiv sichtbaren Ironie der Geschichte.[104] »I don't know if they quite under-

102 CREATours: Palace Complex, 27. 6. 2015.

103 Authentic Slovakia: Bratislava Post Socialist City Tour, 14. 7. 2015.

104 Nicht immer ging es dabei um den Gegensatz Kommunismus-Kapitalismus. Jiří etwa stellte den Kontrast zwischen Kommunisten und Opfern als »Ironie« dar: Heute habe die KSČM ihren Sitz ausgerechnet in der Straße der Politischen Gefangenen (tsch. *Politických vězňů*). Context Travel: From Iron Curtain to Velvet Revolution, 16. 7. 2015. Auch das Gebäude, das heute zum Prager Nationalmuseum gehört, stand für eine symbolische Inversion: Der 1938 errichtete Glas-Stahl-Beton-Bau beherbergte zunächst die Börse, später das tschechoslowakische Parlament. Von 1992 bis 2009 war hier der Sender *Radio Free Europe* untergebracht, was der Prag-Baedeker als »Ironie der Geschichte« heraushebt. Nová budova – Narodní muzeum, in: Jochen Müssig, Baedeker Reiseführer Prag, Ostfildern, 2. 1. 2018 (E-Book). Ähnliche Ausführungen waren zu hören in: Good Prague Tours: Communism Tour, 13. 6. 2018.

stood the irony«,[105] kommentierte ein Prager Guide die Errichtung der Jackson-Werbung auf dem Stalin-Sockel im Gestus eines überzeitlichen Kommentators, und eine Warschauer Stadtführerin unterstellte in ihrer Wortwahl gar eine externe Lenkung der Historie durch »someone having [...] a very strange sense of humor«.[106]

Gelesen durch die Brille von Hayden Whites Ausführungen über die Poetik von Geschichte, die er im Anschluss an Northrop Frye angestellt hat, avanciert die Ironie hier von einer rhetorischen Figur zum sprachlichen »Paradigma einer möglichen Darstellung des Weltlaufs«.[107] Wenn sie als Satire ihre »fiktionale Gestalt« annehme, so White, enthülle die Ironie die Unzulänglichkeit jener naiven Weltdeutungen, an deren Ende eine Versöhnung stattfindet. Im Gegensatz zur Romanze, der Komödie oder der Tragödie sei der narrativen Modellierung der Satire deshalb immer ein Moment des Zweifels an den eigenen Aussagen eingeschrieben, so dass sich Revolutionen im ironischen *emplotment* als Illusion erweisen.[108] So auch hier: Statt den Sieg eines liberalen über ein diktatorisches System bruchlos zu preisen, suggerierten die Stadtführer:innen eher den Übergang von einem Übel zum nächsten und verunsicherten auf diese Weise genau jenes Modernisierungs- und Befreiungsnarrativ, das sie an anderer Stelle selbst entfalteten. Damit übernahmen die Guides eine Lesart der Samtenen Revolution, die sich, wie James Krapfl gezeigt hat, bereits ab dem Frühjahr 1990 in der tschechoslowakischen Gesellschaft durchzusetzen begann.[109] Die Komplizenschaft, die wir im gemeinsamen Lachen über den Staatssozialismus aufgeführt hatten, dehnten wir im Lachen über die »Ironie der Geschichte« auf Transformationszeit und Gegenwart aus. Ohne dass die Guides eine nostalgisch motivierte Flucht in die Vergangenheit als Alternative darstellten, signalisierten sie Zweifel daran, dass das demokratisch-freiheitliche System in jeder Hinsicht moralisch überlegen ist. Die Bandbreite solcher Distanzierungen reichte von vagen Andeutungen bis hin zu expliziter Kritik an marktliberalen oder gar korrupten Strukturen.

Auf das reflexive Potenzial ironischer Deutungen haben auch andere Untersuchungen zur populärkulturellen und emotionalen Aneignung von Geschichte hingewiesen. Besondere Popularität hat in diesem Zusammenhang Svetlana Boyms griffige Unterscheidung zwischen »reflective« und

105 NEXT City Tour: Free Red Prague Tour, 12.8.2016.
106 FREE Walking TOUR Foundation: Communist Warsaw, 13.9.2016.
107 White, Metahistory, S. 56.
108 Vgl. auch James Krapfl, Revolution with a human face. Politics, culture, and community in Czechoslovakia, 1989-1992, Ithaca 2013, S. 33.
109 Ebd., S. 11-34.

»restorative nostalgia« erlangt. Während Letztere die nationale Geschichte auf einen Plot reduziere und die Rekonstruktion vergangener Ganzheit anstrebe, verbinde ihr Gegenpart Sehnsucht mit Reflexion und sei sich der Unmöglichkeit einer Rückkehr zur Vergangenheit bewusst. Reflexive Nostalgie sei »ironic, inconclusive and fragmentary« sowie »aware of the gap between identity and resemblance«,[110] heißt es bei Boym, deren Beispiele in erster Linie den Postsozialismus betreffen. Auch andere Forscher:innen haben den kritischen Gehalt ironischer Zugänge zum Erbe des Staatssozialismus herausgestellt, der im besten Falle zu »Gegenerinnerungen« beitrage, die dominante Geschichtsdiskurse herausfordern.[111] Die Betrachtung der Kommunismustouren zeigt allerdings deutlich, dass eine klare Unterscheidung zwischen ironisch-reflexiven und konservativ-nationalistischen Formen von Erinnerung der Fluidität populärkultureller, zumal touristischer, Geschichtsaneignungen nicht gerecht wird. Denn, wie auch Veronika Pehe argumentiert, beide Modi schließen sich nicht gegenseitig aus, sondern bauen aufeinander auf.[112] Die mit Spott und Sarkasmus gewürzte Kritik am Staatssozialismus bildet vielmehr die Grundlage für jene Widersprüche, die die Kommunismustour im nostalgisch-humorvollen Porträt einer absurden, entschleunigten Zeit entfaltet. Im ironischen Erzählen offenbart sich demnach eine strukturelle Vereindeutigung, die es den Guides ermöglichte, gleichzeitig verschiedene Geschichtsbilder und Wertungen – in Martin Sabrows Terminologie also das gesamte Spannungsfeld zwischen Diktatur-, Arrangement- und Fortschrittsgedächtnis[113] – zu integrieren. Einerseits sensibilisiert Ironie für das menschliche Unvermögen, die Gesetzmäßigkeiten der Geschichte zu deuten, andererseits entbindet sie die Guides von Erklärungen wie Positionierungen. Denn ideologisch müssen sich Ironiker:innen nicht festlegen, wie Hayden White schreibt:

> Die Ironie als lebendiges, vollentwickeltes Weltbild […] läßt sich *taktisch* zur Begründung entweder liberaler oder konservativer Positionen ein-

110 Boym, The future of nostalgia, S. 50.

111 Diana Georgescu, »Ceauşescu Hasn't Died«. Irony as Countermemory in Post-Socialist Romania, in: Maria Todorova/Zsuzsa Gille (Hg.), Post-Communist Nostalgia 2012, S. 155-176. Auch Ansätze zur postindustriellen Nostalgie betonen das kritisch-emanzipatorische Potenzial, das die Sehnsucht nach der Vergangenheit haben kann. Vgl. etwa Laurajane Smith/Gary Campbell, Nostalgia for the Future. Memory, Nostalgia and the Politics of Class, in: International Journal of Heritage Studies 23 (2017) 7, S. 612-627.

112 Aus diesem Grund verwirft Pehe den Begriff »Nostalgie« zugunsten von »Retro«. Pehe, Velvet Retro, S. 9.

113 Martin Sabrow, Die DDR erinnern, in: Martin Sabrow (Hg.), Erinnerungsorte der DDR, München 2009, S. 11-27.

> setzen, je nachdem, ob der Ironiker sich gegen bestehende Gesellschaftsverhältnisse oder gegen »utopische« Reformen ausspricht, die den Status quo zu brechen versuchen.[114]

Dies gilt auch für die Kommunismustouren: Im Bezug auf populäre Stereotype und die vielfältigen Praktiken gesellschaftlicher Verweigerung affirmierte das ironische Sprechen Bilder einer westlichen Normalisierung nach 1989. In der Rede von der »Ironie der Geschichte« wurden genau jene Bilder an anderer Stelle hinterfragt.

Kritische Perspektiven auf Transformation und Gegenwart

Wie deutlich wurde, signalisierten die Guides im Sprechen über die »Ironie der Geschichte« zumindest punktuell Zweifel daran, dass das Absurde mit dem Jahr 1989 aus ihren Städten verschwunden ist. In besonderer Weise kam diese Skepsis zum Ausdruck, wenn sie über die urbane Entwicklung seit der Systemtransformation sprachen. Mit der Tour »Off the Beaten Path« in Warschau und der »Bratislava Post Socialist City Tour« stellten zwei Touren dieses Thema sogar explizit in den Fokus. Als Schwerpunkt der Führung durch Bratislava gaben deren Anbieter »communist past as well as recent transformations in Bratislava«[115] an; in Warschau standen neben Vorkriegs- und kommunistischem Erbe moderne Wolkenkratzer und heutige »Hipster«-Treffpunkte auf dem Programm.[116] Der eigentliche Umbruch um 1989 spielte in beiden Stadtführungen eine minimale Rolle. Stattdessen rückten die Guides Verflechtungen zwischen Vergangenheit, Gegenwart und Zukunft in den Blick, die eine dezidiert kritische – und häufig sehr persönliche – Perspektive auf die Transformationszeit öffneten.[117]

Besonders ausgeprägt war diese Präsentationsweise in den Bratislavaer Touren:[118] Die Fahrten im Škoda hatten uns schnell hinaus geführt aus

114 White, Metahistory, S. 56 f.

115 Authentic Slovakia: Tours in Bratislava, https://www.authenticslovakia.com/bratislava-tours/ [30. 8. 2023].

116 Adventure Warsaw: Off The Beaten Path, https://adventurewarsaw.pl/en/dlagrup/off-warsaw/ [30. 8. 2023].

117 Vgl. dazu auch Sabine Stach, Der »Wilde Osten« oder: Die 1990er Jahre in touristischen Stadtführungen in Ostmitteleuropa, in: Piotr Filipkowski/Paulina Gulińska Jurgiel (Hg.), Historisierung der Transformation, Berlin 2021, S. 191-209.

118 Die folgenden Ausführungen beziehen sich auf zwei unterschiedliche Touren mit demselben Guide: Eine vierstündige Tour am 14. 7. 2015 und eine zweistündige Tour am 17. 10. 2016.

dem historischen Zentrum. Neben einigen Highlights kommunistischer Urbanistik, darunter dem bereits erwähnten Rundfunkgebäude in Form einer auf den Kopf gestellten Pyramide und den Plattenbauten im Viertel Petržalka, besuchte der Guide Peter mit uns vor allem Orte, die den radikalen Wandel der Stadt seit 1989 bezeugten. So brachte er uns zu verfallenen Fabriken und tristen Industriebrachen, zu Neubauprojekten wie Investruinen. Die ruinösen, verwahrlosten Areale präsentierte er als Sinnbild der sozialen Probleme, die sich in den 1990er Jahren verschärft hätten. Peter erzählte von Arbeits- und Perspektivlosigkeit, von Kriminalität und Obdachlosen, die seit vielen Jahren auf einem ehemaligen Betriebsgelände leben. Einige Orte, darunter auch Teile des Wohnbezirks Petržalka, seien nach 1989 deshalb zu »No-go-Areas« geworden, die Nachwirkungen noch heute spürbar.[119] Die frühe Transformationszeit, die Peter uns hier vorstellte, sei eine wilde und unübersichtliche Zeit gewesen – voller Verluste, Gefahren, aber auch Chancen.

In ähnlicher Weise präsentierten gleichaltrige Guides in Warschau und Prag die 1990er Jahre. Neben sozialen Problemen berichteten sie von Experimenten, die heute kaum noch möglich wären. Die bereits erwähnte Aufstellung der riesigen Michael-Jackson-Figur auf dem Sockel des ehemaligen Stalin-Denkmals hoch über der Stadt ordnete ein tschechischer Stadtführer wie folgt ein:

> I think it very well describes the 90s, the early capitalist times, because everything was possible. Yeah, it couldn't happen now that you'd get like this big statue of some pop star at this place. But at the time it really happened. Some people, you know, […] especially elder people, I remember they were confused. They would remember this Stalin monument, [the] very big one from the past, and now there was another statue. So they were like »Who is the guy? Is it another commander? Or is it another criminal …?«[120]

Nicht nur der öffentliche Raum, auch die eigenen Familien wurden von einigen Guides als verwirrende Laboratorien vorgestellt, in denen in den 1990er Jahren Neues ausgelotet wurde. So berichtete eine Prager Stadtführerin von der Irritation der Menschen durch die Flut an neuen Konsumprodukten, die ins Land schwappte, und ihr Kollege vom erfolg-

119 Konkret erzählte Peter: »[In the] 1990s it was really … I was afraid to go there, even during the daylight. But this was even more like … whole Petržalka had quite bad reputation« (Authentic Slovakia: Bratislava Post Socialist City Tour, 17.10.2016). Ähnlich beschrieb auch Zofia das Warschau der 1990er. FREE Walking TOUR Foundation: Communist Warsaw, 13.9.2016.

120 Prague Special Tours: Communism and Nuclear Bunker Tour, 11.8.2016.

reichen Versuch des Vaters, sich als Unternehmer selbständig zu machen. Darüber hinaus widmete sich eine Stadtführerin den Möglichkeiten, die die Privatisierung des Wohnraums für ihre Familie in der Slowakei bedeutet hatte. In Warschau kamen außerdem illegaler Autohandel, in Prag Prostitution, Obdachlosigkeit und Drogenhandel ins Gespräch.[121] Nachdruck legten sämtliche Erzähler:innen auf den Mangel an Erfahrung, der jede Entscheidung zu einem unschätzbaren Risiko und die Transformation zu einem schwierigen, chaotischen Prozess gemacht habe. In den Worten einer Stadtführerin aus Warschau: »From one day to another, those people who spent more than forty years under this regime [...] they had to learn how to open a company, what marketing is all about [...] et cetera. Many people lost their jobs [...].«[122]

Die Probleme einer globalisierten, neoliberalen Wirtschaft konnte Peter in Bratislava direkt aus dem besichtigen Stadtraum entwickeln: Gleich zu Beginn seiner sehr persönlichen Führung stoppte er das Auto vor einer riesigen Baustelle und widmete sich dem Schicksal der ehemaligen Brauerei »Stein«, in der auch sein Vater für einige Monate gearbeitet habe. 2007 an einen privaten Investor verkauft, habe dieser sein Versprechen, die Produktion weiterzuführen, infolge der Finanzkrise nicht eingelöst. Nach Jahren des Leerstands habe ein finnisches Unternehmen die zentrumsnahe Brauerei 2014 gekauft, um sie nun trotz zivilgesellschaftlichen Protests abzureißen und durch einen modernen Wohn- und Geschäftskomplex zu ersetzen. Peter machte keinen Hehl daraus, wie sehr er diese Entwicklung bedauerte:

> And then a new Finnish investor bought it [...] and they ruined this, almost [the] whole complex of the brewery [...] and now they already started to build a new, multifunctional complex, what I don't like too much.[123]

Ähnlich kritisch äußerte sich derselbe Guide an vielen Stellen über den unregulierten Umbau der Stadt und die Ersetzung lokaler Strukturen durch internationale Unternehmen. Er bedauerte die Schließung eines kleinen Programmkinos in Folge der Eröffnung globaler Multiplex-Kinos ebenso wie die Abholzung von Weinbergen für neue Luxusapartments und die fehlende Wertschätzung für das Industrieerbe, die in

121 Prague Extravaganza: Communism and Bunker Tour, 15.7.2015 und 10.8.2016; BeFreeTours: Free Communism Tour, 20.10.2017; FREE Walking TOUR Foundation: Communist Warsaw, 13.9.2016; Prague Walks: Communism Walk, 10.6.2018.

122 FREE Walking TOUR Foundation: Communist Warsaw, 13.9.2016.

123 Authentic Slovakia: Bratislava Post Socialist City Tour, 17.10.2016.

anderen Ländern heute selbstverständlich sei.[124] Aus der Vogelperspektive des Slavín-Hügels gab er einen Überblick über die Sünden der jüngeren Stadtplanung: Er berichtete von Penthäusern, die nur durch Korruption eine Baugenehmigung bekommen hätten, von Vetternwirtschaft und Skandalen in der städtischen wie staatlichen Verwaltung und vom traurigen Schicksal weiterer lokaler Betriebe, deren jahrzehntealte Tradition heute im Verschwinden begriffen sei.

Die profitorientierte Zerstörung von lokalem Erbe stand auch in der Warschauer Tour »Off the Beaten Track« im Fokus. Auch hier präsentierte uns der Guide Jakub Gebäude aus der Vorkriegszeit, die nun, nachdem sie den Kommunismus überlebt hätten, dem spätkapitalistischen Ausverkauf der Stadt zum Opfer fielen. So führte er uns zu einem leerstehenden Haus in der kleinen Próżna-Straße unweit des Kulturpalastes, das vor dem Krieg einer jüdischen Familie gehört habe. Wenngleich er kritisierte, dass die Kommunisten repräsentative Stadthäuser wie dieses verfallen lassen hatten, bedauerte er die nun bevorstehende Luxus-Sanierung ungleich stärker. Unweit davon, in der Emilia-Plater-Straße, führte er uns wenig später ins Treppenhaus und den Hinterhof eines weiteren, unsanierten, aber bewohnten Vorkriegshauses, an dem Einschussspuren aus dem Warschauer Aufstand 1944 zu sehen waren. Ein Café im Hinterhof stellte Jakub als Ort alternativer Kultur vor, der jedoch durch den auch hier massiven Prozess der Gentrifizierung bedroht sei.[125]

Die als »Ironie der Geschichte« apostrophierte humoristische Gegenüberstellung von Auswüchsen des Kommunismus und des Kapitalismus, die oben geschildert wurde, wurde von diesen Guides weitergeführt zu einer expliziten Kritik an marktliberalen Strukturen, die das städtische Leben einer ökonomischen Logik unterwerfen. Indem Peter, Jakub und andere ihre Kund:innen an Orte jenseits der üblichen Sehenswürdigkeiten führten, bedienten sie zwar das exotisierende Bild eines korrupten, chaotischen Osteuropas. Zugleich sprachen sie uns Tourist:innen aber auch als politisch und kulturell interessierte Reisende an und präsentierten sich selbst als Aktivist:innen im Kampf gegen die Kommodifizierung ihrer Heimatstädte.[126] Situiert im Rahmen einer kommerziellen Dienst-

124 Ebd. sowie in der gleichen Tour am 14.7.2015. Ähnlich beklagte eine Stadtführerin in Prag die Ersetzung lokaler Kantinen und Kneipen durch globale Ketten. Prague Extravaganza: Communism and Bunker Tour, 15.7.2015.

125 Adventure Warsaw: Off the Beaten Track, 29.3.2015.

126 Eine ähnliche Mission hat Wynn im Falle der New Yorker City Guides beobachtet, die sich als Kämpfer:innen gegen die Disneyifizierung der Stadt verstehen. Wynn, The tour guide, S. 7f. und 22f.

leistung musste dieses Engagement freilich immer wieder ironisch gebrochen werden. Peter etwa kommentierte lachend die Schwierigkeit einer Urbanistikkritik als Dienstleistung: Eine der Industriebrachen, die er seinen Gästen gerne zeige, gebe es nun schon nicht mehr. Mit gespielter Empörung klagte er im Interview die schuldigen Bauherren an: »You know, they ruined the stuff for our tours.«[127]

127 Interview mit Peter, 17.10.2016.

Gegen Ende einer Führung durch Warschau kam Kacper auf die Einführung des Kriegszustandes in Polen im Dezember 1981 zu sprechen. Obwohl wir uns auf dem Verfassungsplatz (poln. *Plac Konstytucji*) im Zentrum befanden, holte er zur Illustration eine Fotografie heraus, die eine Szene im weiter südlich gelegenen Stadtteil Mokotów zeigt: Vor einem Kino mit Namen »Moskwa« ist ein Panzer im Schnee zu sehen, daneben Soldaten, im Vordergrund Passant:innen. Über dem Portal die Ankündigung des gerade laufenden Films – »Apocalypse Now« (poln. »Czas Apokalipsy«) von Francis Ford Coppola (Abb. 5).[128] Dieses Bild, das der britisch-polnische Fotograf Chris Niedenthal 1981 unter konspirativen Umständen aufnahm, banden auch andere Guides in ihre Führungen ein.[129] Darüber hinaus ist die Bildikone in zahlreichen musealen Präsentationen des Kriegszustands prominent platziert, etwa im Warschauer »Muzeum Życia w PRL« und der Dauerausstellung des Danziger Solidarność-Zentrums.[130] Wie kein anderes, so der Grundtenor in den jeweiligen Erläuterungen, fange dieses Bild die Stimmung unmittelbar nach Verhängung des Kriegsrechts am 13. Dezember 1981 ein, als Militarisierung, Verhaftung der Opposition und die Einschränkung der Bürgerrechte das Ende eines normalen Lebens brachten. Als symbolische Kurzformel der Szenerie fungiert der Titel von Coppolas Film.

Die Prominenz des Bildes in Formaten der populären, vor allem touristischen Geschichtsvermittlung liegt, wie ich im Folgenden zeigen möchte, nicht allein in seiner gelungenen symbolischen Verdichtung. Sie beruht auch auf dem Überraschungseffekt, dass in Warschau lange vor 1989 ein amerikanischer Film im Kino lief. Nachdem im vorherigen Kapitel also jene Topoi im Mittelpunkt standen, die das Leben im »Ostblock« als ferne, unbekannte Welt imaginierten, rückt hier ein komplementärer Präsentationsmodus in den Blick, der das Bekannte, Gemeinsame und Verflechtungen herausstreicht. Denn jede erfolgreiche Präsentation des Fremden, so betonen Theoretiker:innen wie Praktiker:innen der Kulturerbe-Vermittlung, bedarf einer Verknüpfung mit der Lebenswelt der Rezipient:innen, darunter vertraute Medienbilder ebenso

128 FREE Walking TOUR Foundation: Communist Warsaw, 28.4.2015.

129 Mehrere Guides der Tour »Communist Warsaw« des Anbieters *FREE Walking TOUR Foundation* nutzten es. Die Stadtführer:innen von *Adventure Warsaw* nahmen beim abschließenden Museumsbesuch Bezug darauf.

130 Das Bild findet sich als riesige Wandtapete in der Dauerausstellung. Eine eigene Videostation, in der ein Interview mit dem Fotografen präsentiert wird, widmet sich der Entstehungsgeschichte.

Abb. 5: Ein Guide zeigt die bekannte Fotografie von Chris Niedenthal – allerdings nicht am Ort der Aufnahme, Warschau, 28.4.2015.

wie lebensweltliche Details, die das Publikum aus dem eigenen (touristischen) Alltag kennt. Die Kommunismustouren bildeten hier keine Ausnahme. Im Gegenteil – wie jede Führung fungierten sie in Teilen als »Spiegel«[131] der Geschichte der Tourist:innen. Durch gezielte Erinnerungsverflechtungen wurde darin aus der Geschichte vom hermetisch abgeschlossenen (und kulturell abgehängten) Ostblock punktuell eine Transfer- und Globalgeschichte, in der West- und Osterfahrungen aufeinandertrafen. Den gemeinsamen Fluchtpunkt dieser Erzählungen bildeten insbesondere Freizeit, Konsum und Mobilität – Themen, mit denen die Guides sämtliche Teilnehmer:innen in ihrer temporären Identität als Reisende ansprechen konnten.

Gespiegelte Geschichte

Zu den Klassikern, die Guides in ihrer Ausbildung kennenlernen, gehört auch außerhalb der USA Freeman Tildens Anleitung »Interpreting Our Heritage« aus dem Jahr 1957.[132] Die (mündliche) Interpretation sieht er

131 Aufgabe der Guides ist laut Pond, »to create a mirror for visitors, enabling them to better understand their link to the history and culture of their hosts«. Pond, The Professional Guide, S. 7.
132 Tilden, Interpreting Our Heritage.

als Kunst an, die sich von reiner Faktenvermittlung unterscheide und bestimmten Grundprinzipien folgen sollte. Gleich das erste Prinzip betrifft die Persönlichkeit der Zuhörer:innen, die es einzubeziehen gelte: »Any interpretation that does not somehow relate what is being displayed or described to something within the personality or experience of the visitor will be sterile.«[133] Laut Tilden können die Guides nur dann eine mentale Beziehung zu den Zuhörer:innen aufbauen und erhalten, wenn sie diese als Gegenüber auf Augenhöhe ansprechen. Der Guide müsse daher Dinge zeigen bzw. erzählen, die Berührungspunkte zu persönlichen Erfahrungen, Hoffnungen, familiären Situationen oder sozialen Positionen der Gäste aufweisen.[134]

Während Tilden allgemeine Grundsätze formuliert und dabei eher ein inländisches Publikum vor Augen hat, widmet sich Erik Cohen in seinen Reflexionen über die Rolle des Guides explizit der Interpretation lokalen Kulturerbes für ein internationales Publikum. Als »mediators« komme Guides vor allem die Aufgabe zu, zwischen unterschiedlichen Kulturen zu vermitteln.[135] Aus diesem Grund müssen sie laut Cohen nicht nur die eigene Kultur kennen, sondern auch die der Besucher:innen mit ihren je unterschiedlichen Erfahrungshorizonten. Die Berücksichtigung dieser Erwartungen erfordere eine ständige Adaptionsleistung von den Vermittler:innen, die auf die »Übersetzung« einer Kultur in eine andere ziele: »In its general form, transcultural interpretation takes the form of translation of the strangeness of a foreign culture into a cultural idiom familiar to the visitors.«[136] Wenngleich der essentialistische Kulturbegriff Cohens durchaus diskussionswürdig ist, lenkt seine Definition die Aufmerksamkeit auf den spezifischen Dienstleistungscharakter einer kommerziellen Führung, die Guides ein ständiges »keying«, also eine Abstimmung auf die Interessen der Kund:innen, abverlange und im Extremfall sogar zur Erfindung von Inhalten führen könne.[137] Obwohl nicht explizit auf die mündliche Präsentation von Guides bezogen, betonen auch Gregory J. Ashworth und John E. Tunbridge, wie wichtig die Einbindung der Erfahrungshintergründe der Konsument:innen für den erfolgreichen Absatz eines Produktes auf dem internationalen Tourismusmarkt

133 Ebd., S. 9.
134 Ebd., S. 13.
135 Zur Stadtführung als prototypischem »Ort der Konstruktion von Fremdverstehen« siehe auch Marcella Costa/Bernd Müller-Jacquier, Einleitung, in: Marcella Costa/Bernd Müller-Jacquier (Hg.), Deutschland als fremde Kultur. Vermittlungsverfahren in Touristenführungen, München 2010, S. 7-16, hier S. 11.
136 Cohen, The Tourist Guide, S. 15.
137 Ebd., S. 16.

ist. Mehr noch sind Heritage-Produkte für sie überhaupt erst von den Nutzer:innen her definierbar; sie entstehen durch unterschiedliche Interpretationen für je unterschiedliche Zielgruppen.[138] In diesem Sinne gehen die beiden noch einen Schritt weiter und beschreiben Interpretationen im Tourismus als Rückverkauf des eigenen Erbes am Urlaubsort: »[A] sucessful foreign heritage tourism industry is dependent not on the sale of the heritage of the destination country but, on the contrary, on the resale in a different guise of the consumers own heritage in an unexpected context within the destination country.«[139]

In ihren Überlegungen sind sich Tilden, Cohen, Ashworth, Tunbridge und andere einig, dass der Erfolg einer Interpretation nicht zuletzt von der Antizipation der Publikumserwartungen abhängt.[140] Für die Vorbereitung und Durchführung einer Tour sei es daher wichtig, das Publikum möglichst genau einschätzen zu können. Doch wie ist dies in den Kommunismustouren möglich, in denen die Guides im Vorfeld oft überhaupt nicht wissen, wen sie treffen werden? Hier sind, wie bereits angedeutet, die Anfangsrituale der Touren von zentraler Bedeutung: In der Regel trafen die Guides bereits einige Minuten vor Beginn der Führung am Treffpunkt ein und begrüßten jeden Ankommenden persönlich. Die obligatorische Frage: »Hi, where are you from?« schien mehr als eine Grußformel – sie diente dem Abgleich des antizipierten mit dem realen Publikum. Nahmen sehr viele Gäste an einer Führung teil, wurde dieses informelle Ritual oft durch eine Rundum-Abfrage der verschiedenen Nationalitäten beim offiziellen Start der Tour ersetzt.[141] Die Kategorisierung der Gäste nach ihrer Herkunft diente den Guides zum einen dazu, herauszufinden, ob Besucher:innen in der Gruppe waren, die selbst aus einem postsozialistischen Land stammten.[142] Zum anderen konnten sie ihre Anekdoten so passend zur Gruppenzusammensetzung wählen oder sogar einzelne Elemente daraus an konkrete Zuhörer:innen adressieren. Ein Guide, der dieses Prinzip perfektioniert hatte, war Mateusz: Als wir – ein Ehepaar aus New York, ein in Berlin lebendes

138 Tunbridge, Ashworth, Dissonant heritage, S. 17. Siehe dazu auch die Ausführungen in Kapitel I.4.

139 Ebd., S. 24. An späterer Stelle spitzen sie den Gedanken noch weiter zu: »you cannot sell your heritage to tourists. you can only sell their heritage back to them in your country.« Ebd., S. 66.

140 Siehe auch Mikos von Rohrscheidt, Współczesne przewodnictwo miejskie, S. 375.

141 Vgl. auch Jonathan Wynn, Walking and Talking New York, Chicago 2011, S. 85.

142 Siehe dazu auch das nächste Kapitel. Eine zusätzliche Funktion erläuterte mir eine andere Stadtführerin: Die Vorstellungsrunde gebe den Tourist:innen untereinander die Möglichkeit, eigene Landsleute zu identifizieren und sich kennenzulernen. Interview mit Zuzanna, 12.4.2016.

amerikanisches Paar, ein Japaner aus Kobe und ich – uns am Beginn der Tour einzeln vorstellten, kommentierte er jede Herkunft mit einer persönlichen Assoziation und kam auch im Laufe der Tour immer wieder auf unsere Wohnorte oder unsere Nationalitäten zurück. So wurde ich als Deutsche angesprochen, als es um die Ostprovinzen des Deutschen Reiches ging, die nach dem Zweiten Weltkrieg polnisch geworden waren.[143] Um den Touristen aus Japan einzubinden, schlug Mateusz einen weiten Bogen, als er auf die Haltbarkeit technischer Geräte aus staatssozialistischer Produktion zu sprechen kam:

> Back in that days, the production possibilities were so limited, [that] it was simply impossible to exchange one household item […] every couple of years. So everything [was] made and designed to last forever … like the japanese audio systems! [Lachen] They never gonna break down. I got a hifi system of *Yamaha* from the 70s. My father gave it to me. It's […] better than anything brandnew. […] It's the same with this technical equipment. It was meant to last forever. And if not forever at least half a century.[144]

Auch das Paar aus New York adressierte der Guide mehrfach direkt. So erfuhren wir nicht nur, dass im Central Park ein Denkmal des polnischen Königs Władysław II. Jagiełło steht, sondern auch, dass Lew Rudniew, der leitende Architekt beim Bau des Warschauer Kulturpalastes, in den USA abgekupfert habe:

> Ladies and gentlemen, especially people from New York City, have you got a building like this in your city? [...] Lew Rudniew, the architect of that building, was very inspired by the Empire State Building and he wanted to put the same, the very same in here. But then he realized: Later they probably gonna persecute me of promoting […] imperialism and capitalism […]. So that's the reason why he added these four towers all around.[145]

Dass diese Fähigkeit, alle Tourist:innen individuell einzubeziehen, von den meisten Gästen sehr geschätzt wird, zeigt ein erneuter Blick auf *Tripadvisor*. Über den Guide heißt es dort: »Energic, smart, he has a strong knowledge of not only his own cou[n]try's history, but also the foreign ones; he ended up includ[ing] all clients with actual and brilliant questions.«[146] Und auch

143 Eine weiterführende Interpretation dieser Situation findet sich in Kapitel III.4.

144 Adventure Warsaw: Communism Tour, 10.9.2016.

145 Ebd.

146 Valerie M: Rich in informations, and still, impossible to get bored, Bewertung Adventure Warsaw auf Tripadvisor, 27.4.2016, https://www.tripadvisor.de/Sho

anderen Guides desselben Anbieters wird auf dem Review-Portal eine besondere Kompetenz bescheinigt, sich der Gruppe anzupassen (»adjusted to the group«) und jeden Einzelnen einzubeziehen (»ability to relate to everyone on the tour«).[147]

Die lebensweltlichen Assoziationen hatten zum Teil nur bedingt etwas mit dem Gegenstand der historischen Erzählung zu tun, und manchmal übernahmen die Guides sie vom Publikum früherer Touren. So auch Peter bei unserer Besichtigung des Ehrenfriedhofs Slavín in Bratislava: Wir umrundeten das Kriegerdenkmal, an dessen vier Seiten Inschriften mit Ortsnamen und dem jeweiligen Datum ihrer Befreiung durch die Rote Armee angebracht sind. Als wir zur Bezeichnung »Dukla« kamen, erzählte Peter uns vom Dukla-Pass in den Karpaten, der im Oktober 1944 durch die Rote Armee erobert wurde. Als Symbol des Sieges sei Dukla zum Namensgeber zahlreicher Sportvereine geworden. »So sometimes, when I guide British people they say ›Ohh, Dukla Praha!‹, you know? There is a football club called ›Dukla Praha‹ […] – all from Dukla, because it was one of the most important fights.«[148] Der Verweis auf die Brit:innen mag meiner Anwesenheit als Forscherin geschuldet sein, die sich für Peters Angebot und Kundschaft interessiert. Es liegt aber auch die Vermutung nahe, dass der Guide die Sportklub-Assoziation dem Publikum einer früheren Führung verdankt und später als reguläre Information in seine Erzählung integrierte. Tatsächlich scheint dies ein typisches Muster: Stadtführer:innen ergänzen ihre Präsentationen fortwährend um Bilder, die ihre Gäste einbringen.[149]

Auch auf der Mikroebene der Sprache lässt sich nachvollziehen, wie Tourguides lebensweltliche Verbindungslinien zu ihrem Publikum kreieren. Aus linguistischer Perspektive können verschiedene Verfahren identifiziert werden, mit denen sie in ihren mündlichen Präsentationen historiografische Stoffe »kleinarbeiten«,[150] Zusammenhänge »komprimieren«[151] und eine »Überwindung zeitlicher und wissensbezogener Dis-

wUserReviews-g274856-d1577275-r368160025-Adventure_Warsaw-Warsaw_Mazovia_Province_Central_Poland.html [31. 8. 2023].

147 Simen191: AWSM tour; AvidTraveler57: Absolutely Fantastic!! A Must to Learn About Warsaw!, Bewertungen Adventure Warsaw auf Tripadvisor, 17. 3. 2011 und 12. 9. 2012, https://www.tripadvisor.de/Profile/simen1991 und https://www.tripadvisor.de/ShowUserReviews-g274856-d1577275-r140104207-Adventure_Warsaw-Warsaw_Mazovia_Province_Central_Poland.html [beide 31. 8. 2023].

148 Authentic Slovakia: Bratislava Post Socialist City Tour, 17. 10. 2016.

149 Weitere Beispiele dafür finden sich in Kapitel II.3.

150 Koschorke, Wahrheit und Erfindung, S. 35.

151 Mit Bezug auf Merrill Mattes spricht Tilden vom »instinct for compression« als Voraussetzung für die Kunst des *storytelling* in der Interpretation von Kulturerbe. Tilden, Interpreting Our Heritage, S. 29.

tanz«[152] anstreben. Sie selektieren und variieren, sie bedienen sich der Umgangssprache, sie verwenden Verallgemeinerungen, Stereotype und Generalklauseln, sie summieren, verknüpfen und vergleichen. Denn guten Guides – darin sind sich Ausbilder:innen und Lehrbücher einig – gehe es im Wortsinn darum, eine gemeinsame Sprache mit dem Publikum zu finden. Linguistisch gewendet müssen sie bestimmte Veranschaulichungsverfahren anwenden, um Intersubjektivität herzustellen.[153]

Eine besondere Rolle spielen dabei Vergleiche. Sie sollen Dimensionen veranschaulichen und die Relevanz bestimmter Phänomene verdeutlichen.[154] Aus der tschechoslowakischen Underground-Band *Plastic People of the Universe* wurde in den Kommunismustouren deshalb ein »tschechisches *Velvet Underground*« und aus Stalin ein Mann von ähnlich kleiner Statur »wie Tom Cruise«. Das Prager Stalin-Denkmal wiederum sei so gigantisch gewesen, dass es die Christus-Figur in Rio de Janeiro überragt hätte.[155] Nicht selten bedienten sich die Guides in solchen Vergleichen einer anachronistischen Sprache oder schlugen sogar ganz offen eine Parallelisierung historischer Phänomene mit dem Hier und Jetzt vor. So wurden aus den Mitgliedern des Zentralkomitees die »VIPs« ihrer Zeit und aus der Plattenbauarchitektur ein »Lego«-Prinzip.[156] Visuelle Zensurpraktiken bezeichneten mehrere Guides als altertümliche Form des »photoshopping«; Praktiken geheimdienstlicher Überwachung wurden mit Fragen der Datenspeicherung bei *Facebook* und Massenveranstaltungen in der Tschechoslowakei mit heutigen Propagandafeiern in Nordkorea oder China verglichen.[157] Aus didaktischer Sicht sind Vergleiche wie diese alles andere als unproblematisch.[158] Gemessen am Zweck einer Tour für ein

152 Lautenbach-von Ostrowski, »Man behandelt sie bewusst wie Tiere«, S. 20.

153 Aus Sicht der funktionalen Pragmatik hat Moritz Lautenbach-von Ostrowski Führungen in KZ-Gedenkstätten auf die darin vorgenommenen sprachlichen Handlungen hin untersucht. Als typische Mittel der Veranschaulichung arbeitet er das sprachliche und gestische Zeigen, die Nutzung von Metaphern, Vergleichen und Analogien sowie Redewiedergaben heraus. Vgl. ebd.

154 Mikos von Rohrscheidt, Współczesne przewodnictwo miejskie, S. 394.

155 Adventure Warsaw: Communism Tour, 10.9.2016; Next City Tours: Free Red Prague Tour, 12.8.2016; Prague Special Tours: Communism and Nuclear Bunker Tour, 16.7.2015.

156 Verschiedene Touren durch den Kulturpalast von CREATours; FREE Walking TOUR Foundation: Communist Warsaw, 13.9.2016.

157 Prague Special Tours: Communism and Nuclear Bunker Tour, 16.7.2015 und 11.8.2016; Prague Extravaganza: Communism and Bunker Tour, 15.7.2015; 10.8.2016; FREE Walking TOUR Foundation: Communist Warsaw, 13.9.2016; BeFreeTours: Free Communism Tour, 20.10.2017.

158 Zwischen »legitimen« und »illegitimen« Vergleichen unterscheiden Gaede und Gryglewski: Daniel Gaede/ Elke Gryglewski, Vergleiche in der Gedenkstätten-

internationales Publikum sind sie jedoch ein produktives Hilfsmittel. Sie vergegenwärtigen und universalisieren eine partikulare Erfahrung und verorten das Fremde in der Lebenswelt der Reisenden und deren eigenen Medienerfahrungen. Denn erst indem die Guides die unbekannte Welt des Staatssozialismus auf die Ebene einer geteilten Welterfahrung heben, wird diese für sie »zugänglich«.[159]

Remediatisierung des Kalten Kriegs

Neben alltagsweltlichen Wissensbeständen sind es vor allem massenmediale Bilder des Kalten Krieges, die im Gedächtnis des Publikums verfügbar sind und deshalb von den Stadtführer:innen proaktiv inszeniert wurden.[160] Besonders ausgeprägt war die gezielte Erinnerungsverflechtung in privaten Touren, deren Publikum im Durchschnitt etwas älter ist als jenes der »free walking tours«. Hier interagierten die jungen Guides mit medialen Zeitzeug:innen, deren Bild des Staatssozialismus bereits während des Kalten Krieges durch Presse, aber auch populäre Medien, darunter Spionage- und Kriegsfilme, geprägt wurde. Das in ihnen über Jahrzehnte in düsteren Farben gemalte Bild des »Ostblocks« zeigte die gesamte Region als abgeschirmtes, geheimnisvolles und bedrohliches Terrain.[161] Angesichts dieser populärkulturellen Inszenierung der bipolar

pädagogik, in: Elke Gryglewski/ Verena Haug/Gottfried Kößler/Thomas Lutz/ Christa Schikorra (Hg.), Gedenkstättenpädagogik. Kontext, Theorie und Praxis der Bildungsarbeit zu NS-Verbrechen, Berlin 2015, S. 345-357, hier S. 347.

159 Was passiert, wenn ein Guide es nicht schafft, seine Darstellung an Kontextwissen und Sprache seines Publikums anzupassen, zeigt Reinhold Schmitt am Beispiel der Tour eines polnischen Stadtführers, der deutsche Studierende durch Posen führte. Weil der Guide es versäumt habe, die besondere historische Rolle des polnischen Adels herauszustellen, habe das deutsche Publikum seine Ausführungen als persönliche Schwärmereien für aristokratische Lebensstile missverstanden und seine Darstellung als übertrieben nationalistisch wahrgenommen. Reinhold Schmitt, »Ich werde Sie sehen lassen« oder: Über Möglichkeiten und Grenzen interaktiver Kulturvermittlung, in: Marcella Costa/Bernd Müller-Jacquier (Hg.), Deutschland als fremde Kultur. Vermittlungsverfahren in Touristenführungen, München 2010, S. 50-95.

160 Wie stark Rezeptionsprozesse durch die unablässige Ergänzung des Gesehenen um medial bekannte Bilder bestimmt sind, hat Sabine Moller in ihrer Studie zur Zeitgeschichte im Film anhand von US-amerikanischen Zuschauer:innen des Films »Good Bye Lenin« herausgearbeitet. Sabine Moller, Zeitgeschichte sehen. Die Aneignung von Vergangenheit durch Filme und ihre Zuschauer, Berlin 2018, S. 112-118, 129 und 150.

161 David Eugster/Sibylle Marti, Einleitung. Das Imaginäre des Kalten Krieges, in: David Eugster/Sibylle Marti (Hg.), Das Imaginäre des Kalten Krieges. Beiträge zu

geteilten Welt sind einige Motive, mit denen die Kommunismustouren arbeiten, wenig verwunderlich. Als Beispiel lässt sich die große Popularität von Bunkern anführen, die in einigen Prager Führungen besucht wurden. Neben dem Luftschutzraum im Parukářka-Park in Žižkov, der im Rahmen der »Communism und Nuclear Bunker Tour« zugänglich ist, inkludierten mehrere Anbieter einen direkt am Wenzelsplatz, im Keller des Hotels *Jalta*, gelegenen Bunker.[162] Ungeachtet der Tatsache, dass die unterirdischen Räume vor allem dem Schutz der Bevölkerung beziehungsweise der Parteiführung dienen sollten, lockten sie mit Vorstellungen, die sich aus populären Darstellungen von Militarisierung und nuklearer Katastrophe speisen. Sowohl unter dem Parukářka-Park als auch im Hotel *Jalta* werden neben Objekten des Zivilschutzes Militaria aller Art ausgestellt und auf ludische Weise mit Symbolen des Kalten Krieges in Verbindung gebracht, die aus Filmen bekannt sind. So spielte ein großer roter Knopf mit der Aufschrift »BIG RED BUTTON DO NOT PUSH IT« auf die Vorstellung an, die ehemaligen Blockmächte hätten einen Atomkrieg per Knopfdruck auslösen können (Abb. 6). Im Schutzbunker unter dem Hotel war wiederum ein rotes Telefon ausgestellt, das Assoziationen an eine Direktverbindung zwischen Kreml und Weißem Haus weckte. In seinen Erläuterungen zu diesem »command room« erzählte ein Guide, dass hier konspirative Gegenattacken im Falle eines nuklearen Angriffs hätten geplant werden sollen.[163] Wie stark der Einfluss populärkultureller Vorstellungen auf das Authentizitätserleben der Besucher:innen ist, zeigt sich auch in Tour-Bewertungen von Kund:innen, deren Erwartungen *nicht* erfüllt wurden. So ärgerte sich Rachael A in ihrem *Tripadvisor*-Review beispielsweise darüber, dass die »Communism and Nuclear Bunker Tour« sie in einen »never used nuclear bunker« geführt habe, der letztlich »just a big basement« sei.[164] Die Tatsache, dass es glücklicherweise keinen Atomkrieg gegeben hat, der die Nutzung des Bunkers nötig gemacht hätte, scheint hier von der Enttäuschung überdeckt, die erwartete Atmosphäre von Krieg und Bedrohung *nicht* gespürt zu haben.

einer Wissens- und Kulturgeschichte des Ost-West-Konfliktes in Europa, Essen 2015, S. 3-16, hier S. 10 f.

162 Zu den körperlich-sinnlichen Aspekten des Bunkererlebens siehe ausführlich Kapitel III.4.

163 Good Prague Tours: Communism Tour, 13. 6. 2018.

164 Rachael A [Johannesburg]: Dull and overpriced, Bewertung Prague Special Tours auf Tripadvisor, 17. 3. 2016, https://www.tripadvisor.de/ShowUserReviews-g274707-d2061427-r356349094-Communism_and_Nuclear_Bunker_Tour-Prague_Bohemia.html [31. 8. 2023].

Abb. 6: Spiel mit populären Bildern des Kalten Kriegs im »Nuclear War Bunker Museum« in Prag, 14.6.2018.

Die Fülle an stereotypen Bildern, die das damalige Freund-Feind-Schema beschwören, lässt sich, wie David Eugster und Sibylle Marti in ihrer Kulturgeschichte des Kalten Krieges dargelegt haben, darauf zurückführen, dass dieser – anders als »heiße« Konflikte – vor allem in der Einbildungskraft der Menschen stattfand. Als »imaginary war« habe er auf der omnipräsenten, emotionalen Imagination von Fremdbildern und der dauerhaften Simulation von Bedrohung beruht. Auf diese Weise sei eine Wirklichkeit eigener Art entstanden, in der Vorstellung und tatsächliche Gefahr kaum noch unterscheidbar gewesen seien.[165] Ungeachtet der Frage, wie sich das Erleben des Systemkonflikts auf beiden Seiten unterschied, war die »Wirklichkeit«, die in den Kommunismustouren zum Tragen kam, in vielerlei Hinsicht eine »westliche«. In ihrer Interpretation bezogen sich die Guides weniger auf Details der antiimperialistischen Propaganda oder der paramilitärischen Ausbildung in der Tschechoslowakei, obwohl entsprechende Objekte in den Ausstellungen durchaus zu finden waren. Stattdessen evozierten sie die Angst vor einem atomaren Krieg, die auch im Westen präsent gewesen war. Als materielle Zeitzeugen hoben sie vor allem jene Exponate heraus, die – wie eine Karte mit eingezeichnetem Wirkungsradius einer Atombombe – auch bei westlichen Besucher:innen eine ganze Kette an Assoziationen auszulösen vermochten.[166]

165 Eugster, Marti, Einleitung, S. 14.

166 Letztlich zeigt sich hier also ein ähnlicher Effekt wie bei der touristischen Vermarktung der Berliner Mauer: Auch hier kauften Reisende nicht die grauen Brocken der Grenzbefestigung auf der östlichen Seite als Souvenir, sondern die

Dass die mediale Sozialisation der Gäste Einfluss auf ihre Erwartungshaltung nimmt, zeigte sich darüber hinaus bei den Fragen, die Tourist:innen den Guides während der Touren stellten. Darin offenbarten sich vor allem zwei Erwartungsbilder – die Lenkung sämtlicher Lebensbereiche direkt aus Moskau und der Topos vom Leben im Gefängnis. Fragen danach, ob alle Kirchen einen roten Stern auf dem Dach hatten oder ob sämtliche Waren aus der Sowjetunion importiert wurden, zeugen vom begrenzten Wissen der Fragenden.[167] Aufschlussreicher ist jedoch, wie die Guides auf solche stereotypen, teils abstrusen Vorstellungen reagierten: Im Sinne einer harmonischen Interaktion antworteten sie selten abschlägig mit »Nein«, sondern ergänzten stattdessen weitere Informationen, um die Vorstellung zu korrigieren oder die Erzählung in andere Bahnen zu lenken.[168] So lässt sich auch das folgende Gespräch deuten, das um die Instandsetzung der baufälligen Burg in Bratislava kreiste, die unter den Kommunisten begonnen hatte:

> Teilnehmer: »So they started to reconstruct it from 1953? Did they have a plan to use it as a prison? Or did they just restore it?«
>
> Guide: »There were some museums installed. […] They put an […] openair cinema there for people to promote communism. […] They were exposing [sic] communist films, their ideology. My parents went there.«[169]

Ohne sie zu bestätigen, negierte die Stadtführung die Vorstellung, die Festung habe als Gefängnis dienen sollen, nicht. Stattdessen nahm sie den Faden auf und ergänzte ein weiteres Beispiel, das zwar nicht die Repressivität des Systems, aber ein anderes Charakteristium des Staatssozialismus, nämlich die Omnipräsenz politischer Indoktrination, betraf.[170]

Während diese Stadtführerin die klischeehafte Erwartung im Raum stehen ließ, antizipierten andere Guides stereotype Vorstellungen über das durchweg lebensbedrohliche Dasein hinter dem Eisernen Vorhang

mit Graffiti bemalten Reste der Maueranlage der Westseite. Axel Klausmeier/Leo Schmidt, Wall Remnants – Wall Traces. The Comprehensive Guide to the Berlin Wall, Berlin 2004, S. 22 und 26.

167 CREATours: Palace Complex, 27.6.2015; Adventure Warsaw: Communism Tour, 10.9.2016.

168 Zur Vermeidung offener Korrekturen siehe auch Schmitt, »Ich werde Sie sehen lassen« oder: Über Möglichkeiten und Grenzen interaktiver Kulturvermittlung, S. 73 f.

169 BeFreeTours: Free Communism Tour, 20.10.2017. Aus derselben Tour stammt folgendes Beispiel im Zusammenhang mit der Pionierorganisation: Teilnehmer: »Ah, it's like the Hitlerjugend.« Guide: »Yeah, like scouts. Maybe.«

170 Zu weiteren Harmonisierungsstrategien vgl. die folgenden beiden Kapitel.

selbst, um sie schließlich zu korrigieren. So nahm ein Stadtführer in folgender Aussage über den Tod Edvard Benešs' 1948 das populäre Motiv mysteriöser, unnatürlicher Todesfälle nur auf, um es im selben Atemzug zu negieren: »In May he died. He wasn't poisoned, for all I know, but he was simply old and ill.«[171] Der abschließende Verweis auf die Altersschwäche des ehemaligen Präsidenten, der kurz nach der Machtübernahme durch die Kommunisten starb, lief einer mythischen Aufladung des Todes zwar zuwider, rief die entsprechenden Bilder von Konspiration und politisch motiviertem Mord aber dennoch auf. Andere Guides legten explizit Wert darauf, falsche Vorstellungen vom Leben im Staatssozialismus zu widerlegen. Aneta etwa, ebenfalls Stadtführerin in Prag, erzählte mir im Interview empört von ihren Erfahrungen mit Tourist:innen aus den USA: »Some of them asked me: ›I heard you were starving?‹ I said: ›No! No way! We had enough food‹.«[172]

Unabhängig davon, ob die Guides stereotype Vorstellungen proaktiv aufgriffen, vage bedienten oder sogar kritisch kommentierten, zeigen die unterschiedlichen Bezugnahmen auf populärkulturelle Bilder des Kalten Krieges, wie aufschlussreich es ist, Stadtführungen hinsichtlich der vielfältigen Remediatisierungsprozesse zu untersuchen, die im Tourismus zum Tragen kommen. Ausgehend von der Annahme, dass sich Medien prinzipiell in Wiederholungsprozessen konstituieren, dass also jede Form der Medialisierung in irgendeiner Form frühere Akte der Medialisierung zitiert, reproduziert oder kommentiert,[173] scheint das in die touristische Führung integrierte Medienspektrum besonders breit. Die Guides in Prag, Warschau und Bratislava zeigten Fotos, Landkarten und Stadtpläne, sie verwiesen auf Spiel- und Dokumentarfilme und banden in Einzelfällen sogar kleine Videos, die sie auf ihren Telefonen abspielten, ein. Auf diese Weise entstand durch Hypermedialität das, was Astrid Erll »Realitätseffekte« nennt – Effekte, die eine direkte Verbindung, ja einen unmittelbaren Zugang zum Dargestellten suggerieren.[174]

171 Prague Extravaganza: Communism and Bunker Tour, 10. 8. 2016.

172 Auch die Geschichte vom ständig fehlenden Klopapier entlarve sie gerne als Legende. Interview mit Aneta, 10. 6. 2018.

173 Astrid Erll/Ann Rigney, Introduction. Cultural Memory and its Dynamics, in: Astrid Erll/Ann Rigney (Hg.), Mediation, remediation, and the dynamics of cultural memory, Berlin, New York 2009, S. 1-11, hier S. 3. Rigney und Erll beziehen sich auf das Konzept der »remediation« von Bolter und Grusin: J. David Bolter/Richard Grusin, Remediation. Understanding new media, Cambridge, Mass. 1998.

174 Astrid Erll, Kollektives Gedächtnis und Erinnerungskulturen. Eine Einführung, Stuttgart 2017, S. 161. Siehe dazu Kapitel III.2

Aus medientheoretischer Sicht hängt das subjektive Authentizitätsempfinden von der erfolgreichen Remediatisierung bestimmter Erwartungsbilder ab. Für das »framing« eines Ortes als Sehenswürdigkeit können fiktionale Vorbilder dabei ebenso bedeutsam sein wie quellenbelegte Tatsachen.[175] Als glaubwürdig werden Vergangenheitsbezüge empfunden, die wir – so oder ähnlich – bereits kennen.[176] Dieser Mechanismus gehört zu den Grundbausteinen einer Semiologie des Tourismus, wie sie Jonathan Culler bereits 1981 mit Bezug auf Roland Barthes und Dean MacCannell skizziert hat.[177] Das Zeichensystem des Tourismus basiert demnach nicht nur auf der ständigen Produktion von Markern, die etwas als sehenswert ausweisen, sondern ebenso deren fortwährenden Vervielfältigung in Reiseberichten, Fotos, Selfies und Online-Reviews. Folgt man Marco d'Eramo,[178] Valentin Groebner und anderen, stellt der Tourismus somit einen gesellschaftlichen Bereich dar, in dem diese Hypermedialität auf die Spitze getrieben ist: »Touristische Erlebnisse werden durch Wiederholung erzeugt – durch die Reproduktion von Erzählungen, Bildern und Ereignissen, die dem Publikum bereits bekannt sind und die es dann selbst wieder aufführt.«[179] Seinen gleichsam logischen Höhepunkt erreicht dieser Prozess intermedialer Authentisierung schließlich in der offensiven Verflechtung filmischer mit touristischer Memorialkultur.[180] Stadtführungen auf den Spuren von Roman Polańskis Film »Der Pianist« durch Warschau oder Steven Spielbergs »Schindlers Liste« durch Krakau verwischen den Unterschied zwischen Fiktion und Fakt, zwischen subjektiver und objektiver Authentizität gänzlich und sprechen Filmwelt und Wirklichkeit die gleiche Berechtigung zu.[181]

175 Chris Rojek, Indexing, Dragging and the Social Construction of Tourist Sights, in: John Urry/Chris Rojek (Hg.), Touring Cultures. Transformations of Travel and Theory, London, New York 1997, S. 52-74, hier S. 53; Hennig, Reiselust, S. 95.

176 Cornelius Holtorf, Introduction. The Meaning of Time Travel, in: Bodil Petersson/Cornelius Holtorf (Hg.), The archaeology of time travel. Experiencing the past in the 21st century, Oxford 2017, S. 1-22, hier S. 6.

177 Culler, Semiotics of Tourism.

178 D'Eramo, Die Welt im Selfie, S. 50-58.

179 Groebner, Retroland, S. 30.

180 Hennig, Reiselust, S. 96 f. Über Videobustouren, die sogar Filmsequenzen einspielen: Hanno Hochmuth, Historische Authentizität im Digitalen Zeitalter. Die Videobustouren in Berlin, in: Martin Sabrow/Frank Bösch (Hg.), ZeitRäume, Göttingen 2015, S. 76-83. Umgekehrt beschäftigt sich Sabine Moller mit dem authentifizierungsstrategischen Einsatz filmischer Bilder in öffentlichen Inszenierungen: Moller, Zeitgeschichte sehen, S. 154.

181 Ruth Ellen Gruber, Virtually Jewish. Reinventing Jewish culture in Europe, Berkeley 2002, S. 128 f.; Rojek, Indexing, Dragging and the Social Construction of Tourist Sights, S. 54 f. Eine künstlerische Auseinandersetzung mit der Ver-

Der Westen im Osten und umgekehrt – Transfergeschichte(n)

Das Erzählen lokaler Geschichte entlang medial bekannter Bilder tradierte bestimmte Vorstellungen, etwa eines hermetisch abgeschlossenen, tristen Raumes hinter dem Eisernen Vorhang. Gleichzeitig hatte der Bezug auf die westliche Kultur aber auch einen gegenteiligen Effekt: Indem zahlreiche international bekannte Personen, Kunstwerke oder Baustile in den Erzählungen auftauchten, entstand parallel zur Geschichte eines »wilden Ostens« eine transnationale Geschichte, die eher die Durchlässigkeit der Systemgrenze als die Abschottung der Blöcke belegte. Dies betraf insbesondere die Konsum-, Kultur- und Mediengeschichte. Zur Illustration dieser Gleichzeitigkeit sei noch einmal das oben genannte Bild Chris Niedenthals herangezogen. Es stammt, so Guides wie museale Beschilderung, von einem in Großbritannien geborenen Fotografen, der sich aus freien Stücken in den 1970er Jahren entschlossen hatte, nach Polen zu gehen und für die westliche Presse den dortigen Alltag zu dokumentieren. Im Westen wurde das Bild auch zum ersten Mal veröffentlicht: Nur wenige Tage nach seiner Entstehung war die Fotografie in der amerikanischen Zeitschrift *Newsweek* erschienen und von dort um die Welt gegangen. Ein weiterer Hinweis auf grenzüberschreitende Medien und Akteure liefert, wie erwähnt, der Bildinhalt selbst – die Filmwerbung »Czas Apokalypsy« über dem Eingang des Kinos. Die Tatsache, dass auch im Polen der 1980er Jahre Filme aus dem Westen gezeigt werden konnten, nutzten die Guides in Warschau gern als Überraschungseffekt. So auch Zofia:

> What about […] American movies? Were we allowed to watch American movies? […] Yes! Yes! Sorry guys, yes. There is this famous picture of the cinema *Moscow* with [the] »Apocalypse Now« poster. It's famous. One of the most famous. It was taken in December 1981 during the Martial Law.

Einschränkend fuhr sie fort:

> But only when the movie is politically uninvolved or it's showing bad sides of America. Which means: John Wayne, riding on a horse – it's completely fine. You can watch it, yeah? And, for example, I don't know, two guys, two cops, shooting a black guy on the streets of Detroit – it's perfectly fine for *homo sovieticus* to watch it. Because it's

quickung von Erinnerung, Fiktion, Imagination und Faktizität in diesen Touren bietet der Künstler Omar Fast mit seiner Videoinstallation »Spielberg's List« (65 min.; 2006).

showing this bad, dark side of America. […] But of course […] it had to be approved by the censors.[182]

Während Zofias Ausführungen sich hier eher beiläufig aus dem Thema »Zensur« ergaben, thematisierten andere Guides Fragen des Kulturtransfers ganz explizit. Typische Erzählungen betrafen die europäische Architekturgeschichte, Reiserouten und transnationale Biografien bekannter Persönlichkeiten sowie westliche Produkte im Alltag der tschechischen, slowakischen oder polnischen Bevölkerung. Neben punktuellen Verweisen auf bauliche Ähnlichkeiten, etwa im Falle von Kulturpalast und Empire State Building, widmeten sich einige Warschauer Guides ausgiebig dem Einfluss, den die Moderne der 1920er Jahre auch nach dem Zweiten Weltkrieg auf den Wiederauf- und Neubau der polnischen Hauptstadt hatte. Wiktor etwa legte großes Gewicht darauf, dass eigentlich nur der Kulturpalast, das Landwirtschaftsministerium und einige Teile des MDM-Wohnbezirks dem »Sozrealismus« sowjetischer Prägung zuzurechnen seien. Andere Repräsentations- ebenso wie Wohnbauten stellte er stattdessen als »Sozmoderne« vor. Sowohl das »Haus der Partei« als auch das Kaufhaus »Smyk« und viele Wohngebäude im Zentrum Warschaus beschrieb er als – allerdings deformierte – Ausdrücke modernistischen Bauens in der Tradition Le Corbusiers.[183] Ebenfalls mit der Vorstellung einer isolierten Urbanistik im Osten räumte Peter in Bratislava auf. Zur Überraschung der Gäste erzählte er von einem internationalen Architekturwettbewerb zur Errichtung des Wohngebiets in Petržalka, das später zu den größten Plattenbauvierteln Osteuropas gehören sollte. Am 1967 ausgelobten Wettbewerb hätten sich auch einige ausländische Büros, darunter aus Großbritannien, beteiligt. Erst die gewaltsame Beendigung des Prager Frühlings im August 1968 habe die internationalen Verbindungen gekappt.[184]

Immer wieder nutzten die Guides solche Verflechtungsgeschichten, um die Vorannahme kultureller Abschottung zwischen den Blöcken durch die Einbindung unerwarteter Verbindungen zu irritieren.[185] Am häufigsten betraf dies in den englischsprachigen Touren kulturelle Einflüsse, Produkte und Personen aus Großbritannien oder den USA, die aus der Populär- bzw. Konsumkultur bekannt sind. Einen eindrucksvollen Amerika-Bezug

182 FREE Walking TOUR Foundation: Communist Warsaw, 13.9.2016.

183 Komunistyczna Warszawa (Tour im Rahmen eines Studierendenseminars der Warschauer Slawistik), 15.5.2018; Interview mit Kacper, 12.3.2018.

184 Authentic Slovakia: Bratislava Post Socialist City Tour, 14.7.2015.

185 Wynn spricht hierbei von einer typischen »Twist«-Strategie. Wynn, The tour guide, S. 95.

präsentierte etwa Kacper seinem Publikum in Warschau – das Wahlplakat der Solidarność aus dem Jahr 1989, das Gary Cooper als Sheriff im Film »High Noon« vor dem berühmten roten Schriftzug der polnischen Gewerkschaft zeigt und zur Teilnahme an der ersten halbfreien Wahl in der Volksrepublik am 4. Juni 1989 aufruft.[186] Die Tatsache, dass die bedeutende Gewerkschaftsbewegung für ihre historische Wahlkampagne auf ein westliches Motiv zurückgriff, belegte *en passant* die Tatsache, dass internationale Kultur durchaus zugänglich war. Gleiches gilt für die Darstellung des illegalen Handels mit Westprodukten und Devisen. So porträtierte Lucie die Schwarzhändler in Prag als Malboro rauchende, Jeans tragende »strange looking m[e]n«[187] und ihr Kollege nahm in diesem Zusammenhang Bezug auf den tschechischen Film »Bony a klid«, der 1987 in den Kinos der ČSSR gelaufen war und im Milieu der Prager Geldwechsler spielte. Dass der Titel der Krimikomödie auf den amerikanischen Gangsterfilm »Bonnie and Clyde« anspielte, musste er nicht eigens betonen. Dass das Publikum seine Versuche, das dahinter liegende tschechische Wortspiel zu erläutern,[188] vollständig nachvollziehen konnte, darf allerdings bezweifelt werden. Das Gespräch darüber entspann sich anhand von Fotos, die er zur Illustration des Themas zeigte:

> Guide: […] This is the shot from that movie »Bony a klid«. When you have *klid*, you're alright. Yeah, no disturbation [sic], no troubles, no worries, because you have *bony*. All you need is *bony* a *klid*. Yeah, like, *bony* – vouchers – and peaceful time.
>
> Teilnehmerin: And the film is from when?
>
> Guide: The movie is from 1987. The story is linked to one normal guy who wanted to get dollars. […] But he was given fake money. And then he had troubles, he had debts. So, then he decided to be one like those [Geldwechsler – S. St.]. And of course, it was easy to earn lots of money, because these guys were ready to sell Czechoslovakian crowns for German marks or the other foreign currencies, because they had agreements with bus drivers coming with some travel agency, with

186 In der Hand trägt Will Kane auf dem Poster eine Karte mit der Aufschrift »Wybory« (»Wahlen«), darunter der ins Polnische übertragene Filmtitel mit dem Datum der Wahl. FREE Walking TOUR Foundation, 28.4.2015.

187 Prague Extravaganza: Communism and Bunker Tour, 15.7.2015.

188 »Bony« bezeichnet Schecks zum Kauf in sog. Tuzex-Läden, dem Äquivalent zum ostdeutschen »Intershop«. »Klid« (»Ruhe«) stand in der Umgangssprache für eine abwartende Haltung (Ruhe bewahren). Vgl. dazu Paulina Bren, Tuzex and the Hustler. Living It Up in Czechoslovakia, in: Paulina Bren/Mary Neuburger (Hg.), Communism unwrapped. Consumption in Cold War Eastern Europe, New York 2012, S. 27-48, hier S. 27f.

some visitors from Germany, France and so on. And soon after they crossed borders, they got on the bus and of course they gave [a] commission to the bus driver, and they exchanged money. […] It was good business for everyone. […]

Teilnehmerin: How do you write it? Is it the same as in »Bonnie and Clyde«?

Guide: Yeah, *Bony* a *Klid*. K-L-I-D. *Bony* a *Klid*. Sorry, there is *k*, there is a *k*. But it's quite similar …

Teilnehmerin: K-L-I-D.

Guide: … I-D. Klid. Klid. So that means simply »peace«, »peaceful time«. […] Yes, so they had dollars, marks or something and they could continue, you know, exchanging …

Teilnehmerin: Business.

Guide: … dealing. They could continue business, because then the real business started in the streets of Prague. […][189]

Wie der Gesprächsverlauf nahelegt, gelang es dem Guide zwar, mit der Referenz auf das berühmte Verbrecherpaar Aufmerksamkeit zu generieren und Interesse für einen tschechischen Film zu wecken, der schon vor 1989 so unverhohlen Bezug auf die amerikanische Kultur nahm. Ob seine Versuche, damit zugleich Details zur Funktionsweise des illegalen Devisenhandels zu vermitteln, ebenfalls erfolgreich waren, muss hier offenbleiben.

Neben Filmen bietet die Musikgeschichte ein reiches Repertoire an Bezügen zur westlichen Populärkultur. Eine Zeitzeugin in Prag überraschte ihre Zuhörer:innen mit der Präsentation der sogenannten John-Lennon-Mauer auf der Kleinseite.[190] An dieser Gartenmauer hatten junge Menschen bereits zu Lennons Lebzeiten Liedtexte und Zeichnungen angebracht; nach seinem Tod 1980 war dort ein symbolisches Grab für den Musiker entstanden, an dem sich zahlreiche Fans versammelten.[191] Auch der Warschauer Kulturpalast birgt, wie wir in den dortigen Führungen erfuhren, US-amerikanische und britische Musikgeschichte, denn hier traten eine ganze Reihe bekannter Stars, darunter Miles Davis und Louis Armstrong, auf. Die wohl berühmteste Anekdote betrifft ein Konzert der Rolling Stones, das 1967 im Kongresssaal des Palastes stattfand. Kaum ein Guide ließ sich das erzählerische Potenzial dieses Ereignisses entgehen. Sie präsentierten Bilder von Mick Jagger vor einem sitzenden

189 Prague Extravaganza: Communism and Bunker Tour, 10.8.2016.

190 Gray Line: Communist Walking Tour, 9.8.2016.

191 Petr Blažek/Roman Laube/Filip Pospíšil, Lennonova zeď v Praze. Neformální shromáždění mládeže na Kampě 1980-1989, Praha 2003.

Publikum und riefen damit Lacher bei den Besucher:innen hervor. Die Heiterkeit verstärkte sich noch durch ihre Behauptung, die Rockband habe hier gar nicht vor Fans, sondern vor Władysław Gomułka und anderen grimmig dreinblickenden Parteifunktionären gespielt.[192] Bezeichnenderweise fungierten weder die Erzählung über das Warschauer Rockkonzert, die Prager Lennon-Verehrung noch diejenige über den Solidarność-Cowboy als Elemente einer Geschichte von Opposition, Dissens, Jugend- oder Underground-Kultur. Stattdessen kamen sie als Bestandteile einer Konsumgeschichte mit zahlreichen Westbezügen zum Einsatz, die – wie im vorangegangenen Kapitel geschildert – geeignet war, Nostalgien an jene Zeit zu triggern, als »der Westen« noch Gegenstand vielfältiger Fantasien und Hoffnungen war.[193]

Die Liste weltbekannter Stars oder Politiker, die in den Touren erwähnt wurden, ist lang. Sie umfasst Berühmtheiten, die Warschau, Prag oder Bratislava besuchten, ebenso wie Tschech:innen, Slowak:innen oder Pol:innen, die es – wie die Emigrantin Madeleine Albright oder der »tschechische Nelson Mandela«[194] Václav Havel – zu Weltrang gebracht haben. Mit Woodrow Wilson und Charles de Gaulle, die die Wiedererrichtung eines polnischen Staates nach dem Ersten Weltkrieg unterstützten, und Picasso, der die Stadt 1948 besuchte, entstammen sie teils der Vor- und Frühgeschichte des Staatssozialismus.[195] Neben der punktuellen Verflechtung ganz unterschiedlicher Erinnerungsbestände schien insbesondere den Auftritten Wilsons und de Gaulles eine weitere, integrative Funktion zuzukommen. Die mit ihnen verknüpften Erzählungen über die Solidarität des Westens nahmen bisweilen den Charakter impliziter Danksagungen der Guides an die Gäste an und trugen auf diese Weise zur Harmonie in der Gruppe bei. Auch die Sympathie Westeuropas für den Prager Frühling, die Aufführungen von Václav Havels Stücken am Broadway oder die Verleihung des Friedensnobelpreises für Lech Wałęsa[196] knüpften ein emotionales Band zwischen Ost und West – und damit zwischen den Besucher:innen und den Einheimischen.

192 CREATours: Palace Complex, 19.5.2015, 27.6.2015; CREATours: Podziemny Pałac, 9.4.2016; CREATours: Palace »in a nutshell«, 3.11.2018.
193 Nadkarni, Shevchenko, The Politics of Nostalgia, S. 495; Maya Nadkarni, »But it's ours«. Nostalgia and the Politic of Authenticity in Post-Socialist Hungary, in: Maria Todorova/Zsuzsa Gille (Hg.), Post-Communist Nostalgia 2012, S. 190-214, hier S. 195-198.
194 Good Prague Tours: Communism Tour, 13.6.2018.
195 Vgl. FREE Walking TOUR Foundation: Communist Warsaw, 28.4.2015; 13.9.2016, 30.9.2016.
196 Prague Extravaganza: Communism and Bunker Tour, 15.7.2015; Good Prague Tours: Communism Tour, 13.6.2018; Adventure Warsaw: Communism Tour, 10.9.2016.

Touristische Lebenswelten

In ihrer Studie zur Filmrezeption widmet sich Sabine Moller individuellen Sinngebungsprozessen anhand von Spielfilmen mit zeithistorischen Inhalten. Neben der medialen Vorprägung – etwa durch Bilder des Kalten Krieges – hebt sie die Bedeutung ganz persönlicher, lebensweltlicher Aneignungen heraus, die sich aus konkreten autobiografischen Erfahrungen der Zuschauer:innen ergeben. Indem sie Filmsehen als »Interaktionsprozess« konzipiert,[197] kann Moller nicht nur zeigen, *dass* die Wahrnehmung etwa des Films »Good Bye Lenin« durch einen ehemaligen Bürgerrechtler aus Deutschland ganz anders verläuft als jene einer Rentnerin aus den USA. In den von ihr geführten Interviews wird auch deutlich, *wie* die Lebenswelt unterschiedlicher Menschen ganz verschiedene Elemente zum Kristallisationspunkt weiterer Reflexionen werden lässt.[198] Darüber hinaus zeigt sie, inwiefern das gemeinsame Anschauen eines Films eine Wahrnehmungsgemeinschaft generieren kann, deren soziale Zusammenhänge und Dynamiken auch Einfluss auf die Rezeption nehmen.[199]

Ebenfalls für die individuellen Wahrnehmungen historischer Erzählungen interessieren sich Elizabeth Carnegie und Jerzy Kociatkiewicz in ihrer ethnografischen Untersuchung zur touristischen Rezeption der Okkupationsmuseen in Tallinn, Riga und Wilna. Anhand der drei stark auf ihre jeweiligen nationalen Gewalterfahrungen fokussierten Ausstellungen zeigen sie, wie sehr die von den Kurator:innen intendierte Lesart von jener des realen Publikums abweichen kann. Dessen Reaktion auf die historischen Präsentationen sei nämlich, so argumentieren sie analog zu Moller, stark vom konkreten Wissens- und Erfahrungskontext – darunter nicht zuletzt durch Reisebiografien – geprägt. Vor allem jene Gäste, die keinerlei persönliche Bindung zu einem der baltischen Länder hatten, stellten Vergleiche zu anderen Orten an, die sie auf dieser oder einer anderen Reise kennengelernt hatten.[200] Indem die Tourist:innen die Museen im Baltikum miteinander aber auch zu Museen über den Vietnamkrieg in Saigon oder die Stasi in Berlin in Bezug setzten, werde

197 Moller, Zeitgeschichte sehen, S. 14.

198 Moller tut dies, indem sie Roland Barthes' Unterscheidung zwischen »studium« und »punctum« als Modi der Fotobetrachtung auf die Filmrezeption überträgt. Wie Barthes' »punctum« können kleine Aspekte zum Ausgangspunkt von emotionalen Reflexionsschleifen werden. Ebd., S. 14, 129.

199 Ebd., S. 90.

200 Ähnliche Beobachtungen machte auch ich am Rande der Touren. So erzählte mir ein Paar aus Belgien in Bratislava über ein privates Kommunismusmuseum in Rumänien, das sie auf einer früheren Reise besucht hatten.

die im Ausstellungsdesign angelegte Botschaft der Einzigartigkeit überblendet.[201] Auch wenn es Carnegie/Kociatkiewicz vor allem um die Diskrepanz zwischen Intention und Rezeption geht, sind ihre Befunde mit Blick auf historisches Erzählen im globalen Tourismus interessant, denn sie rücken die besondere Identität der Besucher:innen *als Tourist:innen* in den Fokus, die wiederum Ähnlichkeiten mit der von Moller beschriebenen Wahrnehmungsgemeinschaft aufweist, die im gemeinsamen Filmschauen entsteht. Carnegie/Kociatkiewicz konzipieren die Reisenden im Museum als »community of practice«,[202] die dieselben Medien (Reiseführer, *Tripadvisor*, Blogs etc.) nutzen und sich teils sogar physisch treffen und austauschen.[203] Auf diese Weise entstehe eine informelle Gemeinschaft, »engaged in collective construction of regionwide narratives of history, connecting events and stances presented in different museums.«[204] Aus einer solchen Perspektive entpuppen sich viele der auf den ersten Blick trivialen Erzählelemente und Anekdoten als lebensweltliche Erinnerungsanker für eine temporäre Gemeinschaft, die vor allem eins verbindet – ihr aktuelles Tourist:in-Sein.

Zur Illustration bietet sich erneut ein Blick auf die diskursive Einbettung von Niedenthals »Apocalypse Now«-Fotografie an: Unser Guide Kacper widmete sich anhand des Bildes nicht nur der düsteren Atmosphäre während des Kriegszustands und der Präsenz eines amerikanischen Kinofilms in der Volksrepublik. Er erzählte auch, wie das Filmmaterial die Redaktion von *Newsweek* erreichte: Ein reisender Student habe es im internationalen Nachtzug zwischen Warschau und Berlin mitgenommen.[205] Ganz ähnlich auch die Geschichte, die Eliška in Bratislava über eine berühmte Fotografie Ladislav Bieliks mit ihrem Publikum teilte: Die David-und-Goliath-Szene, die einen Mann zeigt, der sich mit entblößter Brust einem Panzer entgegenstellt, sei am Tag der Warschauer-Pakt-Invasion im August 1968 in Bratislava entstanden und bereits fünf Tage später in der *New York Times* veröffentlicht worden. Wie später Niedenthals symbolträchtiges Bild, sei auch dieses Bildmaterial von einem ausländischen Studenten außer Landes gebracht worden von

201 Carnegie, Kociatkiewicz, Occupying whateverland, S. 244-246.

202 Hierbei beziehen sie sich auf Paul DiMaggio, ebd., S. 244.

203 Teils ließe sich gar von einer »community of expertise« sprechen, etwa wenn Tourist:innen untereinander und/oder mit dem Guide über die Unterschiede zwischen verschiedenen bereisten Orten fachsimpeln.

204 Carnegie, Kociatkiewicz, Occupying whateverland, S. 244.

205 Vgl. dazu: Szukam tego Niemca, żeby mu podziękować!, Deutsche Welle, 8.12.2011, unter: https://www.dw.com/pl/szukam-tego-niemca-%C5%BCeby-mu podzi%C4%99kowa%C4%87/a-15584287 [1.6.2020]. FREE Walking TOUR: Com munist Warsaw, 28.4.2015. Siehe auch die Präsentation im Muzeum »Czar PRL-u«.

»backpackers like you are«,[206] stellte Eliška einen emotionalen Zusammenhang zum Publikum her. Was zunächst wie ein beiläufiges Detail erscheint, lässt sich ebenso als Teil einer Mobilitäts- und Tourismusperspektive deuten, die sich mittels bestimmter thematischer Setzungen und einzelner Anekdoten wie ein roter Faden durch die Touren zog. In Warschau etwa stellte ein Guide Pablo Picasso als Reisenden und Urheber einer besonderen touristischen Attraktion vor: Der Maler habe 1948 bei einem Besuch im Stadtteil Wola eine Seejungfrau (poln. *syrenka*), Symbolgestalt des Warschauer Stadtwappens, auf die Wand einer kleinen Arbeiterwohnung gezeichnet, die daraufhin jahrelang von kunstliebenden Reisenden aufgesucht worden sei.[207] Einen anderen, ebenfalls »touristischen« Blickwinkel wählte derselbe Guide, als er auf die fehlende Reisefreiheit im Staatssozialismus zu sprechen kam. Wie seine Kolleg:innen widmete er eine ganze Station dem Problem, einen Pass und damit eine Genehmigung für Reisen ins westliche Ausland zu erhalten.[208] Auch in einigen Prager Touren war das Thema Tourismus bzw. Reisen äußerst präsent. So nannte Lucas in seinen Erläuterungen über den Prager Frühling als Erstes die Liberalisierung des Reisens; Lucie wiederum berichtete über ihre persönlichen Erfahrungen beim Übertritt der Landesgrenze (»Crossing the border was a nightmare. It took hours.«) und die Schmuggelerfolge ihrer Eltern.[209] In derselben Tour erzählte die Stadtführerin an zwei Stellen sogar die Geschichte der Samtenen Revolution durch die Linse der Freizeitgeschichte: So sei die Revolution in Prag anfangs nur langsam in Schwung gekommen, weil während der entscheidenden Demonstration am 17. November 1989 viele Tschech:innen in ihren Wochenendhäusern geweilt hätten.[210] Und an die Weihnachtsferien 1989/1990 erinnere sich die 1982 geborene Stadtführerin vor allem deshalb noch, weil der Systemwechsel den Kindern eine Woche Extra-Ferien beschert habe.[211]

Touristifizierung von Geschichte, das zeigt sich hier deutlich, umfasst mehr als Kommodifizierung, Exotisierung und Stereotypisierung. Auf der Mikroebene der Stadtführungen konnte ich beobachten, wie der kleinste

206 BeFreeTours: Free Tour Bratislava, 13.7.2015.

207 Die Bewohner der Wohnung ließen die Zeichnung angeblich nach einigen Jahren übermalen, um den Tourismus in ihrem privaten Wohnraum zu beenden. FREE Walking TOUR foundation: Communist Warsaw, 28.4.2015.

208 Ebd.

209 Good Prague Tours: Communism Tour, 13.6.2018; Prague Extravaganza: Communism and Bunker Tour, 15.7.2015.

210 Die Wochenendhaus-Kultur selbst erläutert sie als Kompensation der fehlenden Reisefreiheit. Siehe dazu auch Petra Schindler-Wisten, O chalupách a lidech. České chalupářství v období tzv. normalizace a transformace, Prag 2017.

211 Prague Extravaganza: Communism and Bunker Tour, 15.7.2015.

gemeinsame Nenner der heterogenen Gruppen – die temporäre Zugehörigkeit zu einer touristischen Gemeinschaft – eine besondere Perspektivierung des Staatssozialismus als Tourismus-, Transfer- und Mobilitätsgeschichte bedingte. Am deutlichsten zeigte sich die prägende Kraft einer solchen »touristischen Linse« auf das Thema dort, wo die Guides von der Rolle westlicher Reisender vor 1989 berichteten oder Tourist:innen ihre eigenen Erfahrungen einbrachten.[212] Über den Devisentourismus sprachen zwei Guides in Prag, indem sie von listigen Geldwechslern, die ausländische Tourist:innen betrogen hätten, und von zahlreichen Amerikaner:innen berichteten, die bereits während des Staatssozialismus Dollars in die Tschechoslowakei gebracht hatten.[213] In einem anderen Kontext thematisierte Zofia in Warschau die wirtschaftliche Bedeutung des Tourismus in der Volksrepublik Polen. Als sie auf den Wiederaufbau des im Krieg zerstörten Warschaus zu sprechen kam, erläuterte sie dessen Finanzierung unter anderem über den Verkauf von Briefmarken wie folgt: »On the stamp you had one Polish Złoty plus twenty groszy for the reconstruction of the city. So even the tourists buying postcards […] were paying for the reconstruction.«[214]

Nicht zuletzt ergab sich die geschilderte Touristifizierung des Themas aus der Servicerolle der Guides, von denen sich Tourist:innen in der Regel auch Tipps bezüglich lokaler Sehenswürdigkeiten und besonderer Erlebnisse wünschen. Einige historische Erzählungen entpuppten sich daher zugleich als Empfehlungen für weitere Destinationen: Der Wanderweg etwa, den die Kommunisten als »Weg der Helden« von Bratislava zum Dukla-Pass anlegten, sei auch heute noch eine wunderbare sportliche Herausforderung, die Burg Devín an der Donau, von der viele Flüchtlinge schwimmend nach Österreich entkamen, ein lohnendes Ausflugsziel.[215] Ebenso empfahlen die Prager Guides zwei Hotels mit thematisch passendem Setting – zum einen das erwähnte Hotel Jalta am Wenzelsplatz, in dem ausländische Gäste bis 1989 systematisch aus dem Bunker heraus bespitzelt worden seien, zum anderen das Hotel Unitas in jenem Gebäude, in dem einst die Staatssicherheit Havel inhaftiert hatte.[216]

212 Etwa ein australisches Ehepaar, das 1968 durch Polen und die DDR gereist war. NEXT City Tours: Free Red Prague Tour, 12.8.2016.

213 Ebd.

214 FREE Walking TOUR Foundation: Communist Warsaw, 13.9.2016.

215 Authentic Slovakia: Bratislava Post Socialist City Tour, 17.10.2016; BeFreeTours: Free Communism Tour, 10.10.2017 und 2.8.2019.

216 Prague Extravaganza: Communism and Bunker Tour, 10.8.2016. Auch der bei Tourist:innen sehr beliebte Jazz-Klub »Reduta« in Prag sei, wie in vielen Touren zu erfahren war, zugleich ein Ort amerikanischer Geschichte: Als Bill Clinton den Klub 1994 besuchte, schenkte Havel ihm ein Saxophon, worauf sich der

II.3 Harmonisierungsstrategien & Neutralitätsperformances: Konfliktmanagement

In ihrer mittlerweile klassischen Abhandlung »Dissonant Heritage« stellen Gregory John Ashworth und John E. Tunbridge Dissonanz als intrinsisches Charakteristikum jeder Form von Kulturerbe heraus.[217] Da Heritage immer das Ergebnis bewusster oder unbewusster Selektion sei, führe die Deutung als Erbe zwangsläufig zu Reibungen auf unterschiedlichen Ebenen und müsse prinzipiell gemanagt werden. Analytisch unterscheiden Ashworth und Tunbridge drei Arten von Dissonanz: erstens jene Missklänge, die sich aus dem Prozess der Kommodifizierung ergeben, zweitens Dissonanzen, die auf der Standortgebundenheit und den unterschiedlichen Raumebenen des Konsums beruhen und drittens inhaltliche Diskrepanzen durch konfligierende Botschaften.[218] Letztere kommen etwa in für bestimmte Adressat:innen unangenehmen »undesirable transmission[s]« oder »alten« Botschaften zum Ausdruck, die mit aktuell dominierenden Deutungsmustern kollidieren.[219] Auch in den englischsprachigen Kommunismustouren lassen sich diese Spannungsfelder nachvollziehen. Wie unter dem Brennglas zeigt sich in ihnen der interpretative Balanceakt, den Guides absolvieren müssen, wenn sie Zeitgeschichte in ein Unterhaltungsformat für ein internationales Publikum bringen, denn sie können sich weder auf ein einheitliches Vorwissen unter den Tourist:innen noch auf eine gemeinsame Haltung zum Staatssozialismus und seinen Folgen verlassen. Neben Gästen ohne jegliches Wissen über das östliche Europa müssen teils Studierende oder Akademiker:innen mit einem besonderen Interesse an Zeitgeschichte eingebunden werden, genauso wie gegebenenfalls Zeitzeug:innen, Reisende aus postsozialistischen Ländern und/oder mit Sympathien für kommunistische Ideen. Auch wenn einige dieser Dissonanzen durch effektives Zielgruppenmanagement im Vorfeld minimiert werden können,[220] stellt jede einzelne Tour ein Risiko dar. Insbesondere in jenen Führungen, die ohne Voranmeldung besucht werden können, stehen die Guides vor der Herausforderung

US-Präsident spontan an der laufenden Jam-Session beteiligte. Bis heute wirbt der Klub am Eingang mit Fotos von diesem legendären Konzert. Vgl. Prague Special Tours: Communism and Nuclear Bunker Tour, 16.7.2015 und 11.8.2016; Prague Extravaganza: Communism and Bunker Tour, 15.7.2015.

217 Tunbridge, Ashworth, Dissonant Heritage, S. 20f.

218 Ebd., S. 21-29.

219 Ebd., S. 28.

220 Zu den Zielgruppen siehe Kapitel I.2.

> to interpret to an often diverse group of people and, at the same time, attempt to unite the group, […] to find and interpret points of interest in such a way that all members of the group can relate.[221]

Um die Harmonie innerhalb der Gruppe sicherzustellen, müssen die Guides permanent abwägen, welches Verhältnis zwischen partikularen, lokalen Deutungen und universellen, global zirkulierenden Bildern im konkreten Fall passend ist. Anders als Guides im Museum können freiberufliche Stadtführer:innen dabei nicht auf die rahmende Autorisierung durch eine Institution zurückgreifen.[222]

Mit welchen expliziten und impliziten Präventionsstrategien die Guides das Aufbrechen dieser Spannungen verhindern und welche Folgen dies für die historiografische Darstellung des Staatssozialismus hat, möchte ich im Folgenden näher beleuchten. Nach einem kurzen Aufriss der politischen Sprengkraft, die das Thema im Untersuchungszeitraum insbesondere in Polen hatte, wende ich mich zunächst den Verfahren zu, mit denen Guides sich als »unpolitische« Berichterstatter:innen und multiperspektivische Erzähler:innen in Szene setzten. Wie ich zeigen werde, gilt der Insider-Status lokaler Guides zwar prinzipiell als Ausweis besonderer Expertise, kann für die Inszenierung der eigenen Neutralität jedoch hinderlich sein. Während sie immer wieder eigene Erfahrungen und Erinnerungen einbrachten, um ihre Erzählungen zu authentisieren, mussten sich die einheimischen Guides punktuell außerhalb des erzählten Geschehens positionieren, um sich als objektive Beobachter:innen zu präsentieren. Andersherum zwang ihr Außenseiter-Status die US-amerikanischen Stadtführer:innen in Prag zu aufwändigen Vorführungen multiperspektivischer Kompetenz. Im letzten Teil des Kapitels wende ich mich schließlich den zahlreichen Verfahren der Auslassung und Vermeidung zu, mit denen es den Guides gelang, »unverfängliche« Narrative zu generieren und unbequeme Aspekte auszuklammern.

Präventionsbedarf: Der Kommunismus als umstrittenes Erbe

Konfligierende oder unerwünschte Botschaften im Sinne Ashworths und Tunbridges birgt die Vermarktung des staatssozialistischen Erbes reichlich. Nicht ohne Grund ist seine touristische Nutzung in der Forschung

221 Pond, The Professional Guide, S. 58. Zur Form der »Fixed departure tours« vgl. ebd., S. 45.

222 Zu dieser Grundspannung des Tourguiding vgl. auch Wynn, The tour guide, S. 30, 74 f.

in erster Linie als Herausforderung nationaler Geschichtspolitiken untersucht worden.[223] »Polish people are very divided«, erklärte mir ein Guide die spezifische Situation in Polen und ergänzte erläuternd: »It's fresh history …«.[224] Auch andere Stadtführer:innen kamen mir gegenüber auf die besondere Brisanz von zeithistorischen Stadtführungen zu sprechen. Besonders eindrücklich ist mir eine Begegnung mit Wiktor im März 2018 in Erinnerung. Unser Treffen fand nur wenige Tage nach dem Beschluss des Sejm statt, das »Gesetz über das Institut für nationales Gedenken« zu ändern. Die Novelle sah strafrechtliche Konsequenzen für alle vor, die »öffentlich und faktenwidrig der polnischen Nation oder dem polnischen Staat die Verantwortung oder Mitverantwortung zuschreib[en] für die durch das Dritte Reich begangenen nationalsozialistischen Verbrechen«.[225] Wiktor saß mir gegenüber und sinnierte über seine Tätigkeit als Stadtführer in Warschau. Musste er seine Touren jetzt zensieren? Dufte er in den Führungen »Jewish Warsaw« oder »Warsaw at War« nicht mehr über antisemitische Haltungen in der polnischen Bevölkerung oder die Kollaboration von Pol:innen mit der nationalsozialistischen Besatzungsmacht sprechen? Und was war über die Nachkriegszeit sagbar? Riskierte er eine Gefängnisstrafe, wenn er die derzeitige Regierung und ihre Geschichtspolitik vor seinem Publikum kritisierte?[226]

Anders als »weit entfernte« Epochen ist die jüngste Geschichte Gegenstand emotionaler öffentlicher, in diesem Fall sogar juristischer Debatten. Denn die Ereignisse des 20. und 21. Jahrhunderts berühren Fragen persönlicher und kollektiver Identitäten im Kern. Valentin Groebner konstatierte aus diesem Grund, der Zweite Weltkrieg, seine Vor- und Nachgeschichte eigne sich nicht für den touristischen Geschichtsgebrauch. Im Gegensatz zur »Fernvergangenheit«, die immer »gleich weit weg« erscheine, könne die Zeitgeschichte nicht »in eine Art historische Tiefsee verwandelt [werden], pittoresk, materialreich, aber distanziert«.[227] Die hier betrachteten Stadtführungen geben Groebners Einschätzung nur bedingt Recht. Denn wie die Existenz von Touren über den Zweiten Weltkrieg und den Kommunismus belegt, kann auch die jüngere Vergangenheit als

223 Vgl. dazu die Ausführungen in der Einleitung.

224 Interview mit Maciej, 21.3.2016.

225 Ustawa z dnia 26 stycznia 2018 r. o zmianie ustawy o Instytucie Pamięci Narodowej – Komisji Ścigania Zbrodni przeciwko Narodowi Polskiemu, ustawy o grobach i cmentarzach wojennych, ustawy o muzeach oraz ustawy o odpowiedzialności podmiotów zbiorowych za czyny zabronione pod groźbą kary, Art. 1.

226 Interview mit Wiktor, 12.3.2018.

227 Valentin Groebner, Touristischer Geschichtsgebrauch. Über einige Merkmale neuer Vergangenheiten im 20. und 21. Jahrhundert, in: Historische Zeitschrift, Bd. 296 (2013), S. 408-428, hier S. 412.

unterhaltsames Erlebnis inszeniert und hierfür in stereotypische, teils nostalgische Häppchen zerlegt werden. In ihnen werden, wie ich gezeigt habe, familientaugliche Erlebnisse aus Elementen kombiniert, die im touristischen Kontext mit bestimmten Sehnsüchten behaftet sind – allen voran das »einfache Leben« und die »Exotik« des Ostens.

Als »pittoresk« lässt sich das materielle wie immaterielle Erbe des Staatssozialismus dennoch nicht verkaufen. Der Diktaturcharakter des vergangenen Regimes ebenso wie das politische Konfliktpotenzial stehen einer bruchlosen Harmonisierung bzw. Verniedlichung entgehen. Das gilt für Polen in besonderem Maße: 2017 wurde hier eine Änderung des Dekommunisierungsgesetzes beschlossen, nach der alle Straßennamen und Denkmäler, die an kommunistische Funktionsträger, aber auch die Rote Armee erinnern, abgebaut werden müssen.[228] Darüber hinaus führte die rechtskonservative Regierung von 2015 bis 2023 einen erbitterten Kampf gegen alle »Postkommunisten«. Gemeint waren damit Vertreter:innen von Justiz, Verwaltung, Wirtschaft und Kultur, die pauschal als Teil alter Seilschaften diskreditiert und teils durch PiS-nahe Personen ersetzt wurden.[229] Doch welche Auswirkungen hatten Maßnahmen wie die staatlich sanktionierte »Dekommunisierung« auf die Deutung der Vergangenheit in den Stadtführungen?[230]

Wie aktuelle Geschichtspolitik im Wortsinn in Stadtführungen einbrechen kann, zeigt das Risiko externer Interventionen. Denn anders als in historischen Museen, archäologischen Stätten oder Themenparks bewegt sich das Publikum in ihnen nicht durch abgeschlossene Räume, sondern mitten durch den städtischen Alltag. Auch wenn sie nicht selbst teilnehmen, können Dritte somit direkten Einfluss auf die Präsentationen nehmen. Interaktionen mit Passant:innen reichen von simplen Raumkonflikten (etwa an engen Stellen) über gestische Meinungsäußerungen

228 Ustawa z dnia 22 czerwca 2017 r. o zmianie ustawy o zakazie propagowania komunizmu lub innego ustroju totalitarnego przez nazwy budowly, objektów i urządzeń użyteczności publicznej. Das Gesetz erweitert eines vom 1. 4. 2016 und wurde am 14. 12. 2017 ein weiteres Mal ergänzt. Vgl. Instytut Pamięci Narodowej: Akty prawne, unter: https://ipn.gov.pl/pl/upamietnianie/dekomunizacja/akty-prawne/45402,Ustawy.html [15. 7. 2020].

229 Vgl. dazu Reinhold Vetter, Kaczyńskis PiS und die »Dekommunisierung«. Entprofessionalisierung durch Personalwechsel in Justiz, Diplomatie und Streitkräften, in: Polen-Analysen, 17. 5. 2017, zugänglich unter: https://www.bpb.de/248425/analyse-kaczyskis-pis-und-die-dekommunisierung-entprofessionalisierung-durch-personalwechsel-in-justiz-diplomatie-und-streitkraeften [15. 8. 2025].

230 Der Betreiber des Warschauer PRL-Museums erzählte mir im März 2016 sogar – wohl halb scherzhaft, halb ernst –, er hoffe, die neue Regierung werde die Ausstellung nicht schließen lassen.

bis hin zu verbalen Einmischungen, die Deutungen der Guides sowohl affirmieren als auch unterlaufen können.[231] Wie die aktuelle geschichtspolitische Debatte von außen in eine Führung hineingetragen werden konnte, veranschaulicht folgende Passage aus einem meiner Beobachtungsprotokolle. Verfasst direkt im Anschluss daran, geht es auf eine polnischsprachige Tour über die kommunistischen Denkmäler Warschaus zurück, die ich 2018 besuchte, und betrifft den Besuch des »Denkmals der Dankbarkeit für die sowjetischen Soldaten« im Skaryszew-Park (poln. *Park Skaryszewski*).

> Schon während wir auf dem Weg dorthin sind, wird mehrmals die Frage laut, ob das Denkmal denn nicht schon abgebaut sei. Die Führerin versichert, dass es gestern noch da war. Schon als wir aus dem Bus steigen, hört man das Pochen des Presslufthammers. Als wir näherkommen, sehen wir das Denkmal von einem Bauzaun umgeben und einen Bagger bei der Arbeit. Es ist offenbar ein Zufall, dass der Spaziergang am heutigen Termin genau den Abriss besucht. Eigentlich sollte dieser schneller gehen, aber es hatte einerseits viele Proteste (von der Bevölkerung, von der russischen Botschaft) gegeben, andererseits ist das Material sehr beständig. […] Während wir [über das Dekommunisierungsgesetz und das Denkmal] sprechen, kommt plötzlich ein auf Mann zu uns und äußert sich empört und emotional zur Abtragung des Monuments: Dies sei kein Abbau, sondern eine Demolierung. Es dürfe aber nicht abgerissen werden, denn es erinnere an Gefallene, sei also ein Totengedenken. Früher habe es am Eingang des Parks, der Grabstätte der Gefallenen gestanden … Es entspinnt sich eine kurze Diskussion zwischen einer Teilnehmerin und ihm. Irgendwann schaltet sich die Führerin ein und sagt, dass sie genau diese Geschichte jetzt erzählen wollte. Als er weg ist, leitet sie zu ihren Ausführungen über, indem sie noch einmal betont, wie sehr das Thema eben Emotionen weckt.[232]

231 Ein Guide berichtete mir davon, wie ein Passant in Prag demonstrativ neben ihm ausspuckte, als er gerade über Reinhard Heydrich sprach. Interview mit Samuel, 23.5.2019. In Warschau näherte sich eine ältere Dame unserer Gruppe an einer Marienstatue, um selbst zu erzählen, wie die heilige Jungfrau diesen Ort vor einer Zerstörung im Zweiten Weltkrieg beschützt habe. Adventure Warsaw: Off the Beaten Track Tour, 29.3.2015. Zur Rolle von Einheimischen in den Touren der Crazy Guides in Krakau vgl. Banaszkiewicz, Turystyka w miejscach kłopotliwego dziedzictwa, S. 178 f.

232 Niechcane dziedzictwo: pomniki PRL-u. Spacer miejski, Stadtspaziergang im Rahmen des Festivals »Warszawa w budowie«, 20.10.2018.

Abb. 7: Abriss des »Denkmals der Dankbarkeit für die sowjetischen Soldaten« in Warschau, 20.10.2018

Die Begegnung stellt mehr als eine physische Konfrontation zwischen der Gruppe und einem Spaziergänger dar. Offenbar in der Annahme, hier werde der Abbau des Denkmals (Abb. 7) positiv kommentiert, hatte sich der Anwohner verpflichtet gefühlt, eine Gegenposition zu formulieren. Der Stadtführerin, die den Abriss keineswegs in affirmativer Weise präsentiert hatte, gelang es, die entstehende Spannung nicht nur zu entschärfen, sondern sogar für ihre eigenen Zwecke umzunutzen: Indem sie den Zwischenfall als Beleg für die hohe Emotionalität der öffentlichen Debatte um das Dekommunisierungsgesetz deutete, trug die Kollision letztlich zur Beglaubigung ihrer Ausführungen bei.[233]

Anders gelagert ist das Konfliktpotenzial, das sich aus der Heterogenität des Publikums ergibt. Ob eine Führung reibungslos vonstattengeht, hängt in den Augen der Guides in hohem Maße von der Herkunft der Gäste ab. Auch wenn der Vertrieb als englischsprachiges Angebot dazu führt, dass kaum Einheimische oder Reisende aus dem östlichen Europa unter den Teilnehmer:innen der »Communism Tours« sind, wird deren potenzielle Anwesenheit von den Guides als ständige Herausforderung wahrgenom-

233 Zum Abbau von Spannungen zwischen Gruppe und Passant:innen vgl. auch Wynn, The tour guide, S. 104 f.

men. Die Vorstellungsrunde am Anfang vieler Touren diente demnach nicht nur dem Kennenlernen des Publikums. Indem die Teilnehmer:innen nach ihrer Nationalität befragt wurden, erhofften sich die Guides zugleich einen groben Überblick über besondere Bedürfnisse, sensible Themen und unterschiedliche Haltungen zur Geschichte. Denn was, wenn Botschaften über den Kommunismus vermittelt werden, die für einzelne Gäste aufgrund ihrer Gruppenzugehörigkeit unangenehm oder schmerzlich sind?[234] Der bereits zitierte erleichterte Ausruf »Good! No people from communist countries!«,[235] mit dem eine Stadtführerin in Prag unsere Vorstellungsrunde kommentierte, lässt sich somit auch als Ausdruck des Zielgruppenmanagements interpretieren. Glücklicherweise waren an diesem Tag weder Menschen mit allzu detaillierten Kenntnissen über das Leben im Staatssozialismus noch mit allzu großer Sympathie für den Kommunismus zu erwarten.

Als besonders riskantes Publikum galten im Untersuchungszeitraum – und damit bereits vor Beginn des vollumfänglichen Kriegs in der Ukraine 2022 – Reisende aus Russland. Obwohl ihre Teilnahme an Kommunismustouren in der Realität äußerst selten ist, kamen viele meiner Interviewpartner:innen von selbst auf die gefürchtete Anti-Zielgruppe zu sprechen.[236] Russische Tourist:innen sahen sie in erster Linie als Angehörige einer ehemaligen Imperialmacht, die aufgrund der andauernden politischen Indoktrinierung nur schwer in gemischte, internationale Gruppen integrierbar seien. Sowohl in Tschechien und der Slowakei als auch in Polen wurde das Land vor allem als historischer »Besatzer« porträtiert. Im Falle Polens bezog sich die negative Haltung auf die Zeit der polnischen Teilungen, auf den Überfall durch die Sowjetunion 1939 und die sowjetische Dominanz nach 1944. Für Tschechien und die Slowakei war insbesondere der Einmarsch 1968 mit äußerst negativen Emotionen verbunden. Beide Wahrnehmungen standen im Konflikt mit aktuellen Tendenzen der russischen Geschichtspolitik und einer erstarkenden postsowjetischen Nostalgie, die selbst Stalin in Teilen rehabilitiert.[237] »It's hard to talk with

234 Siehe dazu vor allem die Ausführungen über »heritage of atrocity« bei Tunbridge und Ashworth: Tunbridge, Ashworth, Dissonant heritage, S. 27-29 und S. 94-130.

235 Prague Special Tours: Communism and Nuclear Bunker Tour, 14.6.2018. Ob unter den Teilnehmer:innen Linke, Marxist:innen oder gar Stalin-Sympathisant:innen waren, denen eine spöttisch-ironische Präsentationsweise sicher nicht zusagen würde, wurde freilich nicht konkret abgefragt.

236 Ich selbst habe in den untersuchten Touren nur selten Tourist:innen aus postsowjetischen Ländern und nie aus Russland getroffen. Eine Stadtführerin führte dies auch darauf zurück, dass Russ:innen nur selten individuell, sondern eher in Gruppen reisten (Interview mit Lucie, 19.10.2016).

237 Monica Rüthers, Sowjetnostalgie und Stalinkult, in: Dekoder (2019), https://www.dekoder.org/de/gnose/sowjetnostalgie-stalinkult-geschichte-patriotismus [15.6.2020].

them about modern history. […] But we try, we try …«, umriss ein Warschauer Guide das Problem im Interview. Wenngleich er die russische Perspektive auf die polnisch-sowjetische Geschichte als »different point of view« anerkannte, ließ er keinen Zweifel daran, auf wessen Seite die Wahrheit aus seiner Sicht stehe: »They are a bit brainwashed in their country. […] They think, they liberated us here.«[238]

Auch unter den Prager Guides galten die nationalen Sichtweisen, die Russ:innen und Tschech:innen auf die Zeitgeschichte mitbringen, als nur schwerlich vereinbar. Von einem handfesten Erinnerungskonflikt berichtete mir Samuel, den ein russischer Gast in einer seiner Touren explizit aufgefordert habe, die Geschehnisse im August 1968 nicht länger als »invasion« zu bezeichnen. Im selben Zusammenhang schilderte der Guide, wie ein russischer und ein polnischer Gast einmal so heftig in Streit geraten seien, dass schlussendlich beide seine Stadtführung verließen.[239] In derart offenen Konflikten endet der Austausch unterschiedlicher Perspektiven auf die geteilte Vergangenheit freilich nur selten. Häufiger disziplinieren sich die Gäste gegenseitig, wenn einzelne Teilnehmer:innen den Guide in ein Streitgespräch zu verwickeln versuchen oder untereinander in eine Diskussion geraten.[240] Dennoch verweist die Sorge um Kollisionen mit Gästen aus Russland, die die Anbieter:innen der Kommunismustouren einte, auf eine Dissonanz, die im internationalen Tourismus an vielen Stellen virulent ist: Wie lassen sich in postsozialistischen, aber auch postkolonialen Kontexten sowie im Nachgang von Fremdherrschaft, Krieg oder ethnischen Konflikten Angehörige der als »Täter« präsentierten Nationen in unterhaltsame Dienstleistungen integrieren?

Es wäre zu kurz gegriffen, diese Schwierigkeiten allein unter dem Blickwinkel erinnerungskultureller Dissonanzen bzw. Fragen historischer Schuld zu betrachten. Der Versuch, Geschichte so zu erzählen, dass niemand in der Gruppe unter Rechtfertigungszwang gerät, ist vielmehr Teil einer allgemeinen Etikette, nach der Guides dafür Sorge zu tragen haben, dass alle Adressat:innen zu jeder Zeit ihr Gesicht wahren können.[241] Denn, wie ein Warschauer Guide pointiert formulierte, seine Aufgabe laute, »[to] explain history without making them feel

238 Interview mit Maciej, 21.3.2016.

239 NEXT City Tours: Free Red Prague Tour, 12.8.2016 – Gepräch mit dem Guide am Rande der Tour.

240 Interview mit Adam und Mikołaj, 19.3.2016, sowie mit Laura, 2.8.2019.

241 Pond, The Professional Guide, S. 229 f.; Mikos von Rohrscheidt, Współczesne przewodnictwo miejskie, S. 392; Schmitt, »Ich werde Sie sehen lassen« oder: Über Möglichkeiten und Grenzen interaktiver Kulturvermittlung, S. 73.

uncomfortable.«[242] Potenziell belastende Themen seien deshalb ebenso zu vermeiden wie offene Kritik, Witze auf Kosten einzelner Gäste, aber auch direkte Korrekturen von falschen Überzeugungen.[243] Um eine positive Beziehung zwischen Sprecher:in und Zuhörer:innen aufzubauen bzw. zu erhalten, laute das oberste Gebot daher Sensibilität.[244] Den Gästen müsse die Sicherheit vermittelt werden, dass ihre persönlichen Werte, Überzeugungen und Orientierungen nicht zum Gegenstand abschätziger Kommentare werden. Bemerkenswert ist, dass diese Werte und Orientierungen in erster Linie auf Basis der (nationalen) Herkunft der Tourist:innen antizipiert wurden, die dafür freilich keinen hinreichenden Indikator darstellt. Dies mag seinen banalen Grund darin haben, dass andere identitätsstiftende Kriterien nicht in einer Vorstellungsrunde zu Beginn der Tour abgefragt werden können. Zugleich zeigt es aber, dass internationale Stadtführungen offenbar prinzipiell von einer Idee »natürlicher ethnischer Interessen«[245] ausgehen, die es zu berücksichtigen gelte.

Neutralitätsperformances I: Geschichte ohne Politik?

Persönliche politische Meinungen oder gar eine Agitation des Publikums, darin waren sich die von mir interviewten Guides einig, sollen in einer touristischen Dienstleistung keinen Platz haben. Eigene, gar kontroverse Ansichten gelte es in der professionellen Tätigkeit auszusparen, um eine möglichst ausgewogene, ja neutrale Darstellung zu bieten. Über die Warschauer Ausbildung zum Guide berichtete Joanna etwa, dass darin allen zukünftigen Stadtführer:innen eingeschärft werde, ihre subjektiven Hal-

242 Interview mit Maciej, 21.3.2016.

243 Vgl. etwa die im vorherigen Kapitel geschilderte Vermutung, in der Burg von Bratislava sei vor 1989 ein Gefängnis eingerichtet worden, die die Stadtführerin nicht explizit berichtigte. Siehe auch Schmitt, »Ich werde Sie sehen lassen« oder: Über Möglichkeiten und Grenzen interaktiver Kulturvermittlung, S. 73.

244 Pond, The Professional Guide, S. 106. Welch absurde Blüten diese Praxis treiben kann, erläuterte mir eine Stadtführerin in Warschau: Mehrfach habe sie von einer Firma den Auftrag erhalten, einen deutschen Geschäftspartner durch die Stadt zu führen, ohne den Zweiten Weltkrieg zu erwähnen. Interview mit Zuzanna, 12.4.2016. Auf die Existenz einer solchen »Etikette« verweist auch folgender Kommentar eines Guides, nachdem er lachend davon erzählt hatte, wie ein Bekannter seines Vaters in den 1990er Jahren seine deutschen Kund:innen beim Verkauf vermeintlicher polnischer Produkte betrogen hatte: »Maybe I shouldn't be telling that story so proud«. Adventure Warsaw: Communism Tour, 10.9.2016.

245 »naturaln[e] etniczn[e] zainteresowani[e]« Mikos von Rohrscheidt, Współczesne przewodnictwo miejskie, S. 52.

tungen aus den Führungen zu verbannen. »Politics [are] politics. We are not here to express our – especially our radical – opinions«,[246] erinnerte sie sich an das Credo der Ausbilder:innen.[247] Tatsächlich zeigte sich insbesondere in den frei zugänglichen »free walking tours« der Versuch, keinerlei Stellung zu aktuellen Kontroversen zu beziehen. Der Betreiber des Warschauer Kommunismusmuseums wiederum unterschied im Interview mit mir zwischen »pure history«, »our opinions« und weiterführenden Zusatzinformationen, die es in jedem Fall strikt zu trennen gelte. Seine eigene Ausstellung verortete er explizit jenseits der polnischen Debatten über den Kommunismus, da sie Geschichte nur »zeige« anstatt sie zu »erklären«.[248]

In keiner der englischsprachigen Touren durch Warschau, die ich zwischen 2015 – also ab jenem Jahr, in dem die neue rechtskonservative Regierung antrat – und 2018 besuchte, bezogen die Guides aktiv Stellung zur aktuellen Politik Polens oder propagierten die geschichtspolitische Linie der PiS. Ihre eigenen Haltungen ließen sie aber in den Phasen des informellen Austauschs zwischen den einzelnen Stationen durchschimmern. In diesen Momenten dienten die Kommunismustouren implizit als Raum, in dem sich Guides und Gäste gegenseitig ihrer liberalen Grundeinstellungen versicherten. Angesprochen auf die aktuelle Situation distanzierten sich die meisten Stadtführer:innen im persönlichen Gespräch deutlich vom europakritischen Diskurs der Regierung und deren Instrumentalisierung der Geschichte, die in dieser Zeit weltweit Schlagzeilen machten. So resümierte Wiktor am Ende des oben zitierten Gesprächs über seine Tätigkeit in Zeiten verschärfter staatlicher Geschichtspolitik sogar, dass es derzeit einfacher sei, mit ausländischen Tourist:innen über die jüngere Geschichte zu sprechen als mit den eigenen Landsleuten. »They are more open-minded«,[249] schätzte er die Reisenden ein – eine Eigenschaft, die sie laut ihm mit dem Milieu der Guides teilen. Die Warschauer Stadtführer:innen-Szene sah er als eine Gemeinschaft von

246 Interview mit Zuzanna, 12.4.2916.

247 Vgl. auch Pond, The Professional Guide, S. 81.

248 »We try to show – not explain too much – history in our museum.« Interview mit Maciej, 21.3.2016. Damit einher geht häufig die Vorstellung, Wissensbestände nach ihrer Relevanz hierarchisieren zu können, wie die Antwort eines Anbieters auf eine negative Bewertung zeigt: »Our philosophy is that [the] essential and most valuable part of the guide['s] knowledge is presented by the guide during the stops when all guests gather around the guide. On the way though, only additional and less important information about the places passed is given so that all guests feel informed equally.« Antwort auf Alana the traveller (London): Wish it was a better experience, Bewertung Adventure Warsaw auf Tripadvisor, 3.12.2017.

249 Interview mit Wiktor, 12.3.2018.

toleranten Kosmopolit:innen,[250] die mit der aktuellen nationalistischen Rhetorik der Regierung in der Mehrheit nur wenig anzufangen wüssten.[251]

Indem sich die Guides mir gegenüber als unabhängig präsentierten, brachten sie sich gegen den möglichen Vorwurf einer politisch-ideologischen Instrumentalisierung ihrer Touren in Stellung, wie sie in anderen Ländern seitens des Staates oder bestimmter politischer Akteure betrieben wird. Tatsächlich liegen etwa für Indonesien[252] oder zum »red tourism«[253] in China Studien vor, die zeigen, wie der Tourismus dort gezielt zur Propagierung einer regierungsnahen Lesart von Geschichte genutzt wird. Doch auch jenseits autoritärer Regime und im privatwirtschaftlichen Bereich erfüllen Stadtführungen legitimatorische Funktionen, wie insbesondere Analysen zu Orten, die bis in die jüngste Vergangenheit Schauplätze kriegerischer Auseinandersetzungen waren, zeigen. So führen »Bombing Tours« in Belgrad zu den Ruinen der NATO-Bombardierung von 1999 und tradieren ein nationales Opfernarrativ.[254] Ebenfalls als »ideologically charged social event« haben Chaim Noy und Eldad Brin eine Stadtführung in Jerusalem analysiert, die sich ausschließlich dem jüdischen Erbe eines Stadtteils widmete, in dem vor dem Krieg 1948 eine palästinensische Mittelschicht gewohnt hatte.[255] Im Gegensatz zu solchen Verengungen der Geschichte auf eine einzige Perspektive bemühten sich die Guides der Kommunismustouren durchaus um multiperspektivische Präsentationen.

Ihre Strategien zur Demonstration einer solchen Multiperspektivität waren ganz unterschiedliche. In einer eher simplen Form kamen sie als

250 Siehe auch Nicolai Scherle/Almut Nonnenmann, Swimming in Cultural Flows. Conceptualising Tour Guides as Intercultural Mediators and Cosmopolitans, in: Journal of tourism and cultural change, Bd. 6 (2008) 2, S. 120-137.

251 Interview mit Wiktor, 12.3.2018. Zur Präsentation von Weltoffenheit und Toleranz in Touren zur jüdischen Geschichte vgl. Sabine Stach, Narrating Jewish History in Free Walking Tours, in: Kultura Popularna 51 (2017) 1, S. 76-91, hier S. 85. In dieser Haltung zeigen sich interessante Parallelen zum Selbstverständnis der freiberuflichen Guides in der Volksrepublik (siehe Kapitel I.1).

252 Zum Tour Guiding unter Suhartos »New Order« in Indonesien vgl. etwa Dahles, The Politics of Tour Guiding.

253 Caraba, Communist heritage tourism and red tourism; Marc André Matten, Reenacting the Revolution. The Sacred Site of Yan'an in Contemporary China, in: Vanessa Agnew/Sabine Stach/Juliane Tomann (Hg.), Reenactment case studies. Global perspectives on experiential history, London, New York, NY 2023, S. 125-145.

254 Elisa Satjukow, Die andere Seite der Intervention. Eine serbische Erfahrungsgeschichte der NATO-Bombardierung 1999, Bielefeld 2020, S. 256f. Im Gegensatz dazu betonen Causevic und Lynch am Beispiel von Sarajevo das versöhnende bzw. kathartische Moment von Führungen: Causevic, Lynch, Phoenix Tourism.

255 Brin, Noy, The said and the unsaid, S. 20.

Gegenüberstellung von »Vor- und Nachteilen« des Lebens im Staatssozialismus zum Ausdruck. So kontrastierten eine Reihe von Guides ihre Berichte über Repression und Unfreiheit direkt mit Hinweisen auf das jedermann zugängliche, kostenfreie Gesundheits- und Bildungssystem, auf den sozialen Zusammenhalt und die Modernisierungserfolge nach dem Krieg. Besonders offensiv war diese ostentative Objektivitätsperformance in die Skripte der »Free Communism Tour« in Bratislava eingeschrieben. Beide Stadtführerinnen, die ich auf dieser Tour begleitete, verdeutlichten bereits in ihren Einleitungen, wie wichtig ihnen eine »neutrale Perspektive auf das kontroverse Thema«[256] sei, und kündigten die Präsentation positiver wie negativer Aspekte an.[257] Im Einklang damit betonte auch die Autorin des Tourskripts im Interview, dass das Ziel höchste Ausgewogenheit sei: »It's very neutral, the tour. We don't say: ›It was bad or good‹.«[258] Nichtsdestotrotz legten die Guides in Bratislava Wert darauf, dass trotz aller Balance nicht der Eindruck einer Relativierung entstehe: »There were some positives but very harmful negatives«, leitete eine von ihnen ihre Ausführungen ein, um schließlich etwas didaktisierend zusammenzufassen: »I already mentioned some positives, but I think the negatives were the dominant ones. So, that's how it looks like. Is everything clear?«[259]

Interessanterweise betraf der Versuch, ein Gleichgewicht zwischen verschiedenen Perspektiven herzustellen, nicht nur die Gegenüberstellung von Diktatur und Sozialstaat. Auch gängige (Vor-)Urteile, etwa über die »Hässlichkeit« staatssozialistischer Bauprojekte,[260] wurden bisweilen durch den Hinweis auf Gegenperspektiven, etwa deren gute Infrastruktur, neutralisiert. Eine besondere Wendung nahm auf diese Weise die Erzählung über den Abriss des ehemaligen jüdischen Viertels in Bratislava im Zuge der Stadterneuerung in den 1960er Jahren. Während die Zerstörung üblicherweise als Akt kommunistischer Kulturschändung präsentiert wird, wies uns die Stadtführerin der »Free Communism Tour« im selben Atemzug auf den touristischen Nutzen dieser Aktion hin: Erst der Abriss der Häuser habe die alte Stadtbefestigung freigelegt, die heute eine wichtige Sehenswürdigkeit sei.[261] Obwohl Konsens über den Wert jüdischen Erbes bestand, bezogen die Guides in Fällen wie diesen keine eigene

256 BeFreeTours: Free Communism Tour, 2. 8. 2019.

257 Ebd. sowie in der gleichnamigen Tour am 20. 10. 2017.

258 Interview mit Hana, 17. 10. 2016.

259 BeFreeTours: Free Communism Tour, 20. 10. 2017.

260 Vgl. dazu Kapitel II.1.

261 BeFreeTours: Free Communism Tour, 20. 10. 2017. Zur Narration entlang tourismusrelevanter Perspektiven vgl. auch das vorangegangene Kapitel.

Stellung und nahmen keine Hierarchisierung zwischen mittelalterlichem, jüdischem und kommunistischem Erbe vor. Stattdessen wurde häufig ein negatives Urteil durch die Gegenüberstellung eines ausgleichenden Fakts aufgewogen.

Neutralitätsperformances II: Narrative Positionierungen

Ob Guides die Befähigung zu ausgewogenen Darstellungen zugesprochen wird, hängt von ihren jeweiligen Sprechpositionen ab. Biografische Bezüge können die Demonstration von Neutralität dabei sowohl untermauern als auch unterlaufen. Obwohl der Status als Zeitzeug:in für die Selbstautorisierung von Stadtführer:innen und damit das Authentizitätsempfinden des Publikums relevant ist, kann er prekär sein, wenn man nur eine oder gar die »falsche« Seite repräsentiert. Um ihren multiperspektivischen Zugang zum Thema zu illustrieren, stellte sich die Warschauer Stadtführerin Zofia deshalb explizit als Nachfahrin einer Familie vor, in der ein Teil vom Kommunismus überzeugt und ein anderer in der Opposition aktiv gewesen sei:

> I had one part of the family, my mother's parents, that were actually communists. […] At the beginning [of] the 40s and the 50s they truly believed in communism. Meanwhile, on the other side, my father […] used to work for Solidarity and he actually lost his job, because he was helping with this movement, democratic movement of those syndicates. My grandmother [was] also taking part in the fight [of] the Solidarity in the 80s. So I know like the both sides of the story – those who supported communism and those who went against it, especially in the 80s.[262]

Noch bedeutsamer ist die narrative Positionierung für amerikanische Guides in Prag. Wohl weil ihm sowohl die Autorität eines Zeitzeugen als auch eines Einheimischen fehlte, sah sich Lucas am Beginn seiner »Communism Tour« zu einer aufwändigen Erläuterung der eigenen Sprechposition veranlasst:

> It's important to separate fact from opinion especially in a tour like this. […] I am definitely very anti-communist but I also think that it is very important to recognize the fact that, you know, people on the other side, people who support communism … It's important to understand what their point of view is. […] Of course, […] there [are]

262 FREE Walking TOUR Foundation: Communist Warsaw, 13.9.2016.

> communists that have done some really horrible things historically but that doesn't mean that every single person who believes in communism, who supports communism, is necessarily bad. There are […] different reasons why people choose to go along with a system like that. So I think that's important to understand. Especially […] why so many Czech people both supported communism in the past and still support communism today. […] Those are not necessarily bad people![263]

Der Guide bemühte sich hier nicht nur, seine spezifische Perspektive als US-Amerikaner transparent zu machen. Er gab auch seinem Anspruch Ausdruck, seine sozialisationsbedingte persönliche politische Haltung aus seiner Vermittlungsaufgabe herauszuhalten. Was Lucas in Interaktion mit dem Publikum verhandelte, war letztlich die Frage nach seinem Rederecht.[264] Kann ein junger US-Amerikaner unvoreingenommen über den tschechoslowakischen Kommunismus sprechen? Mehr noch: Ist es *überhaupt* legitim, dass ein Ausländer das Erbe des Staatssozialismus deutet? Repräsentiert er nicht die »falsche« Seite des Kalten Krieges?[265]

Um die Frage nach der Integration unterschiedlicher Positionen in ein und dieselbe Stadtführung zu reflektieren, lohnt ein Seitenblick auf Studien zur Touristifizierung des Nordirland-Konflikts.[266] So hat sich etwa Emily Mannheimer mit dem ethischen wie praktischen Problem auseinandergesetzt, vor dem Guides angesichts der unversöhnlichen Haltungen stehen, wenn sie den Konflikt zwischen Republikaner:innen und Loyalist:innen nachvollziehbar machen wollen. Sie arbeitet den moralischen Konsens heraus, der sich in der Belfaster Guide-Szene etabliert habe, um eine faire, d.h. ausgewogene, touristische Präsentation zu gewährleisten. Wie stark sich ein:e Guide dabei selbst positionieren darf, hänge vom konkreten Ort der Führung ab: Politisch gefärbte Perspektiven seien nur auf der jeweils »passenden« Seite, in protestantischen *oder* katholischen Wohnbezirken, legitim. Es gehöre daher zum ungeschriebenen Guiding-Codex, dass Stadtführer:innen, die auf *beiden* Seiten unterwegs sind, keinerlei Hinweise auf ihre eigene Position geben.[267]

263 Good Prague Tours: Communism Tour, 13.6.2018.
264 Vgl. Katriel, Performing the Past, S. 75f.
265 Ein amerikanischer Guide berichtete mir, dass er bei der Kommunismustour kein Namensschild anstecke, um seine nicht-tschechische Herkunft nicht vor Beginn der Tour preiszugeben. Interview mit Samuel, 23.5.2019.
266 Vgl. Skinner, Walking the Falls; Rapson, Nisbett, The Role of Ex-Paramilitaries and Former Prisoners in Political Tourism u.a.
267 Mannheimer, The Truth about the Troubles. Eine ähnliche Praxis ist in der Geschichtsvermittlung der Gedenkstätte Berliner Mauer üblich: Auch hier werden die Guides angehalten, ihre Herkunft aus Ost oder West nicht offenzulegen. Für

Als Amerikaner in Prag konnte Lucas weder dem Publikum seine Herkunft verheimlichen noch auf eine räumliche Abgrenzung in pro- und antikommunistische Perspektiven zurückgreifen. Er musste sein »Recht«, über den Kalten Krieg zu sprechen, folglich immer wieder neu herstellen, indem er Bezug auf Gewährsleute nahm, die qua Herkunft dazu autorisiert scheinen. Zu diesem Zweck berief er sich zum Beispiel auf eine junge Frau, die ihm während einer früheren Tour erzählt habe, wie ihr Großvater sich am Prager Aufstand beteiligt hatte.[268] Ähnlich stützte sich auch sein US-amerikanischer Kollege Samuel auf frühere Begegnungen mit Menschen, die selbst aus dem (post-)sozialistischen Raum stammen. Gemäß seinem Anspruch, dem Publikum ein ausgewogenes Bild über den Einmarsch der Warschauer-Pakt-Armeen im August 1968 in der Tschechoslowakei zu bieten, berief er sich dabei nicht nur auf die Erinnerungen tschechischer, sondern auch russischer und polnischer Zeitzeug:innen:

> One of my students here, that I teach English to, he's Russian. His uncle, his father's brother, was one of the soldiers that was sent in. He was told by his commanding officer they were coming in to stave off an invasion from the West. They were coming in to protect the people. [...] Necessarily they didn't all know what they were doing, right? They were victims as well. I've had a couple of Polish people on my tours, because they were part of the Warsaw Pact, they were part of the invasion. They said that this is still Poland's great shame. This is what these older Polish gentlemen told me. Because they were essentially forced to participate in this invasion as well. So that's kind of important to know as we talk about that.[269]

Dieses Zitat zeigt, wie sehr die Frage nach Authentizität letztlich immer auch eine Frage nach Autorität ist.[270] Guides, die selbst nicht als »narrator-protagonists« auftreten können, inszenierten sich deshalb als »narrator-witnesses« bzw. »privileged audiences« mit Zugang zu exklusiven Quellen.[271] Der Verweis auf einen russischen und einen polnischen Blickwinkel kann darüber hinaus als gezielte Perspektiverweiterung gelesen werden, die – indem sie von der üblichen Täter-Opfer-Erzählung abweicht – konfligierende Deutungen von der Beendigung des Prager Frühlings proaktiv nebeneinander stellte.

diesen Hinweis danke ich Susanne Muhle, wissenschaftliche Mitarbeiterin der Gedenkstätte.

268 Good Prague Tours: Communism Tour, 13.6.2018.

269 NEXT City Tours: Free Red Prague Tour, 12.8.2016.

270 Vgl. Bruner, Culture on tour, S. 163.

271 Vgl. Katriel, Performing the Past, S. 87. Zur Bedeutung von Zeitzeugenschaft als Authentisierungsstrategie siehe auch Kapitel III.2.

Vermeidungsstrategien

Im Gegensatz zu musealen Dauerausstellungen und Audioguides erlauben interaktive, mündliche Führungen eine permanente Anpassung an das reale Publikum.[272] Die Spannung, die die Anwesenheit von »imagined non-visitor[s]«,[273] etwa Reisenden aus Russland, mit sich bringt, können Guides deshalb mit unterschiedlichen Praktiken reduzieren. Die wohl naheliegendste Strategie liegt in der Vermeidung bestimmter Themen, Aspekte oder Formulierungen. Als »pragmatic approach to memory«[274] haben Alena Pfoser und Simon Schlegel ein solches Verfahren im touristischen Kontext bezeichnet. Anhand russischsprachiger Stadtführungen durch Kiew nach den Euromaidan-Protesten und der Annexion der Krim 2014 untersuchten sie die Methoden des praktizierten Konfliktmanagements. Diese reichen nach Pfoser und Schlegel von der (partiellen) Ausblendung kontroverser Themen über die Priorisierung bestimmter Aspekte und Belege bis hin zur Art des Sprechens (vage und ironisch).[275] Auch wenn das Konfliktpotenzial der englischsprachigen Touren in Prag, Warschau und Bratislava wesentlich diffuser scheint als im russisch-ukrainischen Fall, ähneln sich die angewandten Vermeidungsstrategien. So verzichtete Samuel im Beisein bestimmter Gäste auf den Begriff »invasion«[276] und

272 Kein aktives Heritage-Management weisen etwa die Audioeinspielungen der »Warsaw City Tour« per Bus auf, die als wortwörtliche Übersetzungen aus dem Polnischen in zwölf verschiedenen Sprachen angeboten werden. Zumindest in der deutschen Variante werden die Zuhörer:innen mit einem patriotisch-martyrologischen Narrativ konfrontiert, das für einige sicher unverständlich bzw. befremdlich erscheint: »Nach einem kurzen Zeitraum der Freiheit und des Wohlstands greift im Jahre 1939 Nazi-Deutschland Polen und Warschau an. Die Stadt wird schwer bombardiert. Während der Besetzung der Nazis diente Warschau traditionsgemäß als das Herz des Widerstandes. […] Im Jahre 1944 brach der allgemeine Warschauer Aufstand aus. Der Widerstand der von der Heimatarmee angeführten Stadtbewohner dauerte zwei Monate. Währenddessen stand die sowjetische Rote Armee auf der anderen Seite der Weichsel und wartete, bis Warschau verblutete. Der Aufstand forderte das Leben der Warschauer […] in ihrer Blüte.« City Tour.com: Warsaw City Tour, 14. 2. 2016.

273 Im Falle der Kommunismustouren ist dies derselbe wie in den von Carnegie und Kociatkiewicz untersuchten baltischen Okkupationsmuseen, nämlich »the perpetrator linked to the occupying regime of the past«, Carnegie, Kociatkiewicz, Occupying whateverland, S. 243.

274 Simon Schlegel/Alena Pfoser, Navigating contested memories in a commercialised setting: conflict avoidance strategies in Kyiv city tour guiding, in: International Journal of Heritage Studies, Bd. 27 (2021) 5, S. 487-499, hier S. 487

275 Ebd. Zur Rolle der Ironie siehe auch Kapitel II.1.

276 Auch Lucie betont, wie wichtig eine sensible Wortwahl ist. Bezogen auf russische Touristen und den Einmarsch der Truppen des Warschauer Paktes im August 1968 betonte sie: »I don't talk like: ›*You* did it!‹« Interview mit Lucie, 19. 10. 2016.

sprach mit Blick auf den Kommunismus nicht von »Russians«, sondern von »Soviets« (oder einfach »Communists«), um die Eintracht in der Gruppe sicherzustellen.[277]

Über konkrete Formulierungen hinaus zeigte sich die Vermeidungsstrategie in der Ausblendung oder Reduktion von Themen mit besonderer aktueller Brisanz, darunter die im Untersuchungszeitraum in Polen leidenschaftlich geführte Debatte über die angeblich noch immer ausstehende »Dekommunisierung« und das Erbe der ersten postkommunistischen Regierung. Im Wesentlichen drehte sich die damalige öffentliche Diskussion um die Art und Weise des Systemwechsels: Gemäß rechtskonservativer Deutung hatten die am »Runden Tisch« ausgehandelten Vereinbarungen allenfalls zur Etablierung einer Demokratie-Fassade beigetragen; der liberalen Regierung nach 1989 sei es weder gelungen, postkommunistische Seilschaften zu zerschlagen noch ein »positives« Geschichtsbild zu etablieren.[278] Obwohl in der polnischen Publizistik omnipräsent, blendeten fast alle Guides diese Kontroversen in ihren Ausführungen über Opposition, Umbruch und Transformation aus. Statt einer genauen Beschreibung der Verhandlungen von 1989 beschränkten sie sich auf floskelartige Zusammenfassungen über den Sieg der Solidarność, die die Machthaber zu Verhandlungen gezwungen habe. Einzig eine Stadtführerin widmete sich 2016 der virulenten Debatte um die Vereinbarungen am Runden Tisch explizit:

> What's the problem about this agreement? It looks very nice, it ended communism. *But* there was one part of it, which is: »We, communists, gonna give you some power, but you will not pursue us, you will not persecute us, you will not punish us, communists, for all the things we did during the communism.« […] And there are some people – the discussion is still open – there are some people, telling now, in 2016, that this agreement wasn't good enough, that actually those communists, those people responsible for Martial law, those people respon-

277 Eine solche Wortwahl gehört generell zum guten Ton. Auch im Zusammenhang mit dem Zweiten Weltkrieg sprechen die Guides in der Regel nicht von »Germans«, sondern von »Nazis«. Allerdings erlebten die Guides, mit denen ich sprach, die Haltung deutscher Tourist:innen kaum als Problem. Selbst dann, wenn es um den Zweiten Weltkrieg gehe, seien Deutsche sehr verständnisvoll und bereit, die eigene Schuld selbst zu thematisieren. Sowohl Maciej (21. 3. 2016) als auch Zuzanna (12. 4. 2016) und Lucie (19. 10. 2016) erzählten mir im Interview ungefragt, dass Deutsche generell viel Vorwissen und eine ausgeglichene Haltung mitbrächten. Inwiefern meine Nationalität als Interviewende hier einen Einfluss hatte, ist schwer zu beurteilen.

278 Vgl. Magdalena Saryusz-Wolska/Sabine Stach/Katrin Stoll, Verordnete Geschichte. Nationalistische Narrative in Polen, in: Osteuropa, Bd. 68 (2018) 3-5, S. 447-464.

> sible for, you know, all the persecutions, secret service, etc. they should have gone to the jail […].[279]

Zwar griff diese Stadtführerin die Diskussion direkt auf, ihre persönliche Haltung war aber nicht erkennbar. Stattdessen stellte sie wenig später ihre eigene Ratlosigkeit angesichts der offensiven rechten Geschichtspolitik heraus:

> I don't know. I don't know what to think. I know that because of those negotiations we became [a] democratic state. And this is the only thing important for me. But there are also people who say it could be done better. You could get a better agreement, yeah? […] So this is [an] open discussion …[280]

Ähnlich unentschieden äußerte sie sich wenig später über den damals ebenfalls aktuellen Vorwurf, Lech Wałęsa habe in den 1970er Jahren mit dem polnischen Staatssicherheitsdienst zusammengearbeitet. Diese Anschuldigung griff auch ein anderer Warschauer Guide auf. Wie seine Kollegin betonte er, keine eigene Einschätzung abgeben zu wollen, solange der Fall nicht abschließend geklärt sei. Stattdessen kommentierte er die aktuelle Skandalisierung in humoristischer Weise: »[R]ight now, it divided our society: Half of the society believes these documents were forged and the other half of the society believes that it is really the true story. And because I never believe in an official story, I don't believe in any of them.«[281]

Auch in den Führungen in Tschechien und der Slowakei konnte ich beobachten, wie Guides sich bemühten, das Konfliktpotenzial aktueller politischer Entwicklungen zu entschärfen, indem sie sich auf schwammige Andeutungen und Gemeinplätze zum Politikbetrieb beschränkten. So spielten zwar alle Stadtführerinnen von *BeFreeTours* in Bratislava auf Korruptionsskandale und politische Affären in der Slowakei an, ohne jedoch nähere Ausführungen zu den politischen Kontroversen, die sich im Untersuchungszeitraum teils stark zugespitzt hatten, zu geben. Als sie im Herbst 2017 auf den damaligen Ministerpräsidenten Robert Fico zu sprechen kam, der ein halbes Jahr später aufgrund von zivilgesellschaftlichen Protesten zurücktreten musste und heute wieder im Amt ist,[282] deutete Nela an, dass er bei vielen Slowak:innen unbeliebt sei. Den

279 FREE Walking TOUR foundation: Communist Warsaw, 13.9.2016.

280 Ebd.

281 Adventure Warsaw: Communism Tour, 10.9.2016.

282 Die Proteste hatten sich an der Ermordung des Journalisten Ján Kuciak, der zu Mafia-Verbindungen in die slowakische Regierung recherchiert hatte, und seiner Verlobten entzündet. Vgl. Martin Turček; Iva Mrvová, In the Heart of Europe:

Grund hierfür beließ sie jedoch im Vagen und bagatellisierte die anhaltende Kritik an der zunehmend EU-feindlichen und nationalistischen Regierungspolitik als Ausdruck unschöner Randerscheinungen eines jeden Politikbetriebs: »Many corruption scandals, all the time, I think. But when I am listening to people … it's happening everywhere – corruption, politics.« Auf ihre abschließende Frage »How is it in your countries?« bestätigte eine Touristin diese universelle Deutung: »Same as everywhere.«[283] Im Versuch, ein komplexes Geschehen zu vereinfachen und eine gelöste Stimmung innerhalb der Gruppe zu wahren, einigten sich die Beteiligten hier auf ein äußerst schematisches Politikbild.[284]

Für die tschechischen Guides ergab sich eine besondere inhaltliche Dissonanz aus dem Clash zwischen der Meistererzählung, 1989 habe die Demokratie über den Kommunismus gesiegt, und der anhaltenden Popularität der kommunistischen Partei, die im Unterschied zu anderen Ländern direkt aus der früheren Staatspartei hervorgegangen ist.[285] Tatsächlich ist die Kommunistische Partei Böhmens und Mährens (tsch. *Komunistická strana Čech a Moravy – KSČM*) bis heute die mitgliederstärkste Partei des Landes und vor allem auf regionaler Ebene sehr einflussreich. »There is a little bit of a communist person in every Czech«, erläuterte der damals 33-jährige Guide Milan in diesem Sinne und fügte lächelnd hinzu: »In me as well, maybe.«[286] Auch wenn die absoluten Mitgliederzahlen von Jahr zu Jahr sinken und die Partei bei den Parlamentswahlen 2017 deutliche Einbußen einstecken musste, stützte sich die Minderheitsregierung des Unternehmers Andrej Babiš von 2018 bis 2021 auf ihre Stimmen. Wie in der Slowakei fanden auch in Tschechien 2018 riesige Demonstrationen gegen den amtierenden Ministerpräsidenten statt. Einer der Vorwürfe gegen Babiš – wie Präsident Miloš Zeman ein erfolgreicher Profiteur der Privatisierung nach 1989 – betraf seine Zusammen-

The Murder of the Slovak Journalist Ján Kuciak, in: Südosteuropa-Mitteilungen 58 (2018) 4, S. 6-17.

283 BeFreeTours: Free Communism Tour, 20.10.2017.

284 Ein ähnlich schematisches Verständnis zeigte sich auch in ihren – nun mit deutlich mehr Sympathie vorgetragenen – Ausführungen über den damaligen Präsidenten Andrej Kiska. Als erster Inhaber dieses Amtes sei er niemals Mitglied der kommunistischen Partei gewesen und stehe daher jenseits des üblichen politischen Klüngels: »He's the first president ever in the 24 years history of Slovakia, independent Slovakia, with no political past and no communist past.« Seine Beliebtheit erklärte sie im Folgenden allerdings weniger aus der Absenz (post-)kommunistischer Verstrickungen als aus dessen karitativen Engagement. Ebd.

285 Explizit thematisiert wurde dies in folgenden Touren: Context Travel: From Iron Curtain to Velvet Revolution, 16.7.2015; Prague Special Tours: Communism and Nuclear Bunker Tour, 11.8.2016.

286 Prague Special Tours: Communism and Nuclear Bunker Tour, 16.7.2015.

arbeit mit der tschechoslowakischen Staatssicherheit. Trotz dieser Vielfalt an Anknüpfungspunkten gingen die Guides auch hier nicht ins Detail und brachten ihre persönliche Haltung allenfalls auf Nachfrage in Zwiegesprächen zwischen den Stationen zum Ausdruck.[287]

Als gesellschaftliche Ursachen für korrupte Strukturen, starken politischen Klüngel und die anhaltende Popularität der Kommunisten verwiesen die meisten Guides auf die fehlende Demokratieerfahrung der Tschech:innen und Slowak:innen. So hätten Nationalsozialismus und Kommunismus das demokratische Erbe der ersten tschechoslowakischen Republik nachhaltig zerstört, erklärte der in den 1980er Jahren geborene Guide Daniel.[288] Auch seine gleichaltrigen Kolleg:innen in Prag und Bratislava führten die aktuelle politische Situation implizit auf ein Generationenproblem zurück, indem sie die vollständige Sozialisation im kommunistischen System als eine der größten Herausforderungen des demokratischen Systems in ihren Ländern herausstellten. Sowohl die Erfolge der Rechtspopulisten als auch der KSČM erklärten sie somit zum Nostalgie-Problem ihrer Eltern und Großeltern.[289] Gleich in mehreren Touren wurde eine nicht näher bestimmte ältere Person mit der Aussage zitiert, das Leben in einer »warmen Gefängniszelle« sei allemal besser als das in der »kalten Freiheit«.[290] Dabei standen solche Deutungen bisweilen Seite an Seite mit eigenen nostalgischen Positionen, wie eine Unterhaltung mit der fast 50-jährigen Stadtführerin Aneta nahelegt, mit der wir aufgrund eines plötzlichen Regengusses in ein Café geflüchtet waren. Bei einem Cappuccino kamen wir über die Mentalität und das Leben im heutigen Tschechien ins Gespräch. Freimütig kritisierte Aneta zunächst die Haltung ihrer Eltern, die noch immer die Kommunisten wählten. Wenige Augenblicke später richtete sich ihre Kritik jedoch in eine andere Richtung: Sie beklagte die Kommodifizierung Prags ebenso wie die allgemeine Beschleunigung der spätmodernen Welt und zeichnete das Gegenbild eines weniger globalisierten, ruhigeren Lebens, das nun deutliche Ähnlichkeiten zu ihren eigenen Erzählungen über den Staatssozialismus aufwies.[291]

287 Discover Prague: WWII & Communism Tour, 11. 6. 2018; Good Prague Tours: Communism Tour, 13. 6. 2018.

288 Prague Extravaganza: Communism and Bunker Tour, 10. 8. 2016.

289 Prague Extravaganza: Communism and Bunker Tour, 15. 7. 2015; Prague Walks: Communism Walk, 10. 6. 2018; Good Prague Tours: Communism Tour, 13. 6. 2018.

290 Die konkreten Formulierungen weichen leicht ab: »she prefered a warm jail cell to a cold street« (NEXT City Tours: Free Red Prague Tour, 12. 8. 2016) bzw. »better to live in a warm prison, than a cold freedom« (BeFreeTours: Free Tour Bratislava, 13. 7. 2015).

291 Prague Walks: Communism Walk, 10. 6. 2018.

An Beispielen wie diesen wird deutlich, dass die englischsprachige Präsentation des Kommunismus in den touristischen Zentren Prag, Warschau und Bratislava mitnichten Ausdruck konkreter (geschichts-)politischer Agenden ist. Im Gegenteil teilten einige Guides im Zwiegespräch sehr persönliche Ansichten, während andere sich um jeden Preis bemühten, keine politischen Positionen zu formulieren. Die nationalen, im Untersuchungszeitraum zum Teil lebhaften öffentlichen Debatten über das Erbe der staatssozialistischen Vergangenheit wurden kaum proaktiv angesprochen, bestehende Kontroversen nicht selten als Ausdruck neoliberaler bzw. spätmoderner Gesellschaften universalisiert. Im Bestreben um eine »neutrale« und weltoffene Haltung entstanden allerdings durchweg Ungereimtheiten, die unkommentiert blieben. Diese dem Guiding im kommerziellen Kontext eigene »neitherness«[292] ist, wie ich im folgenden Kapitel zeigen werde, vor allem deshalb problematisch, weil sie Fragen nach Verantwortung und *agency* zugunsten eines harmonischen Erlebnisses ausklammert und allen die Möglichkeit gibt, sich mit einem neutralen Beobachterstatus zu identifizieren.

292 Feldman, Skinner, Tour Guides as Cultural Mediators, S. 9.

II.4 Zwischen Geschichte und Geschichten: Multifunktionales Erzählen im Tourismus

Es ist deutlich geworden, dass Erzählen in der touristischen Stadtführung viele Funktionen erfüllt. Es unterhält und bildet, es authentisiert historische Orte und mobilisiert bekannte Bilder. Die diskursiven Praktiken, die dabei zum Tragen kommen, sind stark durch die Mündlichkeit des Formats geprägt. Die Art, wie Guides und Gäste miteinander sprechen, weist somit Ähnlichkeiten zur Alltagskommunikation auf, ist aber nicht gänzlich im Kontext des Alltäglichen zu verorten, den narratologische Betrachtungen des mündlichen Erzählens üblicherweise fokussieren.[293] Stattdessen bewegt sich das »historytelling«[294] einer Stadtführung irgendwo zwischen Unterrichts- und Privaterzählung: Historisches Fachwissen wird darin reoralisiert, informeller Austausch darüber stimuliert. Stadtführer:innen treten somit in einer Doppelrolle als Public Historians und passionierte Geschichtenerzähler:innen auf, wofür die Kommunismustouren ein gutes Beispiel sind: Beworben als »amazing storytellers«[295] wechselten ihre Guides fortwährend durch verschiedene Erzählpositionen. Mal stellten sie sich selbst als Ich-Erzähler:innen, die eigene Erfahrungen teilten, ins Rampenlicht; mal traten sie ganz hinter die sprachliche Rekonstruktion vergangener Geschehnisse zurück. Bezogen auf die Funktionen, die ihre Erzählungen dabei jeweils erfüllten, lassen sich Phasen des Berichtens von solchen unterscheiden, die stärker auf eine Veranschaulichung bzw. Vergegenwärtigung vergangener Ereignisse abzielten.[296] Unmittelbar neben erzählerischen Imaginationen konkreter Situationen (etwa durch Anekdoten, Einschübe oder dialogisches Erzählen) standen Passagen, die vor allem erklärenden Charakter trugen und Kausalzusammenhänge vermitteln sollten.

293 Vgl. Uta Quasthoff/Sören Ohlhus, Mündliches Erzählen, in: Matías Martínez (Hg.), Erzählen. Ein interdisziplinäres Handbuch, Stuttgart 2017, S. 76-87.

294 Zum Begriff »historytelling« als Sonderform des »storytelling« vgl. Historytelling, in: Werkstatt.bpb, unter https://www.bpb.de/lernen/digitale-bildung/werkstatt/218808/glossar-historytelling/ [29.3.2023].

295 Walkative!, Who we are, https://freewalkingtour.com/about/ [9.6.2022].

296 Renate Brosch, Veranschaulichen / Vergegenwärtigen, in: Matías Martínez (Hg.), Erzählen. Ein interdisziplinäres Handbuch, Stuttgart 2017, S. 293-302; Tobias Klauk/Tilmann Köppe, Telling vs. Showing, in: Peter Hühn/Jan Christoph Meister/John Pier/Wolf Schmid (Hg.), Handbook of narratology, Berlin 2014, S. 846-853. Vgl. auch Moritz Lautenbach-von Ostrowski, Going Beyond Narration. Guided Tours at Concentration Camp Memorial Sites from a Linguistic Perspective, in: Narrative Culture, Bd. 9 (2022) 2, S. 234-255.

Doch wie umfassend kann eine mündliche Erzählung, wie sie in geführten Touren gegeben wird, überhaupt plausible Zusammenhänge erläutern, also Geschichte im historiografischen Sinne vermitteln? Denn wenn man den Erwägungen folgt, die Walter Benjamin bereits in den 1930er Jahren über das orale Erzählen anstellte, hat dieses, anders als Historiografie oder Prosa, gar nicht den Anspruch, Erklärungen zu geben. Der mündliche »Erzähler« ähnele nicht der Figur des »Historikers«, sondern des »Chronisten«, der in additiver oder agonistischer Form über Vergangenes berichte.[297] Auch der Literaturwissenschaftler Walter J. Ong, der sich intensiv mit Oralität und Literalität auseinandergesetzt hat, ordnet dem mündlichen Erzählen keinen analytischen Anspruch zu.[298] Hier stellt sich allerdings die Frage, ob die historische Stadtführung wirklich ein rein orales Medium ist. Tatsächlich legen ihre Tendenz zur Monologizität ebenso wie der punktuelle Gebrauch literater bzw. fachsprachlicher Formen – Wolfgang Kesselheim spricht von einer besonderen Mischung aus Flapsigkeit und Fachtermini[299] – einen hybriden Charakter nahe.

Ausgehend von der Multifunktionalität des mündlichen Erzählens, möchte ich mich im Folgenden dem Wechselspiel zwischen verschiedenen Erzählregistern widmen, um das Verhältnis zwischen den »Geschichten« und der »Geschichte« näher zu bestimmen. Dafür wende ich mich zunächst dem Personal der Erzählungen zu, das eine gattungstypische, anekdotische Personalisierung von Geschichte offenbart. Als Protagonist:innen der Kommunismustouren traten sowohl bekannte historische Persönlichkeiten als auch unbekannte Familienmitglieder auf, so dass die Erzähler:innen teils bruchlos von der Metaebene »großer« Geschichte in die Sphäre eigener biografischer Erinnerungen schlüpfen konnten. Wie ich mit Blick auf Lexik und Grammatik zeigen werde, blieb die Beschreibung derer, die das staatssozialistische System mitgetragen haben, dabei allerdings fast immer diffus. Explizit vorgetragene Kausalzusammenhänge standen nicht immer im Einklang mit der im *emplotment* angelegten, übergreifenden Erklärung.[300] Gleiches gilt für die Gemeinschaften, auf

297 Walter Benjamin, Der Erzähler. Betrachtungen zum Werk Nikolai Lesskows, in: Walter Benjamin, Erzählen. Schriften zur Theorie der Narration und zur literarischen Prosa, Frankfurt a. M. 2007, S. 103-128, hier S. 108 f., 115.

298 Walter J. Ong, Orality and literacy. The technologizing of the word, London 2009, S. 36-56.

299 Kesselheim, »Zeigen, erzählen und dazu gehen«, S. 252. Zur schriftsprachichen Qualität von Alltagserzählungen vgl. auch Quasthoff, Ohlhus, Mündliches Erzählen, S. 84 f.

300 Zur Erklärung durch *emplotment* siehe die Ausführungen in Kapitel II.1 sowie Matías Martínez, Erklären, in: Matías Martínez (Hg.), Erzählen. Ein interdisziplinäres Handbuch, Stuttgart 2017, S. 250-256, hier S. 251.

die in konkreten Erzählsituationen Bezug genommen wurde: Nicht immer ließ sich genau bestimmen, auf wen die gewählten Personaldeiktika verwiesen. Auf der Sprachebene erweist sich das touristische »history-telling« damit als in besonderem Maße unbestimmtes, vieldeutiges Erzählen, das die Grenze zwischen Faktualem und Fiktionalem bewusst vage konturiert – ein Vorgehen, das zugleich als implizite Form des oben beschriebenen Heritagemanagements gedeutet werden kann.

Personal der Erzählung I: Geschichte »großer Männer« und der eigenen Familie

Abgesehen von den amerikanischen Guides in Prag erzählten die Stadtführer:innen den Staatssozialismus, sein Ende und die Transformation immer auch als ihre eigene Geschichte. Indem sie als Ich-Erzähler:innen auftraten, stellten sie Personen aus ihrer eigenen Familie und deren Schicksal vor. Einige beriefen sich sogar auf persönliche Erlebnisse, um ihre Geschichtsdarstellung zu veranschaulichen und zu beglaubigen. So erzählte Milan auf dem Prager Wenzelsplatz über die großen Demonstrationen im November 1989, die die Samtene Revolution eingeläutet hatten: »I've been there with my parents. I was three years old«, und ergänzte: »I might be on one picture.«[301] Ebenfalls in Prag beriefen sich zwei unterschiedliche Guides auf eine übereinstimmende Kindheitserinnerung, die den abrupten Umbruch 1989/1990 betraf. In ihre Lebenswelt sei die Zäsur unter anderem über eine neue Sprachkonvention eingebrochen: Nach den Ferien hätten die Schüler:innen ihre Lehrerin plötzlich nicht mehr mit »Genossin Lehrerin« (tsch. »soudružko učitelko«) anreden dürfen.[302] Andere Guides nutzten die Erlebnisse ihrer Angehörigen, um das Alltagsleben zu illustrieren, das viel Findigkeit und Ausdauer verlangt habe. So habe die Oma einer Stadtführerin Lebensmittelmarken, die sie zum Kauf von Wodka berechtigten, während ihrer Schwangerschaft gegen Coupons für Fleisch eingetauscht.[303] Weniger auf den Alltag als das System hob der Guide ab, der als Dreijähriger die Samtene Revolution auf den Schultern seiner Eltern miterlebt hatte: Über das Leben seiner Familie in der Zeit der Normalisierung erzählte er, dass seiner Mutter ein Studium verweigert worden sei, weil sich sein Opa oppositionell engagiert habe.[304]

301 Prague Special Tours: Communism and Nuclear Bunker Tour, 11. 8. 2016.
302 Prague Extravaganza: Communism and Bunker Tour, 15. 7. 2015 und 10. 8. 2016.
303 FREE Walking TOUR Foundation: Communist Warsaw, 13. 9. 2016.
304 Prague Special Tours: Communism and Nuclear Bunker Tour, 16. 7. 2015.

Komplementär zu solchen Geschichten »von unten«, die in der ersten Person erzählt wurden, stand die »große« Geschichte, erzählt in der dritten Person. Von der personalen in eine auktoriale Erzählperspektive wechselnd,[305] ließen die Guides in diesen Passagen bekannte Persönlichkeiten, insbesondere aus der Politik, auftreten. Zitiert sei ein weiteres Mal aus einer Tour in Prag, in der uns der Guide eine kurze Geschichte des Prager Frühlings präsentierte:

> [I]n 1968, the secretary who is elected to the communist party … his name is Alexander Dubček. Now the thing about Alexander Dubček is that he is communist but he believes in a wider, kind of […] friendlier form of communism. He actually calls it »communism with a human face.« So, he starts to push for a lot of changes and […] then in May 1968 there is an election which brings about a new president and his name is Ludvík Svoboda. And what is interesting about Ludvík Svoboda is that »Svoboda« – his last name – actually means »freedom.« So, Svoboda and Dubček they begin to work together and start to push for this freer, better form of communism. They start removing a lot of the old restrictions, they start allowing for more freedom of expression […].[306]

Als Hauptthelden der Geschichte über die Liberalisierung in den 1960er Jahren inszenierte dieser Stadtführer Alexander Dubček und Ludvík Svoboda. Indem er dabei ins historische Präsens wechselte, zog er uns förmlich in die Erzählung hinein. In Formulierungen wie »he starts to push for a lot of changes« oder »they start allowing for more freedom« gerann der Prager Frühling – eine parteiinterne Reformbewegung, die zur sozialen Bewegung gewachsen war – damit zur Geschichte (zweier) »großer Männer«. Ähnliche Heldengeschichten über Dubček, den »leader of the Prague Spring«, erzählten fast alle Guides in Prag und Bratislava. Vor allem in den Touren durch Bratislava wurde der aus der Slowakei stammende Politiker explizit als nationaler Held vorgestellt. Als »our Slovak hero« und »a very, very special politician« porträtierte Nela ihn und veranschaulichte seine politische Position, indem sie ihn mit direkter, fiktionaler Rede auftreten ließ: »He said something like: ›Okay, we are Socialists. Let's keep the system. But in [sic] the same time we don't have to be so oppressive to citizens.‹«[307]

305 Zum Wechsel zwischen den Perspektiven bei Guides in Gedenkstätten siehe Sara Jones, The Media of Testimony. Remembering the East German Stasi in the Berlin Republic, Basingstoke 2014, S. 133.

306 Good Prague Tours: Communism Tour, 13. 6. 2018.

307 BeFreeTours: Free Communism Tour, 20. 10. 2017.

Analog zu Dubčeks Präsentation als Protagonist der Reformbewegung wurden auch andere Zeitabschnitte durch das Prisma einzelner Politiker – Frauen waren mit Ausnahme der 1950 hingerichteten Widerstandskämpferin Milada Horáková nicht darunter – erzählt. In Prag waren dies etwa der erste tschechoslowakische Präsident Tomáš G. Masaryk, der erste kommunistische Präsident Klement Gottwald sowie Václav Havel als Wortführer der Dissident:innen; in Polen nahm der Gewerkschaftsführer Lech Wałęsa (manchmal zusammen mit Papst Johannes Paul II.) eine herausragende Rolle ein. Zum Personal sämtlicher Erzählungen gehörten darüber hinaus die Staatsmänner der Sowjetunion, allen voran Josef Stalin und Leonid Brežnev. Letztere stellten die Guides als »Strippenzieher« vor, die sämtliche historische Veränderungen im entsprechenden Zeitraum zu verantworten hätten. Nicht selten traten diese Persönlichkeiten als enge Freunde oder aber kämpferische Antagonisten auf.[308] Klement Gottwald wurde fast durchweg in Symbiose mit Stalin präsentiert;[309] die Samtene Revolution wiederum geriet in folgender Erzählung des Stadtführers Lucas zu einem Showdown zwischen dem Reformkommunisten Dubček und dem Dissidenten Havel:

> [P]eople […] are gathered right here on this square and there is two men that are leading them: One [is] Alexander Dubček, the other one is Václav Havel. […] Alexander Dubček steps up, he is the first one to speak and he says: »Look, […] let's go back to what I wanted earlier, let's go back to having this easier form of communism, this better form of communism.« […] Now even though the people […] really loved Dubček […] they were also saying: »Look, now we have tried communism for forty years. Now we're done with it. We're ready to change, to do something else.« So Václav Havel stands up, begins to speak and symbolically […] reaches into his pocket, pulls out his house keys and urges everyone else to pull out their house keys symbolizing becoming liberated from the shackles of communism. And so, at this point the communists they know that it is over.[310]

Hier erreichte Lucas' Geschichte über die Samtene Revolution ihren Höhepunkt: Der alte Held kann sich gegen den neuen nicht durchsetzen, die Kommunist:innen müssen sich ihre Niederlage eingestehen – eine neue Zeit bricht an:

308 Zur Agonalität als typischem Modus des mündlichen Erzählens vgl. Ong, Orality and literacy, S. 43-45.

309 Tatsächlich starb Gottwald nur neun Tage nach Stalin, nachdem er dessen Begräbnis in Moskau besucht hatte.

310 Good Prague Tours: Communism Tour, 13. 6. 2018.

> They knew that their grip on the government was gone. So just a couple of days later the communist leadership actually steps down, Václav Havel [...] steps up. They actually have an election December 30th 1989 [...] where Václav Havel is elected the next president of Czechoslovakia.[311]

Diese Erzählung präsentierte eine stark geraffte Variante des Systemumbruchs, in der ikonische Bilder – die Gesichter des Prager Frühlings, der Charta 77 und die friedlichen Demonstrant:innen, die mit Schlüsseln klingeln – in einer *story* komprimiert wurden.[312] Auch wenn sich der amerikanische Guide, anders als sein tschechischer Kollege, nicht auf eigene Kindheitserinnerungen berufen und somit nicht als Ich-Erzähler auftreten konnte, imaginierte er vor unserem inneren Auge das Geschehen von 1989. Hierfür bediente er sich verschiedener Mittel der Dramatisierung, darunter historisches Präsens und direkte Redewiedergaben, die freilich keine verbürgten Zitate wiedergaben, sondern eher politische Haltungen in Alltagssprache zusammenfassten. Lediglich in einem Satz (»They knew that their grip on the government was gone.«) wechselte er explizit in einen erklärenden Modus. Unmittelbar darauf lenkte er die Aufmerksamkeit wieder zurück auf Václav Havel, um seine Geschichte zu einem Happy End zu führen.

Während sich die übergreifende narrative Modellierung solcher Geschichten vom Sieg des Guten über das Böse mit Northrop Frye bzw. Hayden White als »Romanze« beschreiben lässt,[313] traten die (kommunistischen) Gegenspieler der positiven (reformkommunistischen oder oppositionellen) Helden eher in Form ironisch vorgetragener Anekdoten wie der folgenden auf:

> And Brezhnev was [...] here [in Warsaw – S.St.] to open this party congress and once there was a scandal. [...] He got drunk so much, he fell asleep, and *no one* could wake him. [...] All polish delegates, politicians thought he was dead. You can imagine: What happened if Brezhnev really died in Poland? [...] Investigations, invasion [...] army or something like that. But fortunately, he woke up [...]. But he

311 Good Prague Tours: Communism Tour, 13. 6. 2018.

312 Ganz ähnlich wurde in Bratislava die Trennung der slowakischen und tschechischen Republik am 1. Januar 1993 als Deal zwischen dem damaligen slowakischen und dem tschechischen Premierminister, Vladimír Mečiar und Václav Klaus, beschrieben. BeFreeTours: Free Communism Tour, 20. 10. 2017 sowie 2. 8. 2019. Diese Verzerrung aufgreifend bemüht sich Krapfl um eine Geschichte der Samtenen Revolution »von unten«. Krapfl, Revolution with a human face, S. 1 f.

313 Ebd., S. 14-18.

> was still drunk. So, the speech wasn't very fluent and good [...] because he started to sing. He started to sing the Internationale song, the main song.[314] And if the leader of communists is singing a communist song *everybody* has to sing. So, 3000 of the most important people of Poland were forced to stand up and sing for Brezhnev and he started to conduct these people [...] twenty minutes.[315]

Als Erzählform, die eine Person mittels einer konkreten Begebenheit vorstellt, scheint die im Tourismus populäre Form der Anekdote gut geeignet, um negative Helden – in diesem Fall einzelne kommunistische Führer – zu porträtieren. Nicht die Geschichte selbst muss dabei real sein, wohl aber die Person.[316] Der Guide nutzte die Anekdote über den angeblichen Vorfall im Warschauer Kulturpalast, um das damalige Staatsoberhaupt der Sowjetunion lächerlich zu machen. *En passant* charakterisierte er dabei auch die polnischen Kommunist:innen – »forced to stand up and sing for Brezhnev« – einmal mehr als Marionetten, dirigiert aus dem fernen Moskau.[317]

Personal der Erzählung II: Kommunismus ohne Kommunist:innen?

Trotz – oder vielmehr wegen – der Fülle an Personen, die in den Erzählungen der Guides auftraten, blieben die Möglichkeiten, historische *agency* zu reflektieren, darin äußerst vage.[318] Indem die Guides entweder über Einzelpersonen aus der eigenen Familie oder über Vertreter der kommunistischen Machtelite sprachen, sparten sie komplexere Fragen, etwa nach gesellschaftlichen Prozessen und Verhaltensmustern, aus. Insbesondere in Polen ignorierten die Guides die Frage, in welchem Verhältnis die Bevölkerung zu den Idealen des Kommunismus stand und wer »die Kommunisten« konkret waren, fast völlig. Symptomatisch für diese Absenz polnischer Kommunist:innen ist die folgende Aussage, mit der eine Warschauer Stadtführerin ihre Tour eröffnete: »The topic is communism in Poland, communists in the world.«[319] Während sie den

314 Gemeint ist vermutlich das Kampflied »Die Internationale«.
315 CREATours: Palace »in a nutshell«, 3.11.2018.
316 Anekdote, in: Georg Braungart/Harald Fricke/Klaus Grubmüller/Jan-Dirk Müller/Friedrich Vollhardt/Klaus Weimar (Hg.), Reallexikon der deutschen Literaturwissenschaft, Band 5, Berlin 2007, S. 87-89, hier S. 87
317 Siehe dazu Kapitel II.1.
318 Zur Negierung von »human agency« in der satirischen Darstellung der Samtenen Revolution siehe: Krapfl, Revolution with a human face, S. 32.
319 FREE Walking TOUR Foundation: Communist Warsaw, 13.9.2016.

Kommunismus (als abstraktes Konstrukt bzw. Ideologie) durchaus im eigenen Land lokalisierte, verortete sie dessen Vertreter:innen irgendwo »in der Welt«.

Dass »die Kommunisten« kaum als gesellschaftliche Kraft, geschweige denn gewöhnliche Menschen imaginiert wurden, spiegelt sich auf der Ebene der Grammatik in unterschiedlicher Form wider. Betrachtet man Syntax und Verbformen näher, fällt streckenweise eine Tendenz zur Nutzung von Passivkonstruktionen auf, die als Charakteristikum der Schriftsprache gilt. Aus funktionaler Sicht erscheint die Vermeidung des Aktivs wenig verwunderlich, denn sie ersparte den Guides aufwändige Erläuterungen über Bürokratie, Verwaltung, Zuständigkeiten und Befugnisse im Staatssozialismus. So ließen Formulierungen wie »just thirty [apartments] were given to actual workers«[320] die Frage, wer eigentlich für die Vergabe von Wohnungen zuständig war, außen vor. Besonders fiel mir die Ausblendung der Handelnden auf, wenn Gewalt und Repression im Fokus standen. So lenkten Sätze wie »People started disappearing«[321] über den stalinistischen Terror alle Aufmerksamkeit auf die Opfer, während die Täterseite selbst überhaupt nicht thematisiert wurde. Das Sprechen im Passiv erlaubt es demnach, komplexe Zusammenhänge anzusprechen, ohne sie genauer ausführen zu müssen. Solche passivischen Konstruktionen betrafen freilich nicht immer die Darstellung von staatlichen Herrschaftspraktiken. Auch Formulierungen wie »when Solidarity has been established«[322] oder »when democracy was installed«[323] ließen die Akteursseite im Dunkeln.

Es ist kaum verwunderlich, dass eine solche Verschleierung der Handelnden in einigen Fällen Verständnislücken generierte. Als etwa der Guide Peter erzählte, dass das Klement-Gottwald-Denkmal in Bratislava nach der Samtenen Revolution zerstört worden sei, hakte ein Teilnehmer nach: »Did it the communists themselves? Or the people?«[324] Angesichts der baulichen Ausmaße des Denkmals war diese Frage nachvollziehbar, denn Peters konkrete Formulierung hatte offengelassen, wer den Denkmalsturz initiiert und durchgeführt hatte.[325] Selbst dann, wenn handelnde Subjekte konkret genannt wurden, irritierte mancher Wortlaut mehr als er

320 Adventure Warsaw: Communism Tour, 10.9.2016.

321 Prague Extravaganza: Communism and Bunker Tour, 15.7.2015.

322 Adventure Warsaw: Communism Tour, 10.9.2016.

323 BeFreeTours: Free Communism Tour, 20.10.2017.

324 Authentic Slovakia: Bratislava Post Socialist City Tour, 14.7.2015.

325 Erst 1990 wurde das Denkmal kontrolliert gesprengt. Vgl. V roku 1990 vyhodili bratislavské súsošie K. Gottwalda do vzduchu, in: vtedy.sk, https://www.vtedy.sk/pomnik-gottwald-odstrel [28.3.2023].

erhellte. So thematisierte auch eine andere Stadtführerin in Bratislava den Gottwald-Kult und erzählte über den ersten kommunistischen Präsidenten der Tschechoslowakei sowie den ehemaligen Gottwald-Platz folgendes:

> [H]e was responsible for purges in the Communist party and there was this square built for him as a tribute. There was a statue of him, but this statue was blown up in the Velvet Revolution, because nobody wanted to remember him anymore, he was not such [a] nice personality, so we'll visit here. It's an abandoned square and it's very neglected.[326]

Gleich zweimal scheint hier ein Kausalzusammenhang zwischen einzelnen Satzteilen zu bestehen, der sich bei näherer Betrachtung als wenig sinnhaft erweist: Weder stellte die »unangenehme« Persönlichkeit des Politikers den Grund für den Besuch des Platzes dar, noch hatten die innerparteilichen Säuberungen Anlass für dessen Bau gegeben.

Verständnislücken wie diese müssen natürlich auch aus dem Sprachniveau der hier betrachteten Interaktionen erklärt werden. Auch wenn ihre Sprachfähigkeiten sehr unterschiedlich waren, verfügten die slowakischen, tschechischen und polnischen Guides – anders als ihre amerikanischen Kolleg:innen – generell über eingeschränkte Ausdrucksmöglichkeiten. In einigen Fällen bedingte die fremdsprachliche Nutzung des Englischen als *lingua franca* des Massentourismus offensichtlich eine starke Reduktion der sprachlichen Mittel.[327] Ein reduzierter Wortschatz, fehlerhafte Ausdrücke, Sprünge durch die Zeitformen sowie missverstandene Fragen resultierten einerseits in unverständlichen Aussagen und unklaren Kausaldarstellungen. Andererseits trugen vereinfachende und grammatisch falsche Ausdrücke wie »communists made the trouble«[328] oder »Moscow gets really angry«[329] zur oben beschriebenen Banalisierung des diktatorischen Regimes bei. Im Vergleich dazu konnten die amerikanischen bzw. kanadischen Guides, die zwar ihren fehlenden Insider- und Zeitzeugenstatus kompensieren mussten, auf der Sprachebene ihren »Vorteil« ausspielen und boten zum Teil sehr viel differenziertere Ausführungen als die einheimischen Guides.

326 BeFreeTours: Free Communism Tour, 20.10.2017.

327 Zur Stadtführung als Ausdruck interkultureller Kommunikation aus fremdsprachendidaktischer und linguistischer Sicht vgl. Marcella Costa/Bernd Müller-Jacquier (Hg.), Deutschland als fremde Kultur. Vermittlungsverfahren in Touristenführungen, München 2010. Allgemein zur nicht-professionellen Übersetzung touristischer Texte, die häufig in sinnlosen oder rätselhaften Aussagen resultiert, vgl. Ehlich, Tourismus und sprachliches Handeln – diesseits und jenseits von Lingua-franca-Kommunikation.

328 Authentic Slovakia: Bratislava Post Socialist City Tour, 17.10.2016.

329 BeFreeTours: Free Tour Bratislava, 13.7.2015.

Unabhängig vom Sprachniveau erwiesen sich die Akteursbezeichnungen, die die Guides wählten, um über die gesellschaftlichen Prozesse bzw. historischen Ereignisse zwischen 1945 und 1989 zu sprechen, als wenig präzise. Die in den Kommunismustouren üblichen Bezeichnungen »the communists«, »the Soviets«, »the Soviet Union«, aber auch »the government«, »the political leaders«, »the local authorities« oder gar the »V. I. P.s« blieben allesamt unbestimmt und delegierten die Verantwortung für Bauprojekte und Propaganda, für wirtschaftliche Lage und politische Unterdrückung an eine unscharf umrissene Elite. Wer genau das politische System eigentlich getragen hatte, wurde in den Warschauer Touren – in Übereinstimmung mit der geschichtspolitischen Meistererzählung einer »kommunistischen Besatzung« des Landes – nicht problematisiert. Selbst wenn die Guides uns »einfache« Menschen, etwa Parteimitglieder aus der eigenen Familie, vorstellten, charakterisierten sie diese als Ausnahmen und grenzten sie von »proper communists«[330] ab.

Eine derart radikale Ausblendung der Frage, wer »die Kommunisten« eigentlich waren, scheint in der ehemaligen Tschechoslowakei, wo die Kommunisten im Februar 1948 verfassungskonform an die Macht gekommen waren, nicht möglich. Bereits 1946 als stärkste Partei aus den Parlamentswahlen hervorgegangen, hatten sie wichtige Schlüsselpositionen besetzen können. Aus dieser Stellung heraus war es ihnen unter dem damaligen Ministerpräsident Gottwald gelungen, nach dem Rücktritt von zwölf nicht-kommunistischen Regierungsmitgliedern und mit Unterstützung der Sozialdemokraten die Vereidigung einer neuen Regierung durch Präsident Beneš zu erzwingen. Angesichts dessen sahen sich insbesondere die Prager Guides gezwungen, die große Popularität, die die kommunistische Partei nach dem Zweiten Weltkrieg in der Tschechoslowakei genoss, zu erklären. Die meisten von ihnen wiesen deshalb, in durchaus differenzierter Weise, auf eine Vielzahl von Gründen für die Machtübernahme hin, darunter die starke linke Vorkriegstradition, die Enttäuschung der Tschech:innen durch die westlichen Verbündeten des Landes, die Rolle tschechischer Kämpfer:innen im Ersten Weltkrieg, das moralische Kapital vieler kommunistischer Politiker:innen als »Antifaschist:innen« und der Glaube an die Utopie der Gleichheit, die im Nachkriegselend besondere Anziehungskraft gehabt habe. »No wonder, the communists won the election«, fasste eine Stadtführerin in Prag die Lage zusammen.[331]

330 FREE Walking TOUR Foundation: Communist Warsaw, 13. 9. 2016.
331 Prague Extravaganza: Communism and Bunker Tour, 15. 7. 2015.

Besondere Anstrengungen, die kommunistische Machtübernahme als mehrdimensionalen Prozess zu erklären, dessen Wurzeln bereits in der Zwischenkriegszeit zu suchen sind, unternahm einer der amerikanischen Guides. Nachdem er vor dem ehemaligen Sitz der Gestapo in Prag ausgiebig über das Schicksal der Tschech:innen im Zweiten Weltkrieg, den kommunistischen Widerstand und das starke Wachstum der Kommunistischen Partei nach dem Krieg – 1946 lag die Mitgliederzahl bereits bei anderthalb Millionen – gesprochen hatte, widmete er sich beim nächsten Stopp noch detailreicher der vollständigen Machtübernahme durch die Kommunisten. Mit über 13 Minuten war dieser Monolog ungewöhnlich lang.[332] Die Perspektive, die Lucas als Einstieg wählte, war eine gesamteuropäische:

> Now it's important to understand that after the end of the Second World War Europe is completely devastated. So, you have widespread destruction, you have cities in ruins, roads that were destroyed, you have people living in famine, in poverty and so it's a really, really hard time all around. What happens during that period is that communists start to come along and say: »Hey, you know, we have a way to make things better right now […] what we want to do is: establish a system where everyone is equal […].« And so that's an idea, that becomes popular all throughout Europe and especially popular in eastern Europe, especially in areas that were liberated by the Soviets.

Im Folgenden entwickelte er die verschiedenen Schritte, mit denen die KSČ ihre Vormachtstellung gegenüber den anderen Parteien ausbauen und im Februar 1948 die Regierung übernehmen konnte. Warum er den langen, komplexen Prozess in solcher Ausführlichkeit schilderte, machte er in seiner Zusammenfassung deutlich:

> [T]hat is kind of a complicated thing to understand […]. It actually took me a couple [of] times to wrap my head around […]. It wasn't a violent political crew. That's the main thing to remember and understand: It wasn't violent. It was actually … the communists … they technically took over here legally. So, they essentially used the political system against itself to get a takeover. So that's one thing you can remember from all of that. That's the most important thing.[333]

332 Zum Vergleich: Lucas' Ausführungen über die Zeit des Stalinismus bis hin zum Prager Frühling dauerten zusammen keine acht Minuten.

333 Good Prague Tours: Communism Tour, 13. 6. 2018.

Auch wenn die Ausführlichkeit seiner Ausführungen auch meiner Anwesenheit als Forscherin geschuldet sein könnte, schien dieser Guide prinzipiell sehr bestrebt, die Vorstellung einer politischen Fremdherrschaft zu revidieren und die sich wandelnden Haltungen in der Bevölkerung im Zeitverlauf zu thematisieren. So erschienen die 1980er Jahre bei ihm in Übereinstimmung mit der Forschungsliteratur als Zeit des Utopieverlusts, der Entideologisierung und schrittweisen Erosion des Systems.[334] Stärker als viele seiner einheimischen Kolleg:innen bemühte er sich um eine differenzierte Darstellung. Und dennoch waren seine Bestrebungen nur bedingt erfolgreich, wie eine spätere Episode in derselben Tour vor Augen führt: Als wir gegen Ende der Führung den Bunker erreichten, fragte ein Gast aus Argentinien aller Bemühungen des Guides zum Trotz: »Was it a secret bunker during communist occupation?«[335] War die Beharrungskraft stereotyper Vorstellungen hier also größer als der kurzfristige Effekt der ausführlichen Erläuterung?

Die Gesamtschau auf Lucas' Tour legt eine Kollision zwischen den beiden Erzählmodi – erklärenden und veranschaulichenden Passagen – nahe. Die Erläuterungen über die gesellschaftliche Verankerung des Kommunismus und seine Popularität als Weltanschauung standen isoliert neben bildreichen Erzählungen, in denen »die Kommunisten« als Gegenspieler der Bevölkerung bzw. als Repräsentanten Moskaus imaginiert wurden. Die Formulierung »When the communists invaded here«, die Lucas entschlüpfte, als er über den Einmarsch des Warschauer Pakts 1968 sprach, marginalisierte seine Differenzierungsversuche ebenso wie andere pauschalisierende Aussagen über »die Kommunisten«, die Jan Palach pathologisiert und die Kinder indoktriniert hätten.[336] Als Geschichtsvermittler gab er sich große Mühe, den Kommunismus zu historisieren und die Haltung der Gesellschaft zu erklären. Diese Rolle stand jedoch unverbunden neben der des unterhaltsamen Geschichtenerzählers, so dass sich ein widersprüchliches Bild der Vergangenheit entfaltete. Dass eine solche Inkonsistenz nicht als Spezifikum der Präsentation eines Amerikaners zu interpretieren ist, wird im Blick auf andere Beispiele deutlich. So berichtete die tschechische Stadtführerin Kateřina, die ebenfalls für einen internationalen Anbieter arbeitete, über die Interaktion mit Gästen in einer ihrer früheren Touren: »Some people asked me: ›Where did the communists go after 1989? Did they leave?‹ And I

334 Gegen die etablierte Annahme eines Utopieverlusts nach 1956 argumentiert allerdings Pavel Kolář, Poststalinismus. Ideologie und Utopie einer Epoche, Köln u. a. 2016.

335 Good Prague Tours: Communism Tour, 13. 6. 2018.

336 Ebd.

said: ›No, it were Czechs.‹«[337] Offenbar hatte auch sie einen narrativen Widerspruch korrigieren müssen, der im Laufe der Tour entstanden war.

Personal der Erzählsituation: Personendeixis

Wie ich gezeigt habe, besteht das Hauptpersonal der Erzählungen aus konkret benannten Einzelpersonen sowie einer Gruppe von nicht näher spezifizierten »Kommunisten«. Das Verhältnis der Guides, ihrer Familien und Landsleute zu Letzteren blieb dabei meist unbestimmt. Dennoch verorteten die Guides sich und ihr Publikum permanent in der Geschichte, indem sie in ihren Erzählungen auf unterschiedliche Gemeinschaften – sowohl nationale als auch temporäre – rekurrierten.[338] Um solche (Selbst-)Positionierungen zu analysieren, lohnt ein Blick auf die Praktiken und Effekte des sprachlichen »Zeigens«, insbesondere der Personendeixis, die in den Führungen zum Einsatz kamen. Indexikalische Ausdrücke wie »ich«, »du« oder »wir« stellten Personenbezüge innerhalb der Sprechsituationen her und verorteten Sprechende wie Hörende hinsichtlich des Erzählten. Doch wer war eigentlich gemeint, wenn in den Kommunismustouren von »we« oder »you« die Rede war?

Wie viele Stadtführungen im östlichen Europa präsentierten auch die Kommunismustouren in weiten Teilen recht klassische Nationalgeschichten. Das »Wir« der Guides bezog sich in den meisten Fällen auf die Nation, wobei die nationale Zugehörigkeit insbesondere in Polen und der Slowakei eine kommunistische Neigung gleichsam selbstverständlich auszuschließen schien. Formulierungen wie »in 1989 we took the power back«[339] oder »we stopped communism«[340] schlossen jene, die für den Kommunismus verantwortlich waren, verbal aus der Nation aus. Zugleich tradierten sie oft unkritisch einen ethnischen Nationsbegriff, der Minderheiten ausschloss.[341] In Polen stellten einige Guides den Gegensatz zwischen Bevölkerung und Staatsführung sogar als nationales Charakteristikum dar, das sich aus langer Fremdherrschaft ergebe und bis in die heutige Zeit als besonderer Widerstandsgeist zu beobachten sei (»we

337 Gray Line: Communist Walking Tour, 9.8.2016.

338 Siehe Roy Sommer, Gruppenbildung, in: Matías Martínez (Hg.), Erzählen. Ein interdisziplinäres Handbuch, Stuttgart 2017, S. 257-259.

339 Adventure Warsaw: Communism Tour, 10.9.2016.

340 BeFree Tours: Free Tour Bratislava, 13.7.2015.

341 So etwa Mateusz in seiner Einführung zum Warschauer Aufstand, den er in Opposition zum Aufstand im Warschauer Ghetto stellte: »[In August 1944] we started our own uprising«. Adventure Warsaw: Communism Tour, 10.9.2016.

fighted the system«, »we don't like the police«).[342] Einige Themen, darunter die Rolle der Kirche in Polen und der Slowakei oder die tschechisch-slowakische Beziehungsgeschichte, erwiesen sich als besonders prädestiniert für solche nationalen Perspektiven auf die Zeitgeschichte.[343] Wenn sich das Gespräch hingegen um den Alltag im Staatssozialismus drehte, verwies der deiktische Ausdruck »Wir« weit über die Nation, ja die Grenzen des eigenen Landes hinaus auf den gesamten (post-)sozialistischen Raum. Waren Gäste aus anderen östlichen Ländern in der Tour anwesend, sprachen die Guides diese teils direkt an und zogen ihre Zeitzeugenschaft zur Bestätigung der eigenen Erzählungen heran. So rief der Guide Mateusz, als er hörte, dass ich aus der ehemaligen DDR stamme, erfreut aus: »East Germany! So we [have] got plenty in common!«[344] und lud mich später ein, eigene Erinnerungen einzubringen. Auch sein Warschauer Kollege Kacper bat zwei Besucherinnen, von denen er wusste, dass sie aus Estland bzw. Polen kamen, um Ergänzungen, nachdem er über die Funktionsweise des Schwarzmarktes und die Praxis des Schlangestehens gesprochen hatte.[345] Erzählsituationen wie diese, in der einzelne Gäste aufgefordert wurden, sich selbst aktiv als Ich-Erzähler:innen einzubringen, erfüllten offenbar nicht nur eine beglaubigende Funktion. Stillschweigend erweiterten sie die Erzählgemeinschaft auf sämtliche Menschen hinter dem Eisernen Vorhang.

Schwieriger stellte sich die Bestimmung der Bezugsgruppe jenseits alltags- und konsumhistorischer Erzählungen dar. Vor allem im ironischen Sprechen und wenn die Guides zeitgenössische Propaganda zitierten, entstanden in der mündlichen Interaktion mehrfach polyseme Aussagen. Folgendes Beispiel aus Prag skizziert eine solche Situation, in der unklar blieb, wen das Personalpronomen einschloss: Der Guide hatte uns das Foto eines »Bruderkusses« zwischen Dubček und Brežnev vom Februar 1968 gezeigt und mit den Worten »Very intimate! That was a tradition back in the time.« kommentiert, um schließlich fortzufahren: »We don't do it anymore. Right now, we are more into shaking hands.«[346] Indem dieser Stadtführer das diplomatische Ritual unter kommunistischen Staatsmännern dem heute gängigen Händeschütteln gegenüber-

342 Adventure Warsaw: Off the Beaten Track Tour, 29.3.2015.

343 Insbesondere die Führungen von *BeFreeTours* in Bratislava zielten darauf ab, der üblichen tschechozentristischen Sicht eine eigene, slowakische Perspektive entgegenzusetzen. BeFreeTours: Free Walking Tour, 13.7.2015. Siehe dazu auch Kapitel I.4.

344 Adventure Warsaw: Communism Tour, 10.9.2016.

345 FREE Walking TOUR Foundation: Communist Warsaw, 18.4.2015.

346 Prague Special Tours: Communism and Nuclear Bunker Tour, 11.8.2016.

stellte, ließ sich die Bezugsgröße des »Wir« nur noch schwerlich bestimmen. Umfasste es beide kommunistischen Politiker und damit Russ:innen und Tschech:innen? Oder nur Dubček? Und galt seine ironische Distanzierung vorrangig der einstigen kommunistischen Elite oder, allgemeiner, einem überkommenen Ritual? Ähnlich verwirrend zeigte sich eine weitere Formulierung der oben zitierten Stadtführerin in Bratislava: Offensichtlich um sprachliche Varianz bemüht, hatte Nela Klement Gottwald in ihren Ausführungen zum Personenkult als »the first president of the workers« paraphrasiert, ohne dies als Quellenbegriff zu markieren. Auf die verblüffte Nachfrage eines Zuhörers (»Sorry, the first president of the …?«) präzisierte sie: »Of Czechoslovakia [in] communism. We call him ›first president of the workers‹.«[347] Während im Prager Fall offengeblieben war, worauf sich die Ironie bezog, beruhte diese Irritation gerade auf der plötzlichen Absenz jeglicher Distanzierung. Hatte Nela Gottwald bislang als Repräsentant des – externalisierten – kommunistischen Systems präsentiert, stand er nun für eine Gruppe, von der plötzlich nicht mehr auszuschließen war, dass sich die Stadtführerin selbst mit ihr identifizierte.

Auch in den Warschauer Touren begegneten mir zahlreiche sprachliche Uneindeutigkeiten, die dem antagonistischen *emplotment* zuwiderliefen und eine klare temporale Trennung zwischen Damals und Heute aufweichten. Über den Bau des Kulturpalastes erzählte Mateusz etwa, dass er ein »Geschenk« der Sowjetunion gewesen sei, das die polnische Regierung trotz formaler Anfrage nicht habe ablehnen können. Die Entscheidung für den Bau des gigantischen Gebäudes sei in Moskau gefallen, lediglich bei der konkreten Lokalisierung hätten die Warschauer Stadtplaner:innen Einfluss nehmen können. »We [had] nothing to say«,[348] fasste er diese asymmetrische Machtbeziehung zusammen. Anders als in der Formulierung »we took the power back«, die derselbe Guide etwas früher benutzt hatte, bezeichnet das Subjekt hier nicht mehr die polnische Nation in Opposition zu ihrer eigenen Staatsführung, sondern nur noch in Opposition zur Sowjetunion. Die polnischen Kommunisten, die mit Moskau verhandelten, sind hier also plötzlich Teil des »Wir«, vielleicht sogar das sprechende Subjekt selbst. Erneut wechselte die Bedeutung des »Wir« nur wenige Sekunden später:

> And it took the communists, the Soviet Union, just two years and sixteen lives to erect it [the Palace of Culture and Science – S. St.]. Of course, sixteen is the official number. We don't know the unofficial

347 BeFreeTours: Free Communism Tour, 20.10.2017.
348 Adventure Warsaw: Communism Tour, 10.9.2016.

> number of all the victims but, well, they were all people from Soviet Russia. So we didn't really miss them.[349]

Auch dieses Zitat ist in mehrerlei Hinsicht bemerkenswert. Zum Ersten korrigierte Mateusz den Agens vom allgemeinen »the communists« zu »the Soviet Union« und delegierte damit sämtliche Verantwortung für die Todesopfer an den ausländischen Initiator des Bauprojektes. Zum Zweiten fühlte er sich durch die Abwesenheit osteuropäischer Gäste in der Tour offenbar sicher genug, um sich in zynischer Weise über die Opfer unter den Bauarbeitern zu äußern, die eigens für den Bau des Kulturpalastes nach Warschau geholt worden waren. Zum Dritten führte seine Formulierung »we don't know the official number of all the victims« eine weitere Bezugsgruppe ein, mit der sich nun auch die Zuhörer:innen identifizieren konnten. Dieses »Wir« bezog sich auf eine nicht näher bestimmte Gemeinschaft derer, die sich mit den Opfern der kommunistischen Diktatur auseinandersetzen. Dass Mateusz dabei ins Präsens wechselte, scheint kein Zufall: Zusammen mit dem Warschauer Guide konnten wir uns für einen Moment selbst als Teil einer Gruppe imaginieren, die kritisch zwischen »offiziellen« und »inoffiziellen« Zahlen unterscheidet (ein Effekt, der freilich nach wenigen Sekunden mit der Aussage »we didn't really miss them« verpuffte). Ähnlich vieldeutig zeigt sich eine Erzählung im Inneren des Palastes, wo ein anderer Guide über die vermeintliche Brandstiftung in einem der Ballsäle referiert hatte. Seine Formulierung »We suppose it was a guard working here«[350] suggerierte, er sei selbst an der Aufklärung der damaligen Geschehnisse beteiligt gewesen, und gab den Gästen die Möglichkeit, sich als Insider an seiner Seite zu fühlen.[351]

Ähnliche Sprünge zwischen unterschiedlichsten Bezugsgruppen lässt im Englischen auch die Nutzung des Pronomens »you« zu. Eine weitere Passage aus der Prager Tour mit Lucas zeigt einmal mehr, wie Erzählmodi wechseln und das Publikum auf verschiedenen Ebenen angesprochen werden kann:

> Josef Stalin […] is basically eliminating anyone who opposes him or even anyone who might oppose him. And so that includes both communists and, well, non-communists and […] even people who worked to let him come to power. Like basically Stalin looked at you and said: »Okay, *you* might be a threat to me at some point.« Then he would

349 Ebd.
350 CREATours: Palace Complex, 19. 5. 2015.
351 Zur Performanz der Tour als historische Ortsbegehung siehe Kapitel III.2.

> basically just continue to get rid of you. And so it's kind of hard to get an accurate estimate about how many people died under Stalin because you had people who were executed, you had people who were sent do die in GULAGs, you also had entire segments of population that were meant to die or made to die of starvation and so the estimate goes between twelve million to twenty million people that were killed during the reign of Stalin.[352]

Das präsentische Sprechen im ersten Teil und die fingierte Redewiedergabe Stalins lässt sich als immersive Erzählstrategie deuten. Im Gegensatz dazu steht die Rhetorik im zweiten Teil: Ungeachtet der banalisierenden Sprache schlüpfte auch dieser Guide plötzlich in die Rolle des Chronisten, der *gemeinsam* mit dem Publikum Opferzahlen zusammenträgt und diskutiert.

Hier, wie in den vorangegangenen Beispielen, wird deutlich, dass die Multifunktionalität des touristischen Erzählens in zahlreichen Polysemien resultiert, die unter anderem in schnellen Wechseln der Erzählmodi, der Adressatenansprache, der Genera Verbi oder des Tempus zum Ausdruck kommen. Im Effekt entstehen mehrdeutige Präsentationen, die sich auch mit Blick auf das oben diskutierte Heritagemanagement als funktional erweisen. Denn anders als es Wolfgang Hardtwig und Alexander Schug den marktförmigen Formaten des Histotainment attestieren, bieten die Kommunismustouren keine »eingängige[n] Identitätsangebote«.[353] Im Gegenteil scheint der Erfolg der zeithistorischen Darstellungen im Tourismus gerade auf den zahlreichen Punkten der Polysemie zu beruhen, die die Guides im Bestreben, ein heterogenes Publikum einzubinden, erzeugen müssen. Oft bleiben verschiedene Deutungen unverbunden nebeneinander stehen, so dass sich Menschen mit unterschiedlichen Haltungen und Erfahrungen in der Präsentation wiederfinden können.[354] Die Kommunismustour lässt sich in diesem Sinne auch als fortwährende Kreation offener Enden interpretieren, die unterschiedliche Rezeptionsweisen zulassen.

352 Good Prague Tours: Communism Tour, 13.6.2018.

353 Wolfgang Hardtwig/Alexander Schug, Einleitung, in: Wolfgang Hardtwig/Alexander Schug (Hg.), History Sells! Angewandte Geschichte als Wissenschaft und Markt, Stuttgart 2009, S. 9-17, hier S. 12.

354 Ähnliches konstatiert Beverly James mit Blick auf den Budapester Szoborpark und seine Präsentation kommunistischer Denkmäler. Beverly James, Fencing In the past. Budapest's Statue Park Museum, in: Media, Culture & Society, Bd. 21 (1999) 3, S. 291-311, hier S. 304f.

Story vs. History: Der touristische Metadiskurs über Geschichte

Im selben Maße, in dem die Guides zwischen ihren Rollen als *storyteller* und Vermittler:innen historischen Wissens pendelten, wechselten sie zwischen fiktionalen und faktualen Erzählmodi und damit zwischen unterschiedlichen Wahrheitsregimen.[355] Doch welche Folgen könnte dies für die in den Führungen unterschwellig transportierte Vorstellung von Historiografie bzw. historischem Wissen haben? Mal erschien »Geschichte« in ihnen als Fachwissenschaft, auf deren Expertise die Guides zurückgreifen, mal als mühseliger Schulunterricht, den es – ebenso wie den monologischen Stil »klassischer« Stadtführungen – zu überwinden gelte. Wie ich zum Schluss zeigen möchte, wurden »history« und »stories« in den Kommunismustouren zwar als gegensätzliche Zugänge zur Vergangenheit vorgestellt, jedoch keine klare Präferenz für einen der beiden formuliert.

Im erkärenden Erzählmodus authentisierten die Guides ihre Ausführungen einerseits durch allgemeine Hinweise auf ihre Ausbildung, andererseits durch den Verweis auf ihre Quellen. Das Spektrum Letzterer umfasste Fachbücher ebenso wie Gespräche mit Zeitzeug:innen und Zeitdokumente (Fotografien, Publizistik, Filme),[356] vor allem aber Medien der Geschichtsvermittlung, darunter Fernsehdokumentationen, Ausstellungen und Historienfilme. Abgesehen von einigen wenigen Open-Air-Ausstellungen waren diese Quellen dem Publikum nicht zugänglich.[357] Auch benannten die Guides die Titel bzw. Autor:innen der Werke, auf die sie sich stützen, nur selten namentlich. Stattdessen beschränkten sie sich auf kurze Formulierungen, die den Akt der Wissensakquise herausstellten (»as I just read« oder »I read a book about the monument […] the book says«)[358] und ihre Ausführungen im Bereich

355 Zur Abgrenzung beider Modi vgl. Achim Saupe/Felix Wiedemann, Narration und Narratologie. Erzähltheorien in der Geschichtswissenschaft,Version: 1.0, in: Docupedia-Zeitgeschichte, 28.1.2015, http://docupedia.de/zg/saupe_wiedemann_narration_v1_de_2015 [16.6.2021].

356 Als Beleg für das große internationale Interesse am Prager Frühling führte Lucie eine Ausgabe der *National Geographic* vom Februar 1968 an, die sie selbst besitze. Prague Extravaganza: Communism and Bunker Tour, 15.7.2015.

357 Eine Fotoausstellung über 1968/1969, die 2016 temporär auf dem Wenzelsplatz zu sehen war, band Samuel spontan in seine Führung ein. Eine kleine Open-Air-Ausstellung über die Geschichte des Wenzelsplatzes fand Eingang in verschiedene Touren, darunter die von *Gray Line*. NEXT City Tours: Free Red Prague Tour, 12.8.2016; Gray Line: Communist Walking Tour, 9.8.2016.

358 FREE Walking TOUR foundation: Communist Warsaw, 28.4.2015; Prague Special Tours: Communism and Nuclear Bunker Tour, 11.8.2016.

des Faktualen verorteten. Selbst eigene Reiseerfahrungen und Begegnungen mit Zeitzeug:innen setzten die Guides zum Teil als aktive Recherche-Arbeit in Szene.[359] Anders als es die Fachwissenschaft anhand der Oral History-Methode diskutiert, präsentierten die meisten Stadtführer:innen Zeitzeug:innen-Berichte als Teil eines neutralen Wissensfundus, aus dem sie schöpfen können. »They simply know it [...]. Like my parents – they were born in the 1960s, so they spent more than twenty years [...] in Communism. So, they really understood everything«,[360] umriss ein Guide in Prag sein Verständnis von Zeitzeugenschaft. Ähnlich unkritisch hörte sich auch die Formulierung an, mit der eine Stadtführerin in Bratislava die Autorität ihrer familären Quelle kurzerhand auf sich selbst übertrug: »My grandma was a history teacher, so I have to know.«[361]

Ein solches positivistisches Verständnis von Geschichte als Summe sammelbarer Fakten stellte aber nur einen von vielen Mosaiksteinen im Metadiskurs über Geschichte dar, der sich am Rande einer jeden Tour entfaltete. Im Gegensatz zu den eben zitierten Guides aus Prag und Bratislava, für die Erinnerung und Geschichte in eins zu fallen scheinen, zog eine Stadtführerin in Warschau das Familiengedächtnis als historiografische Quelle durchaus in Zweifel: »My grandfather told me, might be a joke, might be not ...«[362] Ebenfalls kritisch dachte eine Prager Stadtführerin in Prag über die Vertrauenswürdigkeit schriftlicher bzw. visueller Quellen nach. Den Impuls für ihre Reflexionen gaben acht kleine Plakate in einem der Bunker-Museen, die den Verlauf der Geschichte der Tschechoslowakei 1918-1983 sowie 1983-1993 darstellten. Bei denjenigen über die Zeit bis 1983 handelte es sich offensichtlich um Kopien zeitgenössischer Darstellungen der kommunistischen Historiografie, die den »Siegreichen Februar« 1948 und die Errungenschaften der KPČ in stark ideologisierter Sprache heraushoben. Im selben Design und Sprachduktus gehalten, trug die Darstellung ab 1983 die Überschrift »Tschechoslowakei 1983-1993« (tsch. »Československo 1983-1993«) und den Zusatz »Oder wie die Genossen aus den 80er Jahren sie sehen würden« (tsch. »Aneb jak by to viděli soudruzí z 80 let«)[363] und stellte eine ergänzende,

359 FREE Walking TOUR foundation: Communist Warsaw, 28.4.2015; Interview mit Wiktor, 12.3.2018.

360 Prague Extravaganza: Communism and Bunker Tour, 10.8.2016.

361 BeFreeTours: Free Tour Bratislava, 13.7.2015.

362 FREE Walking TOUR foundation: Communist Warsaw, 13.9.2016.

363 Im Duktus der Originaltafeln wurde darauf der Machtverlust der Kommunisten seit 1989 kommentiert. Über 1989 hieß es etwa: »Reaktionäre bürgerliche Kräfte, die dem Kapitalismus Vorschub leisten, kamen an die Macht. Die Kommunistische Partei der Tschechoslowakei verlor ihre führende Rolle in der Gesellschaft.«

fiktionale Eigenkreation der Bunkerbetreiber dar. Sachlich unterschied die Stadtführerin zwischen kopiertem Original und erfundener Ergänzung und wandte sich dann einer manipulierten Fotografie auf der oberen Darstellung zu. Dieses Bild der berühmten 1948er-Rede von Klement Gottwald hatte sie bereits früher als Beispiel kommunistischer *damnatio memoriae* eingeführt, da aus ihm später ein missliebig gewordener Politiker herausretuschiert worden war. »So, we know this picture – the Gottwald speech. It's the manipulated one, of course. So, you can think: Can I trust it? Really?«[364] Ihre abschließende rhetorische Frage ließ offen, ob sie sich auf die propagandistische Geschichtsklitterung im Kommunismus, auf die neuen Tafeln im Stil der Originalquellen oder gar auf die Authentifizierung historischer Quellen im Allgemeinen bezog.

Während diese Stadtführerin ihr Publikum zu quellenkritischer Skepsis aufrief, ohne dabei die Existenz *einer* historischen Wahrheit generell anzuzweifeln, nutzten andere Guides bestimmte Objekte und Anekdoten, um prinzipielle Zweifel an der Möglichkeit (bzw. Angemessenheit) einer eindeutigen Erkenntnis der vergangenen Wirklichkeit zum Ausdruck zu bringen. Ebenfalls in Prag betonte ein Stadtführer, der selbst Geschichte studiert hatte, mehrfach die Standortgebundenheit jeder Historiografie: »History is not universal, so different people will have different opinions. Especially when it comes to Communist history.«[365] Immer wieder leitete er seine Erläuterungen mit »In my point of view« oder als »history as I see it« ein. Nachdem er mehrere Thesen über den Tod des Architekten Otakar Švec, Erbauer des Stalin-Denkmals, vorgestellt hatte, resümierte er: »I am not really sure how it was […]. The informations that I got about it, they [differ] a lot. […] It's hard to say what it's really like.«[366] Ähnliche Formulierungen hörte ich auch bei anderen Stadtführer:innen, die ein geisteswissenschaftliches Studium absolviert hatten.[367] »To historians his motivations are still a little unclear«, erzählte etwa Samuel über Dubček und differenzierte zwischen verschiedenen Erklärungsansätzen (»one argument that's made …«, »other people argue …«).[368] Indem diese

364 Prague Extravaganza: Communism and Bunker Tour, 15.7.2015. Auch die Guides der Free Communism Tour in Bratislava bezogen die bekannten Fotografien der Gottwald-Rede (vor und nach der Retusche) in ihre Präsentationen ein. BeFree-Tours: Free Communism Tour, 20.10.2017.

365 Prague Special Tours: Communism and Nuclear Bunker Tour, 11.8.2016.

366 »A lot of rumours«, pflichtete ein Zuhörer aus dem Publikum ihm bei. Prague Special Tours: Communism and Nuclear Bunker Tour, 11.8.2016.

367 So kennzeichneten zwei weitere Guides ihre Darstellungen des Prager Attentats auf Reinhard Heydrich deutlich als eine Version von vielen. Discover Prague: WWII & Communism Tour, 11.8.2016 und 11.6.2018.

368 Next City Tour: Free Red Prague Tour, 12.8.2016.

Guides teils widersprüchliche Geschichten zu einer multiperspektivischen Collage verbanden, unterliefen sie allzu naive Vorstellungen einer problemlos zugänglichen historischen Wahrheit und deuteten die prinzipielle Konstruktivität von Geschichte an. Auch die nachträgliche Entlarvung von bestimmten Ausführungen als *urban legends* hatte einen ähnlichen Effekt. So warnten Zofia in Warschau und Peter in Bratislava vor allzu großer Leichtgläubigkeit, indem sie eben präsentierte Erzählungen im Nachgang als wenig wahrscheinliche Mythen enttarnten.[369] Und auch Samuel kennzeichnete die Erzählung über den Suizid des Schöpfers des Prager Stalin-Denkmals als bloßes Gerücht: »As good as the story is, it probably didn't happen.«[370] Insbesondere die zitierten Prager Guides wiesen auf den häufig kontroversen Fachdiskurs hin und lösten auf diese Weise jene Transparenz im Umgang mit widersprüchlichen Informationen ein, die Freeman Tilden für die Praxis der *Heritage Interpretation* eingefordert hat.[371]

Auch die oben beschriebenen Neutralitätsperformances der Guides lassen sich mit Blick auf die darin transportierten Wahrheitsansprüche diskutieren. Trotz ihrer teils konstruktivistischen Reflexionen beriefen sich die Stadtführer:innen durchweg auf die Autorität einer (nicht näher spezifizierten) Fachwissenschaft und stellten »die Geschichte« insbesondere dann in einen Gegensatz zu »den Geschichten«, wenn sie kontroverse Themen behandelten. So berichtete mir die Prager Stadtführerin Lucie im Interview, dass sie Konflikten mit Gästen ausweiche, indem sie bestimmte Inhalte nicht unterhaltsam, sondern lediglich »as history«[372] präsentiere. Im Gegensatz dazu standen ihr zufolge Witze, Anekdoten und kurzweilige »stories«, in denen Wertungen zum Ausdruck kommen dürfen, solange sie als solche erkennbar und von der »reinen« Geschichte (»history«) separierbar bleiben.[373] In den Kommunismustouren hatte dieser dichotome Ansatz allerdings einen bemerkenswerten Nebeneffekt, denn die permanente Unterscheidung zwischen ernsthafter, objektiver »Geschichte« und unterhaltsamen, subjektiv gefärbten »Geschichten« überlagerte sich mit der Abgrenzung zwischen Politik- und Alltagsgeschichte. Während Erstere häufiger durch den Verweis auf Bücher

369 FREE Walking TOUR Foundation: Communist Warsaw, 13.9.2016; Authentic Slovakia: Bratislava Post Socialist City Tour, 14.7.2015.

370 NEXT City Tours: Free Red Prague Tour, 12.8.2016.

371 Tilden, Interpreting Our Heritage, S. 23.

372 Interview mit Lucie, 19.10.2016.

373 Ebd. Laut Mikos von Rohrscheidts Lehrbuch sollen urbane Legenden immer durch einen kritischen Kommentar ergänzt werden. Mikos von Rohrscheidt, Współczesne przewodnictwo miejskie, S. 371f.

und historische Dokumentationen beglaubigt wurde, wurden Ausführungen zur Alltagsgeschichte deutlich stärker durch Verweise auf die Populärkultur und das Familiengedächtnis belegt. Die »ernste« Geschichte mit ihren »heavy facts«[374] stigmatisierten die Guides auf diese Weise nicht selten als lästige Pflichtübung, die man der Vollständigkeit und Ausgewogenheit halber zu absolvieren habe. Als anstrengend wurden diese Teile sogar im körperlichen Sinne markiert, etwa wenn wir aufgefordert wurden, während historischer Überblicksdarstellungen auf einer Bank Platz zu nehmen.[375] Und auch Laura moderierte die stärker politik- und ereignisgeschichtlichen Teile ihrer Tour als notwendiges Übel an, rief zum Durchhalten auf (»We will have one more stop with the history«) und lobte später das Publikum, das »a lot of history« gehört habe.[376]

Hier vermengte sich das stereotypische Bild einer fakten- und zahlenlastigen Geschichte – letztlich einer langweiligen, schulischen »Geschichtsstunde«[377] – mit der besonderen Qualität des Kommunismus als »schwierigem« Erbe. »It's not only entertainment […] of course, we tell the people about the killing of people as well, the suiciders, but we mix it with some funny stories«,[378] erläuterte Adam seine Guiding-Philosophie im Warschauer Kulturpalast. Verbrechen, Repression und Gewalt müssen dieser Herangehensweise zufolge thematisiert werden, ohne dass die Kundschaft deshalb um ein leicht verdauliches, unterhaltsames Erlebnis gebracht wird. In diesem Sinne versprach auch *Adventure Warsaw* auf seiner Webseite: »We won't kill you with dates or boring stories.«[379] Spätestens hier, wo Todesopfer und tödliche Langeweile in einen Zusammenhang gerieten, wird sinnfällig, dass sich die von Ashworth und Tunbridge be-

374 Interview mit Adam und Mikołaj, 19.3.2016.

375 Prague Extravaganza: Communism and Bunker Tour, 15.7.2015. Siehe dazu auch Sabine Stach, From the Visual to Syn- and Kinaesthetics. Sensory Rhythms of Urban Heritage Tourism in Bratislava, in: Magdalena Banaszkiewicz/Karolina Nikielska-Sekuła (Hg.), Cultural Heritage and Mobility from a Multisensory Perspective, Abingdon, Oxon, New York 2024, S. 90-106.

376 BeFreeTours: Free Tour Bratislava, 13.7.2015. Ähnliche Formulierungen fanden sich in: CREATours: Palace Complex, 27.6.2015.

377 Vgl. auch Beschwerden auf *Tripadvisor*, dass es sich um eine »history lesson« gehandelt habe, etwa Rachael A. (Johannesburg): Dull and overpriced, Bewertung Prague Special Tours auf TripAdvisor, 17.3.2016, https://www.tripadvisor.de/ShowUserReviews-g274707-d2061427-r356349094-Communism_and_Nuclear_Bunker_Tour-Prague_Bohemia.html [7.9.2023].

378 Interview mit Adam und Mikołaj, 19.3.2016.

379 Adventure Warsaw: Private tours in Warsaw for groups & companies, unter: https://adventurewarsaw.pl/old/en/wycieczki/wycieczki-na-zamowienie/ [25.6.2020].

schriebenen Ebenen der *heritage dissonance* nicht gänzlich trennen lassen. Denn mit der Flucht in partikulare *stories* begegneten die Guides zwei Spannungen gleichzeitig – denen, die sich aus unterschiedlichen politischen Haltungen ergeben können, und denen, die der Prozess der Kommerzialisierung *per se* mit sich bringt.

III. Geschichte erlaufen, erfahren und begreifen oder: Den Kommunismus erleben

III.1 Vom Eisernen Vorhang zur Samtenen Revolution: Zeit-Räume der Kommunismustouren

In der Bewegung durch die Stadt können nicht nur unterschiedlichste Facetten des Urbanen erfasst und reflektiert werden, das Gehen stellt darüber hinaus eine eigenständige explorative Methode zu ihrer Analyse dar.[1] Auch für die historische Stadtforschung, die Städte gern mit der Metapher des »Palimpsests« adressiert,[2] bildet das Gehen häufig den Ausgangspunkt für die Dechiffrierung von in der materiellen Landschaft sedimentierten Prozessen des Löschens und Überschreibens. Das populäre Angebot der geführten Stadtbesichtigung erhebt den gleichen Anspruch in komprimierter Form: Als besondere Form eines »storytelling in place«[3] verspricht es, Geschichte *in situ* zugänglich zu machen und *en passant* historische Schichten freizulegen. Tatsächlich bietet das mobile Format im Gegensatz zu anderen Formen der Geschichtsvermittlung die Möglichkeit, Spuren der Vergangenheit direkt und vergleichend in Augenschein zu nehmen und darüber hinaus multisensorisch zu erfahren. Wie aber vollzieht sich diese Erkundung »räumliche[r] Gleichzeitigkeit des geschichtlich Ungleichzeitigen«[4] in der narrativ gerahmten, kollektiv vollzogenen Fortbewegung einer touristischen Stadtführung? Und welche

1 Siehe dazu insbesondere Ansätze aus der Ethnologie bzw. Kulturwissenschaft: Margarethe Kusenbach, Street phenomenology. The go-along as ethnographic research tool, in: Ethnography, Bd. 4 (2003) 3, S. 455-485; Tschofen, Vom Gehen: kulturwissenschaftliche Perspektiven auf eine elementare Raumpraxis; Lucius Burckhardt, Why is Landscape Beautiful? The Science of Strollology, Basel 2015; Johanna Rolshoven, Gehen in der Stadt, in: Justin Winkler (Hg.), Gehen in der Stadt. Ein Lesebuch zu Poetik und Rhetorik des städtischen Gehens, Weimar 2017, S. 95-112; Bertram Weisshaar, Einfach losgehen. Vom Spazieren, Streunen, Wandern und vom Denkengehen, Köln 2018; Katharina Rohde/Kathrin Wildner, Urban Citizen Walkers. Methodologische Reflexionen zum kollaborativen Gehen in der Stadt, In: sub\urban. zeitschrift für kritische stadtforschung, Bd. 8 (2020) 3, S. 241-256.

2 Vgl. u. a. Andreas Huyssen, Present pasts. Urban palimpsests and the politics of memory, Stanford, Calif. 2009; Felix Ackermann, Palimpsest Grodno. Nationalisierung, Nivellierung und Sowjetisierung einer mitteleuropäischen Stadt 1919-1991, Wiesbaden 2010.

3 Wynn, The tour guide, S. 110.

4 Bernd Mütter, HisTourismus, Raum, Geschichte und historisches Lernen, in: Saskia Handro/Bernd Schönemann (Hg.), Raum und Sinn. Die räumliche Dimension der Geschichtskultur, Münster, Hamburg, Berlin, London 2014, S. 61-76, hier S. 68.

Wirkung entfaltet dabei der konkret durchlaufene (oder durchfahrene) Raum hinsichtlich der historischen Erzählung?

Um der sujetbildenden Wirkung des Raums auf die Spur zu kommen, lohnt ein erneuter Blick in die Erzähltheorie. Bereits in den 1930er Jahren entwarf Michail Bachtin sein Konzept des »Chronotopos«, um raumzeitliche Strukturen in der Literatur zu erfassen. In seinem 1975 erstmals veröffentlichten Essay argumentiert er, dass der Raum jeder Erzählung eine zeitliche Komponente besitze und erzählte Zeit umgekehrt immer einer räumlichen Konkretisierung bedürfe. Im Weiteren unterscheidet er exemplarisch zwischen dem jeweils spezifischen Zusammenspiel von Raum und Zeit in unterschiedlichen literarischen Genres.[5] Versteht man die Stadtführung als eigenes erzählerisches Genre, lassen sich auch hier bestimmte chronotopische Muster erkennen.[6] Für die Frage nach dem touristischen Erzählen sind insbesondere Bachtins – allerdings nur skizzenhaft angelegte – Überlegungen zur Wechselwirkung zwischen dargestellter und darstellender Welt, zwischen dem textimmanenten und dem »äußeren Chronotopos« von Interesse.[7] Denn eine Abgrenzung beider Welten, wie sie etwa im Roman vorliegt, ist in der Performanz der Stadtführung aufgehoben. Die physische Welt, in der Guide und Publikum zusammentreffen, nimmt direkten Einfluss auf die Chronotopoi der Erzählung; permanent ist die historische Erzählung der Tour mit der Wirkmacht des realen Raums konfrontiert. Um diesen interpretierend zugänglich zu machen, müssen die Guides die städtische Umgebung gewissermaßen bändigen; narrative und räumliche Zeitlichkeiten müssen in Einklang gebracht werden. Dies geschieht im Voraus mit der Entwicklung von Route und Skript sowie tagtäglich neu in der Performanz der Tour. Folgt man einem performativen Ansatz, wird die Stadt in den Touren allerdings nicht nur »vorgelesen« bzw. entschlüsselt, sondern zugleich aktiv »geschrieben«. Wie diese Lese- und Schreibvorgänge miteinander verquickt sind, steht im Fokus der folgenden Ausführungen. Wie »schreiben« die Itinerarien der Kommunismustouren Geschichte? Worüber »erzählt« der Stadtraum ungefragt; welchen Perspektiven verweigert er sich hingegen? Was offenbaren Pragmatiken der Routenfüh-

5 Michail M. Bachtin, Chronotopos, Frankfurt a. M. 2008.

6 So weist etwa die in Kapitel II.1 beschriebene Betonung des Grotesken Parallelen zum »Chronotopos des Schelmenromans« auf. Die Verdinglichung historischer Zeit ist wiederum in Bachtins »Chronotopos des Schlosses« angelegt, in dem »historische Zeit« im Raum archiviert sei. Letzteren erwähnt Bachtin allerdings nur in seinen Schlussbemerkungen, ohne in die Tiefe zu gehen. Ebd., S. 87-94 und 183.

7 Ebd., S. 190 f. Zur Wechselwirkung zwischen Erzählereignis und erzähltem Ereignis vgl. auch Richard Bauman, Story, Performance, and Event. Contextual Studies of Oral Narrative, Cambridge 2012 [zuerst 1986], S. 2 [E-Book].

rung und Stolperstellen im Drehbuch über diesen Eigensinn der Städte? Und inwiefern bringen unterschiedliche Fortbewegungsmodi, Reichweiten und Tourformate auch jeweils unterschiedliche Zeit-Räume des Kommunismus hervor?

Wie in der Stadtführung Zeit verräumlicht bzw. Raum verzeitlicht wird, diskutiere ich in drei Schritten. Zunächst wende ich mich auf einer allgemeinen Ebene den verschiedenen Zeit-Räumen zu, die die Kommunismustouren im Gehen oder Fahren aufspannen. Welche unterschiedlichen Itinerarien lassen sich bei den untersuchten Touren unterscheiden, wie inszenieren spezifische Routen die Städte jeweils als (post-)sozialistisch? Im zweiten Schritt gehe ich auf zwei verschiedene Arten von Drehbüchern ein – chronologisch-lineare mit geringerem und nicht-lineare mit stärkerem Raumbezug. Im Nahblick auf einzelne Skripte werden teils ganz profane Logiken des raumbezogenen Erzählens sichtbar. Neben den verschiedenen Typen von Erzählankern und unterschiedlichen Intensitäten des Raumbezugs erörtere ich hier unter anderem die praktische Schwierigkeit, bestimmte historische Perspektiven visuell im Raum zu verorten. Am Ende steht schließlich ein vergleichender Blick auf die Touren in Warschau, Prag und Bratislava. In der Zusammenschau zeigt sich, wie sehr das Metanarrativ über den Staatssozialismus von den materiellen Konfigurationen einer Stadt, der Routenführung sowie der Art der Bewegung durch diese abhängig ist. Je nachdem, ob man durch Prag spaziert oder im Auto die Hauptstädte Polens oder der Slowakei durchquert, kann die Dimensionierung der kommunistischen Epoche sehr unterschiedlich ausfallen.

Die Routen: Reichweiten und Rhythmen

Im Unterschied zu einer musealen Ausstellung besitzt eine Stadt weder Anfang noch Ende, sie gibt keine Besichtigungsrichtung vor. Auch wenn Stadtplanung, Fachämter und Denkmalschutz den Raum teils mit einem Gesamtkonzept vor Augen – kuratieren, existiert kein zentraler Akteur, der die historische Vermittlungsarbeit steuert. Stattdessen zeigt sich die Stadtlandschaft als lebendiger, multisinnlicher Kosmos mit eigenem Puls und als topografisches Gefüge, das eine unendliche Zahl potenzieller Besichtigungsmöglichkeiten birgt.[8] Die Route einer historischen Stadtführung kann somit als Versuch einer zeit-räumlichen

8 Vgl. Mădălina Diaconu, Sinnesraum Stadt. Eine multisensorische Anthropologie, Wien 2012.

Strukturierung angesehen werden. Sie verleiht der jeweiligen Interpretation Anfang und Ende (die räumlich in eins fallen können) und gibt den Pfad vor, entlang dessen historische Zeit im Raum lokalisiert wird. Wie komplex solche Routen in chronotopischer Hinsicht sind, zeigt das Beispiel der Prager Tour »Iron Curtain to Velvet Revolution«, bei der eine Raum- und eine Zeitmetapher bereits im Titel zusammentrafen. Der weltweit tätige Anbieter, der damit warb, dass seine Guides in der Mehrzahl Historiker:innen seien, pries seine Prager Tour als einen besonderen Spaziergang »down memory lane«[9] an. Wie diese »Erinnerungsspur« mit Blick auf den Kommunismus verfolgt werden soll, beschrieb der Werbetext so:

> Step behind the Iron Curtain on this 3-hour Prague Communism tour. In the company of a historian, we'll dig into the history of 20th century Prague and the enduring influence of the USSR. As we cross the city with our local guide, from the memorial at Vitkov Hill to Wenceslas Square to the unassuming side streets of Prague's Old Town, the stories of life under Communism will come alive again. Together, we'll discover how the legacy of the Iron Curtain is embedded in the fabric of Prague today. […] We'll spend some time in Wenceslas Square, a critical gathering place during the 1968 Prague Spring revolt and the Velvet Revolution of 1989 that eventually ended Communist control. Here we'll search out key sites of these political events, such as the Jalta Hotel, National Museum, and former Communist Parliament. As we cast our imaginations back to 1968, we'll piece together the events that lead to the Soviet crackdown and subsequent period of Normalisation.[10]

Was Bachtin nur andeutet – dass die textimmanente Raumzeit in einen realen, äußeren Chronotopos eingebettet sei, in dem »das Werk erklingt, in der die Aufzeichnung oder das Buch sich befinden«[11] –, hebt die Beschreibung dieser Stadtführung explizit heraus, indem sie nicht nur die historische Zeit thematisiert, sondern auch die Erzählzeit. Die Narration dauere *drei Stunden*, sie erklinge *während* einer Durchquerung der Stadt und in jener Zeit, die die Gruppe auf dem Wenzelsplatz und in den Seitenstraßen verbringe. Zugleich wird der Akt des (erzählenden) Gehens

9 Context Travel: History Tours. Bring the past back to life, https://www.contexttravel.com/interests/history-tours [7.9.2023].

10 Context Travel: Communist Prague Tour: Iron Curtain To Velvet Revolution, https://www.contexttravel.com/cities/prague/tours/communist-prague-tour-iron-curtain-to-velvet-revolution [17.6.2021].

11 Bachtin, Chronotopos, S. 191.

Stadtrouten
Bratislava
Bratislava Hlavná
Markthalle „Nova Tržnica"
Slowakischer Rundfunk
Námestie Slobody (ehem. Gottwaldplatz)
Slavín (sowjetischer Ehrenfriedhof)
Hotel Bôrik
Präsidentenpalast
Námestie SNP
Burg
Hviezdoslavovo námestie
Donau
Most SNP
Bunker B-S 4
ehemalige Matador-Fabrik
Bratislava-Petrzalka
PETRŽALKA
ÖSTERREICH
SLOWAKEI
Bunker B-S 8
Denkmal für Hartmut Tautz
Startpunkte der Routen
1 Be FREE Tours: Free Communism Tour 1 (2016)
2 Be FREE Tours: Free Communism Tour 2 (2017)
3 Authentic Slovakia: Post-Socialist Tour 1 (2015)
4 Authentic Slovakia: Post-Socialist Tour 1 (2016)
5 LUKA Tours: Iron Curtain Bike Trail

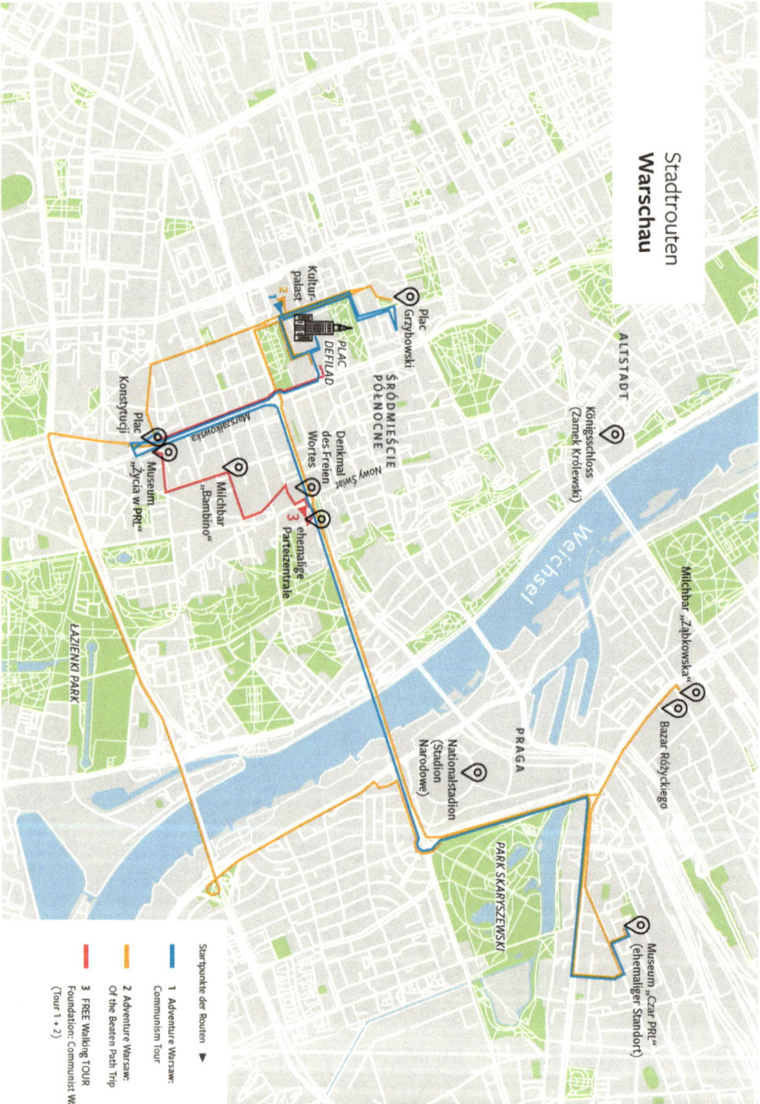
Stadtrouten
Warschau
ALTSTADT
Königsschloss (Zamek Królewski)
Plac Grzybowski
Kulturpalast
PLAC DEFILAD
ŚRÓDMIEŚCIE PÓŁNOCNE
Nowy Świat
Denkmal des Freien Wortes
Marszałkowska
Plac Konstytucji
Museum „Życia w PRL“
Milchbar „Bambino“
ehemalige Parteizentrale
ŁAZIENKI PARK
Weichsel
Milchbar „Ząbkowska“
Bazar Różyckiego
PRAGA
Nationalstadion (Stadion Narodowe)
PARK SKARYSZEWSKI
Museum „Czar PRL“ (ehemaliger Standort)
Startpunkte der Routen ▶
1 Adventure Warsaw: Communism Tour
2 Adventure Warsaw: Off the Beaten Path Trip
3 FREE Walking TOUR Foundation: Communist Warsaw (Tour 1 + 2)

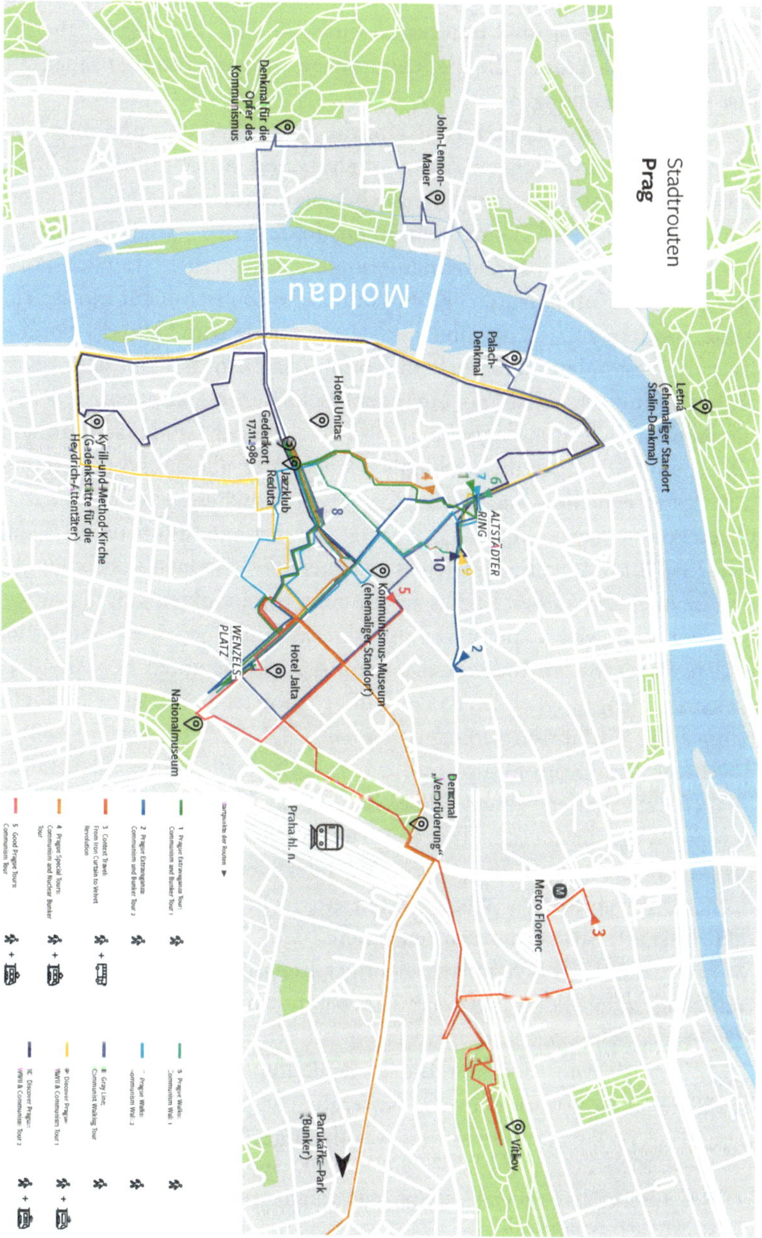
Stadtrouten
Prag
Moldau
Letná
(ehemaliger Standort
Stalin-Denkmal)
John-Lennon-
Mauer
Denkmal für die
Opfer des
Kommunismus
Palach-
Denkmal
Hotel Unitas
Gedenkort
17.11.1989
Jazzklub
Reduta
Kyrill-und-Method-Kirche
(Gedenkstätte für die
Heydrich-Attentäter)
ALTSTÄDTER
RING
Kommunismus-Museum
(ehemaliger Standort)
Hotel Jalta
WENZELS-
PLATZ
Nationalmuseum
Denkmal
„Verbrüderung“
Praha hl. n.
Metro Florenc
Vítkov
Parukářka-Park
(Bunker)
Startpunkte der Routen
1 Prague Extravaganza Tour: Communism and Bunker Tour 1
2 Prague Extravaganza: Communism und Bunker Tour 2
3 Context Travel: From Iron Curtain to Velvet Revolution
4 Prague Special Tours: Communism and Nuclear Bunker Tour
5 Good Prague Tours: Communism Tour
6 Prague Walks: Communism Walk 1
7 Prague Walks: Communism Walk 2
8 Gray Line: Communist Walking Tour
9 Discover Prague: WWII & Communism Tour 1
10 Discover Prague: WWII & Communism Tour 2

an bzw. zu historischen Orten als kinästhetisches Erlebnis (»step behind«, »dig into«, »cross«, »piece together«) beschrieben, das in zeitlicher Mobilität (»come alive again«) resultiere. Ohne Zweifel – die körperliche Erschließung des Raums, die hier beschrieben wird, rhythmisiert auch die historische Erzählung.[12]

Als Grundelement einer Tour gibt die Route Reihung und Takt vor. Oftmals über einen langen Zeitraum erarbeitet, erprobt und optimiert, haben die Autor:innen der Drehbücher besuchenswerte Orte selektiert und in einem (Rund-)Gang kombiniert, in dem sich jeweils Phasen der Fortbewegung mit Vor-Ort-Erläuterungen abwechseln.[13] Je nach Fortbewegungsart (und Gruppengröße) unterscheiden sich nicht nur Reichweite, sondern auch Länge und Taktart: Abhängig vom Grad der Formalisierung bestanden die besuchten Kommunismustouren aus acht bis 15 räumlich und thematisch voneinander geschiedenen Stationen, an denen die mehrheitlich monologischen Präsentationen der Guides stattfanden. Zwischen ihnen lagen unterschiedlich lange Intervalle der Fortbewegung und des informellen Austauschs. Der Abstand zwischen zwei besuchten Orten konnte dabei nur wenige Schritte oder mehrere Kilometer betragen. Während Auto- bzw. Radfahrten es erlaubten, die einzelnen Besichtigungspunkte in einem großen Radius anzusiedeln, beschränkten sich die »walking tours« auf viel kleinere Wirkungskreise. Einen gewissen Sonderfall bildete Prag, wo ein individuelles motorisiertes Befahren der Alt- und Neustadt nicht möglich ist, so dass einige Anbieter auf einzelne Straßenbahn- bzw. Busfahrten zurückgriffen.

Obwohl jede Kommunismustour ihre individuelle Route hatte, fallen in allen drei Städten typische Bereiche und Knotenpunkte auf, an denen sich die Wege der meisten Touren kreuzten (siehe Karten). So begannen fast alle Führungen in Prag in der Alt- oder Neustadt und führten von dort auf verschiedenen Wegen durch ein recht kleines Areal zwischen dem Altstädter Ring, der Nationalstraße (tsch. *Národní třída*) und dem Wenzelsplatz.[14] Als Schauplatz wichtiger Ereignisse in den Jahren 1968, 1969 und 1989 bildete Letzterer den Schnittpunkt sämtlicher Routen. Weitere hochfrequentierte Orte lagen auf oder in unmittelbarer Nähe der *Národní třída*, darunter die Gedenktafel zur Erinnerung an die Studentendemonstration am 17. November 1989 sowie das Gebäude, in dem einst Václav Havel inhaftiert war (heutiges Hotel Unitas). Auf dem

12 Zur sensorischen Rhythmik der Kommunismustouren vgl. Stach, From the Visual to Syn- and Kinaesthetic.

13 Zum Prozess der Tourentwicklung siehe Kapitel I.4.

14 Eine Ausnahme stellte die Route der oben zitierten Tour »Communist Prague Tour: Iron Curtain To Velvet Revolution« von *Context Travel* dar.

Wenzelsplatz selbst waren es drei Punkte, an denen sich die Itinerarien überschnitten – die Gedenktafel für Jan Palach und Jan Zajíc, die sich 1969 am oberen Ende des Platzes selbst verbrannt hatten, das Hotel Jalta mit seinem Bunker im Keller sowie das Melantrich-Gebäude, auf dessen Balkon im Herbst 1989 Vertreter:innen der Opposition bzw. des Reformkommunismus zu den Demonstrant:innen gesprochen hatten (heute befinden sich ein Hotel, ein Restaurant und ein Einkaufszentrum darin). Die Thematisierung des Kommunismus betraf damit fast ausschließlich das innere touristische Zentrum, in dem zu fast jeder Jahres- und Tageszeit lebhaftes Treiben herrscht. Unter den reinen »walking tours« verließen lediglich zwei das umrissene Areal, indem sie das Publikum über die Moldau hinüber auf die Kleinseite (zur sog. John-Lennon-Mauer bzw. zum Denkmal für die Opfer des Kommunismus) leiteten. Drei weitere Anbieter erschlossen Orte jenseits einer zumutbaren Laufdistanz durch öffentliche Verkehrsmittel. So führte die erwähnte Tour »From Iron Curtain to Velvet Revolution« per Bus zum Vítkov-Hügel nordöstlich des Hauptbahnhofs und von dort zu Fuß bergan; in der »Communism and Nuclear Bunker Tour« benutzte die Gruppe eine Straßenbahn, um vom Wenzelsplatz bis in den östlich des Zentrums gelegenen Stadtteil Žižkov zu gelangen. Die »WWII and Communism Tour« integrierte in ihre Route ebenfalls eine Straßenbahnfahrt, um die Gedenkstätte für die Heydrich-Attentäter in der Kyrill-und-Method-Kirche unweit des Neustädter Karlsplatzes (tsch. *Karlovo náměstí*) zu erreichen.

Während sich die Prager Touren zum größten Teil durch ein kleines Areal bewegten, das zum Standardrepertoire eines jeden Prag-Trips gehört und kaum Beispiele eines genuin sozialistischen Bauens zu bieten hat, führten die Warschauer Kommunismustouren eher an Orte abseits der klassischen Sightseeing-Trassen. Nicht die engen Gassen der Altstadt, die Nowy Świat-Promenade oder den Łazienki-Park besuchten wir hier, sondern das Erbe der sozialistischen Stadt sowie unsanierte Straßenzüge aus der Vorkriegszeit. Anders als in Prag boten die Touren somit keine alternativen Blicke auf »klassisches« (königliches, bürgerliches) Bauerbe an, sondern rückten in den Fokus, was Standardangebote allenfalls am Rande kommentieren – die ehemalige Partei-Zentrale neben dem Nationalmuseum, das in den 1950ern erbaute Marszałkowska Wohnviertel (MDM) rund um den Verfassungsplatz (poln. *Plac Konstytucji*) sowie, in den Touren per Auto, den Stadtteil Praga am rechten Weichselufer. Als unvermeidlicher Haltepunkt und einzige Überschneidung mit den »klassischen« Warschau-Besichtigungen ist der Kulturpalast zu nennen, der – wenig überraschend – in keiner Kommunismustour fehlte. Schon aus der Streckenführung lassen sich die dominanten Perspektiven erahnen, aus denen wir Warschau somit betrachteten: Urbanistik, Modernisierung und Wiederaufbau nach dem Zweiten Weltkrieg, dazu Fragen der Propaganda und Sowjetisierung. Hatten wir in Prag vor allem Orte besucht, die mit Widerstand, Opposition und Revolution verbunden sind, schritten wir hier im Gegenteil jene Plätze und Straßen ab, an denen affirmative Praktiken, etwa Paraden zum 1. Mai (*Plac Defilad*, Marszałkowska-Straße), vollzogen worden waren.[15] Anders als in Prag bahnten wir uns den Weg durch das kommunistische Warschau demnach nicht entlang einzelner Ereignisse, sondern mit Blick auf den im Staatssozialismus geschaffenen Stadtraum mit dem in ihm ablesbaren ideologischen Anspruch des Systems.

Geht man allein von den Routen aus, scheinen Lokalisierung und Interpretation des Kommunismus im Falle Bratislavas am uneindeutigsten. Die drei verschiedenen Formate, die ich hier besuchte – Spaziergang, Radtour und Autofahrt –, zeichneten sehr unterschiedliche Itinerarien; kein einziger Haltepunkt fand sich in allen drei Arten der Fortbewegung wieder. Tatsächlich lassen Lage, Größe und Struktur der slowakischen Stadt vergleichsweise viele unterschiedliche Foki auf die Zeit nach dem Zweiten Weltkrieg zu. So legt die Nähe zu Österreich und damit der damaligen Systemgrenze eine andere Verräumlichungsstrategie nahe als die zentralen Bauikonen der 1960er bis 1980er Jahre, darunter die Brücke des Slowakischen Nationalaufstandes mit dem charakteristischen »Ufo«, der Brunnen in Form eines riesigen Lindenblattes auf dem heutigen Freiheitsplatz (slowak. *Námestie slobody*, früher Gottwald-Platz) oder das Gebäude des slowakischen Rundfunks in Form einer umgedrehten Pyramide. Wiederum eine andere Art von »kommunistischem Raum« öffnete sich im Besuch des sowjetischen Ehrenfriedhofs auf dem Slavín-Hügel. Stärker als in Prag und Warschau animierte der Stadtraum hier eine Kombination von urbanistischen mit geopolitischen Perspektiven. So führte die Fahrt in den Retro-Autos von *Authentic Slovakia* sowohl an die genannten zentrumsnahen Orte als auch in südlicher Richtung aus der Stadt hinaus an den Grenzübergang. Im »Iron Curtain Cycle Trail« stellte die Bewegung durch die Felder entlang des ehemaligen Eisernen Vorhangs den klaren Schwerpunkt der Tour dar. Ganz anders die »Free Communism Tour«, die ihren Radius zwischen dem Hviezdoslav-Platz (slowak. *Hviezdoslavovo námestie*) im südlichen Zentrum, der Burg im

15 Auch in Prag hatten die Maiparaden bis 1948 auf dem Wenzelsplatz stattgefunden, die späteren, größeren Paraden wurden jedoch auf dem Letná-Hügel ausgerichtet, der in keiner Tour besucht (allerdings als Standort der Stalin-Statue oft thematisiert) wurde.

Osten und dem Freiheitsplatz bzw. dem Radiogebäude im Norden aufspannte.

Der Überblick verdeutlicht, dass die Art und Weise der Verräumlichung des Staatssozialismus nicht nur von der Lokalisierung historischer Schauplätze oder den Baupolitiken vor 1989 abhängt, sondern ebenso stark vom Format der Tour und der Art der Fortbewegung. Insbesondere Letztere bestimmte den Rhythmus, den die raumgebundene Erzählung erhielt. Während in den »free walking tours« in der Regel eine recht lineare Narration auf den Raum projiziert wurde, deren Intervalle (Stopp – Erzählung – Laufen) relativ gleichmäßig wechselten, ließen sich in den meisten anderen Touren bestimmte Beschleunigungen, Verzögerungen und Schwerpunktsetzungen erkennen. Intensiv besprochene Stationen, sehr lange oder besonders anstrengende Wegstrecken, vor allem aber die Besuche bestimmter Innenräume – Kantinen, Kneipen, Bunker, Museen – stellten Höhepunkte dar, auf die die Routen zuzulaufen schienen. Nicht nur die längere Verweildauer, sondern auch das gesteigerte Bewusstsein für die Leiblichkeit der sinnlichen Wahrnehmung verlieh diesen Passagen einen herausgehobenen Charakter.[16] Während die kulinarischen Stationen meist als Pausen in der Mitte der Touren dienten, stellten die Besuche in den (Bunker-)Ausstellungen in der Regel zugleich ihren Abschluss dar.

Ihre raumbildende Wirkung entfalteten die Routen im Vollzug der Führung. Im Akt des Gehens bzw. Fahrens, des Dirigierens und Interpretierens avancierten unbestimmte Relikte der Vergangenheit zu bestimmten – nämlich kommunistisch konnotierten – Sehenswürdigkeiten.[17] Auch wenn diese in der Performanz der Tour erzeugte »Sehenswürdigkeit« prinzipiell ephemer ist,[18] muss sie nicht ohne Rückwirkung auf die Wahrnehmung des besuchten Raums bleiben. So kann etwa die wiederholte Anwesenheit von Tourist:innen an scheinbar unbedeutenden Orten die Aufmerksamkeit von Einwohner:innen wecken und damit

16 Siehe dazu die folgenden Kapitel III.3 und III.4 sowie Stach, From the Visual to Syn- and Kinaesthetics.

17 Cohen, The Tourist Guide, S. 17. Siehe auch folgende Studie, in der die Autor:innen die von MacCannell formulierten Phasen der »sight sacralization« auf Führungen im Museum übertragen: Fine, Speer, Tour Guide Performances as Sight Sacralization.

18 Dies unterscheidet geführte Touren von stärker institutionalisierten Themenstraßen u. ä., die im Tourismus ebenfalls relevant und teils auch erforscht sind. Vgl. Albrecht Steinecke, Themenwelten im Tourismus. Marktstrukturen, Marketing-Management, Trends, München 2009; Dorothee Hemme, Märchenstraßen – Lebenswelten. Zur kulturellen Konstruktion einer touristischen Themenstraße, Berlin 2009.

Bewusstsein für die lokale Geschichte generieren.[19] Wie ein Guide erzählte, als wir das Denkmal »Verbrüderung« (tsch. »Sbratření«) vor dem Prager Hauptbahnhof betrachteten, hätten sich mehrfach Passant:innen verwundert gezeigt, warum er sein Publikum an diesen Ort führte.[20] Errichtet 1960 und mehrmals umgesetzt, werde die Bronzestatue zur Erinnerung an die Befreiung durch die Rote Armee heute – ganz im Einklang mit Robert Musils berühmter Beobachtung, dass es »nichts auf der Welt [gebe], was so unsichtbar wäre wie Denkmäler«[21] – von den meisten Prager:innen übersehen. Erst die Integration des Denkmals in die Route der Kommunismustour machte es für sie offenbar (wieder) sichtbar, gar sehens-würdig.

Die Skripte: Raumbezug und Erzählanker

Die Kunst der Routenplanung besteht darin, anhand visueller und körperlicher Bezüge auf die materielle Umgebung eine möglichst runde Geschichte – hier des Staatssozialismus – zu erzählen.[22] Abgesehen von architekturgeschichtlichen Details erwarten die Gäste unterschiedliche Perspektiven auf das Thema, die allesamt an den Stadtraum »angeheftet« werden müssen. Neben Ausführungen zur Politik gehören dazu auch Informationen über Konsum, Alltag und Freizeit, für die jeweils andere Arten von Erzählankern nötig sind. Neben inhaltlich-didaktischen Erwägungen sind für die Auswahl und Reihung passender Besichtigungsziele auch ganz praktische Fragen von Belang. So sollten Routen möglichst effizient, also Wegstrecken nicht zu lang und gleichzeitig gut begeh- bzw. befahrbar sein. Diese unterschiedlichen, teils sogar gegenläufigen Erfordernisse der Routenplanung lassen sich nur bedingt mit den »gängigen chronologischen und sektoralen Muster[n] von Geschichtswissenschaft«[23] in Einklang bringen, wie Bernd Mütter aus geschichtsdidaktischer Sicht problematisiert hat. Doch welche histo-

19 Diesen Effekt beschreiben Dudek und Sikora für den Standort eines einstigen Kibbuz, das israelische Reisegruppen in Warschau-Praga besuchten. Dudek, Sikora, Pustyna Kulturalna?, S. 51-53.

20 Context Travel: From Iron Curtain to Velvet Revolution, 16.7.2015. Zur Reaktion von Passant:innen auf die Betrachtung kommunistischer Denkmäler im öffentlichen Raum siehe auch die Episode im Warschauer Park Skaryszewski, die ich in Kapitel II.3 beschreibe.

21 Robert Musil, Nachlass zu Lebzeiten, Stuttgart 2013 [zuerst 1936], S. 57.

22 Siehe dazu auch meine Ausführungen zu Produkt und Produktentwicklung in Kapitel I.4.

23 Mütter, HisTourismus, Raum, Geschichte und historisches Lernen, S. 63.

riografischen Perspektiven begünstigt die städtische Umgebung dann? Oder anders formuliert: In welchen Fällen muss der Raumbezug hinter erzählerische Bedürfnisse zurücktreten, damit erwartete Perspektiven nicht fehlen? Aufschluss über diese Fragen nach der Wirkmacht des »äußeren Chronotopos« liefert ein genauerer Blick auf die Skripte der Touren.

In der Zusammenschau der Führungen lassen sich zwei unterschiedliche Arten von Drehbüchern erkennen: Am stärksten standardisiert zeigten sich in allen drei Städten die »free walking tours«, die sehr lineare Erzählungen lieferten und dabei relativ festen Skripten folgten. Die Geschichte des Kommunismus erzählten sie, wie oben beschrieben, im Modus einer (ironisch-grotesken) Romanze, die ihr Happy End im Umbruch von 1989 gefunden habe.[24] Ihre Dramaturgien folgten dabei einem Mix aus chronologischer Ereignisgeschichte (Zweiter Weltkrieg und Machtantritt der Kommunisten, Stalinismus, Prager Frühling/Normalisierungszeit bzw. Solidarność-Ära, Umbruch 1989, Transformationszeit und Gegenwart) und thematischen Perspektiven (Kommunistische Ideologie, Kunst und Architektur, Sport/Freizeit/Jugend, Konsum, Kirche/Opposition/Dissens). Die individuell gebuchten Führungen in Kleingruppen waren im Gegensatz dazu häufig nur lose an ein Skript gebunden und insgesamt weniger klar strukturiert. Sie präsentierten keine linearen Gesamterzählungen, sondern legten stattdessen größeren Wert auf das persönliche Gespräch zwischen Guide und Tourist:innen. Route und Inhalte wurden bisweilen den individuellen Wünschen der Kund:innen angepasst, die Erzählung intuitiver entfaltet.

Die unterschiedlich starke Bindung an ein chronologisch organisiertes Skript ging mit verschiedenen Intensitäten des Raumbezugs einher. Während die materielle Umgebung in Privatführungen mit eher losem Drehbuch starken Einfluss auf die Erzählung nahm, blieb der Bezug auf die reale Umgebung in einigen der kompakteren »walking tours« teils erstaunlich schwach. Die visuellen Anker, an denen die Guides ihre Erläuterungen entfalteten, waren in einigen Fällen äußerst abstrakt oder gar nicht nachvollziehbar. So führte die Prager »Communism and Nuclear Bunker Tour« entlang einer recht kurzen Route (siehe Karte) vom Altstädter Ring zum Prager Wenzelsplatz, bevor wir am Ende zur Hauptattraktion der Tour, einem Bunker in Žižkov, fuhren. Jeder der nur fünf innerstädtischen Stopps hatte ein festes Thema, wobei nicht immer eine Verbindung zwischen Erzählung und realem Raum erkennbar war.

24 Siehe dazu Kapitel II.1.

»Basically all it is is a history lesson standing on the street«,[25] kommentierte eine enttäuschte *Tripadvisor*-Nutzerin in diesem Sinne ihr Erleben. Tatsächlich erschloss sich inhaltlich nicht, warum die 1950er und 1960er Jahre hier an kleinen, unbelebten Plätzen thematisiert wurden und das Stalin-Denkmal an einer Stelle, an der sein einstiger Standort gar nicht zu sehen war. Selbst in unmittelbarer Nähe des Ortes, an dem sich 1969 Jan Palach selbst verbrannt hatte, verzichteten sämtliche Guides dieses Anbieters auf einen direkten Hinweis auf den Originalschauplatz.[26] Die Narration folgte offensichtlich vor allem einer pragmatischen Logik – nämlich, möglichst ruhige Orte zum Sprechen im von Tourist:innen übervollen Zentrum zu finden. Eine solche Entkopplung von Narration und Raum, die Letzteren zur beliebigen Kulisse degradierte, war nicht nur in einigen Prager Touren zu beobachten. Auch die Guides der Tour »Communist Warsaw« griffen neben mit dem Kommunismus assoziierten Bauten, Inschriften und Denkmalen teils auf eher beliebige symbolisch-visuelle Anker zurück, um die Themen Freizeit, Sport und Jugend zu behandeln. Beispielsweise heftete das Skript die Frage der fehlenden Reisefreiheit am Gebäude der städtischen Passbehörde an, das sich allein durch ein Hinweisschild an der Tür von der umgebenden Bebauung abhob. Ob das Gebäude auch während des Staatssozialismus diese Funktion hatte, blieb unklar: »I stop here, because this is the place, where you apply for a passport […]«, erläuterte Zofia und ergänzte: »Forget about getting passport[s] that easily during communism!«[27]

Dass die Wahl solch abstrakter Erzählanker mitunter Verwirrung auslösen kann, zeigt folgende Episode am selben Ort: Unsere Gruppe war vor dem Eingang mit der Aufschrift »Mazowiecki Urząd Wojewódzki w Warszawie« stehen geblieben. Noch während der Guide über die Vergabe von Pässen während des Staatssozialismus sprach, ließ sich eine Teilnehmerin aus Bosnien vor dem Schild mit der Bezeichnung der Behörde fotografieren. Durch eine Frage, die sie später an den Guide richtete, wurde klar, warum: Sie hatte das Wort »Mazowiecki« nicht als adjekti-

25 Rachael A. (Johannesburg): Dull and overpriced, Bewertung Prague Special Tours auf TripAdvisor, 17.3.2016, https://www.tripadvisor.de/ShowUserReviews-g274707-d2061427-r356349094-Communism_and_Nuclear_Bunker_Tour-Prague_Bohemia.html [7.9.2023]. Auch in der Sprache eines Guides spiegelte sich die fehlende Raumbindung dieser Tour wider: »I will show you some, I would say, monuments, buildings, that are related to the Communist history. So, they bear some Communist history here in the center. So, let's go, let's walk!!« Prague Special Tours: Communism and Nuclear Bunker Tour, 11.8.2016.

26 Prague Special Tours: Communism and Nuclear Bunker Tour, 16.7.2015, 11.8.2016 und 14.6.2018.

27 FREE Walking TOUR Foundation: Communist Warsaw, 13.9.2016.

vische Bezeichnung der Wojewodschaft Masowien, sondern als Name des ersten nicht-kommunistischen Premierministers Polens nach 1989, Tadeusz Mazowiecki, missverstanden. Dieser sei ein Held für sie – wegen seines Protests gegen das Massaker von Srebrenica und seiner Rolle im Friedensprozess der Balkankriege.[28] Durch ihre individuelle Aneignung legte diese Besucherin nicht nur die unklare Raumbindung der Erzählung offen, sie stellte zugleich eine für sie sinnhaftere Verknüpfung her und fügte der Präsentation Warschaus damit eine neue – auf die Transformationszeit ausgreifende – Lesart hinzu.

Das (missglückte) Beispiel, anhand einer heutigen Behörde über die Geschichte des Reisens im Staatssozialismus zu sprechen, verdeutlicht die Schwierigkeit, bestimmte historische Perspektiven in ein raumgebundenes Skript einzugliedern. Insbesondere Alltags- und Sozialgeschichte lässt sich offenbar nur auf Umwegen im Raum verorten. Um über Fragen des Konsums zu sprechen, nutzten die Guides teilweise zwar Kaufhäuser bzw. Kaufhallen, Kantinen, Milchbars oder Kneipen am Wegesrand. Häufiger wurde das Thema jedoch in separate Museumsbesuche ausgelagert oder während eines gemeinsamen Gastronomiebesuchs besprochen.[29] Darüber hinaus wurden nicht selten weniger intuitive Aufhänger wie das (nicht mehr existente) Prager Stalin-Denkmal oder der Warschauer Kulturpalast als Erzählanlässe genutzt. So führte der narrative Weg vom Kongresssaal des Kulturpalastes, in dem 1967 die Rolling Stones aufgetreten waren, über die angebliche Auszahlung ihrer Gage in Form von Wodka hin zu Fragen der Planwirtschaft und Devisenproblematik.[30] In Prag wiederum diente einigen Stadtführer:innen die Legende, das Stalin-Monument sei wegen seines Aussehens – hinter der Stalinfigur war eine Reihe von Menschen angeordnet – »Warteschlange für Fleisch« genannt worden, als Auftakt für Ausführungen über die Mangelwirtschaft.[31]

Solche erzählerischen Umwege lassen sich nicht nur auf Pragmatiken der Routenführung zurückführen. Sie verweisen darüber hinaus auf eine Schwierigkeit, die John Urry im Kontext der britischen Heritage-Debatte als prinzipielles Problem des »tourist gaze« herausgestellt hat. Weil die tou-

28 FREE Walking TOUR Foundation: Communist Warsaw, 30. 9. 2016.

29 Vgl. u. a. in folgenden Touren: Adventure Warsaw: Off the Beaten Track Tour, 29. 3. 2015, und Communism Tour, 10. 9. 2016; Crazy Guides (Krakau): Communism Tour, 7. 7. 2015; Authentic Slovakia: Bratislava Post Socialist City Tour, 14. 7. 2015 und 17. 10. 2016; Prague Extravaganza: Communism and Bunker Tour, 15. 7. 2015 und 10. 8. 2016.

30 CREATours: Palace Complex, 19. 5. 2015, 27. 6. 2015, und Palace »in a nutshell«, 3. 11. 2018.

31 Prague Special Tours: Communism and Nuclear Bunker Tours, 16. 7. 2015, 11. 8. 2016 und 14. 6. 2018.

ristische Aneignung von Geschichte in erster Linie auf Visualität beruhe, könne sie immer nur ein entstelltes Bild historischer Realität zeigen. Geschichte im Tourismus sei deshalb zwangsläufig »an essentially ›artefactual‹ history, in which a whole variety of social experiences are necessarily ignored or trivalised, such as war, exploitation, hunger, disease, the law, and so on.«[32] Obwohl Urry hier ganz allgemein über den Tourismus und nicht über die erzählerischen Möglichkeiten einer geführten Tour spricht, deutet er prinzipielle Leerstellen an. In den Kommunismustouren betrafen diese neben alltagshistorischen Perspektiven vor allem Fragen nach dem Zusammenhang von Politik und Privatheit, nach Anpassung, Konformität und Eigensinn – Themen, die deshalb, sowie aus den oben diskutierten Gründen des Heritagemanagements, kaum in den Stadtführungen präsent sind.

In vielen Fällen müssen Guides also eine raumbedingte Marginalisierung bestimmter Perspektiven durch die (punktuelle) Aufhebung des Raumbezugs kompensieren. Am anderen Ende des Spektrums stehen dafür Orte, deren Besuch aus erzählerischer wie erlebnisbezogener Sicht ideal erscheint. Jonathan Wynn spricht in diesem Zusammenhang vom »perfect tour guiding moment«.[33] Gemeint ist damit die Möglichkeit, ein einzelnes, oftmals winziges Element so zu nutzen, dass daran übergreifende Themen aufgegriffen werden können »while simultaneously being dramatic and heuristic.«[34] Auch die Kommunismustouren bargen solche Orte, die weit mehr als bloße Stichwortgeber waren. Eines davon war das Hotel Jalta in Prag. Errichtet 1958 als exklusive Unterkunft vor allem für Ausländer:innen, gab das Gebäude Anlass für bauhistorische Ausführungen ebenso wie den damaligen (Devisen-)Tourismus. Seine prominente Lage am Wenzelsplatz machte das Hotel zudem zum »Augenzeugen« zentraler Ereignisse wie der Selbstverbrennung Jan Palachs 1969 und den Demonstrationen im Jahr 1989. Darüber hinaus bot der Bunker im Keller des Hauses in besonderer Weise Gelegenheit, populäre Bilder des Kalten Krieges nicht nur aufzurufen, sondern auch körperlich nachzuempfinden, wie ich noch ausführen werde. *Pars pro toto* stand diese Station für die Geschichte der kommunistischen Tschechoslowakei.

Doch nicht nur vom Skript hängt die Tiefe des Raumbezugs ab, sondern auch von tagesaktuellen Bedingungen, darunter dem Wetter,[35] und

32 Urry, The Tourist Gaze, S. 112. Siehe auch Mütter, HisTourismus, Raum, Geschichte und historisches Lernen, S. 71 f.

33 Wynn, The tour guide, S. 93 f. und 101. Zur gleichzeitigen Thematisierung verschiedener Zeitschichten vgl. auch Groebner, Retroland, S. 26 ff.

34 Wynn, The tour guide, S. 94.

35 So verunmöglichten mehrmals Nebel, starker Regen oder Dunkelheit die Sicht auf bestimmte Erzählanker, was die Guides in der Regel mit Humor überspielten, z. B.

der Persönlichkeit des Guides. Dies jedenfalls legen Vergleiche zwischen ein und derselben Tour mit verschiedenen Stadtführer:innen nahe. So zeigte sich in den beiden Prager »Communism and Bunker Tours«, die ich im Abstand von einem Jahr besuchte, ein durchaus unterschiedlicher Umgang mit den besuchten Objekten. Während der Zusammenhang zwischen Ort und Erzählung in Lucies Führung – sie war zugleich die Autorin des Skripts – immer nachvollziehbar war, nutzte Daniel teilweise dieselben Orte und Objekte, um sich zu völlig anderen Themen oder Perspektiven treiben zu lassen. Im Einklang mit dem Drehbuch der Tour begannen beide am Jungmann-Platz (tsch. *Jungmanovo náměstí*) über Schwarzmarkt und Devisenhandel zu sprechen. Lucie erläuterte zunächst den Hintergrund: In der Nähe habe sich der erste Tuzex-Laden befunden, in dem man nur mit konvertierbaren Fremdwährungen oder Tuzex-Schecks, sogenannten »Bons« (tsch. »bony«), habe bezahlen können. Diese seien auf dem Schwarzmarkt erhältlich gewesen, den sie sogleich genau lokalisierte: »And now, I am taking you to this square where people could meet with these traders.« Dort angekommen, versuchte sie, die Tätigkeit der Geldwechsler, sogenannter »veksláci«,[36] in unserer Vorstellung zu imaginieren: »This was the place. Back then you could see these strange looking men around. Imagine, you know, hanging around […], wearing jeans jackets […] and than whispering to passers-by: [flüsternd:] ›bony, bony‹.«[37]

Auch Daniel schnitt das Thema Schattenwirtschaft und Tuzex-Läden an, schweifte anhand der Fotos, die er dabei zeigte, jedoch rasch in teils schwer verständliche Assoziationsketten ab:

> So guys, this is [an] example of this »poukaz«, coupon, voucher. Equal to one Czechoslovak crown. Of course, there were others. You could [get] 100, 1000. By the way, prices were different. […] Now the good average salary before taxes is, let's say 30.000 Czech crowns. […] In 1970s, 80s every salary was, let's say, 1500. That's why everything [was] much cheaper. […] Tuzex – that was a chain of shopping malls. Like this one. They, of course, don't exist anymore. But that was like the very best exclusive shopping on every level. People could buy even […] *Škoda* cars […].[38]

Peter: »If there wouldn't be fog, we would see […].« Authentic Slovakia: Bratislava Post Socialist City Tour, 17.10.2016.

36 Vgl. dazu Bren, Tuzex and the Hustler.

37 Prague Extravaganza: Communism and Bunker Tour, 15.7.2015.

38 Prague Extravaganza: Communism and Bunker Tour, 10.8.2016.

Auch später ließ er sich immer wieder von Objekten oder Bildern dazu verleiten, von einem Thema zum nächsten zu springen. So führte ihn ein Polizei-Motorrad der Marke *Jawa* in einer Ausstellung weg vom Thema Sicherheitsapparat hin zu Autobau, Verkehr und Verkehrsplanung. Über den Bau der Prager Stadtautobahn sprach er auf diese Weise zu einem Zeitpunkt, als wir diese längst passiert hatten.[39] Je stärker sich die Stadtführer:innen als Begleiter:innen auf einem Spaziergang inszenierten, die persönliche Perspektiven teilen und mit ihren ausländischen Gästen darüber ins Gespräch kommen, desto assoziativer und unstrukturierter war ihr Erzählen. Dies betraf beispielsweise zwei Zeitzeug:innen, die in Prag den »Communist Walk« anboten und deren Erläuterungen sich mitunter gänzlich vom Thema Kommunismus entfernten. Vor allem ein Guide im Rentenalter, der sonst vor allem allgemeine Führungen zur Stadtgeschichte gab, erlag an den einzelnen Stopps immer wieder der Wirkmacht bestimmter historischer Sehenswürdigkeiten und damit der Versuchung, aus seinem reichen Wissen über sie zu schöpfen. So erfuhren wir Zuhörenden streckenweise mehr über das mittelalterliche und neuzeitliche Prag als über die Nutzung der jeweiligen Gebäude zwischen 1948 und 1989. Ein Gespräch über sein Leben im Staatssozialismus fand in weiten Strecken unabhängig von der materiellen Umgebung während des Spazierens zwischen den einzelnen Haltestationen statt.[40] Erinnerungen an den Kommunismus evozierte die Prager Altstadt in diesem Guide offenbar kaum; seine eigenen Erfahrungen im Skript der Kommunismustour zu verorten bereitete ihm sichtlich Mühe.

Verräumlichung von Wandel und Kontinuitäten

Noch schwieriger als Alltags- und Sozialgeschichte scheint in Stadtführungen die Vermittlung von Strukturen und Prozessen.[41] Dass der Visualisierungszwang des touristischen Erzählens jedoch nicht prinzipiell der Thematisierung von Fragen nach strukturellem Wandel und Kontinuitäten zuwiderläuft, lässt sich am touristischen Umgang mit baulichen Gegensätzen nachvollziehen. Sowohl in Bratislava als auch in Warschau wiesen die Guides uns wiederholt auf »schöne Kontraste«[42] hin, die von der wechselhaften Geschichte der Stadt zeugten. Tatsächlich liegen in der

39 Ebd.
40 Prague Walks: Communism Walk, 17.7.2015.
41 Mütter, HisTourismus, Raum, Geschichte und historisches Lernen, S. 71.
42 »Krásny kontrast« – Bratislava spoznávajú turisti aj jinak: Z okien retro auta sa vrátia v čase, Bratislavské Noviny, 22.6.2019.

slowakischen Hauptstadt vielerlei Bauten vis-à-vis, die unterschiedlicher kaum sein könnten: Vom Burgberg fiel unser Blick über die Donau auf das riesige Plattenbauviertel Petržalka und die seit den 1960er Jahren gebaute Stadtautobahn, die kaum einen Meter neben dem alten Martinsdom die Altstadt durchschneidet. Ohne dass wir das Zentrum verlassen mussten, konnten die Guides unsere Aufmerksamkeit auf das teils wenig harmonische Nebeneinander von Vorkriegsarchitektur, staatssozialistischer Urbanistik und Bauprojekten der 1990er Jahre bis in die Gegenwart lenken. Davon machte vor allem *Authentic Slovakia* Gebrauch. Befragt nach ihrem Alleinstellungsmerkmal gegenüber den Anbietern klassischer Stadtführungen, beschrieben die Unternehmer ihre »Post Socialist City Tour« sogar explizit als Präsentation von Gegensätzen:

> Wir präsentieren es [das Besondere, Postkommunistische – S. St.] den Interessierten anhand von Kontrasten. Mit der Veränderung Bratislavas entsteht ein seltsames architektonisches Chaos, so dass man an ein und demselben Ort ein barockes und ein sozialistisches Gebäude und daneben ein kaum zwei Jahre altes sehen kann.[43]

Jedoch fungierte die Betonung urbaner Kontraste in Bratislava keineswegs nur als Anlass, um Zäsuren – etwa 1945, 1948 oder 1989 – zu betonen, sondern ebenso als Gelegenheit, um in satirischer Weise über die Persistenz bestimmter Gefüge zu sprechen. Wie dabei einzelne Objekte als Sinnbilder unsichtbarer Strukturen, darunter personeller und institutioneller Netzwerke, Mentalitäten und politischer Ansichten, mobilisiert wurden, zeigt folgende Episode aus einer der Touren:

Peter war mit uns in ein Villenviertel westlich der Altstadt gefahren. Der Škoda quälte sich langsam die engen Kurven hoch, links und rechts waren alte und neue Villen, Einfamilienhäuser und Botschaften zu sehen, aus deren grünen Gärten man wunderbare Blicke über die Stadt haben musste. Der Guide stellte uns das Viertel als »Beverly Hills« von Bratislava vor, in dem eine Reihe prominenter Slowak:innen lebe. Scheinbar zu jedem Gebäude wusste er etwas zu berichten; er wies uns auf bauliche Details hin und erzählte Anekdoten über einzelne Bewohner:innen, darunter einen Schauspieler, der erfolglos als Bürgermeister und Präsident kandidiert hatte, aber auch bekannte kommunistische Politiker wie Alexander Dubček oder Vasiľ Biľak. Einmal vollführte Peter gar eine Vollbremsung, um uns auf einen Passanten hinzuweisen, der zur Familie eines ehemals hohen Parteifunktionärs gehöre. Wenig später passierten wir die elegante Villa, in der diese Familie bis heute lebe. Den

43 Ebd.

modernistischen Bau aus der Zwischenkriegszeit interpretierte der Guide als Illustration des Orwell'schen Zitats »all animals are equal, but some animals are more equal than others«. Während die Arbeiter:innen in Wohnblocks leben mussten, hätten die hohen Kommunisten luxuriöse Villen wie diese bevorzugt. Diese Doppelmoral sei mit der Samtenen Revolution ebenso wenig verschwunden wie der Einfluss der ehemaligen Eliten. So wies uns Peter wenig später auf ein weiteres luxuriöses Apartment hin, das sich ein korrupter Politiker allen Bauvorschriften zum Trotz habe errichten lassen. Eine andere Art der moralischen Korrumpiertheit kritisierte er später vor dem Parlamentsgebäude, wo eine Statue steht, die die Ankunft der Slowakei im demokratischen Europa symbolisieren soll. Sie stamme von einem Bildhauer, der mit kommunistischen Denkmälern Berühmtheit erlangt habe. »Like many communists changed their jackets, so he adapted.«[44]

Auf Kontinuitäten wie diese hoben auch die Prager und Warschauer Guides wiederholt ab. Ähnlich wie Peter das Villenviertel zur gleichzeitigen Thematisierung kommunistischer und postkommunistischer Eliten nutzte, präsentierten sie Orte, die die Langlebigkeit bestimmter Machtstrukturen versinnbildlichen sollten. So lenkte Milan unsere Blicke in der Prager Bartolomějská-Straße auf ein Gebäude, das einst als Sitz der Geheimpolizei fungiert habe, und fragte: »What do you think would you find inside this building right now?« Ein Tourist erriet es gleich: »A police station?« Alle lachten und Milan schloss seine Ausführungen begleitet von Gelächter, ab: »Yeah, it's a police station [...], but it's like tax police. [...] So, in a way secret police. Sometimes people say: ›Nothing has really changed.‹ There is also a criminal police in it. So, again: Even now it's not a place to go to.«[45] In einigen Fällen resultierten Gegenüberstellungen dieser Art im humoristischen Eindruck, die heutigen Behörden überträfen die kommunistischen gar – in ihrem Trickreichtum wie in ihrer Unfähigkeit. So erfuhren wir in Warschau, wie die Stadt den 1952 eingeweihten zentralen *Plac Konstytucji*, dessen Name sich auf die in diesem Jahr verabschiedete Verfassung der Volksrepublik bezog, nach 1989 auf ungewöhnliche Weise entkommunisiert habe. Weil die Genitiv-Form des Wortes Verfassung (*konstytucji*) im Polnischen keine Unterscheidung zwischen Singular und Plural zulasse, habe man ganz ohne Aufwand eine »Umbenennung« vorgenommen: Heute sei es offiziell der »Platz der Verfassung*en*«, der nicht mehr an das kommunistische Gesetz, sondern an die bis ins Jahr 1791 reichende Tradition polnischer Verfassungen er-

44 Authentic Slovakia: Bratislava Post Socialist City Tour, 17.10.2016.
45 Prague Special Tours: Communism and Nuclear Bunker Tour, 11.8.2016.

innere.[46] Weniger gewitzt als unfähig wurden die politischen Akteure der Gegenwart im Falle der Restaurierung des Kongresssales im Warschauer Kulturpalast dargestellt: Während die Errichtung des gesamten Palastes lediglich vier Jahre gedauert habe, ziehe sich die Renovierung eines einzigen Saales heute schon länger hin.[47]

Auf Tour: Raumkonflikte und Optimierungen

Die Herausforderung, Raum und Erzählung in Einklang zu bringen, betrifft freilich nicht nur die baulichen Gegebenheiten und die Persönlichkeit des Guides. Ebenso hängt die erfolgreiche narrative »Bändigung« der Stadt von den vielfältigen institutionellen und individuellen Rhythmen, die sie im Moment der Tour prägen, ab.[48] Wie die zufällige Begegnung mit dem Angehörigen eines bekannten Politikers in Bratislava zeigte, können aus ungeplanten Zwischenfällen Momente resultieren, die die Deutungen der Guides in überraschender Weise authentisieren.[49] Als »dialogue with physical surroundings and the pedestrian movement of the city«[50] bergen Stadtrundgänge wie -fahrten allerdings auch die permanente Gefahr ungewollter Interventionen und unterschiedlich gelagerter Raumkonflikte. So müssen teils große Gruppen durch Straßen und über Brücken navigiert sowie für mehrere Minuten an den einzelnen Stationen platziert werden, ohne dass Passant:innen bzw. Verkehr behindert werden. Umgekehrt können Verkehrs- und Baulärm, Staus, Menschenansammlungen, aber auch die Bedürfnisse des Publikums (Verpflegung, Toilettenbesuche u. a.) die Änderung einer Route erzwingen. Kurz: In der Führung müssen die oftmals disparaten Rhythmen von Gruppe und Stadt synchronisiert werden.[51]

46 FREE Walking TOUR Foundation: Communist Warsaw, 28. 4. 2015.

47 CREATours: Palace »in a nutshell«, 3. 11. 2018.

48 Marcella Costa, Gesprächskompetenz entwickeln – am Beispiel der interlingualen und interkulturellen Touristenführung, in: Doris Höhmann (Hg.), Tourismuskommunikation. Im Spannungsfeld von Sprach- und Kulturkontakt, Frankfurt a. M. 2014, S. 303-322, hier S. 307.

49 Siehe auch die Ausführungen zur Intervention eines Passanten in Warschau in Kapitel II.3.

50 Wynn, The tour guide, S. 107.

51 Eine Rhythmusanalyse im Sinne Lefebvres nehmen Tim Edensor und Julian Holloway am Beispiel einer Bustour in Irland vor: Edensor, Holloway, Rhythmanalysing the Coach Tour. Ein ähnliches Vorgehen schlage ich vor in: Stach, From the Visual to Syn- and Kinaesthetics.

Diese Aufgabe stellt sich unterschiedlich, je nachdem ob eine Tour durch Wohnbezirke oder touristische »Enklaven« führt.[52] Die Raumkonflikte, die eine Stadtführerin im von Tourist:innen bevölkerten Zentrum von Prag zu managen hatte, waren somit andere als jene, die ein Guide in Bratislava-Petržalka oder auf dem Warschauer *Plac Defilad* – früher Parade-, später Parkplatz – bewältigen musste. So konnten Prager Stadtführer:innen häufig nicht einfach dort anhalten, wo der Blickwinkel für die jeweilige Erzählung ideal wäre. Vielmehr mussten sie einen Ort entfernt von anderen Gruppen finden, um das Publikum akustisch vom Trubel ringsum zu separieren. Der Abschottung von anderen Tourist:innen konnte, wie oben erwähnt, gerade in der Hochsaison höhere Priorität zukommen als der Bindung an einen Originalschauplatz. Auch in Warschau mussten die Guides ihre Haltepunkte von der aktuellen Situation abhängig machen: Wo ist ein Parkplatz verfügbar? Steht die Gruppe nicht im Weg der vielen Passant:innen zwischen Hauptbahnhof, Metro und Einkaufszentren? Neben logistischen Aspekten wie diesen spielten bei der Besichtigung von Wohnvierteln mitunter auch moralische Fragen eine Rolle. Einerseits versprachen die Guides mit sporadischen Blicken in Hauseingänge und Hinterhöfe Einblicke in das Leben der Einheimischen, gleichzeitig sollte dies möglichst unauffällig geschehen. In ihrer Doppelrolle als »mediator« und »pathfinder« mussten die Stadtführer:innen jedes Mal neu abwägen, inwiefern sie die lokale Bevölkerung unseren Blicken aussetzten und wie sie gegebenenfalls auf eine Erwiderung durch deren »reverse gaze«[53] reagierten.

Die kollisionsfreie Navigation durch die Stadt hängt somit vor allem von Intuition, Können und Sensibilität der Guides ab. Darüber hinaus kann die erfolgreiche Synchronisierung von touristischen und alltäglichen Rhythmen durch kontinuierliche Modifikationen von Route bzw. Skript erleichtert werden. Im Anpassungsprozess werden die erzählerische Attraktivität und die logistische Erreichbarkeit, Verfügbarkeit und Zumutbarkeit eines Ortes gegeneinander abgewogen und Routenverläufe verbessert.[54] Eine Optimierung ist darüber hinaus nötig, wenn sich die Wegstrecken selbst nicht als ideal erweisen, etwa weil zu viele Objekte am Wegesrand Aufmerksamkeit – und damit themenfremde Erläuterungen – fordern. Wie im Zusammenhang mit dem älteren Guide des »Communism Walk« angedeutet, war dieses Problem insbesondere in der Prager mittelalterlichen oder neuzeitlichen Innenstadtkulisse virulent, wo immer

52 Vgl. Edensor, Staging Tourism, S. 327-333.

53 Gillespie, Tourist photography and the reverse gaze. Zum Problem des Voyeurismus siehe auch Kapitel III.3.

54 Vgl. auch Hanke, Aly, Stadtführungen in historischer Gewandung, S. 188f.

wieder bekannte touristische Highlights ihr visuelles (und damit auch narratives) Recht einforderten. Auch andere Guides hatten mit diesem Problem zu kämpfen: Weil Samuel es schade fand, die berühmte Alt-Neu-Synagoge am Wegesrand unkommentiert zu lassen, entschloss er sich, abweichend vom allgemeinen Skript, einen Extra-Stopp zum jüdischen Erbe in seine Kommunismus-Tour zu integrieren. Die Synagoge nahm er zum Ausgangspunkt für eine kurze Bemerkung zur jüdischen Geschichte, um schließlich das Schicksal der jüdischen Bevölkerung nach dem Krieg zu thematisieren. Indem er hier auch auf den politischen Schauprozess gegen den jüdischen Kommunisten Rudolf Slánsky im Jahr 1952 zu sprechen kam, gelang es ihm, die durch den Raum angestoßene (jüdische) mit der erwarteten (kommunistischen) Geschichte zu verbinden.[55] Ein eher rhythmisches Problem zeigte sich im Falle der »Free Communism Tour« durch Bratislava: Die Entscheidung, mit Burgberg (Blick auf Petržalka) und Rundfunk (Baudenkmal von 1983) zwei relativ weit entfernte Orte in die Führung einzubinden, resultierte hier im Problem, dass der zweite Teil des Nachmittagsangebots in den Wintermonaten im Dunkeln absolviert werden musste. Darüber hinaus lag zwischen der Burg und dem Platz des Slowakischen Nationalaufstands eine lange Wegstrecke ohne Erzählstopp. Die Beseitigung solcher »potentially dead narrative space[s]«[56] und die Frage nach der Tageszeit stellten deshalb zentrale Punkte bei der Überarbeitung des Tourskripts im Jahr 2019 dar.[57]

Chronotopoi: Schrumpfungen und Dehnungen des Staatssozialismus

Wie deutlich wurde, steht die Raumgebundenheit von Stadtführungen rein linearen Geschichtsdarstellungen *per se* entgegen. Zwar lässt sich der Raum durch geschickte Routenführung, Dramaturgie und Darbietung »zähmen«, seinen Eigensinn verliert er dadurch aber nicht. Ihre sujetbildende Wirkung konnte die materielle Stadtlandschaft in den verschiedenen Formaten jeweils unterschiedlich stark entfalten. In Skripten, die viel Wert auf ein Gleichgewicht der Themen und eine »runde« Geschichtsdarstellung legten, schien die Prägekraft der Stadtlandschaft

55 Zugleich erlaubte ihm der Exkurs zur jüdischen Geschichte, an dieser Stelle den vom Unternehmen geforderten Werbeblock für die allgemeinere »Free Walking Tour« des Anbieters einzubauen. NEXT City Tours: Free Red Prague Tour, 12.8.2016.

56 Wynn, The tour guide, S. 90.

57 Interview mit Laura, 2.8.2019.

eher gering. Vor allem im Format der »free walking tour« war die Erzählung teils losgelöst vom Raum oder beschränkte sich auf Symbole als Stichwortgeber. Deutlicher greifbar war des Chronotopische in Touren mit weniger festem Drehbuch. Besonders eindrücklich zeigte es sich mit Blick darauf, welche Zeiten bzw. Perspektiven darin *keinen* Platz fanden. So nahmen die politische Steuerung aus Moskau ebenso wie die kommunistische Stadtplanung in den Warschauer »Communism Tours« viel Raum ein, Gewerkschaftsbewegung und Opposition hingegen spielten darin keine erwähnenswerte Rolle. Im Gegensatz dazu waren Geheimpolizei, Dissident:innen und vor allem die Ereignisse von 1968/1969 und von 1989 in den Führungen durch Prag deutlich überrepräsentiert, weil im Stadtzentrum die Schauplätze von Verfolgung (Hotel Unitas, Hotel Jalta, Polizeizentrale) und Samtener Revolution (*Národní třída*, Wenzelsplatz), kaum aber Repräsentanten sozialistischen Bauens zur touristischen Verfügung stehen.[58] In Bratislava schließlich bestimmten die räumliche Nähe zum Westen und der Stadtumbau ab den 1960er bzw. den 1990er Jahren den Rahmen der Interpretation, während Prager Frühling und Samtene Revolution zumindest in den dortigen Touren per Auto kaum von Belang waren.[59]

Fragt man nach der Wirkung des Raums auf die Zeit, offenbart der Vergleich von Routen, Skripten und Bewegungsrhythmen darüber hinaus eine grundsätzlichere, dimensionierende Kraft. Während die Bewegung durch die nach 1945 stark überformten, kontrastreichen Städte Warschau und Bratislava die Zeit des Staatssozialismus auszudehnen schien, wirkte dieselbe historische Ära im Rundgang durch Prag viel kürzer. Die Ursache dieser Differenz lässt sich ebenfalls im »äußeren Chronotopos« der Touren suchen. So integrierten die Warschauer Routen neben dem sozialistischen Bauerbe auch imposante Bauten der Zwischenkriegsmoderne und kommentierten hier und da Bauvorhaben der letzten 20 Jahre. Dasselbe gilt für Bratislava, wo wir neben (stillgelegten) Betriebsgeländen aus der Zeit vor dem Zweiten Weltkrieg auch neue Investorenprojekte betrachteten. Im Vollzug dieser Touren wurde die Bedeutung der älteren, teils modernistischen Bauten für die sozialistischen Städte ebenso nachvollziehbar wie der schwierige Umgang mit den Monumentalbauten und Industrieruinen bis in die Gegenwart. Trotz seiner rhetorischen Eingrenzung auf die Zeit vom Zweiten Weltkrieg bis 1989 erschien der

58 Aus diesem Grund wird Vaclàv Havel in manchen Touren gleich an vier Stopps erwähnt: am Hotel Unitas, wo er einst inhaftiert war, in der von seinem Großvater erbauten Lucerna-Passage, am Wenzelsplatz, auf dem Havel 1989 zu den Menschen sprach, und vor dem Theater, wo ein Denkmal an ihn erinnert.

59 Authentic Slovakia: Bratislava Post Socialist City Tour, 14.7.2015 und 17.10.2016.

Staatssozialismus als temporal offene Epoche, deren Erbe auch in der Gegenwart wirksam ist. Zusätzlich verstärkt wurde dieser Eindruck einer zeitlichen Dehnung durch die immersive Wirkung architektonisch geschlossener Areale (MDM-Viertel in Warschau, Petržalka in Bratislava) sowie die körperlich-sinnlichen Praktiken der Retro-Autofahrten und Milchbar-Besuche, auf die ich noch genauer eingehen werde.

Im Gegensatz dazu erschien dieselbe Zeitspanne im Prager Zentrum deutlich kompakter. Obwohl die Guides durchaus auf Zwischenkriegszeit und Gegenwart eingingen, erlebten wir Teilnehmer:innen den Staatssozialismus im Prager Zentrum als abgeschlossenes Kapitel, das sich gewissermaßen zwischen zwei Balkon-Episoden aufspannen ließ: Seinen Anfang markiert die (angebliche) Rede Gottwalds auf dem Balkon des Kinský-Palais am Altstädter Ring 1948,[60] sein Ende die Auftritte Havels und Dubčeks auf dem Balkon des Melantrich-Hauses am Wenzelsplatz im Jahr 1989. Dass selbst Touren ohne chronologisches Skript ihren Abschluss auf dem Wenzelsplatz fanden, war demnach kein Zufall, wie auch die Aussage eines Guides nahelegte: »[We are] finishing on the square because that is where the communism ended.«[61] Besonders deutlich war die raum-zeitliche Einkapselung im »Communism Walk« mit Ondřej greifbar: Indem der Zeitzeuge durchweg das jahrhundertealte Bauerbe Prags am Wegesrand kommentierte, schien die Zeit von 1948 bis 1989 bei ihm bisweilen auf eine Fußnote in der Geschichte der Stadt zusammengeschrumpft. Diese Verkleinerung wiederholte sich in der von vielen Guides vorgetragenen fatalistischen Deutung des Denkmals, das heute am Ort des ehemaligen Stalins-Denkmals auf dem Letná-Hügel steht. Das riesige Metronom, dessen Pendel stolsch nach links und rechts ausschlägt, symbolisiere den stetigen Wandel in der Politik, den unaufhaltsamen, zyklischen Wechsel von »good and bad times of history«.[62] Inmitten dieses ewigen Hin und Her der Geschichte erschien der Staatssozialismus im »tausendjährige[n], hunderttürmige[n] Prag«[63] als *eine* Episode unter vielen.

Es wäre allerdings verkurzend, die Wirkung des Raums im mobilen Format der Stadtführung nur über die visuell-haptischen oder akustischen

60 Laut dem Historiker Jiří Pernes sprach Klement Gottwald nicht am 25. 2. 1948, sondern am 21. 2. 1948 auf dem Altstädter Ring, jedoch nicht vom Balkon des Kinský-Palais, sondern davor. Vgl. Adam B. Bartoš: Žádný balkon, Gottwald řečnil z korby vozu, in: iDNES, 26. 2. 2008, https://www.idnes.cz/zpravy/domaci/zadny-balkon-gottwald-recnil-z-korby-vozu.A080226_142058_domaci_adb [15. 8. 2025].

61 Good Prague Tours: Communism Tour, 13. 6. 2018.

62 Gray Line: Communist Walking Tour, 9. 8. 2016; Prague Extravaganza: Communism and Bunker Tour, 15. 7. 2015 und 10. 8. 2016.

63 Svoboda, Prag. Das tausendjährige, hunderttürmige Prag in Stadtwanderungen.

Stimuli zu analysieren, die im Vollzug der Tour wirksam sind. Auch dem Erleben von Fortbewegung und Rhythmus, mithin also dem kinästhetischen Sinn, wohnen bedeutungsgenerierende Momente inne, wie der Vergleich zwischen Spaziergang und Autofahrt zeigt. Die Nutzung von Autos erlaubte zwar eine größere Reichweite und damit die Einbindung von weiter entfernten Originalbauten. Zugleich fragmentierte die motorisierte Fortbewegung aber die Wahrnehmung des Stadtraums und gab der Darstellung von historischen Entwicklungen ein eigenes Gepräge. So steigerten die Auto-Fahrten durch Warschau wie Bratislava die ohnehin großen baulichen Kontraste der Stadt durch schnelle Blickwechsel, und ihre – teils flexibel gehandhabte – Routenführung schien narrativ etablierte Zeitverlaufs- und Kausalvorstellungen immer wieder zu relativieren. In der schnellen Bewegung durch unbekanntes Terrain und gebaute Heterogenität schienen die Verwerfungen der jüngeren Geschichte in komprimierter Form wahrnehmbar. Damit möchte ich nicht nahelegen, dass ein solches Erleben zwangsläufig zu Reflexionen über Kontingenz und Perspektivität von Geschichte führt. Im Gegenteil: Im Unterschied zu den Einwohner:innen Warschaus, die den Wandel ihrer Stadt in Geschichte und Gegenwart ebenfalls als chaotisch empfunden haben mögen, vollzogen wir Tourist:innen unsere Bewegung durch die Geschichte immer vor dem Horizont eines sicheren Hafens an deren Ende. Die Rückkehr zum Ausgangspunkt (oder zum Hotel) gehörte fest zur Abmachung einer jeden Fahrt.

III.2 »It was here«: Die Kommunismustour als Orts- und Zeitbegehung

Im zweiten Teil dieses Buches war die Rede davon, wie in den Kommunismustouren auf bekannte Bilder Bezug genommen wird und bestimmte Erwartungen bedient werden. Stereotype Bilder eines »wilden Ostens« spielten dabei ebenso eine Rolle wie die individuellen Lebenswelten und touristischen Bedürfnisse der Reisenden. Und dennoch: Ginge es nur um die Reproduktion des Typischen und lebensweltliche Bezugnahmen, müssten Geschichtsinteressierte nicht die Anstrengung einer physischen Reise auf sich nehmen. Nicht erst die Corona-Pandemie hat virtuelle Formate des Besichtigens hervorgebracht: Viele Sehenswürdigkeiten, Museen und selbst abgelegene Winkel sind über Google Maps, 3-D-Simulationen, Fernsehdokumentationen oder Online-Videos bequem von zu Hause aus rezipierbar. Nichtsdestotrotz sind Geschichtstourist:innen sogar bei Regen und Hitze unterwegs, um materielle Relikte in Augenschein zu nehmen, um sich Räume – und Zeiten – körperlich zu erschließen, um selbst den »Hauch der Geschichte«[64] einzuatmen. Erst im Besuch »authentischer Orte«,[65] so die zugrundeliegende Annahme, werde Geschichte individuell »begehbar«.[66] In den Stadtführungen zeigt sich damit wie unter dem Brennglas eine Vorstellung, die in der populären Geschichtskultur *common sense* scheint, nämlich dass der Besuch

64 Bernhard Tschofen, »Eingeatmete Geschichtsträchtigkeit«. Konzepte des Erlebens in der Geschichtskultur, in: Sarah Willner/Georg Koch/Stefanie Samida (Hg.), Doing History. Performative Praktiken der Geschichtsaneignung, Münster, New York 2016, S. 137-148.

65 Mit der (neuen) Sehnsucht nach Authentizität befasste sich in den letzten Jahren intensiv der Leibniz-Forschungsverbund Historische Authentizität. Vgl. außerdem Michael Rössner (Hg.), Renaissance der Authentizität? Über die neue Sehnsucht nach dem Ursprünglichen, Bielefeld 2014; Susanne Knaller/Harro Müller, Einleitung. Authentizität und kein Ende, in: Susanne Knaller/Harro Müller (Hg.), Authentizität. Diskussion eines ästhetischen Begriffs, München 2006, S. 7-16; Eva Ulrike Pirker (Hg.), Echte Geschichte. Authentizitätsfiktionen in populären Geschichtskulturen, Bielefeld 2010; Axel Drecoll/Thomas Schaarschmidt/Irmgard Zündorf (Hg.), Authentizität als Kapital historischer Orte? Die Sehnsucht nach dem unmittelbaren Erleben von Geschichte, Göttingen 2019.

66 Angela Schwarz, Pastness in the making. Von der Touristifizierung der verräumlichten Zeit in der Vergangenheit, in: Angela Schwarz/Daniela Mysliwietz-Fleiß (Hg.), Reisen in die Vergangenheit. Geschichtstourismus im 19. und 20. Jahrhundert, Wien, Köln, Weimar 2019, S. 25-44, hier S. 36 f. Vgl. auch die Definition von Heritage bzw. Kulturerbe als »besuchbar« bei Ashworth, From History to Heritage – From Heritage to Identity, S. 16; Stefanie Samida, Kulturerbe als Herausforderung. Reflexionen zum »Heritage-Boom« aus fachübergreifender Perspektive, in: WerkstattGeschichte (2013) 64, S. 111-127, hier S. 112.

bestimmter Räume und die Wahrnehmung ihrer Atmosphären historische Erkenntnis befördern und eine Art »Gefühlswissen des Historischen«[67] generieren können. Dreh- und Angelpunkt dieser Vorstellung sind »Präsenzeffekte von Orten und Dingen«.[68] Ihre Materialität sehen Besucher:innen als Chance, eine »physische Verbindung zwischen sich und der Vergangenheit«[69] herzustellen; nicht selten schwärmen sie vom persönlichen Erlebnis solcher bedeutsamen Orte und ihren jeweilen Stimmungen.[70] Inszeniert als alternative Angebote jenseits der touristisch überformten Innenstädte scheinen die Kommunismustouren dabei mit besonderen atmosphärischen Erwartungen bzw. Authentizitätsversprechen aufgeladen. *Ex negativo* verdeutlicht dies auch die folgende Antwort eines Warschauer Anbieters auf eine Kundenbewertung, die das Fehlen einer solchen historischen Aura der besuchten Orte kritisiert hatte: »This is our authorial program, places are not typical, but only there you can experience the real history. We are aware that there is always someone that won't feel that atmosphere.«[71] Abgesehen von der Verknüpfung

67 Tschofen, »Eingeatmete Geschichtsträchtigkeit«, S. 138, 144. Vgl. auch Ausdrücke wie »I had my mind blown by some of the history« oder »I felt I got to learn a lot about Warsaw« in Tour-Reviews. Beata B: This is a must-do in Warsaw, Bewertung Adventure Warsaw auf Tripadvisor, 29. 9. 2011, https://www.tripadvisor.de/ShowUserReviews-g274856-d1577275-r118719668-Adventure_Warsaw-Warsaw_Mazovia_Province_Central_Poland.html; DrewBVA: Excellent tour, great way to see an interesting city, Bewertung Adventure Warsaw auf Tripadvisor, 24. 7. 2012, https://www.tripadvisor.de/ShowUserReviews-g274856-d1577275-r135223077-Adventure_Warsaw-Warsaw_Mazovia_Province_Central_Poland.html [beide 11. 9. 2023].

68 Daniella Seidl/Johannes Moser, Dinge auf Reisen. Kulturwissenschaftliche Perspektiven auf die materielle Kultur in der Tourismusforschung, in: Johannes Moser/Daniella Seidl (Hg.), Dinge auf Reisen. Materielle Kultur und Tourismus, Münster, New York, NY, München, Berlin 2009, S. 11-24, hier S. 12.

69 Groot, Consuming history, S. 120.

70 Vgl. exemplarisch zwei weitere Reviews für *Adventure Warsaw*: »historically important places in town and the original communist bus makes it unique«. Jesper D: Interesting and fun!, Bewertung Adventure Warsaw auf Tripadvisor, 21. 7. 2014, https://www.tripadvisor.de/ShowUserReviews-g274856-d1577275-r216549022-Adventure_Warsaw-Warsaw_Mazovia_Province_Central_Poland.html [11. 9. 2023]; »The highlit [sic] had to be the old market, where black market trading once went on, you could feel the atmosphere there […]«. Karen D: Fantastic insight to warsaw, Bewertung Adventure Warsaw auf Tripadvisor, 1. 1. 2013, https://www.tripadvisor.de/ShowUserReviews-g274856-d1577275-r148497991-Adventure_Warsaw-Warsaw_Mazovia_Province_Central_Poland.html [11. 9. 2023].

71 Antwort auf Inessa P. Total disaster, Review vom 14. 7. 2013, https://www.tripadvisor.de/ShowUserReviews-g274856-d1577275-r167522318-Adventure_Warsaw-Warsaw_Mazovia_Province_Central_Poland.html [11. 9. 2023]. Zur Schwierigkeit der Analyse von »Atmosphären« siehe Christina Kerz, Atmosphäre und Authentizität. Gestaltung und Wahrnehmung in Colonial Williamsburg, Virginia (USA), Stuttgart 2017, S. 26.

eines Wahrheitsanspruchs (»real history«) mit der klassischen Vorstellung des authentischen Blicks hinter die Kulissen der Tourismusindustrie (»places are not typical«)[72] ist an dieser Reaktion besonders aufschlussreich, wie die Verantwortung für das missglückte Erlebnis als affektives Defizit der Besucherin selbst zugeschrieben wird.

Faktenbasierte Vermittlung lokaler Geschichte verbindet sich im Geschichtstourismus also mit der Vision eines Orten und Dingen inhärenten Wissens, das emotional-sinnlich durch die Besucher:innen erschlossen werden könne. Ihrem Anspruch nach stellt die Stadtführung dementsprechend nicht nur eine raumbasierte Erzählung, sondern zugleich eine *Begehung* dar, auf die sich Guides und Reisende gemeinsam begeben, um historische Zeit(en) *vor Ort* individuell zu erschließen. Landschaften erscheinen aus dieser Perspektive als Speicher, die – jedenfalls punktuell – authentische Zugänge zur Vergangenheit bieten.[73] »The city has fascinating stories to tell«,[74] bewarb etwa ein Prager Unternehmen seine Tour zur Zeitgeschichte und stellte seine Guides als Übersetzer:innen dieser in der Stadt sedimentierten – für Außenstehende aber nicht ohne Weiteres zugänglichen – Geschichte(n) vor. Doch wie genau wird die Vorstellung besonderer Geschichtsträchtigkeit hervorgebracht? Und welche Effekte hat dies für Vorstellungen von historischer Zeitlichkeit?

Um diese Fragen näher zu beleuchten, werde ich im Folgenden verschiedene Spannungsfelder näher betrachten – zwischen subjekt- und objektbezogenen Modi von Authentizität,[75] zwischen Aura und Wissen, zwischen Vergangenheit, Gegenwart und Zukunft. Hierfür wende ich mich zunächst den geschichtsdidaktischen Vorbehalten zu, die der (touristischen) Sehnsucht nach dem Authentischen entgegengebracht werden, und skizziere danach mit *Spurensuchen* und *Begehungen* zwei unterschiedliche Präsentationsmodi, anhand derer Guides die Idee eines Anschauungswissens mit der einer spezifischen Augenzeugenschaft koppeln, um Authentizitätserlebnisse zu animieren. Ausgehend von der Annahme, dass auf diese Weise nicht nur Raum, sondern auch Zeit »begangen« wird, nehme ich im letzten Abschnitt den Aspekt der Temporalität noch

72 Vgl. MacCannell, Staged Authenticity.
73 Von einer ähnlichen Annahme in Bezug auf die Naturlandschaft geht Sarah Willner in ihrer Arbeit zur körperlichen Geschichtsaneignung bei Themenwanderungen in den Alpen aus. Die Landschaft bezeichnet sie als »Speichermedium historischer Überlieferung, die subjektiv erfahrbar« sei. Willner, Atmosphären und Hierarchien der Geschichtserfahrung, S. 66.
74 Discover Prague: Pocket Guide to Prague, S. 6, Booklet im Privatarchiv der Autorin.
75 Zur Unterscheidung eines objekt- und eines subjektbezogenen Authentizitätsmodus vgl. Pirker, Rüdiger, Authentizitätsfiktionen in populären Geschichtskulturen: Annäherungen, S. 17; Schwarz, Pastness in the making, S. 33; Stach, Geschichtstourismus.

einmal gesondert in den Blick und zeige, inwiefern die Besichtigungstouren durch den Warschauer Kulturpalast diesen nicht nur als *post*sozialistisches Relikt, sondern vielmehr als *noch*sozialistisches Bauwerk vorstellten.

Authentische Orte: Geschichtstouristische Sehnsüchte, geschichtsdidaktische Vorbehalte

Dass das touristische Verlangen nach einem idealisierten »Anderen« das Streben nach Wissen nicht ausschließt, hat schon Tom Selwyn in seiner Unterscheidung zwischen »hot« und »cold authenticity« betont.[76] Wenngleich das touristische »desire to know«,[77] das er beschreibt, eher ein ethnografisches als ein historisches ist, hebt Selwyn mit der Idee einer »kalten Authentizität« die anhaltende Bedeutung von verifizierbarem Wissen im Tourismus heraus und bestreitet den Verlust jeglicher Trennschärfe zwischen populären und akademischen Narrativen, den etwa John Urry in seinen Reflexionen über die Heritage-Industrie konstatiert hat.[78] In Abgrenzung zu postmodernen Ansätzen, die den Authentizitätsbegriff im Zeitalter der Simulakren aufgegeben haben,[79] streicht er die Rolle epistemischer Autoritäten auch im Tourismus heraus und benennt Tourguides explizit als darin aktive »intellectuals«.[80] Eine solche Sichtweise von Stadtführer:innen als Expert:innen deckt sich mit ihrem typischen Selbstbild als »urban historians«,[81] »public« bzw. »lay historians«[82] bzw. »Forscher:innen«.[83]

76 Selwyn, Introduction, S. 7-27. Aufgegriffen wird Selwyns Unterscheidung u. a. bei Anna Wieczorkiewicz, Apetyt turysty. O doświadczaniu świata w podróży, Kraków 2008, S. 41 f.; Erik Cohen/Scott A. Cohen, Authentication: Hot and Cool, in: Annals of Tourism Research, Bd. 39 (2012) 2, S. 1295-1314.

77 Selwyn, Introduction, S. 25.

78 Ebd., S. 26; Urry, The Tourist Gaze, S. 104-112.

79 Vgl. u. a. George Ritzer/Liska Allan, »McDisneyization« and »post-tourism«. Contemporary perspectives on contemporary tourism, in: John Urry/Chris Rojek (Hg.), Touring Cultures. Transformations of Travel and Theory, London, New York 1997, S. 96-109.

80 Selwyn, Introduction, S. 7.

81 Pond, The Professional Guide, S. 14.

82 Wynn, The tour guide, S. 55, 87, 107.

83 Der Warschauer Unternehmer und Guide Maciej bezeichnete die Vorbereitung seiner Touren als »research by driving around the city«. Interview mit Maciej, 21. 3. 2016. Zu Ausbildung, Motivation und Geschichtsinteresse der Guides siehe Kapitel I.3.

Weniger bildungsaffin erscheinen die Tourist:innen in den Überlegungen des Archäologen Cornelius Holtorf. Auf einer anderen Ebene als Selwyn argumentierend, unterscheidet er nicht zwischen Gefühl und Wissen, sondern zwischen materieller, empirisch nachweisbarer Echtheit und dem konstruktivistischen Konzept, das Authentizität allein als Zuschreibung versteht.[84] Weil die konstruktivistische Perspektive allzu oft die materielle Qualität von Objekten ausblende, schlägt er vor, von »pastness« als zentraler Kategorie im Tourismus zu sprechen. Denn während das Wissen um das genaue Alter von Objekten für Besucher:innen oft zweitrangig sei, sei es deren »quality of being (of the) past«[85] mitnichten. Diese »Vergangenheitlichkeit« entstehe durch die materielle Anmutung des Besuchten, darunter Gebrauchsspuren und Patina, bedürfe jedoch immer der passenden narrativen Rahmung.[86] Auch wenn Holtorf zuzustimmen ist, dass es im Tourismus, zumal dem kommerziellen *communist heritage tourism,* kaum um die Vermittlung denkmalpflegerischer Expertise geht, bedarf seine Schlussfolgerung, Geschichte werde auf diese Weise tendenziell entperiodisiert,[87] der Differenzierung. Sicherlich beruhte der Besuch von »originalen« Kneipen, Kantinen und Bunkern, der Teil vieler Kommunismustouren war, vor allem auf einer sinnlich motivierten Freude an »pastness«, wie sie der Archäologe beschreibt. Doch jenseits solcher, stärker auf Immersion zielenden, Räume kommt der zeitlichen Differenzierung im narrativen Format der Stadtführung durchaus Bedeutung zu. Selbst jene Guides, die ein stereotypisiertes Bild vom Leben im Staatssozialismus zeichneten, unternahmen immer wieder Versuche, das entsprechende Bauerbe durch Periodisierung aus dem »temporal whirlpool of heritage«[88] zu bergen.

84 Cornelius Holtorf, On Pastness. A Reconsideration of Materiality in Archeological Object Authenticity, in: Anthropological Quarterly, Bd. 86 (2013) 2, S. 427-444. Vgl. analog dazu die Unterscheidung zwischen »Authentifizierung« und »Authentizität« bei Saupe: Achim Saupe, Historische Authentizität. Individuen und Gesellschaften auf der Suche nach dem Selbst – ein Forschungsbericht. https://www.hsozkult.de/literaturereview/id/fdl-136849 [25. 8. 2025].

85 Holtorfs Konzept knüpft an Alois Riegls Begriff des »Alterswerts« an. Anders als dieser ist »pastness« für ihn aber keine dem Objekt inhärente Qualität. Vielmehr sei die Wahrnehmung als »vergangenheitlich« entscheidend, die auch Repliken umfassen kann. Holtorf, On Pastness, S. 431.

86 Ebd., S. 434.

87 Ebd., S. 432.

88 Cornelius Holtorf, The Presence of Pastness. Themed Environments and Beyond, in: Judith Schlehe/Michiko Uike-Bormann/Carolyn Oesterle/Wolfgang Hochbruck (Hg.), Staging the Past, Bielefeld 2014, S. 23-40, hier S. 37.

Dennoch erscheint die Verschmelzung von »[s]innliche[r] Anschauung, emotionale[r] Anmutung und kognitive[r] Wissensvermittlung«[89] aus geschichtsdidaktischer Perspektive höchst problematisch. Aus diesem Grund ist der Sehnsucht nach dem originalen Ort, insbesondere in gedenkstättenpädagogischen Zusammenhängen, jüngst vermehrt Aufmerksamkeit zuteilgeworden.[90] Wenngleich Konsens über die wichtige Rolle »authentischer Orte« für die Ermöglichung außerschulischer Lernprozesse besteht, genießt die Idee einer Realanschauung einen zwiespältigen Ruf, da sie nicht nur historische Zusammenhänge verschleiere, sondern auch Orte der Gewalt ästhetisiere, harmonisiere oder aber dämonisiere.[91] Vor allem die emotionale Wirkmacht bestimmter Orte wird als Gefahr angesehen, die es zu brechen gelte.[92] In ihrer Arbeit zu den Paradoxien der Gedenkstättenpädagogik zitiert Verena Haug in diesem Zusammenhang folgendes Plädoyer Aleida Assmanns, das dem Standpunkt aktueller didaktischer Programme entspreche: »Um nicht zu verfälschenden Erlebnisorten zu werden, muss die Illusion einer unmittelbaren Anschauung zerstört werden.«[93] Damit kritisiert Assmann genau das, was die touristische Stadtführung, die anders als eine Gedenkstättenführung keinem pädagogischen Leitfaden folgt, anstrebt: Die besuchten Orte werden in ihr als Subjekte der Erinnerung in Szene gesetzt, deren Gedächtnis jenes von einzelnen Menschen weit übersteige.[94]

89 Günter Morsch, Authentische Orte von KZ-Verbrechen. Chancen und Risiken aus der Sicht der Besucherforschung, in: Eduard Fuchs (Hg.), Holocaust und Nationalsozialismus, Innsbruck, Wien, München, Bozen 2002, S. 42-47, hier S. 42, zit. n. Haug, Am »authentischen« Ort, S. 12.

90 Vgl. Axel Drecoll/Thomas Schaarschmidt/Irmgard Zündorf, Authentizität als Kapital historischer Orte?, in: Axel Drecoll/Thomas Schaarschmidt/Irmgard Zündorf (Hg.), Authentizität als Kapital historischer Orte? Die Sehnsucht nach dem unmittelbaren Erleben von Geschichte, Göttingen 2019, S. 7-14; Haug, Am »authentischen« Ort. Eine Typologie historischer Orte nach ihrer Sichtbarkeit entwirft Mütter in seinem Konzept des HisTourismus: Mütter, HisTourismus, Raum, Geschichte und historisches Lernen, S. 69 f. Explizit mit dem Medium der Stadtführung setzt sich Stefanie Endlich auseinander. Sie konstatiert: »Wenn Führungen zu ›authentischen Orten‹ die Begegnung mit dem ›Geist der Geschichte‹ versprechen, sind Enttäuschungen vorprogrammiert.« Stefanie Endlich, »Hier stand das Geburtshaus Richard Wagners ...«. Historische Stadtführungen auf der Suche nach der authentischen Topographie, in: Drecoll/Schaarschmidt/Zündorf, Authentizität als Kapital historischer Orte?, S. 89-104, hier S. 93 f.

91 Mütter, HisTourismus, Raum, Geschichte und historisches Lernen, S. 71-73.

92 Drecoll, Schaarschmidt, Zündorf, Authentizität als Kapital historischer Orte?, S. 12.

93 Aleida Assmann, Der lange Schatten der Vergangenheit. Erinnerungskultur und Geschichtspolitik, München 2006, S. 224, zit. n. Haug, Am »authentischen« Ort, S. 11.

94 Aleida Assmann, Erinnerungsräume. Formen und Wandlungen des kulturellen Gedächtnisses, München 1999, S. 299, zit. n. Haug, Am »authentischen« Ort, S. 10.

Nicht nur als Quellen sind die materiellen Relikte im Geschichtstourismus von Belang, sondern als Originale, deren Besuch ein Gefühl der Echtheit evoziert.

Während diese Suggestivwirkung in der Geschichtsdidaktik als Gefahr oder Selbsttäuschung angesehen wird, möchte ich mich der Vorstellung, »dass man sich gleichzeitig mit der räumlichen Bewegung auch auf der Zeitachse rückwärts bewegen könne«,[95] im Folgenden aus einer weniger normativen, stärker praxeologischen Perspektive widmen. Wie setzten die Guides einerseits die Stadt als begehbares Archiv in Szene und wie gaben sie ihrem Publikum andererseits das Gefühl, sich diese unterschiedlichen, in die Stadt eingelagerten Zeiten selbst aktiv zu erschließen? Im Kern geht es damit um eine prinzipielle Paradoxie historischer Stadtführungen: Einerseits sollen die Guides in ihnen das Versprechen einer *unmittelbaren* Begegnung mit Geschichte einlösen, andererseits braucht es ihre *Vermittlung*, um die »Zeugnisse« der Vergangenheit zu lokalisieren, zu erläutern und zum Sprechen zu bringen. In ihrer Tätigkeit müssen sie demnach einen Grundwiderspruch der Authentisierung im Tourismus überwinden, nämlich dass jede Sehenswürdigkeit entsprechende »Marker« braucht, um überhaupt als solche rezipiert zu werden.[96] Wie ich im Folgenden zeige, begegneten die Guides diesem Paradoxon einer »vermittelten Unvermitteltheit«,[97] indem sie ihre Zuhörer:innen zu Praktiken der Selbstverortung am authentischen Ort animierten. Hierfür inszenierten sie ihre Angebote einerseits als gemeinsame Spurensuchen, andererseits als Begehungen geschichtsträchtiger Orte. Ersteres kann – anders als Holtorfs Konzept der »pastness« es suggeriert – durchaus eine Authentifizierung bzw. Datierung von materiellen Spuren einschließen und ruft damit ein lineares Zeitkonzept auf. Im Gegensatz dazu präferiert der Modus der Begehung Zeitsprünge, Verwerfungen, Inversionen und bedient sich damit tendenziell alternativer Temporalbezüge.

Performanzen der Geschichtsträchtigkeit: Spurensuchen und Begehungen

Um die allgemeine Vorstellung einer im Stadtraum sedimentierten Geschichte in ein subjektives Erlebnis zu überführen, rückten die Guides auf unterschiedliche Weise die physische Präsenz der Gruppe am Originalort,

95 Mütter, HisTourismus, Raum, Geschichte und historisches Lernen, S. 69.
96 Culler, Semiotics of Tourism.
97 Pirker, Rüdiger, Authentizitätsfiktionen in populären Geschichtskulturen: Annäherungen, S. 18.

also die Übereinstimmung zwischen dem *Ort des Erzählens* und dem *Ort der Erzählung*, in den Fokus. Für die Performanz eines solchen unmittelbaren Zugangs zum Staatssozialismus boten die Stadträume zweierlei Arten von materiellen Überlieferungen – einerseits Objekte bzw. Bausubstanz aus der thematisierten Zeit, andererseits Orte, denen eine besondere Geschichtsträchtigkeit zugeschrieben wird, weil sie mit bekannten Persönlichkeiten, typischen Praktiken oder wichtigen Ereignissen verbunden sind. Wie bereits ausgeführt spielten Erstere in Warschau und Bratislava raumbedingt eine wesentlich größere Rolle als in Prag. Während mit dem Kulturpalast, der Parteizentrale und dem *Plac Konstytucji* in Warschau, mit der Brücke des Slowakischen Nationalaufstands *(Most SNP)*, dem Freiheitsplatz *(Námestie slobody)*, dem sowjetischen Ehrenfriedhof und dem Rundfunkgebäude in Bratislava zentrumsnah beeindruckende Beispiele monumentaler Repräsentationsarchitektur besucht werden konnten, standen in der tschechischen Hauptstadt die Schauplätze historischer Ereignisse im Fokus – mit Nationalstraße *(Narodní třída)* und Wenzelsplatz allen voran jene der Samtenen Revolution. Freilich lassen sich Repräsentationsbauten wie der Warschauer Kulturpalast oft beiden Kategorien (Originalobjekt bzw. Schauplatz) zuordnen. Häufig wurden sie sowohl baugeschichtlich als auch als Austragungsort wichtiger Veranstaltungen, in diesem Fall von Parteikongressen und Paraden, vorgestellt.[98]

Die Ankunft an historisch bedeutsamen Orten wurde üblicherweise durch deiktische Raumreferenzen wie »it was *here*«[99] oder »[t]his street we are standing on right now«[100] markiert. Insbesondere wenn die historischen Schauplätze mit dem Einsatz von Gewalt verbunden waren, erzeugten die Guides dabei häufig schon im Vorfeld Erwartungen eines besonderen emotionalen Moments. »Now let me take you to the worst place back then«,[101] kündigte etwa die Stadtführerin Lucie den Besuch

98 Als eine Art »Sonderfall« historischer Schauplätze ließen sich solche Orte interpretieren, an denen sich herausgehobene Momente der eigenen Familiengeschichte der Guides zugetragen haben. So präsentierte Zofia in der Führung »Communist Warsaw« die Alexanderkirche nicht als Baudenkmal, sondern als Schauplatz der Hochzeit ihrer Eltern, die Anfang der 1980er Jahre insbesondere deshalb geheiratet hätten, um eine Wohnung zugeteilt zu bekommen. FREE Walking TOUR foundation: Communist Warsaw, 13.9.2016.

99 Gray Line Prague: Communist Walking Tour, 9.8.2016. Zu Raumreferenzen vgl. Miriam Ravetto, »Sehen Sie das?«. Zur verbalen Raumreferenz in Touristenführungen, in: Marcella Costa/Bernd Müller-Jacquier (Hg.), Deutschland als fremde Kultur. Vermittlungsverfahren in Touristenführungen, München 2010, S. 189-213.

100 Good Prague Tours: Communism Tour, 13.6.2018.

101 Prague Extravaganza: Communism and Bunker Tour, 15.7.2015.

der Straße an, auf der am 17. November 1989 Polizei und Volksmiliz gewaltsam gegen demonstrierende Student:innen vorgegangen waren. Angekommen am Ort des Geschehens, stellte sie dessen besondere Bedeutung heraus, indem sie die Straße als Zeitzeugin personalisierte: »This street witnessed the first moments of revolution.«[102] Oft stand die rhetorische Suggestion eines außergewöhnlichen, ja auratischen Ortes in gewissem Kontrast zum (touristischen) Trubel der städtischen Umgebung. Um dennoch das versprochene Gefühl von Geschichtsträchtigkeit zu evozieren und in ein individuelles, emotionales Erlebnis zu überführen, bedienten sich die Guides zweier Strategien. Zum einen gaben sie uns das Gefühl, an einer Spurensuche im Raum beteiligt zu sein, zum anderen regten sie mithilfe unterschiedlicher Medien Perspektivwechsel an, die uns helfen sollten, selbst in die Rolle von Augenzeugen zu schlüpfen.

Ein klassisches Beispiel für physische Spuren, die als Ausweis der »Aura« herangezogen wurden, stellten Kriegsschäden dar. So lenkten fast alle Guides in Warschau unseren Blick auf Fassaden, an denen noch heute Beschädigungen aus dem Zweiten Weltkrieg zu sehen sind (Abb. 8). In bestimmten Straßenzügen lehrten sie uns, Vorkriegs- und Nachkriegssubstanz anhand der Löcher im Putz zu unterscheiden, die der Beschuss während des Warschauer Aufstands 1944 dort hinterlassen habe.

Auch in Prag, dessen Innenstadt im Krieg kaum zerstört wurde, spielten solche Spuren eine Rolle. Hier betrafen sie einzelne Episoden aus dem Zweiten Weltkrieg,[103] vor allem aber die ersten Tage des Einmarschs im August 1968. So versäumte es kaum ein:e Guide, vor dem Nationalmuseum auf die auffälligen Ausbesserungen an dessen Frontseite hinzuweisen. Sämtliche Säulen des Gebäudes am oberen Ende des Wenzelsplatzes sind übersät mit Flecken aus hellerem Material, die die Stadtführer:innen auf den Beschuss durch die Truppen des Warschauer Paktes am 21. August 1968 zurückführten. Während einige es bei dem Hinweis auf die Spuren beließen, stellten andere deren Existenz als bewusste konservatorische Strategie heraus (Abb. 9+10).[104]

102 Ebd.

103 Etwa das Attentat auf Reinhard Heydrich (Spuren der versteckten Widerstandskämpfer finden sich in der St.-Cyrill-und-Method-Kirche) oder den Prager Aufstand (die Baulücke am Altstädter Ring zeugt von der teilweisen Zerstörung des dortigen Rathauses). Vgl. v.a. Discover Prague: WWII & Communism Tour, 11.8.2016 und 11.6.2018.

104 Etwa Prague Extravaganza: Communism and Bunker Tour, 10.8.2016; Prague Walks: Communism Walk, 17.7.2015. Tatsächlich entschied man sich im Zuge der Restaurierung für den Erhalt der Spuren. Střely ze srpna 1968 budou na fasádě Historické budovy Národního muzea viditelné i po její rekonstrukci, Pressemitteilung des Nationalmuseums vom 21.8.2017, unter: https://www.nm.cz/o-

Abb. 8: Fester Bestandteil der Touren von *Adventure Warsaw* ist der Hinweis auf Beschädigungen aus dem Zweiten Weltkrieg. In der *Tripadvisor*-Fotogalerie, wo sowohl die Anbieter als auch die Besucher:innen Bilder hochladen können, finden sich einige Fotos von Fassadendetails und abgeplatztem Putz. Im Kommentar des Unternehmens selbst ist zu lesen: »In den Stadtführungen berühren wir wirklich Geschichte – so wie hier die Einschusslöcher aus dem Zweiten Weltkrieg.«

Abgesehen von diesen Spuren am Museum bietet das heutige Zentrum Prags jedoch kaum visuelle Belege für die gewaltsame Beendigung des Prager Frühlings. Dies war für die Guides der Kommunismustouren durchaus problematisch, weil der Einmarsch im August 1968 fest in das Erwartungsspektrum selbst jener Reisenden zu gehören schien, die mit wenig Vorwissen nach Tschechien gekommen waren. »Will we see where the tanks rolled in?«, erkundigte sich etwa eine Teilnehmerin gleich zu Beginn einer Tour bei unserem Guide.[105] Ihre Frage strich die Bedeutung der ikonischen Bilder heraus, die im August 1968 entstanden sind und deshalb in viele der Touren eingebunden wurden – Schwarz-Weiß-Fotografien, die Panzer, schockierte Menschen und kreativen Protest ins Bild setzten.[106] In den Kommunismustouren kam diesen Bildern mehr als eine illustrative Funktion zu. Sie dienten sowohl der Beglaubigung von geschichtsträchtigen Orten als auch der individuellen Positionierung der Teilnehmer:innen – im Stadtraum *und* im historischen Geschehen. Wie dies geschah, lässt sich besonders gut am Umgang mit einem der bekanntesten Bilder dieser Tage nachvollziehen – einer Fotografie von Vladimír

nas/novinky/strely-ze-srpna-1968-budou-na-fasade-historicke-budovy-narodniho-muzea-viditelne-i-po-jeji-rekonstrukci [11.9.2023].

105 Prague Special Tours: Communism and Nuclear Bunker Tour, 16.7.2015.

106 Vgl. Martina Winkler, Panzer in Prag. Der fotografische Blick auf die Invasion von 1968, Düsseldorf 2018.

Abb. 9: Selbst während der Restaurierung des Nationalmuseums im Vorfeld des 100. Jahrestages der Gründung der Tschechoslowakischen Republik, die teilweise in den Untersuchungszeitraum fiel, widmeten sich die Guides den Beschädigungen des Museums im August 1968, indem sie auf historisches Bildmaterial zurückgriffen, Prag, 10.8.2016.

Abb. 10: Auch das riesige Werbebanner mit 1:1-Abbildung der verdeckten Fassade zeigte die Einschussspuren. Die darauf zu lesende Werbung einer Bank spielte darüber hinaus mit der Idee einer (materiell) konservierten Vergangenheit: »Minulost nezměnite, banku ano« (»Die Vergangenheit können Sie nicht ändern, Ihre Bank schon«), Prag, 10.8.2016.

Lammer, die einen Mann mit Mantel und Aktentasche zeigt, der den ungläubigen Blick auf eine Kolonne von Panzern gerichtet hat, die an ihm vorbei den Wenzelsplatz hinauf Richtung Nationalmuseum rollen (Abb. 11).

Selbst mit dem Rücken zum Museum positioniert, präsentierten mehrere Stadtführer:innen dieses Bild ungefähr am Aufnahmeort.[107] Auf diese Weise konnten wir Teilnehmer:innen für einen Moment die Rolle der Augenzeug:innen vom 21. August 1968 imaginieren: Genau wie der abgebildete Passant betrachteten wir staunend die Panzer, die damals plötzlich mitten durch das Prager Zentrum gerollt waren. Allerdings nahmen wir nicht die Position des abgebildeten Mannes mit Aktentasche, sondern die des Fotografen ein und sahen die Szene gewissermaßen mit seinen Augen. Ähnlich wie im Falle von *Augmented Reality*-Angeboten, die die historische Aufnahme eines Ortes zeigen, wenn man den entsprechenden Ort per Handy, Tablet oder mit einer Brille fokussiert, schlüpften wir durch unsere Ortsbegehung für einen Moment von unserer Rolle als Tourist:innen in die der beobachtenden Zeitzeug:innen, um dem Geschehen vor etwa 50 Jahren nachzuspüren. Dieses Hineinzoomen in die Vergangenheit stellte sich für uns Teilnehmer:innen in erster Linie als eine Frage der richtigen Perspektive dar und war Teil einer wechselseitigen Bestätigung von Evidenz: Indem wir am Schauplatz der medial dokumentierten historischen Ereignisse von 1968 standen und dieses Setting bisweilen ebenfalls fotografierten,[108] wurden wir selbst zu einer Art »Augenzeug:innen zweiten Grades«.[109] Indem wir dabei die Positionen der damaligen Beobachter:innen einnahmen, überprüften wir zugleich die Echtheit der präsentierten Bildquellen.

Ähnliche Praktiken des Abgleichs, die mit der Rolle von Tourist:innen als Betrachter:innen spielten, konnte ich in vielen Führungen beobach-

107 U. a. Discover Prague: WWII & Communism Tour, 11. 8. 2016 und 11. 6. 2018; Prague Extravaganza: Communism and Bunker Tour, 15. 7. 2015 und 10. 8. 2016. Eine ähnliche Funktion übernahm in Bratislava eine Fotografie von Ladislav Bielik, die ebenfalls einen Mann im Angesicht eines Panzers zeigt. Gerade weil die berühmte Szene vom August 1968 oft fälschlicherweise in Prag lokalisiert werde, präsentierte sie eine Stadtführerin explizit am Originalschauplatz in der Slowakei. BeFreeTours: Free Tour Bratislava, 13. 7. 2015.

108 Zur Refotografie als Akt lokalhistorischer Aneignung von Stadtraum vgl. auch Dudek, Sikora, Pustyna Kulturalna?, S. 80.

109 Vgl. auch die Idee der »Wissensvermittlung durch eigene Anschauung« bei Kesselheim: Kesselheim, »Zeigen, erzählen und dazu gehen«, S. 257 f. Zu unterscheiden ist sie von der »fantasy of witnessing«, mit der sich Reynolds in seiner Analyse des Auschwitztourismus beschäftigt. Sein Erkenntnisinteresse zielt v. a. auf Fragen von Zeugenschaft und »experiential knowledge« in Bezug auf die »Undarstellbarkeit« des Holocaust ab. Reynolds, Postcards from Auschwitz, S. 60-63.

Abb. 11: Stadtführerinnen zeigen dem Publikum eine Aufnahme Vladimír Lammers so, dass die Teilnehmer:innen den Wenzelsplatz aus demselben Blickwinkel wie der Fotograf im Jahr 1968 betrachten können. Nehmen die Reisenden – so wie ich – die historische Aufnahme als Impuls für eine »Refotografie« der Szenerie in der Gegenwart, werden sie selbst zu Dokumentierenden, Prag, 11.8.2016.

ten. Insbesondere in Prag animierten die Guides das Publikum immer wieder, aktiv den Standpunkt zeitgenössischer Beobachter:innen einzunehmen. Nicht selten halfen sie uns bei dieser Selbstverortung, indem sie markante Objekte oder Grenzverläufe in Bild und Stadtraum identifizierten und das Publikum zur Bestimmung des eigenen Standpunktes (und damit zu Vorher-nachher-Vergleichen) ermunterten. Eine beliebte Position hierfür stellte auch der Punkt dar, an dem die Straße *Pařížská* auf den Altstädter Ring mündet. Diese Straßenflucht gab einst den Blick auf das riesige Stalin-Denkmal auf dem Letná-Hügel frei. Obwohl das Monument heute nicht mehr existiert, gab sich das Gros der Guides große Mühe, uns – trotz des von Tourist:innen überfullten Standortes (hier befindet sich der Treffpunkt vieler Stadtführungen) – so in der einstigen Blickachse zu positionieren, dass wir die Stalinfigur in den Jahren 1955 bis 1962 gesehen *hätten* (Abb. 12).[110] Was wir sahen, waren freilich nur das neue Metronom auf dem alten Sockel und die große

110 U. a. in Prague Walks: Communism Walk, 17.7.2015; Prague Extravaganza: Communism and Bunker Tour, 15.7.2015 und 10.8.2016; Discover Prague: WWII & Communism Tour, 11.8.2016 und 11.6.2018.

Abb. 12: Ein Guide präsentiert auf dem Altstädter Ring ein Bild des Prager Stalin-Denkmals, das bis 1962 am Ende der Straßenflucht hinter ihm zu sehen war, Prag, 17.7.2015.

Diskrepanz zwischen dem Prag der 1960er Jahre und dem Übertourismus heute.

Das aktive, körperliche Nachstellen zeitgenössischer Betrachter:innen-Positionen konnte allerdings weit über einen faktografischen Abgleich des aktuellen mit dem historischen Raum hinausgehen, wie Lucies Präsentation des Wenzelsplatzes als Ort der Samtenen Revolution zeigt. Wie auch in anderen Touren kam darin dem Balkon des Melantrich-Gebäudes an der Langseite des Platzes eine besondere Rolle zu. Denn von ihm hatten sich, so erfuhren wir, im Herbst 1989 gleich mehrere bekannte Dissident:innen an die Menschenmenge gewandt. Während wir genau dort standen, wo auch das damalige Publikum gestanden und zum Balkon emporgeblickt hatte, erklärte Lucie: »This balcony there was a speaker's point during the Velvet Revolution. So from the balcony Havel gave speeches.« Dann zeigte sie uns eine Fotografie des Ereignisses und fuhr fort:

> This is a picture of Havel waving at the crowds here on Wenceslas square. It's quite convenient because it's right in the middle, plus, you know, it was November. The leaves were not on the trees. So, people could see them.[III]

III Prague Extravaganza: Communism and Bunker Tour, 15.7.2015.

Im Rückgriff auf den Raum und passendes Bildmaterial bemühte sich die Stadtführerin, uns in die Zeit der großen Massenversammlungen im November 1989 auf dem Wenzelsplatz zu versetzen. Interessant ist die temporale Perspektivierung, die sie hierfür vornahm, um uns den einmaligen historischen Moment näherzubringen. Nicht die auffällige Diskrepanz zwischen dem heutigen, vom Massentourismus geprägten Ort und dem damaligen Aussehen des Platzes diente ihr als Ausgangspunkt, sondern die jahreszeitliche Differenz zwischen unserem Besuch im Sommer und der Revolution im Herbst. Während die Bäume zum Zeitpunkt der Führung belaubt waren, seien sie es bei den Ereignissen im November nicht gewesen. Ihr Rückgriff auf eine alternative, nämlich jahreszeitlich-zyklische Periodisierung legt nahe, dass die lineare Zeitvorstellung, die sie etwa zur Datierung der Schäden am Altstädter Rathaus und dem Nationalmuseum aufgerufen hatte, für eine subjektive Authentisierung dieses Ortes nicht ausreichte.

Eine weitere Zeitebene kam ins Spiel, als dieselbe Stadtführerin wenig später versuchte, einen besonders emotionalen Moment der damaligen Geschehnisse, nämlich den ersten Auftritt der Sängerin Marta Kubišová nach vielen Jahren Auftrittsverbots, heraufzubeschwören. Als Bühne für das überraschende Comeback hatte ebenfalls der besagte Balkon gedient. Plastisch schilderte Lucie die damalige Stimmung auf dem überfüllten Platz, das Einheitsgefühl und die Ergriffenheit des Publikums:

> So, probably the most emotional moment during the Velvet Revolution was when Marta Kubišová came out of the balcony and she started to sing a song from 1968. *[Sie zeigt eine Fotografie.]* That's her in the sixties. She was [a] very famous, very popular singer. And she very much supported the liberal changes of 1968. So, when the Soviets came [...] she was banned and she wouldn't sing anymore for twenty-one years. *[Reaktion einer Touristin: »Wow!«]* She had to work in a factory, manual work. So you can imagine: What a shock, what a nice shock, for all the people ... And she stepped out, she was singing a famous song ...[112]

Auch wenn Lucie, aufgewachsen in einer tschechischen Kleinstadt, nicht persönlich miterlebt hatte, wie Kubišová 1989 in Prag ihr berühmtes Lied »Gebet für Marta« (tsch. »Motlitba pro Martu«) gesungen hatte, schien sie diesen Moment während des Erzählens emotional nachzuempfinden. Die Imagination gelang ihr, indem sie sich eine mediale Aufzeichnung der Szene ins Gedächtnis rief, die heute als Quelle im Internet verfügbar ist (und zum Zeitpunkt der Führung auch auf der Webseite des Anbieters

112 Ebd.

Prague Extravaganza verlinkt war) und die sie offenbar schon viele Male angesehen hatte:

> She is still singing. She is still very popular. You can find a video of her singing to the people on youtube. […] You know, all the square was singing and lots of people were crying and standing like this *[Sie zeigt ein Victory-Zeichen mit ihrer Hand.]* and, you know, … victory and … Just when I talk about it I do respond …[113]

Als Beweis ihrer eigenen Ergriffenheit deutete Lucie nun auf ihren Unterarm, als könnten wir dort die Gänsehaut sehen, die die Erinnerung an den Gesang und die ehrfürchtige Stille des damaligen Publikums bei ihr auslöste. Ohne dass sie das Video abspielte, zeugte Lucies Auftritt davon, wie beeindruckend die damalige Situation (»all the square was singing«) gewesen sein muss. Verstärkt durch die körperlich-emotionale Reaktion der Stadtführerin fungierte das (uns unbekannte) *youtube*-Video in doppelter Hinsicht beglaubigend: Zum einen diente es als potenziell verfügbarer, audiovisueller Beleg für die Identität zwischen historischem Schauplatz und besuchtem Ort. Über den Umweg von Lucies persönlichem Medienerlebnis generierte es zum anderen eine direkte Verbindung zwischen den Zeiten.

In ihrer Analyse der DDR-Erinnerung in deutschen Stasi-Gedenkstätten hat sich Sara Jones ähnlichen Prozessen der *remediation*, die durch die Inkorporation von älteren in neuere Erinnerungsmedien entstehen, gewidmet.[114] Wie die von ihr fokussierten Berichte von Zeitzeug:innen in musealen Ausstellungen lassen sich auch die in die Touren eingebundenen Bilder und Videos als Auslöser von »complementary authenticities« verstehen, durch die subjekt- und objektbezogene Authentizität miteinander verschränkt und in eine spezifische »authenticity of affect« überführt werden.[115] Die für das emotionale Einfühlen nötige Ausblendung des Medialisierungsprozesses – Jones spricht von »perceived transparency of the medium«[116] – fand sich in Lucies Führung auf die Spitze getrieben: Indem sie das Video gar nicht zeigte, dafür aber ihre persönliche, sinnliche Reaktion darauf betonte, multiplizierte sie den Prozess der *remediation* einmal mehr und kompensierte den damit verbundenen Authentizitätsverlust zugleich durch ihre eigene Emotionalität.

113 Ebd.

114 Jones, The Media of Testimony; Sara Jones, Mediated Immediacy. Constructing Authentic Testimony in Audio-Visual Media, in: Rethinking History (2017) 21, S. 135-153.

115 Jones, The Media of Testimony, S. 41-43.

116 Jones, Mediated Immediacy, S. 147.

Im Gegensatz zu Lucie, die 1989 noch nicht in Prag gelebt hatte, konnten andere Guides die Originalität der Schauplätze der Samtenen Revolution auch biografisch authentisieren. Dies gilt sowohl für Zeitzeug:innen, die damals bereits erwachsen waren,[117] als auch für solche, die 1989 noch Kinder waren.[118] In beiden Fällen verlieh ihre damalige körperliche Präsenz auf dem Wenzelspatz den Guides zusätzliche Autorität, um für die Echtheit des Ortes zu bürgen. Dies galt selbst dann, wenn sie, wie Milan, damals noch sehr klein waren:

> My parents participated in it as well at the time. They were taking me to Wenceslas square *[staunende Rufe und Lachen]*. I don't remember it at all *[mehr Gelächter]*. They said, one of the symbols of the revolution was that people had a bunch of keys, they were like shaking and making a sound, opening the door to democracy. Apparently, that was the idea. So, apparently, I really enjoyed this then *[erneut Gelächter]*. I have no idea.[119]

Ganz offensichtlich geht es in der Erzählung des jungen Guides nicht um eine möglichst exakte Erinnerung, damit das Geschehen genau lokalisierbar wird. Im Gegenteil zeigt sein doppelter Hinweis, er selbst könne sich gar nicht daran erinnern (»I don't remember it at all«, »I have no idea«), dass allein die Verbindung, die er über das Da-Sein seines (kindlichen) Körpers zur Vergangenheit an diesem Ort herstellen kann, von Belang ist. Auch hier scheint der Status seiner Augenzeugenschaft übertragbar: Von den Eltern übertrug er sich auf das Kind, vom Guide auf die Gäste. Und diese Kette ist offenbar beliebig verlängerbar: Eine Stadtführerin in Prag, die aus Kanada stammt und daher weder eigene Erfahrungen noch solche von Familienmitgliedern anführen konnte, berief sich kurzerhand auf einen Guide-Kollegen, der dabei gewesen sei. »He was like: ›Oh yeah, I was standing over there!‹«, erzählte sie ihren Zuhörer:innen, vage auf den Platz hinter sich weisend.[120]

117 Drei Führungen wurden von älteren Guides explizit aus der Sicht von Zeitzeug:innen gegeben. Die beiden von ihnen, die sich 1989 nicht an den Demonstrationen beteiligt hatten, thematisierten die Samtene Revolution nur abseits des Wenzelplatzes. Eine von ihnen führte uns stattdessen aber zum Ort, an dem sie 1989 angeblich den Abtransport von Akten des Staatssicherheitsdienstes beobachtet hatte. Prague Walks: Communism Walk, 10. 6. 2018.

118 Context Travel: From Iron Curtain to Velvet Revolution, 16. 7. 2015; Prague Special Tours: Communism and Nuclear Bunker Tour, 16. 7. 2015 und 11. 8. 2016.

119 Prague Special Tours: Communism and Nuclear Bunker Tour, 11. 8. 2016.

120 Discover Prague: WWII & Communism Tour, 11. 8. 2016. Ähnliche Bezüge auf Bekannte, die persönlich an bestimmten Ereignissen teilgenommen oder historische Akteure getroffen hatten, fanden sich in vielen Touren.

Sowohl im gemeinsamen Lesen materieller Spuren als auch im persönlichen Begehen der Schauplätze von 1968 oder 1989 zeigte sich, wie Guides objekt- und subjektbezogene Modi der Authentisierung miteinander verzahnten, um »Unvermitteltheit« zu vermitteln. Einerseits belegten sie die Echtheit der besuchten Objekte durch den Hinweis auf physische Spuren und den Einbezug von Augenzeug:innen-Berichten und zusätzlichen Medien. Andererseits koppelten sie die Raumwahrnehmung an individuelle, sinnliche Erlebnisse, die weit über eine visuelle Erschließung hinausgingen. Das durch den Linguisten Wolfgang Kesselheim für Stadtführungen beschriebene Prinzip der »Wissensvermittlung durch eigene Anschauung«[121] erweist sich damit als zu eng. Seine Feststellung, dass »[d]em Sehen […] in der Führung nämlich die Autorität zugeschrieben [wird], das Erklärte zu *belegen*«,[122] muss im Falle der Kommunismustouren um Praktiken der emotionalen Ansprache und der individuellen, physischen Verortung ergänzt werden. Nicht allein dem eigenen Sehen, sondern vor allem dem eigenen Vor-Ort-Sein wird eine Belegfunktion zugesprochen.

Post- oder Nochsozialismus? Der Kulturpalast

Die Kommunismustour stellt also weit mehr dar als ein gemeinschaftliches Betrachten des staatssozialistischen Erbes unter fachkundiger Anleitung. Wie ich bereits gezeigt habe, kann sie als spezifische Raumpraktik betrachtet werden, die Gelegenheiten zur zeit-räumlichen Selbstpositionierung in der Stadtlandschaft schafft. Letztere lässt sich damit als »Zeitschaft« im Sinne Achim Landwehrs, der mit seiner Geschichtstheorie ein allzu einfaches Modell von im Raum abgelagerten »Zeitschichten« überwinden möchte, verstehen. Hierfür bringt er den Begriff der »Chronoferenzen« für sämtliche Bezüge zwischen »anwesenden« und »abwesenden« Zeiten ins Spiel.[123] »Zeitschaften« sind für ihn »Zusammenballung[en]« solcher Chronoferenzen, die Städte charakterisieren,

> insofern dort in einem Raum die unterschiedlichen vergangenen Zeiten eingelagert und – beispielsweise in Form alter Gebäude – immer noch präsent sind, […] insofern diese Stadt ein ungeheures Zeit-, Organisations- und Synchronisationskonglomerat ist, das bestimmten tages- und jahreszeitlichen Rhythmen gehorcht, oder insofern sich in dieser

121 Kesselheim, »Zeigen, erzählen und dazu gehen«, S. 257.

122 Ebd. Hervorhebung im Original.

123 Landwehr, Die anwesende Abwesenheit der Vergangenheit, S. 150.

Stadt zahlreiche Lebensgeschichten mit ihren jeweiligen Verzeitigungen überkreuzen.[124]

Verstanden als Bewegung durch eine solche städtische »Zeitschaft«, muss jede Stadtführung ein »vielzeitiges« Erlebnis darstellen. Tatsächlich schienen Grenzen zwischen Vergangenheit und Gegenwart im ständigen Wechsel der Zeitbezüge, im Blick durch vielerlei »Zeitfenster«[125] und nicht zuletzt im Hin und Her zwischen unterschiedlichen Authentisierungsstrategien, in den Kommunismustouren immer wieder zu verschwimmen. Insbesondere in Warschau, wo sich die Unterscheidung zwischen Vorkriegs- und Nachkriegserbe wie ein roter Faden durch die Skripte der meisten Stadtführungen zog, führte der Sprung durch unterschiedliche Zeitlichkeiten bisweilen zu Konfusion und gipfelte in einer der jüdischen Geschichte gewidmeten Tour sogar in der überraschenden Aussage »That building from the communist period was in the ghetto.«[126] Diese einer linearen Zeitauffassung gänzlich zuwiderlaufende Behauptung wurde im Kontext der Tour jedoch nicht als Fehler aufgenommen, sondern allenfalls als sprachliche Ungenauigkeit und Anachronismus, der für die physische Verortung im Raum durchaus hilfreich war.

Doch wie verhält es sich mit der Zäsur von 1989? Obwohl sich Warschau als Boomtown Ostmitteleuropas seit Anfang der 1990er Jahre stadträumlich und visuell sehr stark verändert hat, stellten die Guides diesen Wandel in ihren Erzählungen viel weniger heraus als etwa den städtebaulichen Bruch, der sich aus der flächendeckenden Zerstörung der Stadt während des Zweiten Weltkriegs ergeben hatte. Auch »Narben« bzw. Lücken, die sich auf eine Dekommunisierung des öffentlichen Raums hätten zurückführen lassen, wurden kaum herausgestellt. Im Gegenteil basierten die polnischen und teilweise auch die slowakischen Touren gerade auf der Betonung materieller Kontinuität: Sowohl Warschau als auch Bratislava wurden als Städte präsentiert, deren heutiger Charakter sich in hohem Maße über ihre jüngere Vergangenheit – und damit auch den gegenwärtigen Status des kommunistischen Erbes – erklären lasse. Die in der Stadtführung vollzogene Ortsbegehung rückte die besuchten Objekte demnach doppelt in den Blick – als Belege dafür, wie es im Staatssozialismus gewesen sei, und dafür, wie stark die Vergangenheit, materiell oder immateriell, in die Gegenwart hinein-

124 Ebd., S. 310.

125 Als »time window« bezeichnete Guide Jakub das Loch in einem Hoftor, durch das die Gruppe in den Hinterhof eines Hauses blicken sollte. Adventure Warsaw: Off the Beaten Track Tour, 29.3.2015.

126 Orange Umbrella: Jewish Warsaw, 14.4.2016.

rage.[127] Bewertungen wie die folgende zeigen, wie sehr die Idee einer im Heute wirksamen Vergangenheit insbesondere in den Warschauer Touren resonierte:

> Warsaw is a deeply intriguing city, always evolving but at the same time always connected with its own history. Our guide Marcin led us to understanding the city better, with great knowledge and passion, helping us notice small details and broad overviews. He was always ready to answer questions and go beyond the first layer of information, getting closer to why the city is the way it is, and how its inhabitants feel about it. […][128]

Die im *Tripadvisor*-Review artikulierte Vorstellung einer sich ständig weiterentwickelnden und zugleich durch die eigene Geschichte geformten Stadt beruht auf der Vorstellung räumlicher Ungleichzeitigkeiten, die mit entsprechendem Know-how entschlüsselt werden können. Der Autor benannte damit eine grundsätzliche Differenz zwischen der Geschichtsvermittlung im Stadtraum und den musealisierten Räumen von Gedenkstätten: Während Erstere ihre »Gewordenheit« nicht verstecken kann, müssen Letztere den Eindruck einer singulären authentischen Zeitschicht bisweilen gezielt brechen. So heben geschichtsdidaktische Analysen zu historischen Lernorten die Bedeutung mehrdimensionaler Gestaltungselemente heraus, die gängige Authentizitätszuschreibungen seitens der Besucher:innen aktiv »durch das Nebeneinander von Relikten aus mehreren Epochen« irritieren sollen.[129] Auch wenn es in den hier untersuchten

127 Vgl. die Formulierung Samidas zur Definition von Kulturerbe, das in die Gegenwart »hineinrage«. Samida, Kulturerbe als Herausforderung, S. 112.

128 Maurizio G., What an experience!, Bewertung zu Adventure Warsaw, Tripadvisor, 28.4.2016, https://www.tripadvisor.de/ShowUserReviews-g274856-d1577275-r368530047-Adventure_Warsaw-Warsaw_Mazovia_Province_Central_Poland.html. Ähnliche Aussagen über den Einfluss der Geschichte auf Leben und Stadt der Gegenwart finden sich in vielen Reviews, u.a. Carla S.: Mariusz was great!, Bewertung zu Adventure Warsaw, Tripadvisor, 2.5.2017, https://www.tripadvisor.de/ShowUserReviews-g274856-d1577275-r480917540-Adventure_Warsaw-Warsaw_Mazovia_Province_Central_Poland.html; Doug H: Excellent tour of Warsaw!!!!, Bewertung zu Adventure Warsaw auf Tripadvisor, 11.4.2012, https://www.tripadvisor.de/ShowUserReviews-g274856-d1577275-r127683735-Adventure_Warsaw-Warsaw_Mazovia_Province_Central_Poland.html; peteski2212: absolutely recommended – a unique exploration of an interesting city, Bewertung zu Adventure Warsaw, 12.7.2011, https://www.tripadvisor.de/ShowUserReviews-g274856-d1577275-r115291686-Adventure_Warsaw-Warsaw_Mazovia_Province_Central_Poland.html [alle 11.9.2023].

129 Drecoll/Schaarschmidtl/Zündorf, Authentizität als Kapital historischer Orte?, S. 12.

Führungen keineswegs voll ausgeschöpft wurde, ließe sich argumentieren, dass der Stadtraum aus didaktischer Sicht *per se* das Potenzial trägt, Orte als Teile einer komplexen Erinnerungslandschaft vorzustellen.[130]

Dass es dabei um deutlich mehr als das Aufdecken unterschiedlicher Zeitschichten geht, möchte ich abschließend am Beispiel des Warschauer Kulturpalasts illustrieren. Meist äußerst einseitig als »ungeliebtes Geschenk« Stalins porträtiert, gingen alle Besichtigungen weit über eine Geschichte bis 1989 hinaus. Im Gegenteil verwandten die Guides oft viel Zeit auf seine Vorstellung als »schwieriges Erbe«, das seither trotzig die Zeiten überdauere. Eingebettet waren diese Interpretationen in eine übergreifende Rezeptionsgeschichte des Bauwerks. Um die ablehnende Haltung der Bevölkerung gegenüber dem Monumentalbau, der in den 1950er Jahren inmitten der noch immer ruinösen Stadt wuchs, zu veranschaulichen, betteten die Guides ihre Erzählungen über die Errichtung und Nutzung in das oben beschriebene Narrativ des Absurden ein. Zugleich griffen sie auf materielle Spuren vor Ort zurück, um den Hass des Volkes auf das Moskauer Machtsymbol zu belegen, wie die Präsentation des unmöblierten Ballsaales in einer der Touren verdeutlicht: Das Licht der Kronleuchter spiegelte sich in den Säulen; der Holzboden im gesamten Raum war hingegen stumpf und abgenutzt. Der Guide führte uns zur Mitte des Saales, wo das Parkett zu einem sonnenförmigen Muster angeordnet war. Einige Teile des Parketts waren hier deutlich dunkler als andere, Lack fehlte auf ihnen gänzlich. Wir erfuhren, dass es sich um die Rückstände eines Wasserschadens handele, der entstanden sei, als hier ein Brand gelöscht werden musste. Obwohl offiziell durch einen Schaden an der Elektrik ausgelöst, sei es zweifellos Brandstiftung gewesen. Als Beleg präsentierte uns der Guide zum zweiten Mal – nun kommentarlos – das Bild, das den strahlendweißen Palast inmitten eines Ruinenfeldes zeigt (Abb. 13).[131]

Nur wenige Minuten später kamen die Guides dieses Anbieters jeweils auf das Schicksal des Gebäudes nach 1989 zu sprechen. Wenig überraschend habe man es nun schnellstens loswerden wollen. Alle drei Optionen – Abriss, Einhegung durch höhere Gebäude und Versetzung an einen anderen Ort – seien aber bislang gescheitert.[132] Ähnlich zeigte sich die Thematisierung des Umgangs mit dem Relikt des Stalinismus auch in den Stadtführungen, die den Kulturpalast nur von außen präsentierten. Über die Zeit nach 1989 erzählte Mateusz:

130 Vgl. auch Endlich, »Hier stand das Geburtshaus Richard Wagners …«, S. 93.

131 CREATours: Palace Complex, 19.5.2015. Diese Geschichte erzählten die Guides in allen vier Touren (darunter eine auf Polnisch) desselben Anbieters, die ich besuchte.

132 CREATours: Palace Complex, 27.6.2015.

Abb. 13: Ein Guide weist auf die Diskrepanz zwischen Luxus und Elend hin. Den angeblich vorsätzlich beschädigten Ballsaal präsentiert er zusammen mit einem Bild des Kulturpalasts inmitten der Warschauer Trümmerlandschaft, Warschau, 19.5.2015.

> And plenty of people were saying: Let's destroy that building. It's just a relic of a former era, right? It's […] Stalin's middle finger. Let's just destroy! But imagine Empire State Building being dismantled – that would be a big task to accomplish! […] So, we dropped that idea. Later, the people were saying: Let's surround the building with all these brand new scyscrapers! We still need to build them, why not in here? And, unfortunately it was impossible to do in here, because, as you remember, it was a very dense constructed area of houses with a house standing one next to each other. Every single of these houses had a separate owner. And of course, it was all nationalized back in the communist days …[133]

Wenngleich stark verkürzend, gab dieser Guide einen Einblick in die lange schwelende Diskussion um die Umgestaltung des zentralen *Plac Defilad*. Von der technisch nur schwer realisierbaren Forderung, das Gebäude völlig abzureißen, bis zur Idee, es durch einen Kranz von höheren

133 Adventure Warsaw: Communism Tour, 10.9.2016.

Häusern einzuhegen, dem unter anderem rechtliche Fragen der Reprivatisierung im Weg standen, tippte Mateusz zentrale Punkte der Debatte an. Auch die privatwirtschaftliche Nutzung seit den 1990er Jahren, die Übernahme in städtische Verwaltung, die Aufnahme ins Denkmalregister und die Installation einer weithin sichtbaren Uhr (und damit die erfolgreiche symbolische Umwertung zu einer Art »Big Ben« von Warschau) um die Jahrtausendwende thematisierte er. Weniger faktenreich, aber mit derselben Botschaft beschrieb sein Kollege Jakub das Problem, die symbolische Dominanz des stalinistischen Hochhauses zu brechen. Aller Pläne zum Trotz sei es wie ein Fluch: »We can't get higher«,[134] fasste er den fatalen Einfluss der Vergangenheit auf die Gegenwart als *urban legend* zusammen. Wie sehr eine solche Erzählung bei den Besucher:innen auf Resonanz stieß, zeigt ein Blick ins Gästebuch, das anlässlich des 50-jährigen Baujubiläums in einem der Säle ausgelegt war.[135] Sowohl polnische als auch ausländische Gäste appellierten darin für den Erhalt des Palastes, dessen Existenz sie offenbar noch immer als bedroht ansahen.[136]

Diese Art der Präsentation ist in zweierlei Hinsicht bemerkenswert. Erstens stand das vermeintliche Bedauern, dass eine Abtragung nicht möglich gewesen sei, in deutlichem Kontrast zur nonverbal kommunizierten Faszination, die das Bauwerk auslöst. So sprachen sämtliche Guides trotz aller Ironie mit Stolz über die Warschauer Attraktion. Während die Anbieter der Touren durch die Palast-Innenräume die Anziehungskraft, die das historische Monument auf sie ausübe, nur im Interview mit mir verbalisierten,[137] brachte Mateusz in der Tour selbst zum Ausdruck, wie sehr die Einstellung gegenüber dem stalinistischen Relikt von Alter und Zeit abhänge:

> And for my generation: I've just got good memories connected with it. Because my father, he took me for my first swimming classes to that building. I attended first time in my life the cinema [...] we watched Jurassic Park in the building. Fabulous memory! But for my father [...] he remembers a little bit different story, of course. Because, well, he remembers what has been happening here in the 60s and 70s and of

134 Adventure Warsaw: Off the Beaten Track Tour, 29.3.2015.

135 Da dieser Saal nur im Rahmen von Führungen zugänglich war, ist anzunehmen, dass alle Einträge direkt im Anschluss an eine Tour entstanden sind.

136 Gästebuch, das sich im Besitz des Unternehmens CREATours befand.

137 Im Interview stellten sich die Gründer von *CREAtours* als Botschafter des Gebäudes dar und ließen mich wissen: »Der Palast ist wirklich cool« (»pałac jest naprawdę fajny«). Interview mit Adam und Mikołaj, 19.3.2016. Siehe dazu auch Kapitel I.3.

> course he is aware that it's just bricks and water and it's up to the people how they gonna use it, right? But it's still important to remember the original story.[138]

Mit seiner Bemerkung »it's just bricks and water« spielte der Guide auf die auch durch Jakub angedeutete Obsession an, die sich für viele Warschauer offenbar noch immer mit dem Bauwerk verbinde. Er thematisierte damit, zweitens, eine psychosoziale Wirkmächtigkeit des Kulturpalastes, die auch Schriftsteller:innen und Publizist:innen immer wieder zum Gegenstand ihres Schaffens gemacht haben.[139]

Die Emotionen seines Vaters führte Mateusz nicht weiter aus, und auch Jakubs Andeutungen einer schicksalhaften Beständigkeit des Bauwerks (»we can't get higher«) ließen sich leicht ins Reich der Legenden verweisen. Dennoch sind beide Deutungen mit Blick auf die darin zum Tragen kommenden Zeitlichkeiten bemerkenswert. Ähnlich wie es Irit Dekel am Beispiel von Museumsführungen herausgearbeitet hat, handelte es sich hier um Momente, in denen die Guides gängige Chronologien infrage stellten und darauf aufmerksam machten, »that somehow the past is present, and the linear sequence of events within a continuum of temporal displacement is disrupted.«[140] Trotz aller Verkürzungen weisen die Darstellungen damit eine erstaunliche Übereinstimmung mit neueren wissenschaftlichen Befunden zur kulturellen Transformation und semantischen Umdeutung des kommunistischen Erbe nach 1989 auf.[141] Herausgehoben sei hier die Forschung des Architekturanthropologen Michał Murawski, der sich ausführlich mit dem Kulturpalast auseinandergesetzt hat.[142] In seinem Buch attestiert er dem multifunktionalen Bau eine anhaltende, raumbildende Wirkungsmacht und entwickelt die Idee eines »Palace Complex«,[143] die sowohl die funktionale Komplexität des Gebäudes als auch eine psychische Fixierung auf den Palast im Freud'schen Sinne umfasst, die bei vielen Warschauer:innen zu beobachten sei.

138 Adventure Warsaw: Communism Tour, 10.9.2016.

139 Zuletzt sehr erfolgreich durch die Warschauer Journalistin Beata Chomątowska in ihrer »Intimen Biografie« des Palastes: Chomątowska, Pałac.

140 Dekel, Quoting and Telling, S. 92.

141 Vgl. Bartmanski, Ein p/ostmodernes Totem; Waldemar Baraniewski, Pałac w Warszawie. Mit Fotos von Błaziej Pindor, Warszawa 2014, S. 93ff.; Sawicki, Der Warschauer Kultur- und Wissenschaftspalast in der polnischen Öffentlichkeit; Rokicki, Kłopotliwy dar, S. 198-209.

142 Michał Murawski, The Palace complex. A Stalinist skyscraper, capitalist Warsaw, and a city transfixed, Bloomington 2019.

143 Diesen Titel trugen auch die Touren von *CREATours* durch die Innenräume des Gebäudes.

Was die Schöpfer:innen des Kulturpalastes in den 1950er Jahren intendierten, nämlich ein Bauwerk zu schaffen, das die Umgebung verdichtet, Kollektivität stimuliert und gänzlich neue Formen von menschlichem Bewusstsein erzeugt, ist ihnen laut Murawski nachhaltig gelungen.[144] Bis heute fungiere der Kulturpalast deshalb als anachronistischer Ort, der sich einer geradlinigen kapitalistischen Überformung verweigere:

> It is a building that resists the »wild capitalist« chaos – of property restitution, twenty-story billboards, inner-city poverty, and rampant gentrification – that surrounds it. The Palace, in other words, is not so much a post-socialist building as a still-socialist one.[145]

Mit ihrem je unterschiedlichen Vokabular thematisierten die Guides Mateusz und Jakub und der Anthropologe Murawski letztlich ähnliches – nämlich die Wirkung des 70 Jahre alten Bauwerks auf das Leben im heutigen Warschau. Beide Erzählweisen unterlaufen eine klare Trennung zwischen (kommunistischer) Vergangenheit und (demokratisch-kapitalistischer) Gegenwart und könnten damit als Beispiele für das gelesen werden, was Landwehr als »Chronoferenz« bezeichnet – die menschliche Fähigkeit, Verbindungen zum temporal Abwesenden herzustellen. Tatsächlich beginnt Landwehr seine geschichtstheoretischen Überlegungen zur Pluritemporalität sogar mit einem Verweis auf den populären »Temporaltourismus«, der im »Besuch historischer Stätten« und der »Begegnung mit historischen Gegenständen« eine »Teilhabe an der Aura des Vergangenen« verspreche.[146] Anders als Valentin Groebner, der in seinem Buch »Retroland« am Bild topologisch abgelagerter Zeitschichten festhält,[147] sieht er darin allerdings keine reine Fiktion, sondern durchaus Analogien zur Geschichtswissenschaft, die ebenfalls ein ständiges, materialgebundenes Bezugnehmen auf abwesende Zeiten sei.

144 Murawski, The Palace complex, S. 15 f.
145 Ebd., S. 24.
146 Landwehr, Die anwesende Abwesenheit der Vergangenheit, S. 12 f.
147 Er spricht von einem »Zeitstrudel« (im Sinne der Süßspeise aus hauchdünnen Schichten). Groebner, Retroland, S. 27-30.

Wie in den vorherigen Kapiteln deutlich geworden ist, lässt sich die Herstellung von Bedeutung in der Stadtführung nicht allein über verbal geäußerte Interpretationen erklären. Sinn entsteht ebenso im Vollzug bestimmter Praktiken – im Gehen und Schauen, in der Interaktion mit Menschen und Dingen und in der sinnlichen Wahrnehmung von Umgebungen und Atmosphären. Stand bislang vor allem die *agency* der Guides und des Stadtraums im Fokus, richte ich meine Aufmerksamkeit in diesem und dem nächsten Kapitel stärker auf die Körper und Sinne der Tourist:innen.[148] Als Linse dafür dienen mir insbesondere jene Teile der Touren, in denen es darum ging, in die Zeit vor 1989 »einzutauchen«. Eine solche Immersion versprach vor allem der Besuch von Orten, deren Materialität scheinbar unverändert überdauert hat. Museale Interieurs, Bunker, aber auch Original-Fahrzeuge ebenso wie einige Restaurants, Milchbars und Kneipen fungierten als Zeitkapseln, die eine direkte sinnliche Erfahrung des Kommunismus verhießen.[149] Der staatssozialistische Alltag, so die Vorstellung, werde in ihnen im Wortsinn »begreifbar«: Indem Oberflächen befühlt, Objekte benutzt und Nahrungsmittel probiert werden können, scheint es möglich, dem Leben im Staatssozialismus riechend und schmeckend nachzuspüren.

Fragen des *embodiments* bzw. die Vorstellung, Geschichte am eigenen Leib erfahren zu können, sind bislang vor allem in Forschungen zum Reenactment bzw. zur Living History fokussiert worden. In diesem Zusammenhang sind gelegentlich auch Stadtführungen thematisiert worden. So sieht Wolgang Hochbruck historische Stadtführungen als eine spezifische Form der vermittlungsorientierten Living History und ordnet sie dem »Geschichtstheater« zu.[150] Im Zentrum der Aufmerksamkeit standen bisher allerdings fast ausschließlich spezielle Stadtführungen »in historischer Gewandung«, darunter Nachtwächter- oder Türmerführungen. Aufgeführt von professionellen Schauspieler:innen tragen diese in der Regel den Charakter szenischer Darstellungen, die auf dem Leben einzelner, mehr oder minder belegter historischer Figuren beruhen.[151] Doch auch über kostümierte Inszenierungen hinaus lassen sich histori-

148 Da ich hinsichtlich individueller Sinneseindrücke nur für mich selbst aussagekräftig bin, schöpfen die folgenden Reflexionen stärker als die bisherigen aus meinen ganz persönlichen körperbezogenen Wahrnehmungen.

149 Vgl. auch Knudsen, The past as staged-real environment, S. 145 f.

150 Hochbruck, Geschichtstheater, S. 78-80.

151 Ebd., S. 79; Hanke, Aly, Stadtführungen in historischer Gewandung. Letztere nehmen in ihre Analyse auch sog. Ghost-Walks mit auf.

sche Touren als performative Form der Geschichtsaneignung betrachten, die sich typischer Strategien des Reenactments – nämlich des Verortens, Verkörperns und Vergegenwärtigens[152] – bedienen. So schildert Jonathan Wynn in seinen Beschreibungen der New Yorker Guide-Szene, wie Stadtführer:innen gemäß der Devise »Show, don't tell« gezielt die Interaktion innerhalb einer Gruppe oder mit dem Raum nutzen, um physisch-körperliche Aspekte eines Themas zu demonstrieren.[153] Auch Raphaela Knipp, die sich mit literarischen Dublin-Stadtrundgängen auf den Spuren von Bloom, Protagonist aus James Joyces »Ullysses«, auseinandergesetzt hat, begreift diese als *performances*, in denen die Buchlektüre vor Ort »mit ganz konkreten, materiellen Erfahrungen angereichert« werde. Indem die Guides die Teilnehmer:innen zur ständigen »Interaktion mit den örtlichen Gegebenheiten« animieren, erleben diese, so Knipp, ein Gefühl physischer und affektiver Nähe und werden selbst zu Akteur:innen, die »das Gelesene ›mit dem eigenen Körper‹ nacherleb[en].«[154] Dies kann, muss aber nicht, punktuelle schauspielerische Einlagen umfassen. Denn die Frage der Performativität von Stadtführungen geht weit über bestimmte darstellerische Qualitäten hinaus, wie auch Polly Williams konstatiert: »The guided tour in a historical setting *enacts* ›bringing the past to life‹ for the visitor.«[155]

Auch die Kommunismustouren, in denen die Guides weder kostümiert noch als *first person interpretators* auftreten,[156] können somit als spezifische Form des *doing history* bzw. als »Geschichte in ihrem praktischen Vollzug«[157] analysiert werden. Die Führungen nehme ich dabei nicht als geschlossene, wiederholbare »Inszenierungen«, sondern als »Aufführungen« in den Blick, in denen die »leibliche Ko-Präsenz von Akteuren und Zuschauern«[158] entscheidend ist. Nicht die Absichten der Guides, ihre

152 Hier beziehe ich mich auf die Überlegungen zum Reenactment in Dreschke, Huynh, Knipp, Sittler, Einleitung, S. 10 f.

153 Wynn, The tour guide, S. 103 f.

154 Raphaela Knipp, Nacherlebte Fiktion. Literarische Ortsbegehungen als Reenactments textueller Verfahren, in: Sittler/Knipp/Huynh/Dreschke, Reenactments, S. 213-236, hier S. 232.

155 Williams, Performing interpretation, S. 116.

156 In der Regel handelt es sich in der Tour um Personenberichte, also »third person interpretation«. Zur Unterscheidung der unterschiedlichen Interpretationsformen vgl. Hochbruck, Geschichtstheater, S. 49-52.

157 Stefanie Samida, Sarah Willner, Georg Koch, Doing History – Geschichte als Praxis. Programmatische Annäherungen, in: Willner/Koch/Samida, Doing History, S. 1-25, hier S. 5.

158 Fischer-Lichte, Einleitung, S. 11. Siehe auch Samida, Per Pedes in die Germania magna oder Zurück in die Vergangenheit?, S. 48, sowie die Erläuterungen in der Einleitung.

akribische Vorbereitung oder ihre schöpferische Darstellung stehen damit im Mittelpunkt, sondern das *embodiment* von Geschichte:[159] Inwiefern wird der Körper als Werkzeug eingesetzt, um Wissen über das Leben hinter dem Eisernen Vorhang zu generieren? Welche Praktiken des Einfühlens in die Vergangenheit werden in den Kommunismustouren typischerweise animiert? Und welcher Zusammenhang besteht zwischen touristischen Sehnsüchten, Vorstellungen über die Vergangenheit und Körpererfahrungen in der Gegenwart?

Um mich diesen Fragen anzunähern, werde ich mich im Folgenden stärker mit körperlichen Aspekten des Tourguiding befassen. Hierfür diskutiere ich zunächst die Überschneidungen zwischen Reenactment- und Tourismusforschung, um deutlich zu machen, wie sich beide Felder gegenseitig bereichern können, wenn es um den Zusammenhang von Materialität, Körperlichkeit und Zeitlichkeit geht.[160] Wie sich im häufig aufgerufenen Versprechen einer »Zeitreise« andeutet, scheinen sowohl Tourist:innen als auch Darsteller:innen historischer Spektakel emotional-sinnliche Zugänge zur Vergangenheit zu suchen und stellen die Linearität von Zeit damit in unterschiedlicher Hinsicht infrage. Aus epistemischer Sicht ist dies problematisch, weil uns nicht die Vergangenheit selbst, sondern prinzipiell nur deren Aufbereitung als Geschichte zugänglich ist. Dessen ungeachtet spielt das sinnlich-körperliche Erleben von Geschichte, das Tourist:innen *in der Gegenwart* machen, zweifelsohne eine wichtige Rolle für die Generierung, Festigung oder Verunsicherung ihrer Vorstellungen *über die Vergangenheit.* Wie ich am Beispiel der Alltagsgeschichte – und hier insbesondere mit Blick auf das Erleben von Autofahrten, Gastronomie- und Museumsbesuchen – zeigen werde, trägt der spielerische Umgang mit Relikten der Vergangenheit in den Kommunimustouren Züge eines *ad hoc*-Museumstheaters mit zwiespältiger Botschaft: Im körperlichen Umgang mit einzelnen Alltagsobjekten wird das alltägliche Leben im Staatssozialismus einerseits als karg, trist und anstrengend imaginiert. Andererseits kommen in der multisensorischen Aneignung zwei Idealvorstellungen touristischer Außeralltäglichkeit, nämlich Abenteuerlust und zeitliche Entschleunigung, zum Tragen, die – anders als Tristesse und Mühsal – durchaus eine starke Anziehungskraft besitzen können. Problematisch ist touristisches *doing history*, wie ich abschließend zeigen möchte, weil dieses Zusammenspiel

159 Vgl. dazu u. a. Samida, Willner, Koch, Doing History – Geschichte als Praxis, S. 8 f.; Petra Tjitske Kalshoven, Epistemologies of Rehearsal. Crow Indianist Reflections on Reenactment as Research Practice, in: Sittler/Knipp/Huynh/Dreschke, Reenactments, S. 193-212, hier S. 194-198.

160 Zur Überlappung von Reenactment und Tourismus vgl. auch Stach, Zeit-Reisen?

in der Regel nicht reflektiert wird. So werden die Körpererfahrungen der Gegenwart in ihnen oft mit denen der Vergangenheit gleichgesetzt und Einheimische bisweilen unfreiwillig zu Darsteller:innen anachronistischer Aufführungen gemacht.

Zeit-Reisen im Tourismus: Körperbasiertes Wissen

Einladungen zu Zeitreisen sind im Urlaub allgegenwärtig. Touristische Reisen zielen, so Valentin Groebner, auf eine »Auszeit« vom Alltag und eine Flucht ins Früher. Nicht der Raum sei demnach der Rohstoff des Tourismus, sondern die Zeit: »Das Narrativ, auf dem der Tourismus beruht, ist das der Reise in die Zeit als Ort gesteigerter Empfindung; ein Ort, an dem der Besucher in die Vergangenheit eintauchen kann.«[161] Die Zeit des Staatssozialismus stellt hier keine Ausnahme dar: Das Berliner DDR Museum verspricht »Geschichte zum Anfassen« und lädt zu einer »Zeitreise in die DDR«[162] ein; die Krakauer *Crazy Guides* bewerben »2,5 hours travel back in time«[163] und auch die Tour »Communist Warsaw« wurde im Jahr 2019 wie folgt angepriesen: »[L]et's get in our time machine and head for the past. Imagine stepping into Warsaw just 30 years ago.«[164] Selbst der offizielle YouTube-Kanal des Warschauer Tourismusmarketing »Go2Warsaw.pl« nutzte die Covid-19-Pandemie zur Produktion eines Werbevideos »Retro Warsaw – travel back in time to the 1980s!«, in dem ein Besuch im »Muzeum Życia w PRL«, im Kulturpalast und in einer Milchbar ebenso empfohlen wurden wie eine Stadtrundfahrt im »retro FIAT 125p«.[165]

Während wir in den »free walking tours« für dieses Zeitreise-Versprechen lediglich durch den öffentlichen Raum geführt wurden, integrierten gebuchte Führungen Innenräume in ihre Routen, die ein deutlich immersiveres Erlebnis zuließen. Am stärksten erschien der Eindruck einer »frozen past«[166] in den unterirdischen Bunkern, die in einigen Prager

161 Groebner, Retroland, S. 173.

162 DDR Museum: Geschichte zum Anfassen. Eine Zeitreise in die DDR, https://www.ddr-museum.de/de/sammlung/ausstellung [15. 11. 2023].

163 Crazy Guides: Communism Tour, https://www.crazyguides.com/krakow-tours/communism-tour-of-nowa-huta-district [15. 11. 2023].

164 Walkative!: Communist Warsaw, https://freewalkingtour.com/tours/communist-warsaw/ [2. 2. 2019]. Seit dem Relaunch der Anbieter-Website ist die Formulierung geändert.

165 Go2Warsaw: Retro Warsaw – travel back in time to the 1980s!, Video auf Youtube, https://www.youtube.com/watch?v=_-mCuJ39IPY [17. 4. 2021].

166 Jones, The Media of Testimony, S. 113.

Führungen zugänglich sind. Bei einem dieser Bunkerbesuche erlangte das Motiv der Zeitreise im Laufe des Untersuchungszeitraums sogar einen spielerischen Eigenwert: Als ich 2016 das zweite Mal im Rahmen einer Kommunismusführung den Bunker im Hotel Jalta betrat, fand sich am Eingang plötzlich eine Art Stechuhr. Präsentiert als »time machine« animierte uns der Guide, die Eintrittskarten zum Bunkermuseum hier bei Ein- und Austritt abzustempeln, um auf diese Weise später jene Zeit messen zu können, die wir fernab der Gegenwart in der Tiefe des Bunkers – und damit »in der Vergangenheit« – verbracht hätten.[167]

Versteht man historische Führungen als spezifische Form des Reenactments, fungierte die Stechuhr hier als eine Art »Zeitschleuse«.[168] Der Akt des Stempelns markierte den spielerischen Übergang von einem Modus des Erlebens in einen anderen; der inszenierte Übertritt einer »Schwelle« lässt sich als bedeutsamer ritueller Moment lesen.[169] Wie ich noch näher ausführen werde, steigerte die Tatsache, dass der unterirdische Raum meist deutlich kälter oder wärmer als die Außentemperatur war und einen besonderen Geruch hatte,[170] die Erwartung, Geschichte hier »am eigenen Leib [zu] erfahren«.[171] Solche mit theatralen Mitteln inszenierten »time travels«,[172] »Zeitmaschinen«[173] bzw. »simulierten Zeitsprünge«[174] diskutiert die Reenactmentforschung als Streben nach körperbezogenem Wissen. In diesem Sinne definiert Vanessa Agnew Reenactment als

167 Prague Extravaganza: Communism and Bunker Tour, 10.8.2016; Good Prague Tours: Communism Tour, 13.6.2018. Der Guide letzterer Tour suggerierte gar, die Mitarbeiter des StB, die das Hotel vom Bunker aus abhörten, hätten hier wirklich ihre Stechkarten abstempeln müssen.

168 Michaela Fenske, Abenteuer Geschichte. Zeitreisen in der Spätmoderne, in: Wolfgang Hardtwig/Alexander Schug (Hg.), History Sells! Angewandte Geschichte als Wissenschaft und Markt, Stuttgart 2009, S. 79-90, hier S. 80.

169 Vgl. auch das in Studien zum Reenactment häufig aufgegriffene Konzept der Liminalität von Victor Turner, das Polly Williams jüngst auch auf Guided Tours angewendet hat. Victor Turner, From ritual to theatre. The human seriousness of play, New York 1982; Dreschke, Ritual; Williams, Performing interpretation, S. 120-122.

170 Während der große Bunker in Žižkov im Sommer Abkühlung bot, war die Luft im kleineren Bunker im Keller des Hotels Jalta im Gegenteil sehr stickig. Zum Erlebnis des Bunkers siehe auch das nächste Kapitel.

171 Fenske, Abenteuer Geschichte, S. 83.

172 Bodil Petersson/Cornelius Holtorf (Hg.), The archaeology of time travel. Experiencing the past in the 21st century, Oxford 2017.

173 Jay Anderson, Time machines. The world of living history, Nashville 1986; Jens Roselt/Ulf Otto (Hg.), Theater als Zeitmaschine. Zur performativen Praxis des Reenactments. Theater- und kulturwissenschaftliche Perspektiven, Bielefeld 2014.

174 Hochbruck, Geschichtstheater, S. 16.

»body-based discourse in which the past is reanimated through physical and psychological experience.«[175] Im Gegensatz zu stärker auf Kognition fokussierten Formen populärer Geschichte wird das emotionale und sinnliche Erlebnis hier nicht als Begleiterscheinung der Geschichtsvermittlung, sondern als eigenständiges epistemisches Werkzeug angesehen. »Affect *as* inquiry«[176] lautet die Kurzformel, auf die Rebecca Schneider dieses Streben nach einem individuellen Zugang zur Vergangenheit gebracht hat. Eine zentrale Rolle kommt hierbei materiellen Objekten zu. Unabhängig davon, ob es sich um Repliken oder Originale handelt, dienen sie im Setting von Living History/Reenactment als Hilfsmittel für den imaginierten Sprung in die Vergangenheit und werden als »Spurenträger« mobilisiert.[177] Entscheidend ist Jerome de Groot zufolge die individuelle Interaktion mit diesen als »authentisch« empfundenen Gegenständen: »Re-enactments blend the experience of the historical artefact, such as is experienced in museums, with individual revelation.«[178] Das Mehr eines Living-History-Zugangs liegt demnach in der Beziehung zwischen Objekten und Menschen. »Performance animates the artefact or place«,[179] fasst de Groot diese Qualität zusammen.

In erlebnisorientierten Führungen, in denen alle Teilnehmer:innen zum Spiel mit der materiellen Umgebung animiert werden, ist die Unterscheidung zwischen Darsteller:innen und Publikum nur bedingt möglich. Dies sollte allerdings nicht den Unterschied zwischen Tourist:innen, die punktuelle Immersionserlebnisse suchen, und Reenactor:innen, die ihrem Hobby regelmäßig nachgehen, verschleiern. Letztere erarbeiten sich in der Regel ein sehr detailliertes Spezialwissen über die materielle Kultur der jeweils dargestellten Epoche. In ihrer Freizeit eignen sie sich Kenntnisse an, die zum Teil jene von Fachleuten übersteigen.[180] Der Aktivitätsgrad geschichtsinteressierter Tourist:innen ist in den meisten Fällen also ein anderer als innerhalb der Reenactment-Szene: Weder bereiten sie sich ähnlich akribisch auf ihren »Zeitsprung« vor, noch legen sie

175 Agnew, Introduction: What Is Reenactment?, S. 330.

176 Rebecca Schneider, Performing Remains. Art and War in Times of Theatrical Reenactment, Milton Park, Abingdon, Oxon 2011, S. 2.

177 Dreschke, Huynh, Knipp, Sittler, Einleitung, S. 11.

178 Groot, Consuming history, S. 106. Stephen Gapps betont allerdings, dass im Reenactment eigene Anfertigungen mitunter »authentischer« sein können als Originale. Stephen Gapps, Practices of Authenticity, in: Vanessa Agnew/Jonathan Lamb/Juliane Tomann (Hg.), The Routledge handbook of reenactment studies. Key terms in the field, New York 2020, S. 183-186, hier S. 189.

179 Groot, Consuming history, S. 123.

180 Zum Verhältnis zwischen »hobby« und »academia« Kalshoven, Epistemologies of Rehearsal, S. 198-204.

hierfür selbst Verkleidungen an.[181] Und doch zeigte sich in den Kommunismustouren stellenweise dieselbe Vorstellung »leibhaftiger« historischer Erfahrungen wie sie im Zusammenhang mit Schlachtennachstellungen oder Freilicht-Museen beschrieben worden ist. Mehr noch – die Grenze zwischen Publikum und Darsteller:innen schien bei den Führungen bisweilen sogar fließender als im Museumstheater oder bei Reenactment-Events. So traten in den Bunkern, Retro-Autos und Privatmuseen weder Hobby-Schauspieler:innen auf, noch wurde darin professionelles Theater inszeniert. Stattdessen machten die zahlenden Gäste ihre eigenen Körper aktiv zum Bestandteil gemeinsamer Aufführungen, wie etwa folgende Bewertung einer Prager Tour illustriert, die ein Tourist unter dem Titel »Made communism feel real« verfasst hat:

> […] We entered the bunker, simulated the shower, were offered gas masks, recirculated the air, tried the phones and electronics, and held the machine guns used by border guards. We spent nearly an hour in the bunker and it felt scary-real because Klara had real facts and history to reinforce our experience.
>
> Oh, by the way, the lunch we had in the 1970's style »canteen« was superb, with local dishes and amazingly affordable. After the […] long walk, we were ready to sit, eat, and converse. […]
>
> Our tour group, including my wife, enjoyed re-living and re-counting the experiences long after the tour.
>
> Tour was time well-spent![182]

Die hier geschilderten Eindrücke sind in verschiedener Hinsicht bemerkenswert. Auf einer allgemeinen Ebene offenbart die Bewertung die erwähnte Priorisierung eines erfahrungsbasierten Wissens, das einer faktografischen Vermittlung deutlich überlegen sei. Aus der Sicht des Autors bzw. der Autorin wird nicht das Kognitive (»facts and history«) durch das Körperliche bestätigt, sondern genau andersherum – die physische Aneignung der Bunkerausstattung wird durch verbale Ausführungen untermauert (»because Klara had real facts and history to reinforce our experience«). Indem der Verfasser die eigenen Tätigkeiten und Emotionen

181 Allerdings interpretiert Monika Golonka-Czajkowska die Retro-Autos der Crazy Guides in Krakau als »Verkleidung« der Tourist:innen. Golonka-Czajkowska, Podróż do krainy zwanej Nową Hutą, cyzli o komunizmie jako atrakcji turystycznej, S. 301.

182 NorthStar267133: Made communism feel real, Bewertung Prague Extravanganza, Tripadvisor, 8. 3. 2020, https://www.tripadvisor.de/ShowUserReviews-g274707-d1973167-r749818475-Prague_Extravaganza_Free_Tour-Prague_Bohemia.html [15. 11. 2023].

beschreibt, präsentiert er das touristische als dezidiert multisensorisches Erlebnis.

Bemerkenswert ist die Beschreibung im Review auch deshalb, weil sie die Dominanz des Visuellen, die für Studien zum (Städte-)Tourismus noch immer typisch ist, infrage stellt. Tatsächlich hat John Urry das touristische Reisen mit seinem einflussreichen Konzept des »tourist gaze«[183] zunächst in erster Linie als visuelle Praktik konzipiert. Erst auf entsprechende Kritik hin[184] legte er später größeres Gewicht auf die vormals marginalisierten anderen Sinne und entwickelte zusammen mit Jonas Larsen einen relationalen Ansatz, der zudem die performativen Aspekte des »Blickens« herausstreicht: »Gazing is embodied, multimodal, and involves other sensescapes.«[185] Ohne dass die semiotische Struktur des Tourismus dabei prinzipiell infrage gestellt wird, haben auch andere Autor:innen immer wieder betont, dass Tourismus als zutiefst körperliches Phänomen untersucht werden muss.[186] »The tourist experience is not just of ›signs‹ but of material things«, schreibt Sharon Macdonald in diesem Sinne und betont, dass die physische Anstrengung, die jede Reise bedeutet, auch für die damit verbundene Erinnerung von Bedeutung ist:

> Going away, although typically cast as leisure rather than work, takes effort. If we go somewhere, we have to engage in some kind of preparation and planning. This builds into the activity a kind of investment: we are ready-prepared to want to get something out of it, we have already set it up as something that matters – as something ready to be remembered, as »pre memorable«.[187]

Auch der Autor des *Tripadviser*-Reviews hob das eigene »investment« in unterschiedlicher Hinsicht heraus: »[A]fter the long walk, we were ready

183 Urry, The Tourist Gaze.

184 Soile Veijola/Eeva Jokinen, The Body in Tourism, in: Theory, Culture & Society, Bd. 11 (1994) 3, S. 125-151.

185 Jonas Larsen, The Tourist Gaze 1.0, 2.0, and 3.0, in: Allen M. Williams/Colin Michael Hall/Allan M. Williams (Hg.), The Wiley Blackwell Companion to Tourism, Malden, MA 2014, S. 304-313, hier S. 307. Vgl. auch Urry, Larsen, The tourist gaze 3.0.

186 Vgl. Catherine Palmer/Hazel Andrews (Hg.), Tourism and Embodiment, Milton Park, Abingdon, Oxon 2021; Jillian M. Rickly, Performing Beyond the View. Embodiment and tourist experiences, in: Richard Sharpley (Hg.), Routledge Handbook of the Tourist Experience, Abingdon, Oxon, New York, NY, Ann Arbor, Michigan 2022, S. 140-152.

187 Macdonald, Memory, Materiality and Tourism, S. 10. Zur Bedeutung der körperlichen Reiseanstrengung im Jewish Heritage Tourism vgl. auch Gruber, Virtually Jewish, S. 152.

to sit«, schreibt er in seiner Bewertung und resümiert zufrieden: »Tour was time well-spent!«. Inwiefern sich die Anstrengung gelohnt hat, bemisst er vor allem am Nachleben der Stadtführung – am »re-living and re-counting the experiences long after the tour«.[188]

Sowohl in der Bewertung des Touristen als auch in Macdonalds Fachartikel klingt die Bedeutung an, die die Erwartungen zukünftiger Erinnerungen für die Reiseerlebnisse haben. Diese Vorstellung deckt sich mit der These Valentin Groebners, dass es im Tourismus zu einem guten Teil um Selbsthistorisierung – mithin die Herstellung »zukünftiger Vergangenheit«[189] – gehe, und schließt an anthropologische Analysen des touristischen Erlebens an. So weisen auch Regina Bendix und Edward Bruner auf die besondere Verquickung von Vergangenheit, Gegenwart und Zukunft im Tourismus hin.[190] Bruner, der sich in seinen Arbeiten den verschiedenen »cultural performances« im Tourismus gewidmet hat, unterscheidet dabei dreierlei »tourist tales« (»pretour«, »ontour« und »posttour«), die miteinander verflochten sind: Einerseits sei das Erleben im Urlaub stark von den vorgeschalteten Diskursen geprägt, andererseits seien viele Tourist:innen in Antizipation eines attraktiven »posttour narratives« auf der Jagd nach besonderen »stories« für später.[191] Ohne Weiteres lassen sich als Beispiel hierfür die Kommunismustouren – und hier insbesondere jene in Retro-Autos – heranziehen, die häufig nicht zuletzt wegen ihrer *instagramability* gebucht werden.[192]

188 Auch andere Reviews thematisieren die zukünftigen Erinnerungen der Tour. »[T]his tour will be remembered as one of the real highlights of my trip.« Peteski2212: absolutely recommended – a unique exploration of an interesting city, Bewertung Adventure Warsaw auf Tripadvisor, 12. 7. 2011, https://www.tripadvisor.de/ShowUserReviews-g274856-d1577275-r115291686-Adventure_Warsaw-Warsaw_Mazovia_Province_Central_Poland.html; »The guys of Adventure Warsaw made it a memorable tour [...]«, PeterH099: Learning about Warsaw and communism in a different way, Bewertung Adventure Warsaw auf Tripadvisor, 6. 11. 2021, https://www.tripadvisor.de/ShowUserReviews-g274856-d1577275-r144782270-Adventure_Warsaw-Warsaw_Mazovia_Province_Central_Poland.html [beide 15. 11. 2023].

189 Valentin Groebner, Endlich einmal alles richtig. Was macht der Tourismus mit der Vergangenheit?, in: Thomas Steinfeld (Hg.), Die Zukunft des Reisens, Frankfurt a. M. 2012, S. 125-143, hier S. 138. Darin ähnelt der Tourismus der Archivierung, die Landwehr als Beispiel für eine komplexe Chronoferenz anführt. Landwehr, Die anwesende Abwesenheit der Vergangenheit, S. 160 f.

190 Bruner, Culture on tour, S. 22-26; Bendix, Capitalizing on memories past, present, and future.

191 Bruner, Culture on tour, S. 22-26.

192 In einer negativen Bewertung kritisiert eine Touristin, dass sie keine Gelegenheit zum Fotografieren der Retro-Autos gehabt hätte, obwohl dies der Hauptgrund für die Auswahl der Tour gewesen sei. Alana-the-traveller: Wish it was a better experience!, Bewertung Adventure Warsaw auf Tripadvisor, 3. 12. 2017, https://

Im Gegensatz zu Groebner, dessen Interesse vor allem der Zirkulation von Bildern gilt, hebt Bruner heraus, dass diese »touristischen Geschichten« als zutiefst körperliche zu verstehen sind: »To perform the site is to inscribe the pretour narrative within the body of the tourist. […] The work of the tour is to transform a preexisting tourist tale from an abstract text into an embodied narrative, a somatic experience.«[193] Hier fällt einerseits die Ähnlichkeit zu Ulf Ottos medientheoretischer Reenactment-Definition ins Auge: »Reenactments übersetzen mediale Vor*bilder* in materielle Erfahrungsräume und zielen […] wiederum selbst auf die Erzeugung medialer Nach*bildungen.*«[194] Andererseits lässt sich der Bogen zu den bereits angesprochenen Authentisierungsschleifen schlagen, die sowohl den Tourismus als auch das Reenactment auszeichnen. Ebenso wie im oben geschilderten Modus der »Begehung« die Betrachtung historischer Fotografien am Aufnahmeort sowohl den Ort als auch die Bilder beglaubigt, »bezeugt in der Rhetorik des Reenactment das Erlebnis der Darsteller das Ereignis der Darstellung und verbürgt damit die Authentizität der Bilder.«[195]

Wie die kursorischen Ausführungen deutlich machen, unterlaufen geschichtstouristische wie Reenactment-Praktiken Vorstellungen einer linearen Zeit. Während Agnew bezogen auf Reenactments vom »collapsing of temporalities«[196] spricht, geht Schneider in ihren Überlegungen noch einen Schritt weiter. Im Reenactment sieht sie den Zugang zu einem »crosstemporal real«,[197] in dem sich Damals und Jetzt berühren: »In the syncopated time of reenactment, where *then* and *now* punctuate each other, reenactors […] try to bring that time – that prior moment – to the very fingertips of the present.«[198] Egal ob man einer solchen Konzeption von Reenactment folgen will oder nicht, ist deutlich geworden, dass sich das Interesse von Tourismus- und Reenactmentforschung da überlappt, wo Fragen nach Materialität, Körper und Zeitlichkeit zusammengebracht werden. Die Tatsache, dass beiden geschichtskulturellen

www.tripadvisor.de/ShowUserReviews-g274856-d1577275-r544715454-Adventure_Warsaw-Warsaw_Mazovia_Province_Central_Poland.html [15. 11. 2023].

193 Bruner, Culture on tour, S. 24.

194 Ulf Otto, Re:Enactment. Geschichtstheater in Zeiten der Geschichtslosigkeit, in: Jens Roselt/Ulf Otto (Hg.), Theater als Zeitmaschine. Zur performativen Praxis des Reenactments. Theater- und kulturwissenschaftliche Perspektiven, Bielefeld 2014, S. 229-253, hier S. 236.

195 Ebd., S. 234.

196 Vanessa Agnew, History's Affective Turn. Historical Reenactment and Its Work in the Present, in: Rethinking History, Bd. 11 (2007) 3, S. 299-312, hier S. 301.

197 Schneider, Performing Remains, S. 30.

198 Ebd., S. 2.

Praktiken bereits im Vorfeld eine große retrospektive Bedeutung eingeschrieben ist, führt weiter zu Fragen der individuellen Aneignung von Objekten, die meist unter dem Schlagwort »Retro« oder »Nostalgie« diskutiert werden. Denn auch Nostalgie hat, wie Svetlana Boym in ihrem Klassiker »The Future of Nostalgia« schreibt, keineswegs nur mit der Vergangenheit zu tun, sondern immer auch mit Zukunft: »it can be retrospective but also prospective.«[199]

Alltagsgeschichte erleben I: Kostproben und Probesitzen

In Warschau eine *bar mleczny* (Milchbar), in Prag eine *jídelna* (Kantine/Cafeteria), in Bratislava ein Biergarten und eine heruntergekommene Kneipe – was diese Selbstbedienungslokale vereint, ist ihr Image als einfache, »volksnahe« Kantinen, in denen man traditionelle Küche zu geringen Preisen konsumieren kann. In einigen Reiseführern als »Insidertipp« angepriesen, werden solche Lokale auch von internationalen Reisenden besucht und waren darüber hinaus in eine Reihe von Kommunismustouren integriert. Obwohl das polnische Konzept der Milchbars nicht aus dem Staatssozialismus, sondern der Zwischenkriegszeit stammt, standen sie im Narrativ der Führungen exemplarisch für eine spezifische, teils kollektivistisch organisierte Ernährungskultur im Staatssozialismus.[200] Die meist spartanisch eingerichteten Lokale wurden als Orte einer spezifischen Arbeiterkultur präsentiert, in denen die Zeit stehengeblieben und daher ein Gefühl für das Leben einer proletarischen Gesellschaft zu erhaschen sei.[201] Tatsächlich unterscheiden sich Milchbars und Kantinen

199 Boym, The Future of Nostalgia, S. 16. Im Gegensatz zu Boym unterscheidet Veronika Pehe zwischen »Nostalgie« und »Retro«. Während Erstere einen zeitlichen Bruch tradiere, basiere »Retro« auf der Vorstellung, die Vergangenheit in die Gegenwart integrieren zu können. Pehe, Velvet Retro, S. 101.

200 Zur Geschichte des Essens im Staatssozialismus vgl. exemplarisch Ruža Fotiadis/Vladimir Ivanović/Radina Vučetić (Hg.), Brotherhood and unity at the kitchen table. Food in socialist Yugoslavia, Zagreb 2019.

201 Vgl. exemplarisch »Tour ending at a milk bar – actually a good thing from the socialist area-state sponsored cafeteria-soupkitchen, open to everyone. Here you get tasty meals at a very low price.«, thais k: Great Tour- everybody should try it, Bewertung Adventure Warsaw auf Tripadvisor, 4. 8. 2015, https://www.tripadvisor.de/ShowUserReviews-g274856-d1577275-r295565079-Adventure_Warsaw-Warsaw_Mazovia_Province_Central_Poland.html. Siehe auch DeanoDerbyshire: Taste Communism, Bewertung einer Milchbar (»bar mleczny«) in Krakau auf Tripadvisor, 16. 6. 2016, https://www.tripadvisor.com/ShowUserReviews-g274772-d2693216-r383057163-Bar_Mleczny-Krakow_Lesser_Poland_Province_Southern_Poland.html [beide 15. 11. 2023].

von herkömmlichen Restaurants grundsätzlich: Statt in einer Speisekarte sind die verfügbaren Gerichte üblicherweise an einer Wandtafel angeschrieben; um eine der oft großzügigen Portionen zu erhalten, müssen sich die Kund:innen erst in eine Schlange an der Kasse, dann an der Essensausgabe einreihen. Übersetzungen ins Englische durch das Personal sind nicht zu erwarten. Bei unseren (geführten) Besuchen der Milchbars oder Kantinen waren wir deshalb meist die einzigen Ausländer:innen vor Ort.[202] Auf die große Bedeutung dieses Aspekts – das Verlassen der touristischen Infrastruktur – für das subjektive Authentizitätserleben werde ich noch zurückkommen.

Da zur Mittagszeit in der Regel großer Andrang herrscht, ist der Umgangston manchmal rau, wenn orientierungslose Tourist:innen den reibungslosen Ablauf in den gastronomischen Einrichtungen behindern. Alle Guides bemühten sich daher, uns Tour-Teilnehmer:innen möglichst rasch und geräuschlos an einen Tisch zu manövrieren. Die Kantinen-Atmosphäre und der vermeintlich »schlechte Service« schienen dabei genauso wichtige Aspekte des Erlebnisses »sozialistische Gemeinschaftsverpflegung« wie der eigentliche Konsum von Speisen. Letztere setzen sich zusammen aus einfachen Alltagsgerichten und dem, was Tourist:innen auch anderswo als nationale Küche präsentiert wird: In Prag aßen wir Krautsuppe und Gulasch mit Knödeln, in Warschau Teigtaschen (poln. *pierogy*), Krauteintopf (poln. *bigos*), Rote Beete sowie Kartoffelpuffer mit Zucker; in Bratislava beschränkten wir uns auf Bier, Kaffee und Fassbrause. Unabhängig von den konkreten Nahrungsmitteln und deren Geschmack, Geruch und Haptik ergab sich das angekündigte »Flair des Kommunismus« im Zusammenspiel aller Sinne.[203] Gedränge und Krautgeruch, Fettflecken auf dem Tisch und der hohe Geräuschpegel gehörten ebenso zum Erlebnis wie der Anblick der Frauen an der Essensausgabe oder die Ausführungen der Guides.[204]

Auch jenseits von gastronomischen Einrichtungen erhielten wir als Teilnehmer:innen von Kommunismustouren oft »Kostproben«. So schenkte Peter jedem von uns eine Flasche *Kofola* (»czechoslovak Cola«) und einen

202 Vgl. auch salty_shp: Lunch with locals, Bewertung der »Jidelna Světozor« in Prag auf Tripadvisor, 21. 2. 2020, https://www.tripadvisor.de/ShowUserReviews-g274707-d4767541-r746448451-Jidelna_SvEtozor-Prague_Bohemia.html [15. 11. 2023].

203 Zum Zusammenspiel der Sinne für das Erleben von »Kulturerbe« in Stadtführungen vgl. Stach, From the Visual to Syn- and Kinaesthetics. Einige der folgenden Beispiele aus Bratislava sind auch in diesem Artikel zu finden.

204 Vgl. dazu auch die Analyse Monika Golonka-Czajkowskas zu den Crazy Guides in Krakau. Auch sie betont die Bedeutung von Geschmack, Geruch und Geräusch. Golonka-Czajkowska, Podróż do krainy zwanej Nową Hutą, cyzli o komunizmie jako atrakcji turystycznej, S. 296-299.

Abb. 14: Eine Stadtführerin lässt ihr Publikum erst süße Kondensmilch probieren und präsentiert später weitere in der sozialistischen Tschechoslowakei entwickelte »Ersatzprodukte«, Bratislava, 2.8.2019.

Horalky-Waffelriegel. Beide in der Tschechoslowakei entwickelten und heute noch populären Produkte holte er aus einem roten Dederon-Beutel, den schon sein Opa immer zum Einkaufen benutzt habe.[205] Auch in anderen Touren in Prag und Bratislava empfahlen uns die Guides, die kommunistische »Ersatz-Cola« und weitere Produkte zu probieren, die den Geschmack ihrer Kindheit geprägt hätten. Laura brachte uns hierfür zwei Tuben *Pikao* mit – dicke, süße Kondensmilch, die wir reihum probieren durften, indem wir uns alle einen Klecks auf die Fingerspitze machten (Abb. 14).[206] Diese Süßigkeit habe das Fehlen von Nutella kompensiert, erzählte die Stadtführerin lachend. Die Heiterkeit in der Gruppe erreichte ihren Höhepunkt, als sie ein Bild mit weiteren »fake products« präsentierte, mit denen die Tschechoslowakei versucht habe, den Geschmack des Westens zu imitieren.

Anders als in der Milchbar ging es bei diesen kulinarischen Episoden nicht darum, eine bestimmte nationale oder besonders »proletarische« Küche kennenzulernen, sondern sich einige Paradoxa der staatlichen Planwirtschaft im Wortsinn auf der Zunge zergehen zu lassen. Denn was wir zu essen und trinken bekamen, stellte sich nicht immer als Delikatesse heraus: Die Waffel war so bröselig, dass Peter uns bat, sie lieber außerhalb des Autos zu verzehren.[207] Beim »communist style coffee« in Prag mussten Ungeübte erst lernen, nicht aus Versehen den Kaffeesatz zu schlucken.[208]

205 Authentic Slovakia: Bratislava Post Socialist City Tour, 14.7.2015 und 17.10.2016.
206 BeFreeTours: Free Communism Tour, 2.8.2019.
207 Authentic Slovakia: Bratislava Post Socialist City Tour, 17.10.2016.
208 Prague Extravaganza: Communism and Bunker Tour, 15.7.2015. Gemeint war ein sog. türkischer Kaffee (»turecká káva«).

Abb. 15: Ein Tourist testet auf Einladung der Stadtführerin eine Sitzbank auf dem ehemaligen Gottwald-Platz, Bratislava, 2. 8. 2019.

Und auch die Orangenlimonade (poln. *oranżada),* die Jakub uns (nach einem Wodka) im Warschauer Kommunismusmuseum servierte, war gewöhnungsbedürftig, denn »completely artificial«,[209] wie der Guide lachend erzählte.

Neben Konsistenz und Geschmack von Lebens- und Genussmitteln stellten sich auch Geruch und Haptik einiger Objekte als nur mäßig angenehm heraus. Im Kulturpalast wiesen uns die Guides auf den typischen Zigarettengeruch hin, der bis heute in Möbeln und Tapeten festsitze.[210] An anderen Stellen animierten sie uns, die »Härte« des Alltags körperlich nachzuvollziehen. So lud uns eine Stadtführerin auf dem heute verwahrlost wirkenden *Námestie slobody* in Bratislava ein, während ihren Ausführungen auf den Bänken rund um einen Springbrunnen Platz zu nehmen (Abb. 15). Das Metall fühlte sich kalt an, Lehne und Sitzfläche waren nicht gerade ergonomisch geformt. »Are these benches comfortable for you?«, wies sie uns mit einer rhetorischen Frage auf die fehlende Bequemlichkeit hin, um sofort selbst auszuführen, dass hinter dem Unbequemen kein Zufall, sondern bauplanerisches Kalkül der

209 Adventure Warsaw: Off the Beaten Track Tour, 29. 3. 2015. Zur nostalgischen Aufwertung der vor 1989 als »inauthentisch« wahrgenommenen Produkte im postsozialistischen Ungarn vgl. Nadkarni, »But it's ours«, S. 195-198.

210 Zur Bedeutung des Zigarettengeruchs in den Führungen durch den Kulturpalast vgl. Stach, Urbanität und Nostalgie?, S. 294 f.

Machthaber:innen stecke. Um soziale Interaktion zu verhindern, seien die Sitzgelegenheiten wenig angenehm gestaltet worden und darüber hinaus möglichst weit voneinander platziert worden.[211]

Alltagsgeschichte erleben II: Autofahrten als »Living History«

Ebenso wie das kurze Platznehmen hier zur performativ-sensorischen Beglaubigung einer kompletten »Durchherrschung«[212] des Alltags im Staatssozialismus herangezogen wurde, lassen sich auch die Autofahrten als zentrale, sinntragende Bestandteile der Aufführungen deuten. Tatsächlich sind die in einigen Kommunismustouren genutzten Autos weit mehr als stilistisch passende Transportmittel. Sie dienen vielmehr der sinnlichen Authentisierung bestimmter Alltagsvorstellungen, darunter eine vermeintliche Archaik der Dinge und die ständige Notwendigkeit zum Improvisieren.[213] So jedenfalls lässt sich mein Erleben einer Tour in Bratislava deuten: Die Fahrt fand in einem Škoda aus den 1970er Jahren statt, den unser Guide Peter als geliebtes Erbstück von seinem Opa vorstellte (Abb. 16). Bis auf die defekte Beifahrertür, die er mir jedes Mal mit einer Zange öffnete, sei der Wagen voll funktionstüchtig. Sich selbst stellte Peter als großen Liebhaber und Kenner sämtlicher »Oldtimer« vor und wies uns während der gesamten Tour auf besondere Automarken sowie Fahrzeuge aus sozialistischer Produktion am Straßenrand hin. Über das Fahrerlebnis selbst heißt es in meinen Aufzeichnungen:

> Teils fährt er sehr rasant, überholt extra-schnell, schneidet Kurven und spielt mit dem Gas. Es macht ihm sichtlich Spaß, das in die Jahre gekommene Auto auszureizen. Die Tatsache, dass es (genauso wie die anderen ihrer Flotte) bereits seine Macken hat und auch mal liegenbleibt, ist ein Dauerthema. Tatsächlich habe er in letzter Zeit zweimal mit anderen Gruppen eine Panne gehabt, so dass alle per Bus weiterfahren mussten. Und der Škoda-Bus, den wir im letzten Jahr benutzten, sei nun leider endgültig kaputt.[214]

211 BeFreeTours: Free Communism Tour, 2.8.2019.

212 Vgl. Jürgen Kocka, Eine durchherrschte Gesellschaft, in: Jürgen Kocka/Hartmut Kaelble/Hartmut Zwahr (Hg.), Sozialgeschichte der DDR, Stuttgart 1994, S. 547-553.

213 Zur performativen Beglaubigung von Vorstellungen über Diktatur und Kalten Krieg siehe auch das nächste Kapitel. Die im Folgenden präsentierten Thesen und Beispiele basieren auf Überlegungen, die ich an anderer Stelle bereits publiziert habe: Sabine Stach, Tracing the Communist Past. Towards a Performative Approach to Memory in Tourism, in: History and Memory, Bd. 33 (2021) 1, S. 73-109.

214 Authentic Slovakia: Bratislava Post Socialist City Tour, 17.10.2016.

Abb. 16: Kaum Verkleidung, keinerlei digitale Technik, dafür lautes Motor-Stottern beim Anlassen. Ein Guide präsentiert die Einfachheit seines Škoda-Wagens, Bratislava, 17.10.2016.

Ebenso wie in derselben Tour im Jahr zuvor und bei ähnlichen Führungen durch Warschau und Krakau demonstrierte uns der Guide in Bratislava permanent die Obsoleszenz des Fahrzeugs. Er wies uns auf das allzu lange Stottern des Motors hin; gespielte Nervosität begleitete jedes Anlassen des Autos. Als sich der Wagen einen steilen Berg hochquälte, feuerte Peter ihn liebevoll an.[215] Ganz ähnlich der Umgang mit den Nysa-Wagen in Warschau: Auch hier starteten die Touren mit Informationen über die Fahrzeuge, ihr Baujahr, ihre Besonderheiten, den hohen Wartungsaufwand. Während der Fahrt zeigte uns ein Guide, wie man durch die einfache Demontage einer Abdeckung neben dem Fahrersitz blitzschnell Reparaturen durchführen könne.[216]

Von Beginn an wurde in allen Touren die Erwartung technischer Probleme geschürt. Bei den »Pionieren« der Kommunismustouren, den *Crazy Guides* in Krakau, stellten sie bis 2019 sogar einen festen Bestandteil des Marketings dar: »Vintage Trabbies sometimes break and it's part of your adventure:) In such a case we continue the tour in another Commie car or a taxi«,[217] war auf der Webseite zu lesen. Wie diese »pretour tale« über die körperliche Erfahrung der Tour in eine ganz ähnliche »posttour«-Narration münden kann, zeigt ein Zitat aus Kerry Whighams Fallstudie über die *Crazy Guides*. Der Wissenschaftler, der

215 Ebd.

216 Adventure Warsaw: Off the Beaten Track Tour, 29.3.2015.

217 Crazy Guides: »Communism Tour«, https://www.crazyguides.com/krakow-tours/communism-tour-of-nowa-huta-district [22.3.2019].

sich insbesondere für das performative Moment der Touren interessierte, beschreibt darin seine persönliche Wahrnehmung der Fahrt:

> The Trabant was a car manufactured in East Germany during the Cold War […]. It is a very small, two-door car with both the engine and the fuel tank under the front hood. Having personally sat in the car, I can say that it is not only uncomfortable, but also a little frightening. As the Trabant rumbled along, I would not have been surprised were it to fall apart completely in the middle of the street. Further, there is no gas gauge in the car, so there is the very real possibility that it could run out of fuel with no warning whatsoever.[218]

Wie real die Gefahr einer Panne tatsächlich ist, konnte auch ich teilnehmend beobachten: In Bratislava wurde unser Guide von einem Kollegen angerufen, der mit einer zeitgleichen Tour am Rand der Stadt liegengeblieben war. Spontan fuhren wir hin, um die Situation selbst in Augenschein zu nehmen.[219]

Ob imaginiert oder real zeigte sich das Erlebnis »Autopanne« hier als Höhepunkt der gemeinsamen Aufführung »Autofahrt im Kommunismus«, in der die Zeit des Staatssozialismus durch technische Rückständigkeit, materielles Mittelmaß und Einfachheit charakterisiert wurde. Die Autos fungierten nicht nur als eine »Zeitschleuse« im oben beschriebenen Sinne, sondern standen *pars pro toto* für den damaligen Alltag. Im Living-History-Erlebnis der Tour fühlte sich das Leben im Staatssozialismus unbequem und unsicher an: Die ledernen Sitzbänke waren hart und teils löchrig, Sicherheitsgurte gab es nicht und der Motor übertönte nicht selten die Ausführungen des Guides. Dass eine Kommunismustour deshalb mit gewissen Einschränkungen und Risiken einhergehe, räumte der Anbieter *Adventure Warsaw* auf seiner Webseite selbst ein.[220] Gemessen an den Reaktionen meiner Mit-Tourist:innen und den Online-Bewertungen der Autofahrten schien allerdings kaum jemand die genannten Charakteristika als Defizite zu empfinden. Fehlende Annehmlichkeiten oder Sicherheitsvorkehrungen beklagen nur sehr wenige

218 Whigham, Performing a future (in) performing a past, S. 212 f.

219 Authentic Slovakia: Bratislava Post Socialist City Tour, 14.7.2015.

220 In der Rubrik »additional information« heißt es über den fehlenden Komfort: »Our Nysa 522 vans are not air-conditioned, they are historic. But in winter they are equipped with heating.« Zum Thema Sicherheit und Straßenverkehrsordnung erhalten Interessierte den Hinweis: »Our Nysa 522 cars are not equipped with seatbelts, traffic regulations allow for the lack of seatbelts in this type of cars.« Adventure Warsaw: Communist Warsaw, https://adventurewarsaw.pl/en/dlagrup/communist-warsaw/ [15.11.2023].

Reviews.[221] Stattdessen überwiegen enthusiastische Kommentare, die die Unbequemlichkeit als Ausweis von Authentizität betrachten und die Fahrten als Urlaubsabenteuer besonderer Qualität loben: »Not built for comfort but indeed makes it authentic«,[222] schrieb ein Gast auf *Tripadvisor;* »Shaking and rattling«, heißt es in einer anderen Bewertung, die den Titel »›Horrible‹ Bus Tour and SO Much Fun!!« trägt und weiter ausführt: »Be careful not to hit your head … Air Condition by open window …. Can the flashback to communism times be more fun and interesting?:-)«.[223]

Eine Autopanne stellt im Kontext solcher Einstellungen keinen Grund zur Beschwerde, sondern im Gegenteil das I-Tüpfelchen eines positiven Erlebnisses dar. Frei vom Verdacht einer im Voraus geplanten Standard-Inszenierung wurde hier das, was im Normalfall eher ein touristisches »Anti-Erlebnis« wäre, zum Generator besonders intensiver Authentizitätsgefühle. Authentizität schien hier nicht länger an die Originalität bestimmter Praktiken, Orte oder Objekte gebunden, sondern an ein besonderes Empfinden des Selbst. Ning Wang bezeichnet diese Form der Authentizität als »existential authenticity« und umschreibt sie als »a special state of being in which one is true to oneself«.[224] Dieses Gefühl eines authentischen Selbst kann im Tourismus, so Wang, sowohl aus inner- wie auch interpersonalen Erfahrungen hervorgehen. Neben Körpergefühl und Abenteuer nennt er Gemeinschaftserlebnisse innerhalb der Familie sowie in der größeren touristischen »communitas«[225] und verweist

221 Ein Beispiel für eine negative Bewertung, die sich u. a. auf das Fahrerlebnis bezieht, ist folgende: »DONT TAKE CHILDREN on this tour, cause the car used for it is old, and a lot of CO2 from engine enters in the cabin while driving, passenger windows are blocked.« Globalmind: Not good value for money, Bewertung Adventure Warsaw auf Tripadvisor, 5. 9. 2012, https://www.tripadvisor.de/ShowUserReviews-g274856-d1577275-r139453222-Adventure_Warsaw-Warsaw_Mazovia_Province_Central_Poland.html [15. 11. 2023].

222 thais k: Great Tour – everybody should try it, Bewertung Adventure Warsaw auf Tripadvisor, 4. 8. 2015, https://www.tripadvisor.de/ShowUserReviews-g274856-d1577275-r295565079 Adventure_Warsaw-Warsaw_Mazovia_Province_Central_Poland.html. Ganz ähnlich: »If you don't mind the lack of comfort […] this is the way.« Sante B: How to visit Warsaw in a different way, Bewertung Adventure Warsaw auf Tripadvisor, 27. 12. 2016, https://www.tripadvisor.com/ShowUserReviews-g274856 d1577275 r446897345 Adventure_Warsaw-Warsaw_Mazovia_Province_Central_Poland.html [15. 11. 2023].

223 Magne A.: »Horrible« Bus Tour and SO Much Fun!!, Bewertung Adventure Warsaw auf Tripadvisor, 4. 11. 2018 [nicht mehr online][30. 4. 2018].

224 Wang, Rethinking Authenticity in Tourism Experience, S. 358. Siehe auch Yvette Reisinger/Carol J. Steiner, Understanding Existential Authenticity, in: Annals of Tourism Research, Bd. 33 (2005) 2, S. 299-318.

225 Wang, Rethinking Authenticity in Tourism Experience, S. 360-365.

zugleich auf die Bedeutung von Anstrengungen und Unbequemlichkeiten, die hierfür in Kauf genommen werden, weil ihnen ein gesteigertes Authentizitätspotenzial innewohne.[226] Die Autopanne während der Kommunismustour lässt sich in diesem Sinne als ideale Verbindung von Anstrengung und Gemeinschaftsgefühl lesen, wie eine weitere Tour-Bewertung auf *Tripadvisor* zeigt:

> The tour itself was somewhat of an adventure. We definitely went to »off the beaten path« places. Our car broke down toward the end of our tour and we all got out and pushed it off the busy highway. (We continued on foot and then took public transport with our guide's help back to where we needed to go.) We were a group of about eight people and there was definitely a sense of camaraderie in the short time that we spent together with our guide.[227]

Gerade weil der technische Ausfall offensichtlich nicht inszeniert war, trug er zum Authentizitätserleben der Autorin bei. Ihre positive Erfahrung scheint direkt verbunden mit der Suche nach »alternativen« touristischen Angeboten, besonderen Atmosphären und einem bestimmten »emotionalen Stil«.[228] Das gemeinsame Schieben des Autos barg für die Teilnehmerin offenbar die seltene Möglichkeit, ihre Rolle als Touristin für einen Moment zu verlassen. Gern gab sie ihre privilegierte Position derer, die chauffiert wird, auf und performte diese Rollenvarianz lustvoll mit den anderen Gästen und dem Guide – als Schicksalsgenoss:innen, ja Freund:innen.[229] Auch wenn der Versuch, der Tourismusindustrie durch den Kauf solcher »Alternativ«-Angebote zu entfliehen, paradox ist, erfüllt die Kommunismustour hier erfolgreich genau diesen Zweck. Denn das »›nicht-touristische‹ touristische Erlebnis« ist längst zu einem eigenständigen Marktsegment des Tourismus geworden[230] oder – wie Sharon Mac-

226 Vgl. auch die von Vanessa Agnew beschriebene »hierarchy of legitimicy«, nach der dem größtmöglichen Leiden im Reenactment auch der höchste Grad an Autorisierung körperbezogenen Wissens zugesprochen wird. Agnew, Introduction: What Is Reenactment?, S. 331.

227 Niah707: Adventure Warsaw – definitely off the beaten path, Bewertung Adventure Warsaw auf Tripadvisor, 2. 10. 2010, https://www.tripadvisor.de/ShowUserReviews-g274856-d1577275-r81865970-Adventure_Warsaw-Warsaw_Mazovia_Province_Central_Poland.html [18. 4. 2021].

228 Von der Bedeutung verschiedener »emotionaler Stile« für die Beglaubigung von Orten bzw. die Generierung von historischen »Präsenzerfahrungen« spricht Sarah Willner in ihrer Analyse von Geschichtserfahrungen beim Wandern auf Ötzis Spuren. Willner, Atmosphären und Hierarchien der Geschichtserfahrung, S. 71 f.

229 Olsen, Authenticity as a Concept in Tourism Research, 169 f. Zum Machtaspekt, der mit solchen Rollenvariationen einhergeht, siehe auch Kapitel II.1.

230 Prentice, Experiential Cultural Tourism, S. 9.

donald formuliert – »[t]he authenticity value of being outside the market is itself a marketable resource.«[231] Die Autorin der oben zitierten Bewertung schätzte vor allem die Gemeinschaftserfahrung und das gemeinsame Improvisieren – zwei Aspekte, die auch in nostalgischen Beschreibungen des staatssozialistischen Alltags eine wichtige Rolle spielen. Ob die Touristin eine solche Verknüpfung selbst aktiv herstellte, kann auf Basis des Reviews nicht beantwortet werden. Es lässt sich aber durchaus mutmaßen, dass die positive Erfahrung auf einer Sehnsucht beruht, die auch das Narrativ vom Kommunismus als einer Zeit der Improvisationskunst und des sozialen Zusammenhalts anspricht.

Alltagsgeschichte als nostalgische Technikgeschichte: Das Analoge und Manuelle

Ein ähnlicher Zusammenhang zwischen dem Streben nach »existenzieller Authentizität«, nostalgischen Urlaubspraktiken und Vorstellungen über den Staatssozialismus zeigte sich auch in anderen Interaktionen mit originalen Artefakten. Sowohl in den Kommunismusmuseen als auch in bestimmten Teilen des Kulturpalastes und der Bunker konnte ich beobachten, wie die Besucher:innen sich von Objekt zu Objekt treiben ließen, um dabei für eine Weile in eine entschleunigte, vordigitale Welt einzutauchen. Besonders eindrücklich war dies bei der Besichtigung der technischen Ausstattung bestimmter »Zeitkapseln« – darunter die Heizungs- und Belüftungsanalagen im Keller des Warschauer Kulturpalastes und die Lüftungs- bzw. Dekontaminationstechnik in den Prager Bunkern (Abb. 17). Die teils riesigen Maschinen, die zur Bauzeit in den 1950er Jahren hochmodern waren, wirken heute aus der Zeit gefallen, in ihrer Archaik fast rührend. In der unterirdischen Technikzentrale des Kulturpalastes, ausgestattet zu einem Großteil mit Geräten aus sowjetischer Produktion, erfuhren wir, dass es hier im Großen noch genauso aussehe wie damals. Im Belüftungskeller dröhnte eine anachronistisch anmutende Anlage so laut, dass die Führerin kaum zu verstehen war. Laut ihren Ausführungen waren die originalen Energie- und Wasserversorgungsanalagen zum Zeitpunkt der Tour noch in Betrieb, lediglich 40 % der Infrastruktur seien bislang digitalisiert.[232]

231 Macdonald, Memorylands, S. 126.

232 CREATours: Podziemny Pałac, 9. 4. 2016. Die Energie-Effizienz des Gebäudes sei aus diesem Grund mehr als mangelhaft, wie im Zuge seiner Aufnahme auf die Denkmalliste ans Tageslicht gekommen sei.

Abb. 17: Führung durch den Keller des Kulturpalasts mit der originalen technischen Ausstattung, Warschau, 9.4.2016

Auch in den privat betriebenen Bunkern bezog sich ein Großteil der Kommunikation innerhalb der Gruppe auf die ausgestellten technischen Objekte. Neben umfangreichen Sammlungen von Gasmasken und anderen Utensilien des Zivilschutzes war in beiden Prager Bunkern ein weites Spektrum an ziviler und militärischer Kommunikationstechnik zu sehen. Insbesondere die Sammlung von Morsegeräten, Telefonen und Schreibmaschinen unter dem Hotel Jalta zeugten von der jahrelangen Sammlertätigkeit des dortigen Bunkerbetreibers, der alle Objekte in liebevoller Kleinarbeit zusammengetragen, gereinigt und repariert hatte.[233] Hier durften wir einige Objekte explizit berühren und ausprobieren: Wir betätigten einzelne Knöpfe und Hebel, hielten uns Hörer ans Ohr. Als der Blick eines Paares auf ein Telefon mit Wählscheibe fiel, kam das Gespräch auf die Geschwindigkeit der technischen Entwicklung in den letzten Jahrzehnten: Den meisten jungen Menschen sei heute nicht mehr klar, wie man mit einem solchen Gerät eine Nummer wähle.[234]

Ähnliche Kommunikationsformen beobachtete ich im »Muzeum Życia w PRL« in Warschau. Auch hier schlenderten Besucher:innen – sei es

233 Zur Aktivität von Amateurhistoriker:innen und Geschichts-Enthusiast:innen siehe auch Kapitel I.3.

234 Prague Extravaganza: Communism and Bunker Tour, 15.7.2015.

individuell oder am Ende der Kommunismustouren – plaudernd durch die einzelnen Ausstellungsbereiche, um angeregt durch einzelne Objekte Erinnerungen oder Assoziationen auszutauschen. Eine Mutter lachte gemeinsam mit ihrer etwa 14-jährigen Tochter über die hier präsentierte Telefonzelle, die im öffentlichen Raum heute kaum noch anzutreffen ist. Einrichtungsgegenstände, Haushaltsgeräte und Konsumartikel führten die beiden immer wieder zum Austausch darüber, welche Gegenstände sie selbst oder ihre Verwandtschaft besessen hatten.[235] Aber auch Besucher:innen ohne (post-)sozialistischen Hintergrund verglichen Design und Technik mit westlichen Produkten der 1950er bis 1980er Jahre und rezipierten die Ausstellung assoziativ.[236] Im Vordergrund stand dabei weniger das, worauf die Exponate möglicherweise verweisen, als vielmehr ihre Beziehung zu den Besucher:innen.[237] Weil in ihnen vor allem die Anmutungsqualität der Dinge zum Tragen kommt, lassen sich die Kommunismusmuseen mit Angela Jannelli als »wilde Museen« verstehen. Mit diesem Begriff bezeichnet sie Ausstellungen, in denen es nicht um Repräsentation, sondern um Präsenz gehe, in denen – anders als in wissenschaftlichen Museen – vor allem das »performative Potenzial« von Museumsdingen ausgespielt werde.[238]

Wie die oben beschriebenen Fahrzeuge offenbarten viele der Ausstellungsobjekte aus performativer Perspektive eine Doppelfunktion: Einerseits fungierten sie als Trigger nostalgischer Gefühle im Zusammenhang mit vergangenen Konsumfantasien.[239] Andererseits dienten sie als sinnlich nachvollziehbare Bestätigung der Erzählung vom harten, mangelhaften Alltag im Kommunismus ebenso wie der daraus folgenden Reparatur-Kultur.[240] Auch wenn etwa die Badezimmer-Sektion des Warschauer

235 Hier beziehe ich mich auf Beobachtungen bei einem Museumsbesuch am 11. 8. 2020.

236 Zur nostalgischen Geschichtsaneignung in Kommunismusmuseen vgl. Sabine Stach, »Ich war gerne hier«. Ein Streifzug durch Ausstellungen über den Staatssozialismus: Leipzig, Berlin, Warschau, Prag, in: Zeithistorische Forschungen, Bd. 18 (2021) 1, S. 182-201, sowie Macdonald, Memorylands, S. 102.

237 Siehe auch Balcerzak, Adventure Warsaw – Adventure PRL! Ethnografische Bausteine zur Kommodifizierung des kommunistischen Erbes als touristische Destination und kulturelle Ressource, S. 102, 108.

238 Angela Jannelli, Wilde Museen. Zur Museologie des Amateurmuseums, Bielefeld 2012, u. a. S. 321-328.

239 Wie die Faszination eines westlichen »Konsumparadieses« auf einst geschmähte »Ostprodukte« projiziert wird und westliche Konsument:innen in Erinnerungen an eine Zeit schwelgen, als sie selbst noch Gegenstand eines »desiring gaze« waren, beschreiben Maya Nadkarni und Olga Shevchenko: Nadkarni, Shevchenko, The Politics of Nostalgia, S. 495 und 497.

240 Vgl. dazu u. a. Kurt Möser, Thesen zum Pflegen und Reparieren in den Automobilkulturen am Beispiel der DDR, in: Technikgeschichte, Bd. 79 (2012) 3, S. 207-226.

Museums mit den knallbunten Fönen und Kosmetika optisch an eine Retrodesign-Schau erinnerte, wurden die Objekte durch die Guides zum Teil ganz anders gerahmt – nämlich als Erinnerung an Strapazen und körperliche Anstrengung. Über eine dort ebenfalls ausgestellte Waschmaschine mit separater Schleuder erzählte einer von ihnen:

> It was so terrible to do the washing back in those days. My mother told me: Because we I didn't have washing powder she was using soap flakes. So she was just boiling the laundry in that soap flakes [...] and whenever she had to do a big ... make a big file of laundry, she had to take a day off at work.[241]

Ähnlich wie die Fahrten in Škoda, Nysa oder Trabant stützten solche körperbezogenen Objekt-Deutungen das sinnlich nachvollziehbare Bild eines beschwerlichen Alltags im Staatssozialismus. Im Folgenden nahmen die alltagshistorischen Erklärungen des Guides dann eine Wendung, die eher dem heutigen Nachhaltigkeitsdiskurs zuzuordnen ist:

> But there is one interesting thing about all of that electrical equipment you gonna find in our museum: It's still operational. A refrigerator that comes from the 60s – still working [...] and that's extraordinary about that equipment, because, well, back in that days, the production possibilities were so limited, it was simply impossible to exchange one household item [...] every couple of years. So everything [was] made and designed to last forever.[242]

Neben das gemeinsame Staunen darüber, wie fremd die Autos, Waschmaschinen, Telefone, Radios oder Fernseher heute anmuten, die noch vor wenigen Jahrzehnten überall in Gebrauch waren, trat hier die Faszination an dem, was angesichts eines beschleunigten gesellschaftlichen, technischen und medialen Wandels überdauern kann.[243] Das Manuelle erhielt damit einen ambivalenten Status: Einerseits ging es mit Anstrengung einher, andererseits mit einer Unabhängigkeit von störanfälliger Technik. Diese betraf nicht nur technische Geräte des täglichen Lebens, sondern auch des Kalten Krieges: »Everything needs to be operated manually, yeah, so you don't get like automatic things in bunker[s] [...]. You'd need to be able to open the door by your own hands and not really depending on, you know, some button«,[244] führte ein Guide im Prager

241 Adventure Warsaw: Communism Tour, 10.9.2016.

242 Ebd.

243 Zur Bedeutung nostalgischer Gefühle in den »Crazy Tours« in Krakau/Nowa Huta vgl. auch Knudsen, The past as staged-real environment, S. 150f.

244 Prague Special Tours: Communism and Nuclear Bunker Tour, 11.8.2016.

Bunker aus. Tragend scheint an dieser Stelle also nicht länger eine allgemeine »Techniknostalgie«,[245] sondern konkreter »analoge Nostalgie« – laut Dominik Schrey eine Reaktion auf den Medienwandel. So habe die immer kürzere Benutzungs- bzw. Lebensdauer von Geräten eine Sehnsucht nach dem Analogen hervorgebracht, die weniger als Rückbezug auf bestimmte Inhalte als vielmehr auf die schwindende Materialität (ihrer Aufzeichnung) zu verstehen sei.[246]

Sieht man Nostalgie mit dem Medienwissenschaftler Schrey als »Effekt eines Prozesses medientechnischer Obsoleszenz«,[247] wird hier das ländergreifende Integrationspotenzial im *doing history* der Kommunismustouren deutlich. Für die sinnliche Aneignung der teils lauten und sperrigen Gerätschaften aus dem Staatssozialismus ist die Herkunft der Tourist:innen zweitrangig. Denn das hier angesprochene Zeitbewusstsein ist weniger durch den ehemaligen Verlauf des Eisernen Vorhangs bestimmt als durch die jeweilige Generationszugehörigkeit. Dabei zeigte sich einmal mehr, wie sehr im körperlichen Vollzug der Touren ganz unterschiedliche Arten des »In-der-Zeit-Seins«[248] miteinander verschmelzen können: Das temporale Zusammentreffen von digitaler, ökonomischer und politischer Revolution um 1989[249] führt dazu, dass sich im Kommunismusmuseum auch für westliche Besucher eine verlorene Welt öffnen kann. In der Auseinandersetzung mit der vergangenen Materialkultur geraten der lebensweltliche und der globale Umbruch am Ende des letzten Jahrtausends in einen direkten Zusammenhang. Durch Objekte ihrer Kindheit oder Jugend konnten die Besucher:innen auf einer biografischen und historischen Ebene angesprochen werden; ihre generationelle Zugehörigkeit wurde dabei mit einer abgeschlossenen historischen Epoche verknüpft. Nicht zuletzt war all dem ein weiterer Zeithorizont eingeschrieben: Weil die Artefakte des Alltags völlig »aus der Zeit gefallen« wirken, erschienen sie als Antithese zur Alltagswelt, die – selbst im Urlaub – allzu oft von Eile und Effizienzdenken bestimmt ist.[250] Es bleibt eine offene Frage, inwiefern die Kommunismustour für einige Teilnehmer:innen auch als Reflexionsraum über Zeitlichkeiten

245 Andreas Böhn/Kurt Möser (Hg.), Techniknostalgie und Retrotechnologie, Karlsruhe 2010.

246 Dominik Schrey, Analoge Nostalgie in der digitalen Medienkultur, Berlin 2017, S. 10-13.

247 Ebd., S. 13.

248 Hartmut Rosa unterscheidet vier akteursleitende Zeitperspektiven: Alltagszeit, Lebenszeit, historische Zeit und Sakralzeit. Hartmut Rosa, Beschleunigung. Die Veränderung der Zeitstrukturen in der Moderne, Frankfurt a. M. 2005, S. 30-36.

249 Ebd., S. 335 f.

250 Vgl. Groebner, Retroland, S. 16.

der Spätmoderne bzw. ein Leben entfernt vom mobilen, technisierten Alltag der Gegenwart fungierte.

Mit Blick auf die Möglichkeit eines individuellen, nostalgischen Zeiterlebens scheint die betrachtete Epoche des Staatssozialismus hier letztlich austauschbar. Touristische Praktiken können als nostalgisch beschrieben werden, wenn sich in ihnen für kurze Zeit das Idealbild eines freieren, unschuldigeren, spontaneren und damit wahreren Lebens realisieren soll.[251] »Nostalgic time is that time-out-of-time of daydreaming and longing that jeopardizes one's timetables and work ethic«,[252] spitzt Boym die Idee einer solchen Zeitflucht zu. Begreift man Nostalgie mit Wang als Suche nach existenzieller Authentizität und mit Boym als einen spezifischen Modus des Umgangs mit Zeit, verschiebt sich auch die beglaubigende Funktion von Objekten: Sie sind dann nicht nur als materielle Belege einer vergangenen Zeit von Belang, sondern auch als Souvenirs.[253] Und dies gilt im übertragenen wie im Wortsinn: Als anachronistische Dinge verkörpern die Objekte in den Kommunismustouren eine »Sehnsucht nach Sehnsucht«.[254] Als im Museumsshop erworbene Mitbringsel aus dem Urlaub dienen sie dem Fortleben des individuellen Geschichtserlebnisses in der Zukunft.[255]

Epistemische und ethische Probleme des »doing communism«

Sowohl die Fahrten im Škoda, Nysa oder Trabant als auch die Einkehr in eine Milchbar, ein Restaurant oder eine Kneipe können, wie ich gezeigt habe, als Form der Living History angesehen werden. In besonderer Weise geht es in den entsprechenden Teilen der Kommunismustouren darum, körperbezogenes Wissen über den Alltag im Staatssozialismus zu evozieren. Die Fahrt im Auto, der Konsum einer Speise, das Betreten einer Telefonzelle, die Haptik einer altertümlichen Wäscheschleuder – sie alle legen Vermutungen nahe, wie sich das Leben im Staatssozialismus anfühlte. Die Annahme, im Vollzug bestimmter (touristischer) Handlungen

251 Vgl. Wang, Rethinking Authenticity in Tourism Experience, S. 360.

252 Boym, The future of nostalgia, S. 19.

253 Vgl. auch die Vorstellung von Tourist:innen als »Sammler:innen« bei Schmidt, The Guided Tour, S. 465.

254 »desire for desire«: Susan Stewart, On longing. Narratives of the miniature, the gigantic, the souvenir, the collection, Durham 1993, S. 23. Vgl. auch Wieczorkiewicz, Apetyt turysty, S. 45.

255 Vgl. auch Hanno Hochmuth/Magdalena Saryusz-Wolska/Sabine Stach, Entrepreneurs of memory. Selling history in the GDR Museum shop in Berlin, in: Memory Studies (2024) online first: https://doi.org/10.1177/1750 6980231224697.

ein »praktisches« Wissen über das Leben hinter dem Eisernen Vorhang zu erlangen, ist jedoch aus epistemologischer wie ethischer Sicht problematisch.

Aus erkenntnistheoretischer Perspektive stellt sich die Frage nach der Vergleichbarkeit historischer und gegenwärtiger Emotionen und Körpererfahrungen. Die Vorstellung, durch bestimmte Handlungen zeitgenössische Körpererfahrungen nachempfinden zu können, beruht auf einem zutiefst ahistorischen Menschenbild. Denn wie die Emotionsgeschichte gezeigt hat, sind Gefühle und Empfindungen immer zeitgebunden, ein 1:1-Nachempfinden daher illusionär.[256] Den Hörer eines – heute alten, damals neuen – Telefons abzunehmen oder seine Wählscheibe zu betätigen, fühlte sich für Menschen in den 1970er Jahren grundsätzlich anders an als im Jahr 2018. So war den Körpern der damaligen Nutzer:innen die Erfahrung des Digitalen noch nicht eingeschrieben; analoge Geräte, die sich heute altmodisch und unhandlich anfühlen, waren für sie hochmodern. Auch die ästhetische Freude, die mit der Erinnerung an ferne Zeiten verbunden ist, unterscheidet sich von jener beim Kauf eines neuartigen Produkts.

Als Erlebnis technischer Obsoleszenz ist das *doing history* in den Kommunismustouren damit in höchstem Maße anachronistisch und steht im Kontrast zur jüngeren Forschung zu Konsum und Lebensstandard im Staatssozialismus.[257] Whighams oben zitierte Beschreibung seiner Fahrt im Trabant – »I would not have been surprised were it to fall apart completely in the middle of the street« – ist Ausdruck eines Fahrgefühls im 21. Jahrhundert, das nichts über das Freiheitsgefühl aussagt, das der Besitz eines Autos in den 1980er Jahren möglicherweise auslösen konnte. Die körperliche Wahrnehmung in der Gegenwart verdeckt, dass der Kauf eines Wagens seit den 1960er Jahren Ausdruck von Mobilität und steigendem Lebensstandard war, dass eine Fahrt darin vermutlich weniger mit Gefühlen der Angst als des Stolzes verbunden war. Stattdessen lässt sich die auf Schlichtheit und technische Mängel fokussierte Aneignung der Fahrzeuge in den Kommunismustouren als Ausdruck von Nostalgie nach jener Zeit deuten, als der Westen noch den Glanz eines vermeintlichen Konsumparadieses ausstrahlte und man im Osten vom »Westauto« träumte.[258] Insofern gilt auch hier, was Forscher:innen zu Reenactment/

256 Vgl. Fenske, Abenteuer Geschichte, S. 83 f.

257 Vgl. u. a. Cristofer Scarboro/Diana Mincytė/Zsuzsa Gille (Hg.), The socialist good life. Desire, development, and standards of living in eastern Europe, Bloomington, Indiana 2020.

258 Siehe dazu auch Kapitel II.1. Nadkarni, Shevchenko, The Politics of Nostalgia, S. 495. Vgl. auch M. Franc, Ostalgie v Čechách, in: Adéla Gjuričová/Michal

Living History immer wieder betont haben: In populären Rekonstruktionen der Vergangenheit spiegeln sich vor allem Bedürfnisse der Gegenwart wider.[259] Als körperbasierter Diskurs gibt die Kommunismustour somit weniger Aufschluss über den Alltag im Staatssozialismus als über Zeitwahrnehmungen und Entfremdungserfahrungen in der Jetztzeit.

Während diese Tatsache vor allem dann zum Problem wird, wenn es um eine pädagogisch-differenzierte Geschichtsvermittlung geht, sind einige der beschriebenen Praktiken auch in ethischer Hinsicht bedenklich – dann nämlich, wenn das historische Interesse der Reisenden, mithin ihr »historischer Blick«, unreflektiert mit einem »ethnologischen Blick« verschmilzt. Besonders eindrücklich für mich war in diesem Zusammenhang der Besuch einer Markthalle in Bratislava: An einem regnerischen Vormittag im Juli besuchten wir diese, um ein Gefühl für jene Alltagswelt des Staats- und Postsozialismus zu bekommen, die durch Globalisierung und Bauboom heute vom Verschwinden bedroht sei. Peter parkte das Auto auf einem holprigen Parkplatz vor einem ringsum verglasten, deutlich in die Jahre gekommenen Gebäude. Über dem Eingang stand in großen gelben Lettern *TRŽNICA*. Um einem Regenschauer zu entgehen, begaben wir uns zügig in den Eingangsbereich, wo der Guide uns das Gebäude als eines der letzten »shopping centers« aus dem Kommunismus vorstellte, als eine der wenigen Markthallen, die seit den 1990er Jahren nicht durch globale Ketten und riesige Supermärkte verdrängt worden sei. In der Markthalle selbst gab es mehrere kleine Weinstuben. Teils durch einfache Bretterwände vom Mittelgang abgetrennt, konnte man sich hier lokalen Wein in Plastikflaschen abfüllen lassen oder an einem der wenigen Tische Platz nehmen, um direkt ein Glas zu trinken. Die meisten Plätze waren durch Einzelpersonen besetzt, wir nahmen am letzten freien Tisch Platz. Peter bestellte für jeden einen Weißwein und ließ uns raten, wieviel ein Glas Wein kostete. Die Überraschung war groß, als er verriet, dass der Preis lediglich 30 Cent betrug.[260]

Unser Besuch des »sozialistischen Einkaufszentrums« ist in verschiedener Hinsicht aufschlussreich. Im Gegensatz zur anachronistischen Präsentation vieler Alltagsobjekte, betonte der Guide, dass das vernachlässigte Äußere des Gebäudes im Kontrast zu seinen Kindheitserinnerungen

Kopeček (Hg.), Kapitoly z dějin české demokracie po roce 1989, Praha 2008, S. 189-212, hier S. 212 f.

259 Vgl. u. a Fenske, Abenteuer Geschichte, S. 85; Agnew, Introduction: What Is Reenactment?, S. 335.

260 Authentic Slovakia: Bratislava Post Socialist City Tour, 14. 7. 2015. Auch die Zitate im Folgenden stammen aus dieser Tour.

stehe: »It was very modern for the time. From outside you could see the glass. I remember, when I was child, I imagined that all buildings in the USA are like this.« Die Gäste aus den USA lachten, der Guide wies uns auf die riesigen Belüftungsrohre an der Decke hin: »It was very hightech, you know?« Allerdings bemühte sich Peter nicht weiter, uns den Gegensatz zwischen Damals und Heute deutlich zu machen. Vielmehr hob er auf eine andere Kontrasterfahrung ab, als er auf die Auswahl dieser Destination für seine Kommunismustouren zu sprechen kam: »It has [a] quite different feeling than modern shopping centers. Sometimes we used to go from this [....] market to the modern shopping center [...] to compare the feeling.« Auch wenn wir an diesem Tag keinen solchen Direktvergleich unternahmen, konnten wir uns den Gegensatz plastisch vorstellen. Als Peter begann, den Verlust inhabergeführter Geschäfte in der Innenstadt und die Omnipräsenz von Fast-Food-Restaurants (»We have now McDonald's, kebab and this kind ...«) zu beklagen, unterbrach ihn ein Teilnehmer lachend: »For the tourists!« Einig darüber, dass diese Entwicklung kritikwürdig sei, stimmten alle – Guide wie Tourist:innen – in das Gelächter ein.

Problematisch ist, dass sich die hier animierte Differenzerfahrung sowohl auf eine zeitliche als auch eine räumliche Ungleichheit bezog. So trat die Markthalle in einer Doppelrolle auf – als Zeitkapsel der 1980er bzw. 1990er Jahre und als Ort marginalisierter Einheimischer. Jenseits des »historischen Zentrums« mit seinen Restaurants und Souvenirläden fanden wir uns an einem gewöhnlichen Wochentagvormittag mitten in einer Wohngegend wieder, in der Menschen ihrem wenig glamourösen Alltag nachgingen. Die Lebensmittelpreise waren hier im Durchschnitt niedriger, die Kundschaft älter und ärmer. Während manche Besorgungen nachgingen, tranken andere schon morgens Wein. Dass hier nicht alles glänzend, sauber und ordentlich aussah, steigerte das Authentizitätsempfinden der Gäste vermutlich.[261] Zugleich war der Urlaubsspaß hier konfrontiert mit dem Nahblick auf soziale Probleme und Armut; so dass die Stadtführung zur ambivalenten Gratwanderung zwischen landeskundlichem Interesse und voyeuristischem Elendstourismus geriet.

Auch wenn Peter den Stopp explizit nutzte, um soziale Fragen und Folgeprobleme von Transformation und Turbokapitalismus zu thematisieren, hinterließ der Besuch bei mir einen unangenehmen Nachgeschmack. Indem wir als Tourist:innen unseren Blick auf die lokale Bevölkerung

261 MacCannell, Staged Authenticity, S. 594. Zu Schmutz als »Authentizitätsindikator« vgl. Robert Schäfer, Tourismus und Authentizität. Zur gesellschaftlichen Organisation von Außeralltäglichkeit, Bielefeld 2015, S. 216-223.

richteten, wurde aus der Kaufhalle ein »living museum in situ«,[262] in dem die Einheimischen ungefragt als Darsteller:innen fungierten.[263] Mehr noch: Durch den Akt des Betrachtens wurden sie ohne ihr Zutun zu anachronistischen Relikten einer verschwindenden Welt. Es ist deshalb wenig überraschend, dass ein allzu offensives »Besichtigen« an Orten wie diesem in der Regel vermieden wurde. Hatten wir als Passagiere der Retro-Autos noch selbst die Blicke auf uns gezogen, trug unser Besuch von Alltagsorten eher den Charakter einer verdeckten Ermittlung, bei der wir versuchten, keinerlei Aufmerksamkeit zu erregen. So bemühte sich Peter, unsere Kleingruppe möglichst unauffällig durch die Markthalle zu navigieren, und bat uns, mit Rücksicht auf die lokale Bevölkerung keine Fotos zu machen.[264] Auch in anderen Situationen konnte ich beobachten, wie unangenehm es einzelnen Guides bisweilen war, ihre Gruppen an Orte zu führen, die sonst Einheimischen vorbehalten sind. Gleichzeitig waren sie gerade hier als Orientierungshilfe unentbehrlich, da ihre Gäste an Orten wie diesen nur bedingt auf gewohnte touristische Verhaltensrituale zurückgreifen konnten.[265]

Weder der ethnologische Blick der Tourist:innen noch ihr besonderes Interesse an »traditioneller« Alltagskultur zeichnen Stadtführungen gegenüber anderen landeskundlichen Angeboten aus.[266] Spezifisch ist aber die historische Rahmung, die das Label der »Kommunismustour« der Wahrnehmung im untersuchten Fall verpasste. Indem die räumliche Unterscheidung zwischen inszenierten, bereinigten touristischen Enklaven und heterogenen, lebendigen Räumen[267] wiederholt mit der Vorstellung von Zeitsprüngen zwischen Sozialismus, Transformationszeit und Gegenwart verbunden wurde, geriet der Besuch einiger Orte zum höchst anachronistischen Unterfangen. Weil diese Verquickung jedoch an keiner Stelle

262 Kirshenblatt-Gimblett, Objects of Ethnography, S. 54. Kirshenblatt-Gimblett spricht hier vom »museum effect«.

263 Zur Rolle von Passant:innen als Statist:innen siehe auch Banaszkiewicz, Turystyka w miejscach kłopotliwego dziedzictwa, S. 171.

264 Letztlich ging es also auch darum, keine Erwiderung unserer Blicke zu provozieren. Vgl. Gillespie, Tourist photography and the reverse gaze.

265 Über das Register touristischer Performances, das von »disciplined rituals« an touristischen bis hin zu »unbounded performances« an heterogenen Orte der Einheimischen reicht, vgl. Edensor, Staging Tourism, S. 334-338. Die Guides versuchten in der Regel, die Gefahr atmosphärischer oder realer Kollisionen durch geschickte Navigation zu minimieren. In einer Warschauer Milchbar existierte aus diesem Grund sogar eine Absprache zwischen Guide und Personal, so dass wir untypischerweise am Platz bedient wurden. Adventure Warsaw: Off the Beaten Track Tour, 29. 3. 2015.

266 Kirshenblatt-Gimblett, Objects of Ethnography, S. 72.

267 Edensor, Staging Tourism, S. 328-333.

Abb. 18: Warteschlange vor einer Milchbar, die ein Stadtführer mit der Praktik des Anstehens im Staatssozialismus in Zusammenhang brachte, Warschau, 28.4.2015

verbalisiert wurde, beglaubigte das Erleben bisweilen recht zweifelhafte Zusammenhänge. So wurde etwa der Mittags-Andrang vor einer Warschauer Milchbar zum Beleg dafür, dass die Menschen noch immer daran gewöhnt seien, diszipliniert in einer Warteschlange zu stehen (Abb. 18).[268] Eine Prager Stadtführerin wiederum stellte die sprichwörtliche Unfreundlichkeit von Verkäufer:innen und Kellner:innen im ehemaligen »Ostblock« als Erbe des harten, tristen Alltags im Staatssozialismus vor.[269] Im Framing der Kommunismustour wurde damit sämtliches genervtes Service-Personal zum Ausdruck einer spezifischen postsozialistischen Mentalität. Dass das Problem auch als Reaktion auf den Übertourismus im heutigen Prag erklärt werden könnte, spielte an dieser Stelle keine Rolle.

268 FREE Walking TOUR foundation: Communist Warsaw, 28.4.2015.
269 Discover Prague: WWII & Communism Tour, 11.8.2016.

Das körperliche Geschichtserleben, das im Rahmen der Kommunismustouren evoziert wurde, beschränkte sich nicht auf alltagsgeschichtliche Aspekte. Die performativ-sinnliche Aneignung umfasste auch den Diktaturcharakter des überwundenen Regimes und die Blockkonfrontation im Kalten Krieg. Ebenso wie die Absenz des Kapitalismus wurde auch das Fehlen von Demokratie in spielerischer Interaktion zwischen Tourist:innen, Objekten und Räumen nachvollzogen. Anders als der bereits beschriebene Umgang mit Alltagsobjekten, der oft eher assoziativ vonstattenging und bei individuellen Museumsbesuchen zu beobachten war, scheint das *embodiment* jenseits der Alltagsgeschichte stärker von der dirigierenden Tätigkeit der Guides abhängig. Viele von ihnen initiierten aktiv kleine szenische Spiele, um die Körper der Reisenden zur Autorisierung bestimmter Vorstellungen über »den Ostblock« heranzuziehen. Als Bühnen für solche Mini-Schauspiele dienten auch hier vor allem Orte, an denen die Zeit stehen geblieben schien – geschlossene architektonische Areale, original möblierte Räume oder unterirdische Bunker.

In ihrer Analyse der *Crazy Guides* hat die Ethnologin Monika Golonka-Czajkowska die Krakauer Stadtführungen bereits 2010 als karnevaleskes Spiel und Happening beschrieben, in dem der Guide Mike in Arbeiterkleidung oder als Klischee-Kapitalist mit Anzug und Zigarre erscheint und seine »Gäste« in einer Plattenbauwohnung mit Wodka und sauren Gurken bewirtet. Die stalinistische Modellstadt Nowa Huta werde in der Interaktion zwischen Guide, Besucher:innen und Passant:innen zum Repräsentanten eines »faszinierenden, wenngleich barbarischen Osteuropas«.[270] Auch Britta Timm Knudsen hat die »Crazy Tours« als schauspielerische Performances analysiert, die darauf abzielen, den Kommunismus lächerlich zu machen.[271] In meinem Untersuchungszeitraum trat Mike nicht mehr kostümiert auf, auch der Besuch einer typischen Wohnung war nicht mehr Teil der Standard-Tour. Dennoch lassen sich die Krakauer »Crazy Tours« ebenso wie die hier untersuchten Führungen in Warschau, Bratislava und Prag als Spiele interpretieren, in denen gezielt Räume in Besitz genommen und das dahinterstehende System durch performative Strategien banalisiert und entauratisiert werde.

Im Folgenden wende ich mich solchen »Machtspielen« aus unterschiedlichen Perspektiven zu. Einerseits nehme ich performative Praktiken als Beglaubigungsstrategien in den Blick, andererseits wende ich mich der

270 Golonka-Czajkowska, Podróż do krainy zwanej Nową Hutą, cyzli o komunizmie jako atrakcji turystycznej, S. 299.

271 Knudsen, The past as staged-real environment, v. a. S. 146.

demonstrativen Inbesitznahme von vormals exklusiven Räumen oder Objekten, die mit Gewalt und Repression verbunden sind, zu. Akte des Betretens, Hinsetzens, Benutzens lassen sich, wie ich zeigen möchte, als Performances symbolischer Entmachtung interpretieren, in der weniger der vergangene Alltag als vielmehr die Überwindung des Regimes nachgespielt wird. Hier geht es demnach nicht mehr um individuelle, nostalgische Zeitreisen im oben beschriebenen Sinne, sondern um rituelle Praktiken, die ihre symbolische Bedeutung erst im *gemeinschaftlichen* Vollzug entfalten. Auf besondere Weise gilt dies für (Wieder-)Aufführungen in den Prager Bunkern, die den Kalten Krieg und sein Ende betreffen. Gestützt durch die Interpretationsimpulse der Guides wurden die ehemaligen Schutzräume in der Performanz der Touren zu einer Art Escape Rooms, in deren Verlassen die »Befreiung« von 1989 symbolisch nachvollzogen wurde. Darüber hinaus dienten die unterirdischen Areale, die nur im Rahmen von geführten Touren zugänglich sind, als Verstecke, in denen auch politisch »inkorrekte« Verhaltensweisen spielbar wurden. Indem ich mit meinen Überlegungen explizit über das diskursive Framing durch die Guides selbst hinausgehe, lässt sich die Bedeutung von Körperwissen und dessen epistemisches Potenzial zumindest erahnen. Im Falle der Kommunismustouren ist die zugrundeliegende Vorstellung eines »alternativen«, sinnlichen Zugangs zur Geschichte untrennbar verbunden mit deren Verortung jenseits des standardisierten Massentourismus.

Strategien der Beglaubigung, Banalisierung und Entmachtung

Am Ende einer Kommunismustour durch Warschau besuchten wir das Museum »Zauber der Volksrepublik« (poln. »Czar PRL-u«). Bevor wir im mit Original-Mobiliar ausgestatteten Museumscafé mit Wodka und Limonade bewirtet wurden, führte uns der Guide durch die einzelnen Sektionen der Ausstellung und kommentierte einige ausgewählte Objekte. Vor einer Landkarte Polens versuchte er, uns die Westverschiebung des Landes nach dem Zweiten Weltkrieg auf spielerische Weise näherzubringen. Wie folgender Dialog deutlich macht, kam mir als Deutsche in dieser Aufführung eine besondere Rolle zu:

> Mateusz *[auf die Landkarte weisend]*: »This is basically how Poland looks today. But before World War II – and our German friend *[blickt zu mir]* is gonna support me with that – Poland looked totally different. For example, all that Silesia Region – that was Germany. *[Richtet sich erneut an mich.]* Am I right?«

Ich: »Yes.«

Mateusz: »The same with the seaside. That was Germany as well. And that ›land of lakes‹ *[weist auf die Masuren]* that was Germany as well. [...] It was Germany for ages, most of the cities, towns and villages were named in German. So, when we got it from Germany, our communist government decided to [...] convert the names into Polish, but that way not a single German-speaking person is gonna be able to repeat them. So we got *[steigert das Tempo]*: Olsztyn, Dźwierzuty, Szczuczyn, Szczytno, Pisz. *[Zu mir:]* Can you repeat any of these names?«

Ich: »Olsztyn.«

Mateusz: »Olsztyn, oh yeah, the biggest city. But Dźwierzuty?«

Ich *[bemüht um gute Aussprache]*: »Dźwierzuty.«

Mateusz: »Dźwierzuty. Szczytno?«

Ich: »Szczytno.«[272]

Auch wenn meine Aussprache weit vom muttersprachlichen Niveau entfernt war, musste der Guide spätestens nach »Szczytno« erkennen, dass ich als Beleg für seine Behauptung, »nicht eine einzige deutschsprachige Person« sei in der Lage, diese Ortsnamen zu wiederholen, nicht gänzlich taugte. Weil ich bereits eine andere slawische Sprache gelernt und zu diesem Zeitpunkt bereits anderthalb Jahre in Warschau gelebt hatte, scheiterte ich nicht, wie von Mateusz offensichtlich intendiert, an der Aussprache besonders schwieriger Bezeichnungen. Seine Strategie anpassend, schränkte er die Reichweite seiner Aussage deshalb ein: »Right now, it's a little bit easier, because since 1989 it's possible for German people to come in here and discover their roots. But that was the communist plan – to block the German people from discovering their roots and heritage from that area.«[273] Entgegen des üblichen Ethik-Codex hatte dieser Guide seine Autorität als Erzähler genutzt, um mich als Repräsentantin aller Deutschen vorzuführen.[274] Offensichtlich hatte er sich zu dieser Grenzüberschreitung entschlossen, um eine komische Situation

272 Adventure Warsaw: Communism Tour, 10.9.2016.

273 Ebd.

274 Zu den ethischen Grundregeln des Tourguiding zählt u.a. die Vermeidung von Situationen, die Herkunft oder Tradition von einzelnen Tourist:innen komisch oder seltsam erscheinen lassen. Vgl. Pond, The Professional Guide, S. 229 f. Ethisch weitaus problematischer war eine Situation, die ich in Prag erlebte: Um uns die Selektionsmechanismen zu veranschaulichen, nach denen die Deutschen im Nationalsozialismus Menschen in Konzentrationslager deportiert hatten, ging eine Stadtführerin von einem Reisenden zum nächsten und entschied jeweils, wer »bleiben« könne und wer »gehen« müsse. Als die Reihe an einen kleinwüchsigen

herbeizuführen, die zugleich bestätigen sollte, was er über die sprachpolitische Strategie der Volksrepublik gegenüber den zwangsausgesiedelten Deutschen erzählt hatte.

Während der performative Bezug auf mein (Un-)Vermögen in diesem Falle nur bedingt zur Beglaubigung des Gesagten beitrug, erwies sich eine solche Strategie in anderen Fällen als erfolgreich. Weniger riskant waren solche interaktiven Authentisierungen zum Beispiel dann, wenn sie sich nicht auf individuelle Fähigkeiten oder nationale Spezifika, sondern allgemeiner den menschlichen Körper bezogen. Zu beobachten war dies etwa, wo das Publikum in eine direkte körperliche Relation zur besuchten Umgebung gebracht wurde, um deren Dimensionen physisch und psychisch nachzuempfinden.[275] Als Beispiel sei einmal mehr der Warschauer Kulturpalast angeführt, dessen Monumentalität durch eine Vielzahl von rhetorischen Körperbezügen vermittelt wurde. Um die gigantischen Ausmaße des Gebäudes nachvollziehen zu können, wurden wir beispielsweise aufgefordert, zu schätzen, wie lang es dauern würde, das Gebäude einmal zu Fuß zu umrunden, falls man versehentlich den richtigen Eingang verpasst habe (Antwort: elf Minuten).[276] Ein noch häufiger genutzter, allerdings etwas unrealistischerer, Vergleich bezog sich auf die Anzahl der Räume im Palast: Gleich in drei Touren ließen uns die Guides jeweils raten, wie alt ein im Kulturpalast geborenes Kind mindestens wäre, wenn es erst dann das Gebäude verlassen könne, wenn es in jedem Raum einen ganzen Tag verbracht habe (Antwort: neun Jahre).[277] Und auch innerhalb des Palastes luden uns die Guides immer wieder ein, die Größe, das Gewicht oder den Wert bestimmter Dinge zu schätzen. Die Tatsache, dass wir genau unter einem riesigen Kronleuchter zum Stehen gekommen waren, ließ aus der Information, dass dieser 1500 Kilogramm wiege, eine Mitteilung mit konkreter physischer Relevanz werden.

Neben solchen Aufforderungen zum individuellen In-Beziehung-Setzen animierten uns sämtliche Guides auch im Wortsinn, das Gigantische des Palastes zu »begreifen«. Immer wieder forderten sie uns auf, den kühlen Marmor der Säulen, die erlesenen Wandtapeten in einigen Sälen, die

Teilnehmer kam, zögerte sie kurz und brach das Spiel ab. Discover Prague: WWI & Communism Tour, 11. 8. 2016.

275 Zur großen Bedeutung des individuellen, auch körperlichen, Einbezugs der Tourist:innen in die Interpretation eines Objektes vgl. u. a. Tilden, Interpreting Our Heritage, S. 11-17; Pond, The Professional Guide, S. 142.

276 Adventure Warsaw: Off the Beaten Track Tour, 29. 3. 2015.

277 FREE Walking TOUR foundation: Communist Warsaw, 28. 4. 2015 und 13. 9. 2016; CREATours: Podziemny Pałac, 9. 4. 2016.

Abb. 19: Teilnehmer:innen einer Tour befühlen die Säulen im Warschauer Kulturpalast und betrachten eine Wandvertäfelung, Warschau, 3.11.2018, 27.6.2015.

blank polierten Tischplatten oder die Polsterbezüge der originalen Stühle zu befühlen.[278] Anders als im »Haus des Volkes« in Bukarest, wo der Hauptfokus einer Führung im Jahr 2015 auf Wert und Herkunft der genutzten Baumaterialen lag,[279] wurden Größe und Luxus in den Führungen durch den Kulturpalast allerdings nicht affirmativ bestaunt, sondern durchweg gebrochen. Nicht ehrfurchtsvoll, sondern selbstbewusst sollten wir uns die Innenräume aneignen. Das Eingangsstatement einer Tour, »You can touch everything!«, und die scheinbar paradoxe Erläuterung »It's just a monument«[280] signalisierten von Beginn an, dass die üblichen Konventionen eines Museumsbesuchs hier keine Geltung hatten.

Im Gegenteil wurden wir eingeladen, die ehemals der Parteielite vorbehaltenen Prunksäle eigenhändig zu überprüfen. Eine vermeintliche Silberwand entpuppte sich so bei näherer Betrachtung als mit Glas überzogenes Metall und eine auf den ersten Blick wertvolle Marmorsäule erwies sich als hohl, als wir sie auf Geheiß des Guides abklopften (Abb. 19). Wie das gemeinsame Lachen über die vermeintliche Hässlichkeit des

278 CREATours: Palace Complex, 19.5.2015 und 27.6.2015, Palace »in a nutshell«, 3.11.2018.

279 Führung durch den Parlamentspalast in Bukarest, 9.9.2015. Zur Umdeutung, ja »Nostrifizierung« des Bukarester Palastes vgl. auch Dietmar Müller, Strategien des öffentlichen Erinnerns in Rumänien nach 1989. Postkommunisten und postkommunistische Antikommunisten, in: Ulf Brunnbauer/Stefan Troebst (Hg.), Zwischen Amnesie und Nostalgie. Die Erinnerung an den Kommunismus in Südosteuropa, Köln, Weimar, Wien 2007, S. 47-69, hier S. 51-58; Light, Gazing on communism, S. 170f.

280 CREAtours: Palace »in a nutshell«, 3.11.2018.

Abb. 20: Selbst sitzen, wo einst die Partei tagte: Bei der Besichtigung des Kulturpalastes wurden die Besucher:innen eingeladen, auf Originalmobiliar Platz zu nehmen. Warschau, 3.11.2018.

Kommunismus diente das durch die Guides initiierte »façade peeling«[281] jedoch nicht nur einer subtilen Entsakralisierung des Palastes, sondern vor allem seiner proaktiven Säkularisierung.[282] In der haptischen Prüfung erwies sich der Monumentalbau, der eingangs als Symbol der Fremdherrschaft vorgestellt worden war, rasch als potemkinsches Dorf. Im selben Maße, in dem wir Fälschungen und mindere Qualität entlarven durften, kam es zu einer Machtumkehr: Aus den ehemaligen Machthaber:innen, die ihr Volk betrogen hätten, wurden scheinbar selbst Betrogene.

Doch bei genauerer Betrachtung ging es in den Führungen um mehr als die bloße Enthüllung von Wahrheiten, die den Kommunismus und seine hochrangigen Vertreter:innen in ein schlechtes Licht rückten. Die Inbesitznahme von einst elitären Räumen wurde offensiv als retrospektives Ritual symbolischer Entmachtung inszeniert. Wo einst hohe Funktionäre ihre Sitzungen abhielten, durften, ja sollten wir laut und fröhlich sein. Nachdem uns ein Guide erläutert hatte, dass die Stühle um einen großen Konferenztisch so massiv seien, damit es während der Beratungen möglichst wenig Störgeräusche gibt (»They planned everything, absolutely everything«), ermunterte er die ganze Gruppe, die schweren Sessel zu verrücken und selbst am Tisch oder in einer weiteren Reihe an der Wand Platz zu nehmen (Abb. 20).[283] Noch expliziter war die Aufforderung, ohne jeden Respekt die Orte der einstigen Elite zu okkupieren mit Bezug

281 Macdonald, Difficult heritage, S. 151 f.
282 Siehe dazu auch Kapitel II.1.
283 CREATours: Palace Complex, 19. 5. 2015.

auf einzelne, herausgehobene Persönlichkeiten: In einem kleinen Salon lud ein Guide uns ein, die Polsterstühle zu probieren, auf denen einmal Brežnev nach einem Saufgelage eingeschlafen sei.[284]

Die gängige touristische Praktik, sich während längerer Monologe von Guides hinzusetzen, erhielt hier eine zweite Ebene – sie wurde zum Akt demonstrativer Aneignung. Da, wo einst wichtige Staatsmänner saßen (oder lagen), durften nun die Besucher:innen Platz nehmen. Besonders eindrucksvoll sei dies, so die Anbieter der Kulturpalast-Touren, für polnische Zeitzeug:innen, denn ihnen sei das Innere des Palastes zwar zum Teil aus Übertragungen großer Parteikongresse im Fernsehen bekannt, lange aber nicht zugänglich gewesen:

> Und sie gehen jetzt über denselben Fußboden, über den einst Gierek ging, sie sitzen auf einem Stuhl, auf dem einst Gomułka saß […]. Das beeindruckt sie! Dass sie kommen und diesen Palast anfassen können, dass sie auf diesem Stuhl sitzen können, dass sie praktisch alles anfassen können […]. Es gibt keine solchen Einschränkungen wie bei anderen Denkmälern: »Nicht anfassen! Nicht anfassen!«[285]

Stärker als die internationalen lassen sich die polnischsprachigen Touren damit auch als Aufführungen der Emanzipation lesen: Diejenigen, die früher keinen Zutritt zu den luxuriösen Ballsälen und Salons hatten, in denen sich ausschließlich die Nomenklatura vergnügt habe, können sich dieselben Räume heute demonstrativ aneignen. Der touristische Besuch, der nur im Rahmen einer Führung möglich ist, lässt sich aus dieser Perspektive auch als performative Überwindung des ehemals exklusiven Zugangs lesen. Was einst einer politischen Elite vorbehalten war, ist zum Teil einer touristischen Dienstleistung – sowohl für Zeitzeug:innen als auch jüngere Generationen – geworden.[286]

Ähnliche Strategien ostentativer Entauratisierung lassen sich auch im spielerischen Umgang mit Objekten der Militär- und Überwachungs-

284 CREATours: Palace Complex, 27.6.2015.

285 Interview mit Adam und Mikołaj, 19.3.2016.

286 In eine etwas andere Richtung führend, lässt sich die Teilnahme an einer Kommunismustour durch Menschen, die bereits vor 1989 Prag, Warschau oder Bratislava bereist hatten, sogar als Reenactment ihrer damaligen Reise lesen. In der Bewertung auf *Tripadvisor* heißt es in diesem Sinne: »Having last been to Warsaw in the 80s and prior to the end of Communism, it was really interesting to do this tour and see things that were generally hidden from foreigners in those days«, vdemisch: Informative and Enjoyable, Bewertung Adventure Warsaw auf Tripadvisor, 20.11.2012, https://www.tripadvisor.com/ShowUserReviews-g274856-d1577275-r145846968-Adventure_Warsaw-Warsaw_Mazovia_Province_Central_Poland.html [15.11.2023].

technik aufzeigen. Britta Timm Knudsen etwa beschreibt, wie die Teilnehmer:innen der Krakauer »Crazy Tours« animiert wurden, auf einen in Nowa Huta ausgestellten Panzer zu klettern.[287] Auch sie interpretiert diesen Akt explizit als Machtspiel – als »an active possession of a weapon that has mastered and subjugated others/us in the past.«[288] Diese symbolische Besteigung des Panzers und ihre fotografische Dokumentation gleicht dem Spiel mit Militärtechnik, Repressionsinstrumenten und Waffen in den Prager Bunkern, auf das ich noch zurückkommen werde. Im Hotel Jalta ist darüber hinaus in einem separaten Raum eine Abhöranlage ausgestellt, wie sie an diesem Ort tatsächlich zur Überwachung der Hotelgäste genutzt worden war. Aufgespart bis zum Ende der Tour und als Höhepunkt des Besuchs inszeniert, war die Besichtigung der Anlage in allen Führungen eingebettet in kurze Schauspiele, an denen die Tourist:innen in je unterschiedlicher Intensität mitwirken durften.

In besonderer Weise stilisierten die Guides Daniel, Lucas und Lucie die Inaugenscheinnahme hier als konspirative Szenen: »Enjoy the atmosphere!«,[289] steigerte Daniel die Erwartung auf ein besonderes Erlebnis und wechselte ins Flüstern, als er neben der Tür – und übertrieben von den Blicken der Besucher:innen abgeschirmt – einen PIN-Code eingab, um das Schloss zu entsichern. Lucas and Lucie stellten selbst kurze Spionageszenen nach: Lucas nahm die Kopfhörer aus der Verankerung und tat so, als würde er einen ausländischen Geschäftsmann belauschen, der gerade im Hotel Jalta eingecheckt hat. Vor der Anlage sitzend, an der kleine Lampen jedes Hotelzimmer repräsentierten, berichtete er uns mit gespielter Konzentration und Ernsthaftigkeit: »He is entering into his room now. […] So it sounds he is putting a suitcase down. […] Now he is talking to his friend …«[290] Lucie band uns sogar selbst in die Nachstellung ein und zwar sowohl aus Opfer- als auch aus Täter:innen-Perspektive: Noch bevor wir den letzten Raum erreicht hatten, griff sie plötzlich zu einem der herumstehenden Telefone, das laut rasselnd geklingelt hatte. Auf Tschechisch imitierte sie ein Gespräch mit der Geheimpolizei, in dem sie Auskunft über ihre internationalen Gäste – unsere Gruppe – gab: »Dobrý den, Agentka Lucie. Máme tady dva Američany, jednou Němku, Australie i ještě tady ….« Auch ohne Sprachkenntnisse

287 1969 als Geschenk der Sowjetunion in die Volksrepublik gekommen, stand der Panzer als Ausstellungsobjekt vor dem »Muzeum Czynu Zbrojnego Dom Kombatanta R. P.« (dt. »Museum der Bewaffneten Aktion. Haus des Veteranen der Republik Polen«).

288 Knudsen, The past as staged-real environment, S. 147.

289 Prague Extravaganza: Communism and Bunker Tour, 10. 8. 2016.

290 Good Prague Tours: Communism Tour, 13. 6. 2018.

Abb. 21: Eine Guide führt in die Funktionsweise der Abhöranlage ein, die im Keller des Hotels Jalta ausgestellt ist, bevor das Publikum selbst eine Überwachungsszene simulieren darf, Prag, 15.7.2015.

reichten die Worte »Agentka« und »Australie« offensichtlich aus, um Lucies Spiel zu dechiffrieren: Als westliche Tourist:innen waren wir selbst zum Gegenstand geheimdienstlicher Beobachtung geworden. Wenig später durften wir schließlich in die Rolle derer wechseln, die ihrerseits ausländische Besucher:innen ausspähten. Nachdem uns Lucie die Funktionsweise der Anlage kurz erläutert hatte (Abb. 21), forderte sie einen Teilnehmer auf, sich einen Decknamen zu geben und ein Hotelzimmer auszuwählen, das abgehört werden sollte.[291] Vom *Objekt* der Überwachung waren wir in diesem Spiel zu ihrem *Subjekt* avanciert.

Noch deutlicher als das Ritual des Platznehmens im Kulturpalast erwies sich die Nachstellung von Spionagesituationen damit als symbolische Umkehr vergangener Machtstrukturen. Auch hier lässt sich an Golonka-Czajkowskas Interpretation der »Crazy Tours« als einer Art Karneval anschließen, in dem geltende Normen außer Kraft gesetzt werden. Eingängiger noch als der Stadtteil Nowa Huta kann der Bunker als eine solche »Karnevalsunterwelt« betrachtet werden, in die die Tourist:innen mit ihrem Guide »hinabsteigen«.[292] Das temporäre Verlassen der eigenen

291 Prague Extravaganza: Communism and Bunker Tour, 15.7.2015. Eine besondere Qualität erhielt dieses Spiel, wenn unter den Teilnehmer:innen Gäste des Hotels waren, die nun ihre eigene Zimmernummer auf dem Plan suchen und sehen konnten, ob es einst ein Überwachungsobjekt hoher Priorität war.

292 Golonka-Czajkowska, Podróż do krainy zwanej Nową Hutą, cyzli o komunizmie jako atrakcji turystycznej, S. 301. Vgl. auch Knudsen, The past as staged-real environment, S. 147-152.

gesellschaftlichen Rolle verband sich an der Abhöranlage mit einer konkreten geschichtspolitischen Mission – nämlich die Überwindung des kommunistischen Systems einmal mehr zu bestätigen. Eine zusätzliche Aneignungsebene kommt hinzu, wenn sich an der Präsentation jene beteiligen, die selbst einst Opfer der Bespitzelung waren. So findet sich im Gästebuch des Bunkermuseums auch der Eintrag eines Mannes, der in den 1980ern im Hotel Jalta abgestiegen und mutmaßlich ausgespäht worden war und nun als Tourist zurückgekehrt war. Die Präsentationsweise empfand er offenbar nicht als kritikwürdige Banalisierung, sondern als angemessene Art der Vermittlung:

> A word from a guest who stayed here in the 1980s (in a red room) as a foreign journalist, and always wondered why the taxi came so quickly, and how this operation took place. Thank you for keeping this important history alive. And thank God this period is over.[293]

Anders als in den weitestgehend original ausgestatteten Sälen des Kulturpalasts war die performative Verurteilung des überwundenen Regimes im Bunkermuseum bereits kuratorisch vorgegeben. Die Art, wie die Abhöranlage und andere Objekte darin präsentiert wurden, gab bestimmte Aneignungsmodi vor und schloss andere aus. Der ironische Hinweis »It's just a monument« zeigte sich in den Bunkermuseen als unnötig, da die Art der Präsentation selbst jeder Sakralisierung widersprach. Im Hotelbunker gab es keine Vitrinen; die Ausstellung mutete insbesondere da, wo verschiedene Apparate und Geräte auf langen Regalbrettern standen, eher wie ein Depot seltsamer Gerätschaften an. Die thematisch ausstaffierten Zimmer »Polizeistation« oder »Grenzpolizei« wiederum, in denen mit Uniformen bekleidete Schaufensterpuppen am Schreibtisch saßen, waren augenscheinlich nicht dazu da, die Autorität der kommunistischen Staatsbeamten, geschweige denn die Angst vor einer Grenzkontrolle, zu vermitteln. Stattdessen wirkten die leblosen Figuren schlapp, machtlos, angestaubt.

Noch stärker war dieser Effekt im Bunker in Prag-Žižkov. Obgleich die Objekte hier größtenteils durch Glas, Plastik oder Absperrkordeln vom Publikumsbereich abgetrennt waren und nicht berührt werden durften, präsentierte sich diese Ausstellung ebenfalls eher als »Antimuseum«. Die Kombination von Zivilschutz-, Militär- und Polizeiausrüstung sowie zahlreichen undefinierbaren Geräten mit Flaggen, Geldscheinen, Orden, Insignien, Emblemen, aber auch Leninbüsten und Porträts von Jan Masaryk

293 Eintrag von Peter K. im Gästebuch des Bunkers im Hotel Jalta, 3.1.2016 (Einsicht der Autorin am 10.8.2016).

Abb. 22: Arrangements mit Schaufensterpuppen, die teils in merkwürdigen Posen verharren, im Bunker in Žižkov, Prag, 16.7.2015

bis Václav Havel wirkte zufällig. Die »Vitrinen« waren aus Holzregalen und Plastikscheiben gezimmert, Beschriftungen gab es kaum. Wie im Hotel Jalta waren lebensgroße Figuren und diverse Objekte als Dioramen in den Nischen des Bunkers arrangiert (Abb. 22); aus der Kombination von Zivilschutztechnik, Bunkerinventar und Alltagsobjekten ergaben sich dabei skurril anmutende Szenerien.[294] Am Ende des Bunkers befand sich eine dunkelgrüne Wand, zusammengesetzt aus hunderten Gasmasken (Abb. 6).

Nicht als auratische oder gar wertvolle Artefakte wurden die Objekte in den Bunkern musealisiert, sondern als ausrangierte Merkwürdigkeiten. Was ich auf der narrativen Ebene der Kommunismustouren als Groteske vorgestellt habe, findet sein materielles Pendant in den »Wunderkammern« der Bunkerausstellungen.[295] Einzeln betrachtet können die

294 Eine unkommentierte Szene am Rande einer Tour steigerte den Eindruck des Bizarren noch: Auf dem Weg durch die langen Gänge des Bunkers passierte unsere Gruppe einige junge Menschen, die stumm inmitten riesiger Haufen von Telefonen und Patronenhülsen saßen und diese offenbar sortierten oder inventarisierten. Prague Special Tours: Communism and Nuclear Bunker Tour, 11.8.2016.

295 Zur ästhetischen Wirkung der Dinge und einer »Wiederkehr der Wunderkammer« vgl. Jannelli, Wilde Museen, S. 324-328.

Dinge darin zwar auch nostalgische Erinnerungen an ein analoges Zeitalter wecken, indem die einstigen Fetisch-Objekte des Sozialismus jedoch exponiert und als wilde Mischung mit Alltagsobjekten präsentiert werden, dominiert der Eindruck des Lächerlichen.[296] Zu einem ähnlichen Befund kommen auch Petr Gibas und Blanka Nyklová in ihrer Studie über ein Bunkerhotel in Brno, dessen Einrichtung im Stile eines kommunistischen Kuriositätenkabinetts ebenfalls vor allem der Herabwürdigung des überwundenen Regimes diene: »The aim of the heterogeneous, seemingly carelessly amassed exhibit is clearly to denunciate state socialism/communism as a homogeneous, evil and crippling time period.«[297]

In diesem Sinne lässt sich die touristische Nutzung von Bunkern einer spezifischen Form postsozialistischer Nostalgie zuordnen, die Maya Nadkarni und Olga Shevchenko als »politischen Kitsch« bezeichnen. In der Umwandlung von politischen Ikonen in komische Relikte sehen sie sowohl eine innergesellschaftliche *ad hoc*-Bewältigungsstrategie als auch eine Form der Kommodifizierung »targeted primarly at the outsiders to whom it provides reassuring evidence that socialism is comfortably (and profitably) dead and that capitalist logic reigns supreme.«[298] Als weitere Beispiele ließen sich die populären Statuenparks anführen, in denen kommunistische Monumente ebenfalls in einer Art und Weise zusammengestellt wurden, die sie jeder Heroik beraubt. Das wohl bekannteste Beispiel ist der 1993 eröffnete »Szoborpark« (auch »Memento Park«) bei Budapest, in dem zahlreiche Statuen, Denkmale und Büsten des untergegangenen Systems zusammengetragen wurden. Platziert auf einer grünen Wiese am Rande der Stadt und aufgereiht wie Grabsteine auf einem Friedhof läuft ihr ideologisches Pathos hier ins Leere. Nicht als Zeugen vergangener Größe, sondern als Verkörperung der »Vergänglichkeit politischer Macht und ihrer Repräsentation in Bildwerken«[299] werden Marx, Engels oder Stalin nun aufgerufen. Die Performanz dieser »Ausstellung« spiegelt sich auch in der touristischen Aneignung wider, wie Elizabeth Carnegie und Jerzy Kociatkiewicz beobachtet haben: In der Regel schreiten Besucher:innen nicht gemessenen Schrittes die Wege entlang, sondern

296 Vgl. auch Berthold Unfried, Das Museum ist kein Museum. Historische Museen und Musealisierung des ›Realsozialismus‹, in: Berthold Unfried (Hg.), Spuren des »Realsozialismus« in Böhmen und der Slowakei. Monumente – Museen – Gedenktage, Wien 1996, S. 115-129, hier S. 126.

297 Petr Gibas/Blanka Nyklová, Staying in a fallout shelter. Exploring ostalgia through post-socialist heterotopia, in: Cultural Geographies in Practice, Bd. 26 (2019) 4, S. 1-8, hier S. 7.

298 Nadkarni, Shevchenko, The Politics of Nostalgia, S. 500.

299 Springer, Stalins Stiefel, S. 7.

treiben die Trivialisierung weiter, indem sie die pathetischen Gesten nachahmen und Selfies mit den ausrangierten Helden machen.[300]

Kalter Krieg im kalten Bunker: Der Bunker als Gefängnis

Folgt man einschlägigen Erklärungsmustern zum Phänomen des *dark tourism*, lässt sich die Popularität von Bunkern aus einer prinzipiellen Faszination für Tod und Schrecken erklären, die ihrerseits eine Reaktion auf die zunehmende Ausblendung dieser Themen aus der modernen Lebenswelt sei.[301] Bezogen auf das Geschichtserleben in den Kommunismustouren scheint die performative Dynamik der Atomschutzbunker jedoch vor allem im besonderen Charakter des Kalten Krieges begründet. Denn seine »Virulenz und Persistenz« habe dieser, so David Eugster und Sibylle Marti, gerade »dadurch entfaltet, weil er permanent ausgemalt, inszeniert und materialisiert wurde.«[302] Als Ausdruck einer Konfrontation ohne physisch-greifbaren Gegner, die in erster Linie in der Einbildungskraft der Menschen stattfand, legen die Bunker demnach weniger Zeugnis über vergangenes Leben als über vergangene Zukunfts- bzw. Endzeiterwartungen ab.[303] Mit Blick auf die Erinnerung an den Kalten Krieg beschreiben David Lowe und Tony Joel Bunker sogar prinzipiell als Ausdruck eines faszinierenden Anachronismus: »They stand today as elaborate evidence of fears about something that never happened; but they also testify to the scale of the imagined threat and the extraordinary planning behind providing the worst.«[304] Dieses »nie Geschehene« und die damit verbundenen, oftmals diffusen Ängste bilden den imaginativen Nährboden des Bunkererlebens in den Kommunismustouren. Auch unabhängig von den »Cold War Museums«, die sie beherbergen, lassen sich die Bunkerbesuche als Reenactments lesen, deren mediale Vorbilder bereits genannt wurden. Es sind populäre Vorstellungen des Kalten Krieges und der kommunistischen Herrschaft, wie sie in Agenten- und Katastrophenfilmen sowie in zeit-

300 Elizabeth Carnegie/Jerzy Kociatkiewicz, Dances with despots: tourists and the afterlife of statues, in: Journal of Sustainable Tourism, Bd. 30 (2022) 2-3, S. 584-599.

301 Philip R. Stone, Making Absent Death Present. Consuming Dark Tourism in Contemporary Society, in: Richard Sharpley/Philip R. Stone (Hg.), The darker side of travel. The theory and practice of dark tourism, Bristol, UK, Buffalo, NY 2009, S. 23-55.

302 Eugster, Marti, Einleitung, S. 4.

303 Charlotte Bühl-Gramer, Back to the Cold War. Museumised Bunker Installations, in: Public History Weekly (2015) July.

304 David Lowe/Tony Joel, Remembering the Cold War. Global contest and national Stories, London u. a. 2013, S. 61.

genössischen oder retrospektiven Darstellungen der Blockkonfrontation genährt werden. Der Eiserne Vorhang erscheint in ihnen als hermetisch abgeschlossene Grenze, der Ostblock als bedrohlicher Raum und 1989 als Befreiung. Der temporäre Aufenthalt in den unterirdischen Räumen lässt sich in diesem Sinne als körperlicher Nachvollzug von Gefühlen der Unfreiheit, der Gefahr und schließlich der Erlösung lesen. Doch wie genau förderten die Guides ein solches Empfinden?

Die Erwartungshaltung eines besonders eindrücklichen, intensiven Körpererlebens schürten die Prager Stadtführer:innen meist schon im Vorfeld der Bunkerbesuche, die jeweils den Abschluss und Höhepunkt der Touren bildeten. Bereits auf dem Weg antizipierte Tereza die Besichtigung als ein Abenteuer, das eine physische wie psychische Herausforderung darstelle und einige Menschen an ihre Grenzen bringen werde. Sie empfahl uns, warme Kleidung anzuziehen, und versicherte sich, dass niemand unter Klaustrophobie leide. Vor dem Bunker im Parukářka-Park angekommen, versammelte sie die Gruppe um sich und zählte die Teilnehmer:innen gestenreich ab. Ebenso wie andere Guides zelebrierte sie den Moment des Eintritts in den Bunker als rituelle Grenzüberschreitung: »Take breath, get prepared«, forderte sie uns auf und öffnete mit einem riesigen Schlüsselbund die Eisentür, um uns schließlich einzeln eintreten zu lassen.[305] Da die Räumlichkeiten nicht öffentlich zugänglich sind, mussten die Guides die Tür von innen abschließen – ein Moment, der meist von Witzen und Gelächter begleitet wurde. Im Abstieg erhielt die Vorstellung einer »frozen past«[306] eine zweite, wörtliche Bedeutung: Mit jedem Schritt treppab wurde es kälter, der Geruch eines alten, leerstehenden Gemäuers intensiver. Einige Kinder riefen »It smells!«[307] Unten kommentierten die Stadtführer:innen die Dicke der Wände, das Belüftungssystem und die genaue Tiefe unter der Erdoberfläche, so dass auch den letzten Teilnehmer:innen nun die Isolation von der Außenwelt bewusst werden musste. Immer wieder kam das sinnliche Erleben des Eingeschlossenseins in der Choreografie der Bunkerbesuche zum Tragen; bisweilen steigerten es die Guides bis hin zum Gefühl, wir seien lebendig begraben. So reagierte Milan auf einige Kinder, die im Bunker zu rennen und zu schreien begonnen hatten, nicht etwa, indem er sie beruhigte. Stattdessen deutete er ihr Verhalten als Effekt des Raumes und Ausdruck einer menschlichen Urangst: »The kids don't like it here. I don't blame them.«[308] Gesteigert wurde der Eindruck der Ausweglosigkeit durch die

305 Prague Special Tours: Communism and Nuclear Bunker Tour, 14. 6. 2018.
306 Jones, The Media of Testimony, S. 113.
307 Prague Special Tours: Communism and Nuclear Bunker Tour, 11. 8. 2016.
308 Ebd.

Betonung, dass der Bunker nichts anderes als ein Labyrinth von Gängen sei, dessen Erkundung Disziplin verlange und direkte physische wie psychische Folgen zeitigen könne.[309]

Nicht als schützende Zufluchtsorte vor einer zerstörten Außenwelt wurden die unterirdischen Schutzräume in den Stadtführungen inszeniert, sondern als Gefängnisse, aus denen eine selbständige Flucht kaum möglich ist. Häufig erhielt die Besichtigung sogar den Anschein eines Überlebenstrainings.[310] In performativer Hinsicht krempelten die Kommunismustouren den Bunker gewissermaßen um – Sicherheit und Wohlergehen wurden außerhalb des Bunkers lokalisiert, Gefahr hingegen darin. Mit dieser Umdeutung nimmt das touristische Erleben einen symbolischen Wandel des Zivilschutzbunkers von einer »Überlebensinsel« hin zu einem »tödlichen Labyrinth« auf, der laut Silvia Berger Ziauddin in der Schweiz bereits in den 1980er Jahren eingesetzt hat: »Phänomenologisch kippte der Bunker dabei vom Hellen, Geordneten und Reinen ins Dunkle, Wimmelnde und Chaotische«,[311] fasst sie die Entwicklung seit den 1960er Jahren zusammen. In ähnlicher Weise inszenierten die Guides in Prag die Bunker als Orte ohne jegliche Notausgänge und Fluchtmöglichkeiten. Im Hotel Jalta etwa animierten sie die Besucher:innen, in einen engen Tunnel zu kriechen, der einst als Ausgang diente, heute aber durch die Straße vor dem Haus verschlossen ist (Abb. 23).[312] Witze darüber, ob man jemals wieder das Tageslicht erblicken würde, gehörten in allen Bunkerbesichtigungen zum Standardprogramm. Unabhängig voneinander berichteten zwei Guides von *Prague Special Tours*, wie sie selbst bzw. ein:e Tourist:in einmal versehentlich im Bunker zurückgelassen worden seien.[313] Vor diesem Hintergrund scheint es weder Zufall noch reiner Pragmatismus, dass die Stadtführer:innen am Ende der Besichtigung jeweils als Letzte nach oben gingen, um niemanden zu verlieren.

309 Zur authentisierenden Funktion von (Selbst-)Disziplin vgl. auch Agnew, Introduction: What Is Reenactment?, S. 331.

310 Am Ende des Bunkerbesuchs mit *Prague Special Tours* erhielten alle Teilnehmer:innen einen »survival guide«, in dem zeitgenössische Illustrationen zur Nutzung diverser Zivilschutzausrüstung, der Bestandteile eines Maschinengewehrs (Mk. 58) sowie die Abbildung einer Atombombenexplosion reproduziert und ins Englische übersetzt sind.

311 Silvia Berger Ziauddin, Überlebensinsel und Bordell. Zur Ambivalenz des Bunkers im atomaren Zeitalter, in: David Eugster/Sibylle Marti (Hg.), Das Imaginäre des Kalten Krieges. Beiträge zu einer Wissens- und Kulturgeschichte des Ost-West-Konfliktes in Europa, Essen 2015, S. 69-93, hier S. 93.

312 Prague Extravaganza: Communism and Bunker Tour, 15.7.2015, 10.8.2016; Good Prague Tours: Communism Tour, 13.6.2018.

313 Prague Special Tours: Communism and Nuclear Bunker Tour, 11.8.2016 und 14.6.2018.

Abb. 23: Eine Besucherin des Bunkers am Prager Wenzelsplatz kriecht in den Tunnel zu einem heute geschlossenen Notausgang. In Momenten wie diesen erinnerte das Bunkererleben an den Besuch eines Escape Rooms, Prag, 15.7.2015.

Als Nebeneffekt dieser Vorsichtsmaßnahme mussten wir Teilnehmer:innen zum Teil eine ganze Weile vor der verschlossenen Tür ausharren, bis sich die Guides jeweils einen Weg durch das Gedränge vor dem Ausgang gebahnt hatten und alle ins Freie entlassen konnten.

Der Moment des Aufschließens fiel in der Regel mit dem Ende der Stadtführung zusammen, das Verlassen des Bunkers wurde als glückliche Rückkehr ans Tageslicht und zugleich in die Gegenwart inszeniert.[314] So war die Stimmung in einer der Touren besonders ausgelassen, als wir den Bunker verließen. Auf die Bemerkung unseres Guides, nun gehe es aus dem Kommunismus »zurück in die Demokratie«, reagierte eine Teilnehmerin mit der ganz profanen Frage: »Is there a toilet in democracy?«. Wieviel Zeit wir genau in der Abschottung des Bunkers – ohne Toilette, aber auch ohne Handysignal – verbracht hatten, war schwer zu schätzen. In diesem Fall hatte es zu regnen begonnen, und keiner von uns wusste,

314 Die Guides von *Prague Special Tours* begleiten die Tourist:innen nach dem Bunkerbesuch in Žižkov noch ins Stadtzentrum zurück. Es folgen aber keine inhaltlichen Erläuterungen mehr.

was in der »Welt draußen« während unserer Abwesenheit sonst noch geschehen war.[315] In jedem Fall zelebrierten wir das Ende der Tour spielerisch als Befreiung – aus dem Bunker und vom Kommunismus. Eine besondere Symbolik trug der Akt des Heraustretens dabei im Falle des Hotels am Wenzelsplatz, Ort der Massendemonstrationen der Samtenen Revolution.[316] Indem wir Tourist:innen das teleologische Erlösungs-Narrativ von 1989 nachvollzogen, verschränkten sich Raum- und Zeitbezüge einmal mehr auf Engste. Der Ausgang des Bunkers schien mit der räumlichen Grenze zwischen Ost und West in eins zu fallen und zugleich in der zeitlichen Zäsur 1989 aufzugehen. Somit festigte die Performanz der Tour nicht nur populäre Vorstellungen über den Kalten Krieg und den Ostblock, auf einer symbolischen Ebene wurde das Hinaustreten darüber hinaus als persönliches »Mauerfall«-Erlebnis inszeniert.[317]

Spiel mit Waffen: Der Bunker als Versteck

Auch in Bratislava führte mich eine Tour in einen Bunker. Eingebunden war die Besichtigung in die Radtour »Iron Curtain Cycle Trail« entlang der Donau und der einstigen Grenze. Der Bunker »B-S 4 Lány« ist Bestandteil einer größeren Anlage aus 15 gleichartigen überirdischen Betonbauten. Anders als die Prager Bunker stammt die Anlage jedoch nicht aus dem Kalten Krieg, sondern wurde bereits vor dem Zweiten Weltkrieg als Teil der tschechoslowakischen Grenzbefestigung errichtet. Obwohl er nach 1945 keine Funktion als Schutz der Grenze zum Westen hatte, ist

315 Prague Extravaganza: Communism and Bunker Tour, 10. 8. 2016.

316 Vgl. auch das Drehbuch des Escape Rooms »Communist CSSR«, den ich am 14. 9. 2018 in Prag besuchte. Wir Teilnehmer:innen spielten darin Dissident:innen, die Ende der 1980er aus der Untersuchungshaft des Staatssicherheitsdienstes flohen, um die Revolution zu planen: »You have to rush and meet your dissident friend Vaclav Havel to plan a revolution. The state police creates many provocations and a series of false trails to confuse you. Can you save yourself and bring the whole country into freedom?« Escape Rooms Prague: Communist CSSR, https://escape-rooms-prague.com/escape-games/communist-czechoslovakia/ [16. 11. 2023].

317 Im Kontrast dazu steht der Schluss der »Bratislava Post Socialist City Tour«, die an der heute kaum markierten slowakisch-österreichischen Grenze vor den Toren der Stadt endete. Obwohl dieser Ort ebenfalls als Symbol der 1989 errungenen Freiheit gelesen werden kann, war der Schlussakkord hier deutlich dissonanter als in Prag. Da der Guide vorher ausführlich über die sozialen Probleme der Transformation gesprochen hatte, fiel die Einschätzung der Grenzöffnung weit weniger triumphal aus. Authentic Slovakia: Bratislava Post Socialist City Tour, 14. 7. 2015.

vor »B-S 4 Lány« heute eine Freilichtausstellung »Museum des Eisernen Vorhangs« zu sehen, die Bestandteile (bzw. Nachbauten) der einstigen Grenzanlage zeigt, die bis 1989 in unmittelbarer Nähe zu finden war. Analog zu den Prager Bunkermuseen wird diese Ausstellung, ebenso wie eine weitere innerhalb des Bunkers, von einem Verein junger Laienhistoriker betrieben, die ihr Interesse für Kriegstechnik und Militaria eint.[318] Die Ausstellung innerhalb des massiven Stahlbetonbaus bezieht sich auf die Jahre 1935-1945 und zeugt, ähnlich wie das Museum im Prager Hotel Jalta, vor allem von der Sammelleidenschaft der Betreiber. Neben einer originalen Panzerabwehrkanone und verschiedenen Feuerwaffen sind Schützen- und Maschinenräume zu sehen. Außerdem wurden historische Fotografien und vielerlei Informationen und Objekte zusammengetragen, die die Tätigkeit von Soldaten während und zwischen Gefechtssituationen dokumentieren. Im Gegensatz zum Betreiberverein konnte unser Guide nur wenig zu den einzelnen Objekten sagen. Entschuldigend räumte er ein, leider kein Waffenexperte zu sein, und ließ meine Begleiterin und mich allein von Raum zu Raum tappen (das Licht mussten wir jeweils selbst anschalten).[319]

In Prag wie Bratislava spielte die Faszination für Militaria eine zentrale, aber ambivalente Rolle bei der Besichtigung der Bunker. Für das einheimische Publikum, das nicht im Rahmen der Kommunismustouren, sondern zu festen Besuchszeiten oder mit Voranmeldung in die Bunker gelangt, scheint ein besonderes militärhistorisches Interesse die Hauptmotivation für eine Besichtigung darzustellen.[320] Ganz anders gestaltete sich die Aneignung der Militärtechnik in den englischsprachigen Kommunismustouren. Im Hotelbunker lud uns eine Stadtführerin in flapsigem Ton ein, Waffen in die Hand zu nehmen, und animierte die Gruppe, Teile einer Polizeiuniform anzulegen, um für ein Foto zu posieren.[321] Auch im Bunker in Žižkov endeten alle Führungen mit solchen Kriegsspielen: Die Teilnehmer:innen erhielten Gelegenheit, de-

318 Der Verein *Múzeum Petržalského Opevnenia* existiert seit 2011. In der Vorstellung auf ihrer Webseite stellen sich die Mitglieder als Fans von Militärgeschichte, Militärtechnik und tschechoslowakischen Befestigungsanlagen vor. Múzeum Petržalského Opevnenia: Kto sjme, http://mpo.sk/who-we-are/ [28.4.2021]. Frauen scheinen darin nicht aktiv zu sein.

319 LUKA Tours: Iron Curtain Cycle Trail, 16.10.2016.

320 An einer tschechischsprachigen Führung durch das Museum im Hotel Jalta nahm ich zusammen mit einem älteren Herrn teil, der als ehemaliger Soldat die Gelegenheit nutzte, um mit dem Kurator-Betreiber über technische Details zu fachsimpeln. Besichtigung des »Museums der Tschechoslowakischen Streitkräfte« [Muzeum Československé Ozbrojené Složky], 15.7.2015.

321 Prague Extravaganza: Communism and Bunker Tour, 15.7.2015.

Abb. 24: Tourist:innen bei einer Foto-Session mit Waffen und Uniformen im Bezovka-Bunker, Prag, 16.7.2015

aktivierte Gewehre und Handgranaten zu halten sowie Utensilien des Zivilschutzes und Polizeiuniformen für individuelle Foto-Sessions zu nutzen (Abb. 24).[322]

Die Reaktionen auf die teils offensive Animation zum Spiel mit Waffen fielen sehr unterschiedlich aus. Während einige Tourist:innen gern eine Schusswaffe in die Hand nahmen, sie befühlten oder gar ihre Begleiter:innen damit ins Visier nahmen, zögerten andere oder verweigerten sich diesem Teil der Tour gänzlich. Auch unter den Guides konnte ich eine ganze Bandbreite von Positionierungen beobachten: Einige von ihnen referierten technische Details, ohne dabei auf die Rolle von Waffen während des Kalten Krieges bzw. in den militarisierten Gesellschaften im Staatssozialismus einzugehen. Andere versuchten, bestimmte Spielregeln zu etablieren, oder distanzierten sich sogar von den Waffenliebhaber:innen in der Gruppe. So legte Lucas, ein amerikanischer Führer im Jalta-Bunker, besonderen Wert auf die Einhaltung einiger Grundregeln im Umgang mit Waffen, wobei er die Darstellung in Spielfilmen kritisierte, die einige Besucher:innen nachahmen würden:

322 Prague Special Tours: Communism and Nuclear Bunker Tour, 16.7.2015, 11.8.2016 und 14.6.2018.

> [N]ow just a real quick gun safety: even with a gun that is not active, there is a couple of rules to follow. One is to never point it at anything you are not willing to destroy. So never point at anything/anyone you are not willing to shoot. […] Second rule […]: never put your finger on the trigger before you are willing to shoot. So, there is two very important things. 'Cause, usually, you see a lot of actions movies […] where actors are never taught the proper way to hold a gun […]. I'm American. I know these things *[Gelächter]*.[323]

Noch stärker war der Wunsch nach persönlicher Distanzierung bei einem Guide im Žižkover Bunker: Beim Verteilen der Waffen erklärte Milan etwas überraschend: »I don't like guns.« Eines der Gewehre entgegennehmend, reagierte eine Besucherin prompt: »I love guns!« Die Spielfreude blieb durch das Statement des Führers dennoch deutlich eingeschränkt. Die, die mit Uniform und Waffe für ein Urlaubsfoto posieren wollten, taten dies nun so schnell und diskret wie möglich.[324]

In der Unsicherheit, ob das Herumalbern mit Militaria angemessen ist, zeigt sich einmal mehr der soziale Aspekt des »tourist gaze«. Denn nicht nur Passant:innen bzw. Einheimische nehmen auf touristische Praktiken Einfluss, auch innerhalb der Gruppe sind Mechanismen gegenseitiger Disziplinierung wirksam.[325] Selbst hier, in der Abgeschiedenheit des Bunkers, die touristische Performances von den Blicken der Einheimischen abschirmte, fühlten sich einige Besucher:innen und Guides sichtlich unwohl. Anders als die oben beschriebenen harmloseren Praktiken demonstrativer Entmachtung war ihnen die offene Freude am Spiel mit originalen Waffen unangenehm. Besonders drastisch zeigte sich der wenig sensible Umgang mit Gewalterfahrungen im Bunker am Wenzelsplatz, in dem sich die »Begutachtung« eines von der Armee genutzten Gewehrs direkt neben einem Poster mit Informationen zur Sicherung des Eisernen Vorhangs abspielte, auf dem auch Bilder von Todesopfern am Grenzstreifen zu sehen waren.[326] Anders als im Spiel mit der Abhöranlage, bei dem die Teilnehmer:innen gemeinsam eine konspirative Aktion nachspielten, wurde die Kommunismustour hier bisweilen selbst zu einem klandestinen Raum, in dem der Umgang mit Waffen sogar *vis-à-vis* von Opfergeschichten möglich war. Von einem Gefängnis wurde

323 Good Prague Tours: Communism Tour, 13. 6. 2018.
324 Prague Special Tours: Communism and Nuclear Bunker Tour, 11. 8. 2016.
325 Urry, Larsen, The tourist gaze 3.0, S. 201 f; Maoz, The mutual gaze.
326 Prague Extravaganza: Communism and Bunker Tour, 15. 7. 2015.

der Bunker in solchen Situationen zu einem Versteck, in dem Dinge sag- und spielbar sind, die es andernorts bzw. bei Tageslicht nicht sind.

Alternative (Zugänge zur) Geschichte?

Sowohl die ludische Inszenierung des Eingesperrtseins als auch das gemeinsame Verschwörungsspiel basieren auf der Vorstellung, sich in der Kommunismustour auf alternative Weise zeitgeschichtliches Wissen – vielleicht sogar ein alternatives Wissen – erschließen zu können. Dies hat, wie ich zum Schluss zeigen möchte, erstens mit der besonderen Materialität der Bunker, zweitens mit der oben ausgeführten Idee vom erfahrungsbasierten Wissen und drittens mit der Verortung der Bunkermuseen jenseits des »offiziellen« Kulturerbes zu tun.

Aus epistemologischer Perspektive knüpft die im Bunkerbesuch perpetuierte Vorstellung eines nicht nur geheimnisvollen, sondern zugleich geheimen Raums an das populäre Bild von Geschichte als einem Set verborgener Indizien an, die von Forscher:innen in detektivischer Kleinarbeit aufgedeckt werden.[327] Als Räume, die jahrzehntelang von der Öffentlichkeit abgeschirmt waren, scheinen sie prädestiniert, bislang unbekannte Tatsachen ans Tageslicht zu befördern.[328] Das Hinabsteigen in die unterirdischen Räume steht damit sinnbildlich für die Freilegung einer tiefen, bisher im Verborgenen schlummernden Geschichte durch Guides, Tourist:innen und vor allem die privaten Betreiber:innen der Bunker.[329] Selbst als Lokalhistoriker oder *urban explorers* aktiv, fungieren Letztere als Bunkerarchäolog:innen, die in mühevoller Kleinarbeit lange brachliegende Anlagen erkunden und freilegen. Sie restaurieren, sammeln, richten Ausstellungen ein und tragen ihren Enthusiasmus direkt in die Geschichtsvermittlung, darunter Führungen, Ausstellungen und Broschüren. Wie sich die Mitglieder des Berliner Vereins *Unterwelten e. V.* dabei ähnlich wie Höhlenforscher:innen stilisieren und Bilder des (kolonialen,

327 Zum detektivischen Selbstverständnis der Geschichtswissenschaft und der Beziehung zwischen Geschichtsschreibung und Kriminalliteratur siehe Achim Saupe, Der Historiker als Detektiv – der Detektiv als Historiker. Historik, Kriminalistik und der Nationalsozialismus als Kriminalroman, Bielefeld 2009.

328 Bühl-Gramer, Back to the Cold War.

329 Ungeachtet der Routine seitens der Stadtführer:innen inszenierten diese die Erschließung der Bunkerräume teils als gemeinsame Erkundungstour, in der auch sie immer wieder Neues entdeckten. Ein Guide bemerkte beim Betreten eines Raumes: »this is actually a section right here that wasn't open the last time I was here. This is literally my first time stepping in here so«, Good Prague Tours: Communism Tour, 13. 6. 2018.

männlichen) Archäologen bzw. Entdeckers aus dem 19. Jahrhundert reproduzieren, hat Nicole Mehring herausgearbeitet.[330]

Die Inszenierung der Bunker als Zeitkapseln entfaltet also nicht nur in der nostalgischen Freude am Analogen und Obsoleten seine Wirkung, sondern ebenso in der Tradierung einer bestimmten Sicht auf Geschichte. Damit zeigt sich der »touristische« auch als »historiografischer Blick«, der – ebenso wie der »ethnologische« – nicht selten auf Diskursen beruht, die in der Fachwissenschaft längst als überkommen gelten. Analog zur Beobachtung Edward Bruners, dass im Tourismus bis heute eine unzeitgemäße Vorstellung von Ethnologie präsent sei, die – unberührt von den Neubestimmungen des Faches seit den 1970er Jahren – von einem objektiven, essentialistischen Begriff der Volkskultur ausgehe, lässt sich auch der Bunkerbesuch als Ort beschreiben, der zur Reproduktion unzeitgemäßer Vorstellungen von Geschichte als Wissenschaft beitragen kann.[331] Die Idee, dass die Besucher:innen hier mit Hilfe der Guides selbst historische Wahrheiten entschlüsseln könnten,[332] unterscheidet sich von der oben beschriebenen Vorstellung der Kommunismustour als einer Ortsbegehung grundsätzlich. Denn die Bunker wurden nicht, wie der Stadtraum, als begehbare Archive angeeignet, in dem vielfältige Prozesse des Speicherns und Überschreibens abgebildet sind, sondern als geschlossene Behälter mit historischem Inhalt. Das Engagement der Sammler und ihre Entscheidungen bezüglich Objektauswahl und Kuratierung wurden in den Touren kaum thematisiert und ließen sämtliche Konstruktionsprozesse hinter der ludischen Zeitreise-Simulation verschwinden.

330 Nicole Mehring, »Geheimnisvolle und verbotene« Welten. Bunkerarchitekturen und Expeditionen des Vereins Berliner Unterwelten e.V., in: Inge Marszolek/Marc Buggeln (Hg.), Bunker. Kriegsort, Zuflucht, Erinnerungsraum, Frankfurt a.M. 2008, S. 261-275. Vgl. auch die Selbstpräsentation des slowakischen Vereins auf dessen Webseite: Auf einem Foto sind sieben Männer in Tarnkleidung zu sehen, die oberschenkeltief im Wasser eines überfluteten Bunkers stehen. Múzeum Petržalského Opevnenia, Kto sme,· http://mpo.sk/who-we-are/ [29.4.2021].

331 Plastisch beschreibt Bruner die Differenz zwischen fachwissenschaftlicher und populärer Sicht auf die Ethnologie anhand seiner eigenen Arbeit als Reiseleiter, die wegen seiner konstruktivistischen Sicht auf Kultur in seiner Kündigung durch den Reiseanbieter resultierte. Bruner, Culture on tour, S. 4-6. Vgl. auch Selwyn, Scott, Introduction, S. 3.

332 Vgl. auch den Ausdruck »unlock« im Review einer Tour durch den Kulturpalast: »Friendly guide that unlocked so much in the Palace of Culture […].« jim m: so much, Bewertung Warsaw Palace of Culture and Science Tour, Bewertung auf Tripadvisor, 22.11.2015, https://www.tripadvisor.com/ShowUserReviews-g274856-d7713438-r328376754-Tour_Leaders-Warsaw_Mazovia_Province_Central_Poland.html [29.4.2021].

Darüber hinaus zeigten sich in der körperbezogenen, emotionalen Aneignung der Bunker als Sinnbildern des Kalten Krieges ähnliche epistemologische Probleme wie ich sie mit Blick auf die Fahrt in den Retro-Fahrzeugen beschrieben habe. In der Annahme, dass aus individueller Erfahrung Wissen generiert werden kann, authentisierte der sinnliche Eindruck vor allem stereotype Bilder vom Ostblock als hermetisch abgeschlossenem, seltsamem und nicht zuletzt gefährlichem Ort. Was das Bunkererleben dabei von Living-History-Vorstellungen und »klassischen« historischen Reenactments unterschied, ist die Reichweite, die dem Körperwissen zugeschrieben wird. Während Jerome de Groot davon ausgeht, dass Sinn, Zweck und Fortschritt der Geschichte im Reenactment zugunsten individueller Kriegs- bzw. Alltagserfahrungen ausgeblendet bleiben,[333] luden die Bunkerbesuche – zumindest implizit – auch zum Nachvollzug einer historischen Entwicklung ein:[334] Im Akt des Betretens und Verlassens des Bunkers zementierten die Teilnehmer:innen den Topos von 1989 als einem Sieg des guten Westens über den bösen Osten.

An vielen Beispielen wurde deutlich, dass das Authentizitätserlebnis dabei nicht allein auf der intensivierten Sinnlichkeit im Bunkerbesuch basiert. Von Bedeutung ist ebenso dessen Potenzial für Alteritätserfahrungen im Rahmen der Tourismusindustrie. Die offensichtliche Andersartigkeit der Bunkermuseen und ihre Lokalisierung außerhalb des klassischen Prager Kulturerbes ermöglichten den Besucher:innen eine Distinktion vom Klischee-Bild der Massentourist:innen, die nur die üblichen Sehenswürdigkeiten abhaken. So führte uns ein Guide in Prag zwar zunächst zum »Museum of Communism«, einer äußerst beliebten Touristenattraktion der Stadt.[335] Unseren Aufenthalt dort beschränkten wir jedoch auf einen Blick ins Foyer, um stattdessen nun das »geheime Museum« im Hotelbunker anzusteuern. »It's [a] more secret museum of communism in Prague«, kündigte der Guide den Besuch an und fuhr fort: »Almost nobody knows about that.«[336] Ebenso wie das einfache Essen in einer

333 Groot, Consuming history, S. 112 f.

334 Genau diese Illusion des Geschichtstourismus, einen historischen Gesamtzusammenhang an einem Ort erfassen zu können, kritisiert der Geschichtsdidaktiker Mütter aus pädagogischer Sicht als »Risiko der Realanschauung«. Mütter, His-Tourismus, Raum, Geschichte und historisches Lernen, S. 71 f.

335 2019 lag das Museum of Communism auf Platz 20 der meistbesuchten Museen in ganz Tschechien (und auf Platz 8 der Prager Museen). Vgl. Národní informační a poradenské středisko pro kulturu: Pořadí muzeí a památníků podle počtu návštěníků expozic a výstav, https://www.statistikakultury.cz/wp-content/uploads/2020/12/Statistika_2019_MUZEA.pdf [29. 4. 2021].

336 Prague Extravaganza: Communism and Bunker Tour, 10. 9. 2016.

schlichten Kantine oder die Fahrt im unbequemen Škoda schien der Besuch eines weniger bekannten, unprofessionellen Bunkermuseums hier direkt zur Generierung dessen beizutragen, was die Tourismusforschung als »existenzielle Authentizität«[337] und die Reenactmentforschung als »magic moment«[338] bezeichnet.

337 Siehe dazu das vorherige Kapitel sowie Wang, Rethinking Authenticity in Tourism Experience.

338 Mads Daugbjerg, Being There. Time Travel, Experience and Experiment in Reenactment and ›Living History‹ Performances, in: Bodil Petersson/Cornelius Holtorf (Hg.), The archaeology of time travel. Experiencing the past in the 21st century, Oxford 2017, S. 157-174, hier S. 161 u. a.

Fazit: Die Geschichte des Staatssozialismus als touristifizierte Geschichte

Als 2020 die Covid-19-Pandemie den Tourismus zum Erliegen brachte, war meine Feldforschung glücklicherweise bereits abgeschlossen. 2022 hofften die Stadtführer:innen auf eine einigermaßen normale Hauptsaison, als Russland seinen vollumfänglichen Angriffskrieg gegen die Ukraine startete. Beide Zäsuren hatten auch für die Art und Weise, wie das Erbe des Staatssozialismus interpretiert wird, weitreichende Folgen. Diese zu vermessen, war im Rahmen der vorliegenden Studie nicht mehr möglich und bleibt die Aufgabe zukünftiger Forschungen. Dennoch ergänzt das Wissen um beide Ereignisse die Lektüre dieser Arbeit um weitere Deutungsebenen. So werfen die Erfahrungen der letzten Jahre, und mit ihnen der Verlust bestimmter Grundüberzeugungen und Gewohnheiten, neues Licht auf einige der hier skizzierten Praktiken des Geschichtskonsums. Insbesondere der unterhaltungsorientierte Besuch von Bunkern, das Spiel mit Waffen und der ironisch-spielerische Umgang mit den Drohszenarien des Kalten Krieges haben im Angesicht aktueller Kriege neue Relevanz erhalten. Weiterführende ethische und politische Fragen nach der Funktionalisierung von Geschichte stellen sich mit größerer Dringlichkeit.

Obwohl die meisten der vorgestellten Unternehmen weiterhin ihre Kommunismustouren anbieten, ist aus meiner Gegenwartsanalyse stärker als geplant eine historische Studie geworden. Die Arbeit stellt eine Momentaufnahme der Entwicklung des *communist heritage tourism* zwischen 2015 und 2019 dar und schlägt dazu einen Bogen zurück bis in die 1970er Jahre. Denn als touristische Destination für westeuropäische und transatlantische Reisende fungierte der »Ostblock« lange vor seinem Zerfall. Stärker als bei anderen Destinationen war das Interesse der damaligen Reisenden »aus dem kapitalistischen Ausland« mit der Antizipation alternativer Urlaubserlebnisse verbunden. Ungeachtet der im höchsten Maße ökonomisch motivierten Infrastruktur des sog. Devisentourismus folgten die Tourist:innen der Sehnsucht nach einer Ursprünglichkeit, die jenseits kapitalistischer Produktionslogiken vermutet wurde. Diese – typisch touristische und *per se* paradoxe[1] – Suche nach besonderen Erlebnissen lebt, wie ich gezeigt habe, im Format der Kommunismustour auf

1 Enzensberger, Vergebliche Brandung der Ferne; MacCannell, The Tourist.

spezifische Weise fort. Tourismusgeschichte und Geschichtstourismus gehen hier gewissermaßen nahtlos ineinander über.

Die Vergangenheit, so lässt sich am Ende dieses Buches bilanzieren, dient im Tourismus als Rohstoff für verschiedenste Produkte, mit denen Bedürfnisse aufgegriffen, Erwartungen bedient und Sehnsüchte gestillt werden sollen. Die touristische Hervorbringung von Geschichte habe ich als körperbezogene, hybride Art des Umgangs mit Zeit beschrieben, deren Analyse weit über geschichtsdidaktisch motivierte Fragen hinausgehen kann und sollte. Statt konkreten Lernerfolgen stand die viel allgemeinere Frage danach, wie historische Zeit im Raum les- und erlebbar gemacht wird, im Fokus meiner Aufmerksamkeit. Mit der historischen Stadtführung habe ich ein Medium in den Blick genommen, in dem narrative in besonderer Weise mit räumlichen und performativen Qualitäten verquickt sind: In der Begehung historischer Orte animieren Guides ein bestimmtes Erleben des physischen Raums und unterlegen dieses mit einer narrativen Spur. Die Stadtführung wurde somit als Erlebnisraum und Bühne präsentiert, die zu verschiedenen Aneignungsformen einlädt. Sie verbindet Bildungsanspruch mit Unterhaltung und landeskundliche mit historischen Perspektiven; in ihr geht es um Authentizität und Identität, um Interaktion und Distinktion, um Emotion und Alltagsflucht. Adressiert werden die Teilnehmer:innen dabei in einer Vielfalt von Rollen – als Repräsentant:innen einer Region, einer Nation oder einer Generation sowie als Mitglieder einer globalen Gemeinschaft von Reisenden.

Jede Stadtführung ist das Produkt kontingenter Umstände und somit einzigartig. Neben Guide und Gästen hängt ihre konkrete Form von vielerlei Faktoren ab, darunter nicht zuletzt scheinbar banalen Gegebenheiten wie Verkehrssituation oder Wetter. In diesem Sinne kann es nicht Anliegen dieses Fazits sein, *eine typische Kommunismustour* zu extrahieren oder einen systematischen Vergleich zwischen tschechischen, polnischen und slowakischen Angeboten vorzunehmen. Stattdessen möchte ich abschließend einige wiederkehrende Elemente zusammenfassen, die sich aus der Beobachtung der Touren ergeben haben. Auch wenn sie sich konkret auf die Geschichte des Staatssozialismus beziehen, öffnen sie Perspektiven auf das größere Feld der Public History im kommerziellen Sektor. Die zentrale Frage lautet also: Welche Elemente zeichnen das *doing history* im Rahmen der internationalen Tourismusindustrie aus, kurz: was charakterisiert Geschichte in ihrer »touristifizierten« Variante? Die Aspekte, die ich herausheben möchte, sind auf unterschiedlichen Ebenen angesiedelt und eher als Bausteine zu verstehen, die je nach Ort, Format und beteiligten Akteuren in verschiedenen Mischverhältnissen zu finden sind. Einige von ihnen ergeben sich aus der tourismusspezifischen, multimodalen Bedürfnislage seitens der Reisenden, andere lassen sich auf konkrete narrative wie performative Strategien zurückführen, die Guides einsetzen, um umstrittene Aspekte des Staatssozialismus kollisionsfrei vor einem heterogenen internationalen Publikum zu thematisieren. Während in manchen Stadtführungen sämtliche Elemente zu finden waren und teils unverbunden nebeneinander existierten, kamen in anderen nur einige von ihnen zum Tragen.

(1) Authentizität

Zu den zentralen Versprechen des Tourismus gehört das Erleben von Authentizität – eine Zuschreibung, die in der historischen Forschung wie Vermittlung ebenfalls eine wichtige Rolle spielt. Anders als beim Konsum historischer Romane oder Filme basiert die Geschichtsaneignung in Stadtführungen auf dem physischen Besuch von Orten, deren materielle Echtheit meist zusätzlich authentisiert wird. Neben der historischen Kontextualisierung und der Einbindung verschiedener Medien (etwa historischer Fotos) wurde die Begehung des Stadtraums in den Kommunismustouren stets als gemeinsames Lesen von Spuren inszeniert, die konkrete Ereignisse darin hinterlassen haben. Gleichzeitig beriefen sich die Guides auf Zeitzeug:innen oder traten selbst als solche auf, um die Echtheit historischer Schauplätze zu bezeugen. Bewusst oder unbewusst setzten sie dabei das subjektive Körper-Erleben des Publikums zur Beglaubigung ihrer Interpretation ein – einen Zusammenhang, den ich u.a. mit dem Begriff des »Begehens« beschrieben habe: Durch multisensorische Reize und Praktiken der emotionalen Ansprache erzeugten die Stadtführer:innen an ausgewählten Orten Gefühle der Unmittelbarkeit, ja einer direkten Verbindung zur Vergangenheit. Wie stark die historiografische Prägekraft solcher Erlebnisse sein kann, verdeutlichen meine autoethnografischen Reflexionen von Besuchen abgeschotteter Innenräume mit besonderer immersiver Wirkung: In der Performanz der Kommunismustouren wurden aus den unterirdischen Prager Atomschutzbunkern klaustrophobische, gefährliche Räume, deren Besichtigung als körperlicher Nachvollzug bestimmter Vorstellungen über den Kalten Krieg und das vermeintlich abgeriegelte Leben im »Ostblock« gedeutet werden kann. Ebenso lassen sich Kantinenbesuche und Fahrten im Retro-Auto als punktuelle Reenactments des staatssozialistischen Alltags lesen, die in spielerischer Weise Vorstellungen von Kargheit und Simplizität, technischer Obsoleszenz und Gemeinschaftsgefühl verifizierten.

Als zusätzliche Authentisierungsebene habe ich die Inszenierung der Kommunismustouren als »Alternative« zur klassischen, überblicksartigen Stadtführung herausgearbeitet. So stilisierten die Guides das kommunistische Erbe häufig als Geheimtipp, ja als *terra incognita,* das bislang kaum als sehenswürdig markiert sei. Ungeachtet der Tatsache, dass der *communist heritage tourism* längst als etabliertes Marktsegment im östlichen Europa gelten kann, priesen die Anbieter ihre Perspektiven auf das jüngere Bauerbe und die Zeitgeschichte in Prag, Warschau und Bratislava als Angebote an, die »authentischere« Einblicke in das Wesen ihrer Städte böten als herkömmliche Sightseeing-Routen. Stärker als andere Stadtführungen kapitalisierten die zeithistorischen Touren damit den Wunsch vieler Reisender, weniger touristisch als andere zu sein, den Jonathan Culler bereits 1981 als semiotisches Grundcharakteristikum des Tourismus wie folgt herausgestellt hat: »[P]art of what is involved in being a tourist is disliking tourists (both other tourists and the fact that one is oneself a tourist).«[2] Insbesondere die privaten Führungen in Kleingruppen erwiesen sich als Distinktionsangebote, mit denen sich die Teilnehmer:innen als *traveler* jenseits der glatt polierten Fassaden touristischer Altstädte fühlen können.

In der Tat scheint das materielle Erbe des Staatssozialismus für die Performanz des vermeintlich Untouristischen besonders gute Voraussetzungen zu bieten. Abgesehen von Dominanten wie dem Kulturpalast gehören Orte wie die ehemalige Parteizentrale in Warschau, der sowjetische Ehrenfriedhof in Bratislava oder die Prager Bunker nicht zu den *Top Ten* dortiger Touristenattraktionen. Ihre sinnlich erlebbare Differenz zur herausgeputzten Altstadt bzw. zu professionellen Museen verspricht offensichtlich eine spezifische Art von Originalität. Noch stärker lässt sich dies für das Gesamterlebnis der Fahrten in Fahrzeugen aus staatssozialistischer Produktion konstatieren: Unannehmlichkeiten und fehlender Komfort, die unter anderen Bedingungen Grund für Beschwerden wären, erwiesen sich im Setting der »communism tour« als Quellen besonderer, subjektiver Authentizitätserlebnisse. Der Logik des Alternativangebots folgend, kreisten die Touren permanent um die Gefahr einer Autopanne. Egal ob rhetorisch heraufbeschworen oder real erlebt, bestätigte das Risiko, am Straßenrand liegenzubleiben, die Reisenden ihrer eigenen Abenteuerlust und bezeugte zugleich die erwartete Rückständigkeit technischer Geräte aus sozialistischer Produktion.

2 Culler, Semiotics of Tourism, S. 130.

(2) Exotisierung, Selbstermächtigung und Transfer

Im Anspruch der Kommunismustouren, einen »alternativen« Blick auf die besuchten Städte zu bieten, lenkten die Guides die Aufmerksamkeit der Reisenden auf weniger bekannte Gebäude, Denkmäler oder Areale. Sie machen das vermeintlich Übersehene, Hässliche und Merkwürdige zum Gegenstand der Betrachtung und damit zu »Sehenswürdigkeiten«. Als Grundmodus der Touristifizierung des Staatssozialismus lässt sich somit eine Exotisierung identifizieren, die auch in anderen populärkulturellen Präsentationen der Epoche dominiert. Die von den Guides mobilisierten stereotypischen Bilder über einen gleichermaßen grauen wie absurden Alltag im Kommunismus verschmolzen dabei mit orientalisierenden Vorstellungen über einen kulturell andersartigen Osten. Verweise auf baulichen Gigantismus, Propagandalosungen, kollektive Rituale und Überwachung standen Seite an Seite mit Erinnerungen an Mangel, baulichen Verfall, Alltagstristesse und Anekdoten über die Janusköpfigkeit der Partei oder den Einfallsreichtum der Bevölkerung. Einzelne Orte, Spuren und historische Dokumente wurden als physisch erfahrbare Belege dafür präsentiert, wie merkwürdig das Leben in der staatssozialistischen Tschechoslowakei bzw. der Volksrepublik Polen gewesen sei. Dieses narrative wie performative *othering* beschränkte sich nicht auf die Zeit bis 1989, sondern umfasste auch die Transformationsphase und die Gegenwart. So wurden Bunker, Kantinen und Milchbars als Zeitkapseln präsentiert, in denen die Fremd- und Einfachheit der überwundenen Epoche materiell überdauert habe und heute noch optisch, olfaktorisch und haptisch erfahrbar sei. Insbesondere die in Prag zugänglichen Bunker fungierten als Sinnbild wie Karikatur der untergegangenen Regime: Indem sie einerseits als Orte ohne Ausweg und andererseits als Wunderkammern veralteter Technik vorgestellt und »bespielt« wurden, standen sie *pars pro toto* für beides – eine klaustrophobisch-enge Überwachungsgesellschaft im Kalten Krieg und die vermeintliche Absurdität einer gesamten Epoche.

Es wäre jedoch falsch, das *doing history* der Kommunismustouren auf die Zirkulation von stereotypischen Bildern eines räumlich, zeitlich und mental fremden Ostens zu reduzieren, die der bereisten Kultur lediglich einen passiven Objektstatus zuweist. Im Gegenteil unterliefen die Guides ihre exotisierenden Präsentationen immer wieder selbst, etwa indem sie dem ausländischen Publikum ihre Kompetenzen vor Augen führten. Spielerisch veranschaulichten sie den Vorteil, den die Erfahrung des Lebens in der Diktatur, vor allem aber die Kenntnis der lokalen Sprachen haben kann, und erinnerten ihre Gäste an abgelegenen Orten an ihre aktuelle Abhängigkeit von Ortskenntnis und Wohlwollen der Stadtführer:innen. Sie traten dabei als kosmopolitische, sprachgewandte Vermittler:innen auf, die problemlos zwischen den Welten wechseln und Verbindungen zwischen ihnen herstellen können.

Brückenschläge vollzogen sie auch, indem sie Bezug auf Themen nahmen, die nah an der Lebenswelt der Reisenden sind. Im Falle der Kommunismustouren, die sich an ein heterogenes, westliches Publikum richten, fanden sich solche Verbindungslinien insbesondere im Verweis auf geteilte Konsumerfahrungen, auf Ikonen der globalen Populärkultur und nicht zuletzt auf die gemeinsame Identität als Tourist:innen. Bei den Themen Alltag und Freizeit resultierten diese Bezüge auf geteilte Erfahrungshorizonte in einer Reihe von teils überraschenden Transfer- und Verflechtungsgeschichten, die vor allem die Rezeption westlicher Musik und Filme in Polen und der Tschechoslowakei betrafen. Beispiele wie die Verehrung John Lennons in Prag oder ein Rolling-Stones-Konzert in Warschau wurden dabei nicht als Ausdruck von Jugendkultur oder gar Dissidenz präsentiert. Gerahmt als Konsum- und Freizeitgeschichte erschienen sie vielmehr als integraler Bestandteil der Geschichte des Staatssozialismus und hinterfragten so das Klischee einer kulturellen Abschottung des »Ostblocks«. In ihrer touristifizierten Variante, so ließe sich zuspitzen, ist Zeitgeschichte besonders affin für tourismus- und mobilitätshistorische Perspektiven und damit auch Fragen des kulturellen Transfers.

(3) Nostalgie und historische Zeit

Der wiederkehrende Auftritt von Helden der westlichen Populärkultur aus verschiedenen Jahrzehnten verweist außerdem auf die besondere Temporalität touristischer Geschichte. Einerseits gilt ein Urlaub als wiedergewonnene, außeralltägliche Zeit, andererseits fließen darin verschiedene Sphären der Erinnerung zusammen.[3] Die eigene Kindheit und Jugend können dabei ebenso wichtige Rollen spielen wie Erinnerungen an eine frühere Reise oder die Erwartung der zukünftigen Erinnerung an die aktuelle Reise. In den Kommunismustouren kommt dieser besondere touristische Umgang mit Zeit in verschiedener Hinsicht zum Tragen. Zum einen zeigt er sich im nostalgischen Konsum des Staatssozialismus als »zeitlosem« Sehnsuchtsraum, in dem Erinnerungen westlicher wie östlicher Reisender gleichermaßen aufgerufen werden können. Dort etwa, wo Geschichten von Mangel und Absenz vor 1989 in Erzählungen über

3 Groebner, Retroland, S. 10.

den Wunsch nach Gütern der westlichen Waren- und Konsumwelt mündeten, erhielt das westliche Publikum die Möglichkeit, noch einmal in die Rollen derjenigen zu schlüpfen, auf denen einst die sehnsuchtsvollen Blicke ruhten.[4] Im gemeinsamen Staunen über die altertümliche Anmutung analoger Geräte in Alltagsmuseen, in Keller- und Bunkeranlagen wiederum trat die Herkunft aus Ost oder West in den Hintergrund, denn aus der Zeit gefallen wirkte die vorgeführte Luftschutz-, Kommunikations- und Heizungstechnik unabhängig vom eigenen Herkunftsort. In der spielerischen Animation von Orten, Exponaten und Transportmitteln als Zeitmaschinen, Zeitkapseln oder Zeitschleusen, war deutlich der Genuss am Haptischen, Vordigitalen, Langsamen zu spüren. Ohne dies explizit zu machen, riefen die Kommunismustouren hier Sehnsüchte nach einer Epoche auf, in der eine Ressource keine Mangelware war – nämlich Zeit. Nostalgisch sind »communism tours« demnach weniger im Sinne einer Verharmlosung oder gar politisch gedachten Gegenerinnerung[5] als vielmehr im allgemeineren Sinne eines »Außer-der-Zeit-Seins«.[6]

Mit Blick auf die Temporalität historischen Erzählens verdeutlichen die Kommunismustouren zum anderen, dass die Stadtführung als raumgebundenes Medium rein linearen Geschichtsdarstellungen *per se* zuwiderläuft. Immer wieder nahmen die Guides in ihnen Bezug auf alternative Zeitlichkeiten. Insbesondere in der Begehung »authentischer Orte« hebelten sie lineare Zeitverlaufsvorstellungen aus, um die unterschiedlichen Rhythmen der Stadt narrativ zu bändigen und den Teilnehmer:innen Gelegenheit zur zeit-räumlichen Selbstpositionierung zu geben. Indem sie zeitwidrige Aussagen machten, anachronistisch argumentierten oder auf zyklische Periodisierungen zurückgriffen, spielten die Stadtführer:innen mit der Fähigkeit der Reisenden, Verbindungen zu temporal »abwesenden Zeiten«[7] herzustellen. Selbst bei chronologisch organisierten Tourskripten relativierte die visuelle Präsenz von markanten Objekten am Wegesrand wiederholt etablierte Zeitverlaufs- und Kausalvorstellungen. Der komplexe, lebendige Stadtraum privilegiert offenbar nicht das historische Denken in Chronologien, sondern ein anekdotisches Erzählen in Anachronismen und Chronoferenzen. Je nach Tourformat und Intensität des Raumbezugs konnte die Epoche des Staatssozialismus dabei schrumpfen oder wachsen und schien bisweilen sogar bis in die Gegenwart verlängert.

4 Nadkarni, Shevchenko, The Politics of Nostalgia, S. 495.
5 Ahbe, Ostalgie.
6 Boym, The future of nostalgia, S. 19.
7 Landwehr, Die anwesende Abwesenheit der Vergangenheit, S. 150 f.

(4) Polysemie als Form des Managements

In vielerlei Hinsicht erscheint die touristische Geschichte des Staatssozialismus als leicht nachvollziehbare, ideologisch klare Geschichte. Fast alle von mir besuchten Touren labelten das kommunistische Erbe negativ und transportierten teleologische Befreiungsnarrative, in denen der Sieg eines liberalen über ein diktatorisches System nicht nur verbal vermittelt, sondern auch leiblich performt wurde. Letzteres habe ich insbesondere anhand von Bunkerbesuchen beschrieben, in denen die klaustrophobische Enge des Überwachungsstaates bzw. das Horrorszenario einer Nuklearkatastrophe durch körperliche Reize evoziert und im Hinaustreten die »Befreiung« symbolisch nachvollzogen wurde. Im Einklang damit lassen sich die Kommunismustouren als Bühnen betrachten, auf denen das untergegangene System im kollektiven Spiel lächerlich gemacht werden durfte, ja sollte. Neben Ironie und Sarkasmus wandten die Guides eine Vielzahl von Strategien an, um Objekte und Praktiken, die zum kommunistischen Erbe gezählt wurden, ostentativ abzuwerten und ihrer potenziellen Aura zu berauben. Sie führten ihr Publikum dazu in private, im Stil von Kuriositätenkabinetten kuratierte »Cold War Museums« und entlarvten materielles wie immaterielles Erbe wahlweise als Fälschung, Dilettantismus oder Ergebnis verbrecherischer Zwangsmaßnahmen.[8] Gleichzeitig animierten sie die Teilnehmer:innen zu rituellen Praktiken des Überwindens: In Räumen, die angeblich einst der Nomenklatura, dem Militär oder dem Geheimdienst vorbehalten waren, wurde der Akt des Betretens oder des Platznehmens zur demonstrativen Aufführung symbolischer Entmachtung. Als Höhepunkt eines solchen gemeinschaftlichen Machtumkehr-Spiels zeigte sich die eigenhändige Benutzung von Überwachungstechnik und Militaria in den unterirdischen Bunkermuseen in Prag.

Bei näherer Betrachtung erweist sich die touristifizierte Variante der Geschichte des Staatssozialismus allerdings keineswegs als eindeutige Diktaturerinnerung. Im Gegenteil zeichneten sich die Führungen in der Gesamtschau gerade durch das Nebeneinander von interpretativer Prägnanz und polysemischer Offenheit aus. Auf verbaler Ebene standen unterschiedliche Bewertungen unverbunden nebeneinander; die diskursiv-kognitive und die emotional-performative Ebene unterstützten nicht immer deckungsgleiche Deutungen. So fanden neben der abwertend-ironischen Distanzierung auch positive Wertungen kommunistischer Ideale Raum. Weder die Kritik am Diktaturcharakter des Systems noch

8 Vgl. auch die Strategie des »façade peeling« bei Macdonald, Difficult heritage, S. 152 f.

die performative Abwertung der Materialkultur tat dem nostalgischen Genuss an Relikten der Vergangenheit oder der Faszination monumentaler Bauwerke Abbruch. Durch die collagenhafte Kombination verschiedener Erzählmodi, darunter historiografische Zusammenfassungen, Anekdoten und Erzählungen aus dem eigenen Leben, konnte etwa der Warschauer Kulturpalast in ein und derselben Tour als schwieriges Erbe, als sentimentale Kindheitserinnerung und als heiß geliebtes Wahrzeichen der Stadt erscheinen.

Diese interpretatorische Mehrdeutigkeit lässt sich als Ausdruck eines spezifischen *heritage managements* lesen, dessen sich die Guides bedienten, um ein breites, internationales Publikum anzusprechen und dabei auch divergierende Sichtweisen auf den Kommunismus und sein Erbe in das gemeinsame Erlebnis zu integrieren. Im Sinne einer »Erinnerungsdiplomatie«[9] wechselten sie fließend durch verschiedene erzählerische Rollen und stellten widersprüchliche Perspektiven bisweilen so nebeneinander, dass sie sich gegenseitig zu neutralisieren schienen. Gleichzeitig wandten sie unterschiedliche Techniken der Ausblendung, der Harmonisierung und der Universalisierung an. Strittige und potenziell dissonante Themen klammerten sie entweder ganz aus ihren Erläuterungen aus oder verschoben sie in Zwiegespräche zwischen den einzelnen Stationen. Diese Tendenz zur Uneindeutigkeit ließ sich bis hinunter auf die Sprachebene beobachten: Neben der häufig unpräzisen Wortwahl (insbesondere durch Nicht-Englisch-Muttersprachler:innen) generierten vor allem das Sprechen im Passiv, der häufige Wechsel von Bezugsgruppen aber auch die Nutzung von Ironie systematisch Leerstellen. Im Nahblick erweisen sich die Kommunismustouren damit als schillernde Produkte der Tourismus- bzw. Kulturerbeindustrie, die zwar durch vielerlei Standardisierungen und Vereinseitigungen geprägt, aber mitnichten eindeutige Interpretationen einer klar umrissenen Epoche sind. Es sind gerade die hier aufgezeigten Marktlogiken, die sie zu offenen Identitätsangeboten machen, die auf unterschiedlichen Deutungsebenen konsumiert werden können.

9 Vgl. die Ausführungen über »memory diplomacy« bei Alena Pfoser/Guzel Yusupova, Memory and the everyday geopolitics of tourism. Reworking post-imperial relations in Russian tourism to the ›near broad‹, in: Annals of Tourism Research, Bd. 95 (2022) 103437.

***

Aus dem Befund, dass im touristischen *doing history* eine höchst uneindeutige Geschichte entsteht, in der teils gegensätzliche Bedürfnisse und Perspektiven widerhallen können, lassen sich verschiedene Schlüsse ziehen. Fachhistoriker:innen werden sich wohl in erster Linie in ihrer Skepsis gegenüber Produkten, die eigens für den internationalen Tourismusmarkt entwickelt wurden, bestätigt sehen. Aus Sicht der osteuropäischen Geschichte kann man sich zwar über das Interesse von Millionen Reisenden am eigenen Forschungsgegenstand freuen, allerdings diskreditiert der exotisierende Blick, der hierbei nicht nur tradiert, sondern zugleich für wirtschaftlichen Profit genutzt wird, die Angebote von vornherein. Von den ethischen Problemen, die das aktuelle Kriegsgeschehen weiter verschärft hat, war bereits die Rede. Die größte Sympathie für Kommunismustouren ist im Bereich der Public History zu vermuten, doch auch Vertreter:innen dieses Feldes werden einwenden, dass die dargebotenen Collagen intransparent und unsystematisch sind und daher wenig mit dem angestrebten Leitziel einer multiperspektivischen Geschichtsvermittlung gemein haben.[10] Ohne dies zu bestreiten, möchte ich dennoch einen Aspekt herausstreichen, an den zukünftige Public-History-Angebote anknüpfen könnten. Aus meiner Sicht offenbart die hier vorgeschlagene kulturwissenschaftliche Perspektive auf das Phänomen nämlich durchaus ein Potenzial, das im geschichtstouristischen Umgang mit Zeit, Raum und Körpern steckt: Durch den ihr eigenen Doppelfokus auf Vergangenheit *und* Gegenwart scheint die prinzipielle Konstruktivität von Geschichte wenigstens punktuell erlebbar. Oder wie es Daniel Reynolds formuliert hat: »[T]he duality of listening to the past and to the present, is not only an unavoidable aspect of historical tourism, it is also one of its most important mechanisms by which tourism enables reflection.«[11]

Auch wenn in den Touren sehr häufig ein positivistisches Wissenschaftsverständnis aufgerufen wurde (etwa dann, wenn das touristische Storytelling als Gegensatz zur faktografisch-langweiligen »Geschichtsstunde« präsentiert wurde), schimmerte an vielen Punkten ein leiser Zweifel an eindeutigen Wahrheiten und der Objektivität von Fakten durch. So problematisierten die Guides immer wieder das Nebeneinander verschiedener Zeitschichten im Stadtraum, sie nahmen überraschende Perspektivwechsel vor, thematisierten ihre eigene Positionalität und ent-

10 Vgl. Martin Lücke/Irmgard Zündorf, Einführung in die Public History, Stuttgart 2018, S. 42-45.

11 Reynolds, Postcards from Auschwitz, S. 66.

larvten ihre Erläuterungen so manches Mal selbst als urbane Legenden oder unwahrscheinliche Spekulationen. In performativer Hinsicht waren die Guides in Momenten wie diesen sehr deutlich als Darsteller:innen identifizierbar, die Geschichte in der Gegenwart zur Aufführung bringen. Sie ähnelten damit jenen »hyper-historians«, die der Theatertheoretiker Freddy Rokem in seiner Auseinandersetzung mit dem Verhältnis von Theater und Vergangenheit beschrieben hat. Mit diesem Begriff bezeichnet er Schauspieler:innen, deren Darstellung dem Publikum den Aspekt einer Wiederaufführung vor Augen führe[12] – eine Vorstellung, die David Dean, Yana Meerzon und Kathryn Prince in ihrem Band »History, Memory, Performance« ausdrücklich auf Guides und deren »embodiments of the past« ausgeweitet haben.[13] Genauer zu prüfen wäre also, inwiefern historische Stadtführungen die Vorstellung, vergangenes Geschehen mit zeitloser Gültigkeit rekonstruieren zu können, qua Medium in Zweifel ziehen.

Als weitere Besonderheit der erlebnisorientierten Formate zeigte sich die aktive Teilhabe des Publikums am Akt der Interpretation. So waren die Kommunistouren nicht nur Monolog, sondern auch spielerische Interaktion. In einige Führungen waren theatrale Einlagen eingebettet, an manchen Orten umfasste das gemeinsame Spiel die Simulation von typischen Situationen des Lebens im Staatssozialismus. Nationale oder generationelle Zuschreibungen an die Gäste wurden in den Bunkern, Kantinen, Oldtimern und anderen »Zeitkapseln« fallengelassen. Die stillschweigende Vereinbarung, dass niemand die gemeinsame Freude am Als-ob zerstört, gehörte dabei fest zum Regelwerk dieses Zeitreise-Spiels. Obwohl dem Publikum klar war, dass die im Jalta-Bunker ausgestellte Überwachungsanlage heute nicht mehr funktionstüchtig und eine Milchbar im Jahr 2015 nicht deckungsgleich mit einer solchen in den 1980er Jahren ist, ließen sich die Teilnehmer:innen auf die Spiele »Überwachung westlicher Gäste im Staatssozialismus« oder »Essen in der Volksrepublik« ein. Kein einziges Mal erlebte ich, dass jemand als Spielverderber:in auftrat, die Simulation in Frage stellte und so den »Zauberkreis des Spiels«[14] durchbrach.

12 Freddie Rokem, Performing history. Theatrical Representations of the Past in Contemporary Theatre, Iowa City 2000, S. 13.

13 David Dean/Yana Meerzon/Kathryn Prince, Introduction, in: David Dean/Yana Meerzon/Kathryn Prince (Hg.), History, Memory, Performance, Basingstoke u.a 2015, S. 1-18, hier S. 4.

14 Johan Huizinga, Homo ludens. Vom Ursprung der Kultur im Spiel, Reinbek b. Hamburg 2004 (zuerst 1938), S. 20.

Stadtführungen stellen somit Bühnen dar, auf denen Geschichte in Interaktion zwischen Guides, Tourist:innen und materieller Umwelt performt wird. Wie ich gezeigt habe, machen Skripte und Routen hierfür verschiedene Angebote, die aufgegriffen werden können, aber nicht müssen.[15] Um zu erfahren, ob das ludische, und damit *per se* ambivalente[16] Moment touristischer Geschichte tatsächlich geeignet ist, weiterführende Reflexionen über den Status von Geschichte bzw. Geschichtsschreibung anzustoßen oder ob die aufgerufenen, schematischen Bilder nicht vor allem populistischen Narrationen Vorschub leisten, braucht es freilich weitere Forschung. Wie auch Agnieszka Balcerzak betont hat, kann eine ethnografische Analyse zwar die »Verschränkungen von Tourismus und Vergangenheit auf physischer, imaginärer und emotionaler Ebene und die Auswirkungen dieses multisensorischen Zusammenspiels auf die touristische Vermarktung des kommunistischen Erbes«[17] herausstreichen, dabei aber keine validen Aussagen über die Entwicklung von Geschichtsbildern und Gesellschaftsvorstellungen seitens der Tourist:innen treffen. In einem nächsten Schritt erscheint es daher lohnend, die Reisenden selbst stärker in den Fokus zu rücken. Dies könnte im Rahmen »klassischer« Rezeptionsforschung, aber auch einer fundierten »sensory ethnology«[18] geschehen. Das sinnliche Erleben Reisender näher zu untersuchen, hieße dann auch, »touristische« Körper in ihren jeweils unterschiedlichen Prägungen näher zu bestimmen – etwa als männliche oder weibliche, westliche oder nicht-westliche, als kapitalistische oder spätkapitalistische. Denn wie ich hier nur andeuten konnte, sind es ganz unterschiedliche Körper, die tagtäglich – und damit in nicht zu unterschätzendem Umfang – an der Hervorbringung von Geschichte beteiligt sind. Tatsächlich genügt ein Blick auf die Gästezahlen von Destinationen wie Prag, um zu erkennen, dass das touristische *doing history*, das hier als eigenständiger, relevanter Forschungsgegenstand vorgestellt wurde, alles andere als ein marginales Phänomen ist.

15 Vgl. auch zum Ausstellungsskript als Angebot: Werner Hanak-Lettner, Die Ausstellung als Drama. Wie das Museum aus dem Theater entstand, Bielefeld 2014, S. 180.

16 Brian Sutton-Smith, The Ambiguity of Play, Cambridge 1997.

17 Balcerzak, Adventure Warsaw – Adventure PRL! Ethnografische Bausteine zur Kommodifizierung des kommunistischen Erbes als touristische Destination und kulturelle Ressource, S. 108.

18 Vgl. Pink, Doing sensory ethnography.

Abbildungsverzeichnis

Abb. 1: Guide einer Kommunismustour mit »BORN in PRL«-T-Shirt, Warschau, 28.4.2015 (Foto: Sabine Stach).
Abb. 2: Bild des Warschauer Kulturpalastes im Molwanîen-Reiseführer (Santo Cilauro et al.: Molwanîen. Land des schadhaften Lächelns, München 2005, S. 111).
Abb. 3: Ein Guide berichtet im Kulturpalast von dessen einstiger Nutzung, Warschau, 19.5.2015 (Foto: Sabine Stach).
Abb. 4: Ein Guide zeigt das Bild einer 1996 in Prag auf dem Sockel des einstigen Stalin-Denkmals installierten Michael-Jackson-Figur, Prag, 11.6.2018 (Foto: Sabine Stach).
Abb. 5: Ein Guide zeigt eine bekannte Fotografie von Chris Niedenthal – allerdings nicht am Ort der Aufnahme, Warschau, 28.4.2015 (Foto: Sabine Stach).
Abb. 6: Spiel mit populären Bildern des Kalten Kriegs im »Nuclear War Bunker Museum« in Prag, 14.6.2018 (Foto: Sabine Stach).
Abb. 7: Abriss des »Denkmals der Dankbarkeit für die sowjetischen Soldaten« in Warschau, 20.10.2018 (Foto: Sabine Stach).
Abb. 8: Kommentar zu einem Bild in der Fotogalerie von *Adventure Warsaw* auf Tripadvisor, https://www.tripadvisor.de/Attraction_Review-g274856-d1577275-Reviews-Adventure_Warsaw-Warsaw_Mazovia_Province_Central_Poland.html#/media-atf/1577275/412149931:p/?albumid=-160&type=0&category=-160 (zuletzt abgerufen am 19.6.2024).
Abb. 9: Ein Guide widmet sich den Beschädigungen des Museums im August 1968 anhand von historischem Bildmaterial, Prag, 10.8.2016 (Foto: Sabine Stach).
Abb. 10: Werbebanner mit 1:1-Abbildung der verdeckten Fassade am Nationalmuseum, Prag, 10.8.2016 (Foto: Sabine Stach).
Abb. 11: Stadtführerinnen zeigen dem Publikum eine Fotografie so, dass die Teilnehmer:innen den Wenzelsplatz aus demselben Blickwinkel wie der Fotograf im Jahr 1968 betrachten können, Prag, 11.8.2016 (Foto: Sabine Stach).
Abb. 12: Ein Guide präsentiert ein Bild des Prager Stalin-Denkmals, das bis 1962 am Ende der Straßenflucht hinter ihm zu sehen war, Prag, 17.7.2015 (Foto: Sabine Stach).
Abb. 13: Ein Guide präsentiert ein Bild, auf dem der Kulturpalast inmitten der Warschauer Trümmerlandschaft zu sehen ist, Warschau, 19.5.2015 (Foto: Sabine Stach).

Liste der Touren und Interviews

Stadtführungen in Bratislava

Authentic Slovakia: Bratislava Post Socialist City Tour (4h), 14.7.2015
Authentic Slovakia: Bratislava Post Socialist City Tour (2h), 17.10.2016
BeFreeTours: Free Tour Bratislava, 13.7.2015
BeFreeTours: Free Communism Tour, 20.10.2017
BeFreeTours: Free Communism Tour, 2.8.2019
LUKA Tours: Iron Curtain Cycle Trail, 16.10.2016

Stadtführungen in Prag

Context Travel: From Iron Curtain to Velvet Revolution, 16.7.2015
Československé Ozbrojené Složky: Vyhlídka Muzeum studené války (Hotel Jalta), 15.7.2015
Discover Prague: WWII & Communism Tour, 11.8.2016
Discover Prague: WWII & Communism Tour, 11.6.2018
Good Prague Tours: Communism Tour, 13.6.2018
Gray Line: Communist Walking Tour, 9.8.2016
NEXT City Tours:[1] Free Red Prague Tour, 12.8.2016
NEXT City Tours: New Prague Walking Tour, 23.5.2019
Prague Extravaganza: Communism and Bunker Tour, 15.7.2015
Prague Extravaganza: Communism and Bunker Tour, 10.8.2016
Prague Special Tours: Communism and Nuclear Bunker Tour, 16.7.2015
Prague Special Tours: Communism and Nuclear Bunker Tour, 11.8.2016
Prague Special Tours: Communism and Nuclear Bunker Tour, 14.6.2018
Prague Walks: Communism Walk, 17.7.2015
Prague Walks: Communism Walk, 10.6.2018

Stadtführungen in Warschau

Adventure Warsaw: Off the Beaten Path Trip, 29.3.2015
Adventure Warsaw: Communism Tour, 10.9.2016
City-Tour.com: Warsaw City Tour, 14.2.2016
CREATours: Palace Complex, 19.5.2015

1 Später: Generation Tours.

CREATours: Palace Complex, 27.6.2015
CREATours: Podziemny Pałac, 9.4.2016
CREATours: Palace »in a nutshell«, 3.11.2018
Dom Spotkań z Historią: Socialist Realist Warsaw, 8.3.2019
FREE Walking TOUR foundation:[2] Communist Warsaw, 28.4.2015
FREE Walking TOUR foundation: Communist Warsaw, 13.9.2016
FREE Walking TOUR foundation: Jewish Warsaw, 14.2.2016
FREE Walking TOUR foundation: Komunistyczna Warszawa, 15.5.2018
Orange Umbrella: Jewish Warsaw, 14.4.2016
Warszawa w budowie (Festival): Niechcane dziedzictwo: pomniki PRL-u, 20.10.2018

Stadtführungen in Krakau

Crazy Guides: Communism Tour, 7.7.2015
Free Walking Tours: Communism Tour, 8.7.2015

Interviews mit Stadtführer:innen

Adam & Mikołaj, 19.3.2016
Aneta, 10.6.2018
Antoni, 11.10.2018
Benjamin, 11.6.2018
Ella, 18.10.2016
Hana, 17.10.2016
Henryk, 8.2.2018; 19.4.2018; 27.9.2018
Laura, 2.8.2019
Lucas, 13.6.2018
Lucie, 19.10.2016
Maciej, 21.3.2016
Patrik, 11.8.2016
Peter, 17.10.2016
Roman, 9.8.2016
Sofia, 17.10.2016
Wiktor, 12.3.2018
Zuzanna, 12.4.2016

2 Später: FREE Walkative!.

Literatur- und Quellenverzeichnis

Ackermann, Felix, Palimpsest Grodno. Nationalisierung, Nivellierung und Sowjetisierung einer mitteleuropäischen Stadt 1919-1991, Wiesbaden 2010.

Adie, Bailey Ashton; Amore, Alberto; Hall, Colin Michael, Urban tourism and urban socialist and communist heritage. Beyond tragedy and farce?, in: International Journal of Tourism Cities, Bd. 3 (2017) 3, S. 291-304.

Adler, Judith, Travel as Performed Art, in: American Journal of Sociology, Bd. 94 (1989) 6, S. 1366-1391.

Agnew, Vanessa, Introduction: What Is Reenactment?, in: Criticism, Bd. 46 (2004) 3, S. 327-339.

Agnew, Vanessa, History's Affective Turn. Historical Reenactment and its Work in the Present, in: Rethinking History, Bd. 11 (2007) 3, S. 299-312.

Ahbe, Thomas, Ostalgie. Zum Umgang mit der DDR-Vergangenheit in den 1990er Jahren, Erfurt 2005.

Andersen, Tea Sindbæk; Ortner, Jessica, Introduction. Memories of joy, in: Memory Studies, Bd. 12 (2019) 1, S. 5-10.

Anderson, Jay, Time machines. The world of living history, Nashville 1986.

Are these the world's ugliest buildings?, in: The Telegraph, 5.8.2018, https://www.telegraph.co.uk/travel/lists/ugliest-buildings-in-the-world/slovak-radio-building/ [15.8.2025].

Ashworth, G. J., From History to Heritage – From Heritage to Identity. In search of concepts and models, in: G. J. Ashworth/P. J. Larkham (Hg.), Building a New Heritage. Tourism, Culture and Identity in the New Europe, London, New York 1994, S. 13-30.

Assmann, Aleida, Der lange Schatten der Vergangenheit. Erinnerungskultur und Geschichtspolitik, München 2006.

Bachtin, Michail, Rabelais und seine Welt. Volkskultur als Gegenkultur. Übersetzt von Gabriele Leupold, herausgegeben von Renate Lachmann, Frankfurt a. M. 1987.

Bachtin, Michail, Chronotopos, Frankfurt a. M. 2008.

Bajohr, Frank; Drecoll, Axel; Lennon, J. John (Hg.), Dark tourism. Reisen zu Stätten von Krieg, Massengewalt und NS-Verfolgung, Berlin 2020.

Baker, Vicky, The rise of the »free« city tour, in: The Guardian, 12.6.2013, https://www.theguardian.com/travel/2013/jun/12/free-pay-you-want-city-tours [15.8.2025].

Balcerzak, Agnieszka, »The Charm of the PRL«. Memory Culture, (Post) Socialist Nostalgia and Historical Tourism in Poland, in: Slovenský Národopis, Bd. 69 (2021) 2, S. 255-273.

Balcerzak, Agnieszka, Adventure Warsaw – Adventure PRL! Ethnografische Bausteine zur Kommodifizierung des kommunistischen Erbes als touristische Destination und kulturelle Ressource, in: Berliner Blätter, Bd. 85 (2022), S. 99-111.

Banaszkiewicz, Magdalena, Turystyka w miejscach kłopotliwego dziedzictwa, Kraków 2018.

Baraniewski, Waldemar, Pałac w Warszawie (mit Fotos von Błaziej Pindor), Warszawa 2014.

Bareither, Christoph, Difficult heritage and digital media. ›Selfie culture‹ and emotional practices at the Memorial to the Murdered Jews of Europe, in: International Journal of Heritage Studies, Bd. 27 (2021) 1, S. 57-72.

Bartmanski, Dominik, Ein p/ostmodernes Totem. Wie man als kommunistische Ikone den Kommunismus überdauert, in: Christine Gölz/ Alfrun Kliems (Hg.), Spielplätze der Verweigerung. Gegenkulturen im östlichen Europa nach 1956, Köln, Weimar, Wien 2014, S. 202-221.

Bartoš, Adam B., Žádný balkon, Gottwald řečnil z korby vozu, in: iDNES, 26.2.2008, https://www.idnes.cz/zpravy/domaci/zadny-balkon-gottwald-recnil-z-korby-vozu.A080226_142058_domaci_adb [15.8.2025].

Bauman, Richard, Story, Performance, and Event. Contextual Studies of Oral Narrative, Cambridge 2012 [zuerst 1986].

Bendix, Regina, Capitalizing on memories past, present, and future. Observations on the intertwining of tourism and narration, in: Anthropological Theory, Bd. 2 (2002) 4, S. 469-487.

Bendix, Regina, Was über das Auge hinausgeht. Zur Rolle der Sinne in der ethnographischen Forschung, in: Schweizerisches Archiv für Volkskunde, Bd. 102 (2006) 1, S. 71-84.

Benjamin, Walter, Erzählen. Schriften zur Theorie der Narration und zur literarischen Prosa, Frankfurt a.M. 2007.

Berdahl, Daphne, Consumer Rites. The Politics of Consumption in Re-Unified Germany, in: Daphne Berdahl (Hg.), On the Social Life of Postsocialism. Memory, Consumption, Germany, Bloomington 2010, S. 33-47.

Berdahl, Daphne, The Spirit of Capitalism and the Boundaries of Citizenship in Post-Wall Germany, in: Daphne Berdahl (Hg.), On the Social Life of Postsocialism. Memory, Consumption, Germany, Bloomington 2010, S. 87-100.

Berger Ziauddin, Silvia, Überlebensinsel und Bordell. Zur Ambivalenz des Bunkers im atomaren Zeitalter, in: David Eugster/Sibylle Marti (Hg.), Das Imaginäre des Kalten Krieges. Beiträge zu einer Wissens- und Kulturgeschichte des Ost-West-Konfliktes in Europa, Essen 2015, S. 69-93.

Blažek, Petr; Laube, Roman; Pospišíl, Filip, Lennonova zeď v Praze. Neformální shromáždění mládeže na Kampě 1980-1989, Praha 2003.

Böhn, Andreas; Möser, Kurt (Hg.), Techniknostalgie und Retrotechnologie, Karlsruhe 2010.

Bolter, J. David; Grusin, Richard, Remediation. Understanding new media, Cambridge, Mass. 1998.

Borcila, Andaluna, American Representations of Post-Communism. Television, Travel Sites, and Post-Cold War Narratives, London, New York 2015.

Borodziej, Włodzimierz, Pauschalreisen als staatliche Veranstaltung – das polnische Reisebüro ORBIS, in: Włodzimierz Borodziej/Jerzy Kochanowski/Joachim von Puttkamer (Hg.), »Schleichwege«. Inoffizielle Begegnungen sozialistischer Staatsbürger zwischen 1956 und 1989, Köln 2010, S. 207-228.

Boym, Svetlana, The future of nostalgia, New York 2001.

Braşoveanu, Alina, An incursion into a staged past. Bucharest's communist heritage as a tourism product, in: Revista de Stiinte Politice, Bd. 50 (2016), S. 153-165.

Bratislava navštívilo vlani viac ako 1,4 milióna turistov, in: Sme Bratislava, 25. 2. 2020, https://bratislava.sme.sk/c/22334045/bratislavu-navs tivilo-vlani-viac-ako-14-miliona-turistov.html [11. 7. 2022].

Bratislavu spoznávajú turisti aj inak: Z okien retro auta sa vrátia v čase, Bratislavské Noviny, 22. 6. 2019, https://www.bratislavskenoviny.sk/aktuality/petrzalka/55287-bratislavu-spoznavaju-turisti-aj-inak-z-okien-starej-skodovky-sa-vratia-v-case [15. 8. 2025].

Bren, Paulina, Tuzex and the Hustler. Living It Up in Czechoslovakia, in: Paulina Bren/Mary Neuburger (Hg.), Communism unwrapped. Consumption in Cold War Eastern Europe, New York 2012, S. 27-48.

Brenner, Christiane, Das »totalitäre Zeitalter«? Demokratie und Diktatur in Tschechiens Erinnerungspolitik, in: Osteuropa (2008) 6, S. 103-116.

Brin, Eldad; Noy, Chaim, The said and the unsaid. Performative guiding in a Jerusalem neighbourhood, in: Tourist Studies, Bd. 10 (2010) 1, S. 19-33

Brosch, Renate, Veranschaulichen/Vergegenwärtigen, in: Matías Martínez (Hg.), Erzählen. Ein interdisziplinäres Handbuch, Stuttgart 2017, S. 293-302.

Bruner, Edward M., Culture on tour. Ethnographies of travel, Chicago, Ill. 2004.

Bryon, Jeroen, Tour Guides as Storytellers. From Selling to Sharing, in: Scandinavian Journal of Hospitality and Tourism, Bd. 12 (2012) 1, S. 27-43.

Brzostek, Błażej, Äußere Zeichen gesellschaftlicher Unterschiede in Bukarest und Warschau in den 1950er und 1960er Jahren, in: Włodzimierz Borodziej/Jerzy Kochanowski/Joachim von Puttkamer (Hg.), »Schleichwege«. Inoffizielle Begegnungen sozialistischer Staatsbürger zwischen 1956 und 1989, Köln 2010, S. 25-54.

Bühl-Gramer, Charlotte, Back to the Cold War. Museumised Bunker Installations, in: Public History Weekly (2015) July, https://public-history-weekly.degruyter.com/3-2015-22/back-to-the-cold-war-museumised-bunker-installations/ [15. 8. 2025].

Bunten, Alexis C., So, How Long Have You Been Native? Life as an Alaska Native Tour Guide, Lincoln 2015.

Bunten, Alexis Celeste, Sharing culture or selling out? Developing the commodified persona in the heritage industry, in: American Ethnologist, Bd. 35 (2008) 3, S. 380-395.

Burckhardt, Lucius, Why is Landscape Beautiful? The Science of Strollology, Basel 2015.

Caraba, Cosmin Ciprian, Communist heritage tourism and red tourism. Concepts, developments and problems, in: Cinq Continents, Bd. 1 (2011) 1, S. 29-39.

Carnegie, Elizabeth; Kociatkiewicz, Jerzy, Occupying whateverland. Journeys to museums in the Baltic, in: Annals of Tourism Research (2019) 75, S. 238-247.

Carnegie, Elizabeth; Kociatkiewicz, Jerzy, Dances with despots: tourists and the afterlife of statues, in: Journal of Sustainable Tourism, Bd. 30 (2022) 2-3, S. 584-599.

Causevic, Senija; Lynch, Paul, Phoenix Tourism. Post-Conflict Tourism Role, in: Annals of Tourism Research, Bd. 38 (2011) 3, S. 708-800.

Certeau, Michel de, Kunst des Handelns, Berlin 1988.

Chomątowska, Beata, Pałac. Biografia intymna, Kraków 2015.

Chronis, Athinodoros, Moving bodies and the staging of the tourist experience, in: Annals of Tourism Research, Bd. 55 (2015) C, S. 124-140.

Cilauro, Santo; Gleisner, Tom; Sitch, Rob, Molwania. A Land Untouched by Modern Dentistry, South Yarra Victoria 2003.

Cilauro, Santo; Gleisner, Tom; Sitch, Rob, Molwanîen. Land des schadhaften Lächelns, München 2005.

Cohen, Erik, The Tourist Guide. The Origins, Structure and Dynamics of a Role, in: Annals of Tourism Research, Bd. 12 (1985) 1, S. 5-29.
Cohen, Erik, Conclusion. An Emergent Performance Paradigm in Guiding Studies, in: Ethnologia Europaea, Bd. 48 (2018) 2, S. 117-120.
Cohen, Erik; Cohen, Scott A., Authentication: Hot and Cool, in: Annals of Tourism Research, Bd. 39 (2012) 2, S. 1295-1314.
Coleman, Simon; Crang, Mike, Grounded Tourists, Travelling Theory, in: Simon Coleman/Mike Crang (Hg.), Tourism. Between place and performance, New York, NY 2002, S. 1-17.
Coleman, Simon; Crang, Mike (Hg.), Tourism. Between place and performance, New York, NY 2002.
Confino, Alon, Traveling as a Culture of Remembrance. Traces of National Socialism in West Germany. 1945-1960, in: History and Memory, Bd. 12 (2000) 2, S. 92-121.
Costa, Marcella, Gesprächskompetenz entwickeln – am Beispiel der interlingualen und interkulturellen Touristenführung, in: Doris Höhmann (Hg.), Tourismuskommunikation. Im Spannungsfeld von Sprach- und Kulturkontakt, Frankfurt a. M. 2014, S. 303-322.
Costa, Marcella; Müller-Jacquier, Bernd, Erklären und Fremdverstehen in Stadtführungen, in: Janet Spreckels (Hg.), Erklären im Kontext. Neue Perspektiven aus der Gesprächs- und Unterrichtsforschung, Hohengehren 2009, S. 177-192.
Costa, Marcella; Müller-Jacquier, Bernd (Hg.), Deutschland als fremde Kultur. Vermittlungsverfahren in Touristenführungen, München 2010.
Costa, Marcella; Müller-Jacquier, Bernd, Einleitung, in: Marcella Costa/Bernd Müller-Jacquier (Hg.), Deutschland als fremde Kultur. Vermittlungsverfahren in Touristenführungen, München 2010, S. 7-16.
Crang, Phil, Performing the Tourist Product, in: John Urry/Chris Rojek (Hg.), Touring Cultures. Transformations of Travel and Theory, London, New York 1997, S. 137-154.
Crownshaw, Rick (Hg.), Transcultural Memory, London 2016.
Culler, Jonathan, Semiotics of Tourism, in: American Journal of Semiotics, Bd. 1 (1981) 1-2, S. 127-140.
Český statistický úřad/Ředitelství služby cizinecké policie Ministerstva vnitra ČR, Cizinci v ČR podle státního občanství v letech 1994-2018, https://www.czso.cz/csu/cizinci/4-ciz_pocet_cizincu [22. 10. 2020].
Dahles, Heidi, The Politics of Tour Guiding. Image Management in Indonesia, in: Annals of Tourism Research, Bd. 29 (2002) 3, S. 783-800.
Daugbjerg, Mads, Being There. Time Travel, Experience and Experiment in Re-enactment and ›Living History‹ Performances, in: Bodil Peters-

son/Cornelius Holtorf (Hg.), The archaeology of time travel. Experiencing the past in the 21st century, Oxford 2017, S. 157-174.

Dean, David; Meerzon, Yana; Prince, Kathryn, Introduction, in: David Dean/Yana Meerzon/Kathryn Prince (Hg.), History, Memory, Performance, Basingstoke u. a. 2015, S. 1-18.

Dekel, Irit, Quoting and Telling, in: Ethnologia Europaea, Bd. 48 (2018) 2, S. 82-95.

Demke, Elena, »Die Macht der Ohnmächtigen« im Bild. Die Ikone des Prager Frühlings aus Bratislava, in: Gerhard Paul (Hg.), Das Jahrhundert der Bilder. 1949 bis heute, Göttingen 2008, S. 379-385.

D'Eramo, Marco, Die Welt im Selfie. Eine Besichtigung des touristischen Zeitalters, Berlin 2018.

Diaconu, Mădălina, Sinnesraum Stadt. Eine multisensorische Anthropologie, Wien 2012.

Dolff-Bonekämper, Gabi, Memorable Moments – Chosen Cultural Affiliations, in: Muriel Blaive/Christian Gerbel/Thomas Lindenberger (Hg.), Clashes in European memory. The case of Communist repression and the Holocaust, Innsbruck 2011, S. 143-153.

Drecoll, Axel; Schaarschmidt, Thomas; Zündorf, Irmgard, Authentizität als Kapital historischer Orte?, in: Axel Drecoll/Thomas Schaarschmidt/Irmgard Zündorf (Hg.), Authentizität als Kapital historischer Orte? Die Sehnsucht nach dem unmittelbaren Erleben von Geschichte, Göttingen 2019, S. 7-14.

Dreschke, Anja, Ritual, in: Vanessa Agnew/Jonathan Lamb/Juliane Tomann (Hg.), The Routledge handbook of reenactment studies. Key terms in the field, New York 2020, S. 202-206.

Dreschke, Anja; Huynh, Ilham; Knipp, Raphaela; Sittler, David, Einleitung, in: David Sittler/Raphaela Knipp/Ilham Huynh/Anja Dreschke (Hg.), Reenactments. Medienpraktiken zwischen Wiederholung und kreativer Aneignung, Bielefeld 2016, S. 9-23.

Dudek, Karolina J.; Sikora, Sławomir, Pustyna Kulturalna? Siedem Szkiców o Działaniu na Grochowie, Gdańsk 2018.

Dybiec, Joanna, Guidebook Gazes. Poland in American and German Travel Guides 1945-2002, Münster 2004.

Edensor, Tim, Staging Tourism. Tourists as Performers, in: Annals of Tourism Research, Bd. 27 (2000) 2, S. 322-344.

Edensor, Tim; Holloway, Julian, Rhythmanalysing the Coach Tour. The Ring of Kerry, Ireland, in: Transactions of the Institute of British Geographers, Bd. 33 (2008) 4, S. 483-501.

Ehlich, Konrad, Tourismus und sprachliches Handeln – diesseits und jenseits von Lingua-franca-Kommunikation, in: Doris Höhmann (Hg.),

Tourismuskommunikation. Im Spannungsfeld von Sprach- und Kulturkontakt, Frankfurt a. M. 2014, S. 13-36.

Endlich, Stefanie, »Hier stand das Geburtshaus Richard Wagners …«. Historische Stadtführungen auf der Suche nach der authentischen Topographie, in: Axel Drecoll/Thomas Schaarschmidt/Irmgard Zündorf (Hg.), Authentizität als Kapital historischer Orte? Die Sehnsucht nach dem unmittelbaren Erleben von Geschichte, Göttingen 2019, S. 89-104.

Enzensberger, Hans Magnus, Vergebliche Brandung der Ferne. Eine Theorie des Tourismus, in: Merkur, Bd. 12 (1958) 8, S. 701-720.

Erll, Astrid, Travelling Memory, in: Parallax, Bd. 17 (2011) 4, S. 4-18.

Erll, Astrid, Kollektives Gedächtnis und Erinnerungskulturen. Eine Einführung, Stuttgart 2017.

Erll, Astrid; Rigney, Ann, Introduction. Cultural Memory and its Dynamics, in: Astrid Erll/Ann Rigney (Hg.), Mediation, remediation, and the dynamics of cultural memory, Berlin, New York 2009, S. 1-11.

Eugster, David; Marti, Sibylle, Einleitung. Das Imaginäre des Kalten Krieges, in: David Eugster/Sibylle Marti (Hg.), Das Imaginäre des Kalten Krieges. Beiträge zu einer Wissens- und Kulturgeschichte des Ost-West-Konfliktes in Europa, Essen 2015, S. 3-16.

Farrugia, Glen; Brito, Luis Miguel; Griffin, Kevin A., Introduction to the International Journal of Tour Guiding Research, in: International Journal of Tour Guiding Research, Bd. 1 (2020) 1.

Feifer, Maxine, Going places. The ways of the tourist from Imperial Rome to the present day, London 1985.

Feldman, Jackie, A Jewish guide in the Holy Land. How Christian pilgrims made me Israeli, Bloomington 2016.

Feldman, Jackie, Mediation as a Practice of Identity, in: Ethnologia Europaea, Bd. 48 (2018) 2, S. 41-54.

Feldman, Jackie; Skinner, J., Tour Guides as Cultural Mediators, in: Ethnologia Europaea, Bd. 48 (2018) 2, S. 5-13.

Felsch, Corinna, Reisen in die Vergangenheit. Westdeutsche Fahrten nach Polen 1970-1990, Berlin 2015.

Fendl, Elisabeth; Löffler, Klara, Utopiazza. Städtische Erlebnisräume in Reiseführern, in: Zeitschrift für Volkskunde 88 (1992), S. 30-48.

Fenske, Michaela, Abenteuer Geschichte. Zeitreisen in der Spätmoderne, in: Wolfgang Hardtwig/Alexander Schug (Hg.), History Sells! Angewandte Geschichte als Wissenschaft und Markt, Stuttgart 2009, S. 79-90.

Fine, Elizabeth C.; Speer, Jean Haskell, Tour Guide Performances as Sight Sacralization, in: Annals of Tourism Research, Bd. 12 (1985) 1, S. 73-95.

Fischer-Lichte, Erika, Einleitung. Theatralität als Modell, in: Erika Fischer-Lichte (Hg.), Theatralität als Modell in den Kulturwissenschaften, Tübingen, Basel 2004, S. 7-26.

Fotiadis, Ruža; Ivanović, Vladimir; Vučetić, Radina (Hg.), Brotherhood and unity at the kitchen table. Food in socialist Yugoslavia, Zagreb 2019.

Franc, M., Ostalgie v Čechách, in: Adéla Gjuričová/Michal Kopeček (Hg.), Kapitoly z dějin české demokracie po roce 1989, Praha 2008, S. 189-212.

Frank, Sybille, Der Mauer um die Wette gedenken. Die Formation einer Heritage-Industrie am Berliner Checkpoint Charlie, Frankfurt a. M. 2009.

»Free« city tours exposed for dodgy employment practices, in: The Local, 11. 3. 2010, https://www.thelocal.de/20100311/25813 [15. 8. 2025].

Gaede, Daniel; Gryglewski, Elke, Vergleiche in der Gedenkstättenpädagogik, in: Elke Gryglewski/Verena Haug/Gottfried Kößler/Thomas Lutz/Christa Schikorra (Hg.), Gedenkstättenpädagogik. Kontext, Theorie und Praxis der Bildungsarbeit zu NS-Verbrechen, Berlin 2015, S. 345-357.

Gapps, Stephen, Practices of Authenticity, in: Vanessa Agnew/Jonathan Lamb/Juliane Tomann (Hg.), The Routledge handbook of reenactment studies. Key terms in the field, New York 2020, S. 183-186.

Gaubert, Christian, DDR: Deutsche Dekorative Restbestände? Der DDR-Alltag im Museum, Berlin 2019.

Georgescu, Diana, »Ceaușescu Hasn't Died«. Irony as Countermemory in Post-Socialist Romania, in: Maria Todorova/Zsuzsa Gille (Hg.), Post-Communist Nostalgia, New York 2012, S. 155-176.

Gibas, Petr; Nyklová, Blanka, Staying in a fallout shelter. Exploring ostalgia through post-socialist heterotopia, in: Cultural Geographies in Practice, Bd. 26 (2019) 4, S. 1-8.

Gillespie, Alex, Tourist photography and the reverse gaze, in: Ethos 34 (2006), S. 343-366.

Giustino, Cathleen M., Open Gates and Wandering Minds. Codes, Castles, and Chateaux in Socialist Czechoslovakia before 1960, in: Cathleen M. Giustino/Catherine J. Plum/Alexander Vari (Hg.), Socialist escapes. Breaking away from ideology and everyday routine in Eastern Europe, 1945-1989, New York, Oxford 2015, S. 48-72.

Goffman, Erving, The Presentation of Self in Everyday Life, New York 1959.

Golonka-Czajkowska, Monika, Podróż do krainy zwanej Nową Hutą, czyli o komunizmie jako atrakcji turystycznej, in: Magdalena Bogusławska/Zuzanna Grębecka (Hg.), Popkomunizm. Doświadczenie komunizmu a kultura popularna, Kraków 2010, S. 287-302.

Gölz, Christine; Kliems, Alfrun (Hg.), Spielplätze der Verweigerung. Gegenkulturen im östlichen Europa nach 1956, Köln, Weimar, Wien 2014.

Gościniec PTTK [=Zeitschrift des Polnischen Verbandes für Touristik und Landeskunde], 1963-1985.

Grębecka, Zuzanna, Między śmiechem a nostalgią – powroty do komunistycznej przeszłości, in: Magdalena Bogusławska/Zuzanna Grębecka (Hg.), Popkomunizm. Doświadczenie komunizmu a kultura popularna, Kraków 2010, S. 321-343.

Groebner, Valentin, Endlich einmal alles richtig. Was macht der Tourismus mit der Vergangenheit?, in: Thomas Steinfeld (Hg.), Die Zukunft des Reisens, Frankfurt a. M. 2012, S. 125-143.

Groebner, Valentin, Touristischer Geschichtsgebrauch. Über einige Merkmale neuer Vergangenheiten im 20. und 21. Jahrhundert, in: Historische Zeitschrift, Bd. 296 (2013), S. 408-428.

Groebner, Valentin, Retroland. Geschichtstourismus und die Sehnsucht nach dem Authentischen, Frankfurt a. M. 2018.

Groot, Jerome de, Consuming history. Historians and heritage in contemporary popular culture, London 2016.

Gruber, Ruth Ellen, Virtually Jewish. Reinventing Jewish culture in Europe, Berkeley 2002.

Gudehus, Christian, Dem Gedächtnis zuhören. Erzählungen über NS-Verbrechen und ihre Repräsentation in deutschen Gedenkstätten, Essen 2006.

Gundermann, Christine; Brauer, Juliane; Carlà-Uhink, Filippo; Keilbach, Judith; Logge, Thorsten; Morat, Daniel; Peselmann, Arnika, Samida, Stefanie; Schwabe, Astrid; Sénécheau, Miriam; Koch, Georg, Schlüsselbegriffe der Public History, Stuttgart 2021.

Hall, Colin Michael; Ram, Yael; Shoval, Noam (Hg.), The Routledge international handbook of walking, Abingdon, Oxon 2017.

Hämmerling, Christine, Teilnehmende Beobachtung in der historischen Forschungspraxis, in: Lisa Spanka/Julia Lorenzen/Meike Haunschild (Hg.), Zugänge zur Zeitgeschichte. Quellen und Methoden, Marburg 2016, S. 273-315.

Hanak-Lettner, Werner, Die Ausstellung als Drama. Wie das Museum aus dem Theater entstand, Bielefeld 2014.

Hanke, Barbara; Aly, Nicola, Stadtführungen in historischer Gewandung, in: Felix Hinz/Andreas Körber (Hg.), Geschichtskultur – Public History – Angewandte Geschichte. Geschichte in der Gesellschaft: Medien, Praxen, Funktionen, Göttingen 2020, S. 184-196.

Hardtwig, Wolfgang; Schug, Alexander, Einleitung, in: Wolfgang Hardtwig/Alexander Schug (Hg.), History Sells! Angewandte Geschichte als Wissenschaft und Markt, Stuttgart 2009, S. 9-17.

Haug, Verena, Am »authentischen« Ort. Paradoxien der Gedenkstättenpädagogik, Berlin 2015.

Hemme, Dorothee, Märchenstraßen – Lebenswelten. Zur kulturellen Konstruktion einer touristischen Themenstraße, Berlin 2009.

Historytelling, in: Werkstatt.bpb, unter https://www.bpb.de/lernen/digitale-bildung/werkstatt/218808/glossar-historytelling/ [15.8.2025].

Hochbruck, Wolfgang, Geschichtstheater. Formen der »Living History«. Eine Typologie, Bielefeld 2013.

Hochmuth, Hanno, Historische Authentizität im Digitalen Zeitalter. Die Videobustouren in Berlin, in: Martin Sabrow/Frank Bösch (Hg.), ZeitRäume, Göttingen 2015, S. 76-83.

Hochmuth, Hanno, Geschichtstourismus, in: Martin Sabrow/Achim Saupe (Hg.), Handbuch Historische Authentizität, Göttingen 2022, S. 178-184.

Hochmuth, Hanno; Saryusz-Wolska, Magdalena; Stach, Sabine, Entrepreneurs of memory. Selling history in the GDR Museum shop in Berlin, in: Memory Studies (2024), online first.

Hoenig, Bianca; Wadle, Hannah, Einleitung. Touristische Sehnsuchtsorte in Mittel- und Osteuropa, in: Bianca Hoenig/Hannah Wadle (Hg.), Eden für jeden?, Göttingen 2019, S. 11-41.

Holloway, J. Christopher, The Guided Tour. A Sociological Approach, in: Annals of Tourism Research, Bd. 8 (1981) 3, S. 377-402.

Holtorf, Cornelius, On Pastness. A Reconsideration of Materiality in Archeological Object Authenticity, in: Anthropological Quarterly, Bd. 86 (2013) 2, S. 427-444.

Holtorf, Cornelius, The Presence of Pastness. Themed Environments and Beyond, in: Judith Schlehe/Michiko Uike-Bormann/Carolyn Oesterle/Wolfgang Hochbruck (Hg.), Staging the Past, Bielefeld 2014, S. 23-40.

Holtorf, Cornelius, Introduction. The Meaning of Time Travel, in: Bodil Petersson/Cornelius Holtorf (Hg.), The archaeology of time travel. Experiencing the past in the 21st century, Oxford 2017, S. 1-22.

Huggan, Graham, The Postcolonial Exotic. Marketing the Margins, London 2001.

Huizinga, Johan, Homo ludens. Vom Ursprung der Kultur im Spiel, Reinbek b. Hamburg 2004 [zuerst 1938].

Hutcheon, Linda, Irony's Edge. The Theory and Politics of Irony, London, New York 1995.

Huyssen, Andreas, Present pasts. Urban palimpsests and the politics of memory, Stanford, Calif. 2009.
Ingold, Tim; Vergunst, Jo Lee (Hg.), Ways of walking. Ethnography and practice on foot, Farnham 2012.
Instytut Pamięci Narodowej: Akty prawne, unter: https://ipn.gov.pl/pl/upamietnianie/dekomunizacja/akty-prawne/45402,Ustawy.html [15.8.2025].
Ivanov, Stanislav, Opportunities for developing communist heritage tourism in Bulgaria, in: Tourism Review, Bd. 57 (2009) 2, S. 177-192.
Ivanova, Milka, The Inclusion of the Communist/Socialist Heritage in the Emerging Representations of Eastern Europe: The Case of Bulgaria, in: Tourism Culture & Communication, Bd. 17 (2017) 1, S. 31-46.
James, Beverly, Fencing in the past. Budapest's Statue Park Museum, in: Media, Culture & Society, Bd. 21 (1999) 3, S. 291-311.
Jannelli, Angela, Wilde Museen. Zur Museologie des Amateurmuseums, Bielefeld 2012.
Jaworski, Rudolf, Geschichtsdenken im Umbruch. Osteuropäische Vergangenheitsdiskurse im Vergleich, in: Andrei Corbea-Hoisie et al. (Hg.), Umbruch im östlichen Europa. Die nationale Wende und das kollektive Gedächtnis, Innsbruck u.a. 2004, S. 27-44.
Jeziński, Marek; Wojtkowski, Łukasz, Nostalgia Commodified. Towards the marketization of the post-communist past through new media, in: medien & zeit, Bd. 31 (2016) 4, S. 96-104.
Jonasson, Mikael; Hallin, Anette; Smith, Phil, Editorial, in: Scandinavian Journal of Hospitality and Tourism, Bd. 13 (2013) 2, S. 85-87.
Jones, Sara, The Media of Testimony. Remembering the East German Stasi in the Berlin Republic, Basingstoke 2014.
Jones, Sara, Mediated Immediacy. Constructing Authentic Testimony in Audio-Visual Media, in: Rethinking History (2017) 21, S. 135-153.
Kalshoven, Petra Tjitske, Epistemologies of Rehearsal. Crow Indianist Reflections on Reenactment as Resarach Practice, in: David Sittler/Raphaela Knipp/Illham Huynh/Anja Dreschke (Hg.), Reenactments. Medienpraktiken zwischen Wiederholung und kreativer Aneignung, Bielefeld 2016, S. 193-212.
Kałwa, Dobrochna, PRL w polskiej świadomości/pamięci historzcynej, in: Zdzisław Noga/Krzysztof Mikulski (Hg.), Pamieć polska, pamieć niemiecka od XIX do XXI wieku, Toruń 2006, S. 150-160.
Kampf um Stadtführungen: Verband sauer auf »Free Tours«, BR24, 3.5.2019, https://www.br.de/nachrichten/bayern/kampf-um-stadtfuehrungen-verband-sauer-auf-free-tours,RPL01RJ [25.11.2019].

Katriel, Tamar, Performing the Past. A Study of Israeli Settlement Museums, New York 2009 [zuerst 1997].

Kerz, Christina, Atmosphäre und Authentizität. Gestaltung und Wahrnehmung in Colonial Williamsburg, Virginia (USA), Stuttgart 2017.

Kesselheim, Wolfgang, »Zeigen, erzählen und dazu gehen«. Die Stadtführung als raumbasierte kommunikative Gattung, in: Marcella Costa/Bernd Müller-Jacquier (Hg.), Deutschland als fremde Kultur. Vermittlungsverfahren in Touristenführungen, München 2010, S. 244-271.

Kirshenblatt-Gimblett, Barbara, Objects of Ethnography, in: Barbara Kirshenblatt-Gimblett (Hg.), Destination culture. Tourism, museums, and heritage, Berkeley 1998, S. 17-78.

Klaic, Dragan, Remembering and Forgetting Communist Cultural Production, in: Helmut Anheier/Yudhishthir Raj Isar (Hg.), Heritage, Memory & Identity, Los Angeles u. a. 2011, S. 177-186.

Klauk, Tobias; Köppe, Tilmann, Telling vs. Showing, in: Peter Hühn/Jan Christoph Meister/John Pier/Wolf Schmid (Hg.), Handbook of narratology, Berlin 2014, S. 846-853.

Klausmeier, Axel; Schmidt, Leo, Wall Remnants – Wall Traces. The Comprehensive Guide to the Berlin Wall, Berlin 2004.

Knaller, Susanne; Müller, Harro, Einleitung. Authentizität und kein Ende, in: Susanne Knaller/Harro Müller (Hg.), Authentizität. Diskussion eines ästhetischen Begriffs, München 2006, S. 7-16.

Knipp, Raphaela, Nacherlebte Fiktion. Literarische Ortsbegehungen als Reenactments textueller Verfahren, in: David Sittler/Raphaela Knipp/Ilham Huynh/Anja Dreschke (Hg.), Reenactments. Medienpraktiken zwischen Wiederholung und kreativer Aneignung, Bielefeld 2016, S. 213-236.

Knudsen, Britta Timm, The past as staged-real environment. Communism revisited in the Crazy Guides Communism Tours, in: Journal of tourism and cultural change, Bd. 8 (2010) 3, S. 139-153.

Kocka, Jürgen, Eine durchherrschte Gesellschaft, in: Jürgen Kocka/Hartmut Kaelble/Hartmut Zwahr (Hg.), Sozialgeschichte der DDR, Stuttgart 1994.

Kolář, Pavel, Poststalinismus. Ideologie und Utopie einer Epoche, Köln u. a. 2016.

Kolbe, Wiebke, Geschichtstourismus. Theorie – Praxis – Berufsfelder, Stuttgart 2021.

Kopeček, Michal, In search for »National Memory«. The Politics of History, Nostalgia and the Historiography of Communism in the Czech Republic and East Central Europe after 1989, in: Michael Kopeček

(Hg.), Past in the Making. Historical Revisionism in Central Europe after 1989, Budapest, New York 2008, S. 75-96

Koschorke, Albrecht, Wahrheit und Erfindung. Grundzüge einer Allgemeinen Erzähltheorie, Frankfurt a. M. 2013.

Krapfl, James, Revolution with a human face. Politics, culture, and community in Czechoslovakia, 1989-1992, Ithaca 2013.

Kruczek, Zygmunt, Problematyka deregulacji zawodu pilota wycieczek i przewodnika turystycznego, Kraków 2013.

Kubes, Tanja Angela, Living fieldwork – Feeling hostess. Leibliche Wahrnehmung als Erkenntnisinstrument, in: Lydia Maria Arantes/Elisa Rieger (Hg.), Ethnographien der Sinne. Wahrnehmung und Methode in empirisch-kulturwissenschaftlichen Forschungen, Bielefeld 2014, S. 111-126.

Kusenbach, Margarethe, Street phenomenology. The go-along as ethnographic research tool, in: Ethnography 4 (2003) 3, S. 455-485.

Landsberg, Alison, Prosthetic Memory. The Transformation of American Remembrance in the Age of Mass Culture, New York 2004.

Landwehr, Achim, Die anwesende Abwesenheit der Vergangenheit. Essay zur Geschichtstheorie, Frankfurt a. M. 2016.

Larsen, Jonas, The Tourist Gaze 1.0, 2.0, and 3.0, in: Alan A. Lew/C. Michael Hall/Allan M. Williams (Hg.), The Wiley Blackwell Companion to Tourism, Malden, MA 2014, S. 304-313.

Larsen, Jonas; Widtfeldt Meged, Jane, Tourists Co-producing Guided Tours, in: Scandinavian Journal of Hospitality and Tourism, Bd. 13 (2013) 2, S. 88-102.

Lautenbach-von Ostrowski, Moritz, »Man behandelt sie bewusst wie Tiere«. Sprachliche Zugänge zur Erinnerung bei Führungen in KZ-Gedenkstätten, in: Markus Gloe/Anja Ballis (Hg.), Holocaust education revisited – Nähe und Distanz. Orte der Vermittlung – Didaktik und Nachhaltigkeit, Wiesbaden 2020, S. 15-35.

Lautenbach-von Ostrowski, Moritz, Going Beyond Narration. Guided Tours at Concentration Camp Memorial Sites from a Linguistic Perspective, in: Narrative Culture, Bd. 9 (2022) 2, S. 234-255.

Lennon, J. John; Foley, Malcolm (Hg.), Dark tourism. The Attraction of Death and Desaster, London 2000.

Light, Duncan, An Unwanted Past. Contemporary tourism and the heritage of communism in Romania, in: International Journal of Heritage Studies (2000) 6, S. 145-160.

Light, Duncan, Gazing on communism. Heritage tourism and post-communist identities in Germany, Hungary and Romania, in: Tourism Geographies (2000) 2, S. 157-176.

Light, Duncan; Young, Craig; Czepczynski, Mariusz, Heritage tourism in Central and Eastern Europe, in: Dallen J. Timothy/Gyan P. Nyaupane (Hg.), Cultural heritage and tourism in the developing world. A regional perspective, London, New York 2009, S. 224-243.

Lion, Milan, Fakta a argumenty pro průvodce, Praha 1985.

Loew, Peter Oliver, Molwanien ist überall. Die imaginären Welten Ostmitteleuropas, das reisende Individuum und der unaufhörliche Schwall der Erzählungen, in: Rudolf Jaworski/Peter Oliver Loew/Christian Pletzing (Hg.), Der genormte Blick aufs Fremde. Reiseführer in und über Ostmitteleuropa, Wiesbaden 2010, S. 13-17.

Lowe, David; Joel, Tony, Remembering the Cold War. Global contest and national Stories, London u. a. 2013.

Lücke, Martin; Zündorf, Irmgard, Einführung in die Public History, Stuttgart 2018.

MacCannell, Dean, Staged Authenticity. Arrangements of Social Space in Tourist Settings, in: American Journal of Sociology, Bd. 19 (1973) 3, S. 589-603.

MacCannell, Dean, The Tourist. A New Theory of the Leisure Class, New York 1976.

Macdonald, Sharon, Memory, Materiality and Tourism, in: Birgit Braasch (Hg.), Major Concepts in Tourism Research – Memory, Leeds 2008, S. 3-11.

Macdonald, Sharon, Difficult heritage. Negotiating the Nazi past in Nuremberg and beyond, Milton Park, Abingdon, Oxon 2009.

Macdonald, Sharon, Memorylands. Heritage and Identity in Europe Today, London 2011.

Majowski, Marcin, Polska Ludowa zaprasza. Polityka turystyczna w czasach Edwarda Gierka, Warszawa 2008.

Mannheimer, Emily, The Truth about the Troubles. Negotiating Narratives of the Past in Guided Political Tours of West Belfast, in: Narrative Culture, Bd. 9 (2022) 2, S. 280-298.

Maoz, Darya, The mutual gaze, in: Annals of Tourism Research, Bd. 33 (2006) 1, S. 221-239.

Markowski, Andrzej; Pawelec, Radosław, Wielki słownik wyrazów obcych i trudnych, Warszawa 2001.

Marschall, Sabine, ›Personal memory tourism‹ and a wider exploration of the tourism-memory nexus, in: Journal of tourism and cultural change, Bd. 10 (2012) 4, S. 321-335.

Martínez, Matías, Erklären, in: Matías Martínez (Hg.), Erzählen. Ein interdisziplinäres Handbuch, Stuttgart 2017, S. 250-256.

Matten, Marc André, Reenacting the Revolution. The Sacred Site of Yan'an in Contemporary China, in: Vanessa Agnew/Sabine Stach/Juliane Tomann (Hg.), Reenactment case studies. Global perspectives on experiential history, London, New York, NY 2023, S. 125-145.

Mehring, Nicole, »Geheimnisvolle und verbotene« Welten. Bunkerarchitekturen und Expeditionen des Vereins Berliner Unterwelten e. V., in: Inge Marszolek/Marc Buggeln (Hg.), Bunker. Kriegsort, Zuflucht, Erinnerungsraum, Frankfurt a. M. 2008, S. 261-275.

Miguéns, J.; Baggio, R.; Costa, C., Social media and Tourism Destinations: Tripadvisor Case Study, in: Proceedings of the IASK International Conference on ›Advances in Tourism Research‹, Aveiro 2008, https://www.researchgate.net/publication/265189859_Social_media_and_Tourism_Destinations_TripAdvisor_Case_Study [15. 8. 2025].

Moller, Sabine, Zeitgeschichte sehen. Die Aneignung von Vergangenheit durch Filme und ihre Zuschauer, Berlin 2018.

Morsch, Günter, Authentische Orte von KZ-Verbrechen. Chancen und Risiken aus der Sicht der Besucherforschung, in: Eduard Fuchs (Hg.), Holocaust und Nationalsozialismus, Innsbruck, Wien, München, Bozen 2002, S. 42-47.

Möser, Kurt, Thesen zum Pflegen und Reparieren in den Automobilkulturen am Beispiel der DDR, in: Technikgeschichte, Bd. 79 (2012) 3, S. 207-226.

Mücke, Pavel, Šťastnou cestu …?! Proměny politik cestování a cestovního ruchu v Československu za časů studené války (1945-1989), Pelhřimov 2017.

Müller, Dietmar, Strategien des öffentlichen Erinnerns in Rumänien nach 1989. Postkommunisten und postkommunistische Antikommunisten, in: Ulf Brunnbauer/Stefan Troebst (Hg.), Zwischen Amnesie und Nostalgie. Die Erinnerung an den Kommunismus in Südosteuropa, Köln, Weimar, Wien 2007, S. 47-69.

Murawski, Michał, The Palace complex. A Stalinist skyscraper, capitalist Warsaw, and a city transfixed, Bloomington 2019.

Murzyn, Monika, Heritage Transformation in Central and Eastern Europe, in: Brian Graham (Hg.), The ashgate research companion to heritage and identity, Burlington, Vt. 2008, S. 315-346.

Musil, Robert, Nachlass zu Lebzeiten, Stuttgart 2013 [zuerst 1936].

Müssig, Jochen, Baedeker Reisefuhrer Prag, Ostfildern, 2. 1. 2018 (E-Book).

Mütter, Bernd, HisTourismus, Raum, Geschichte und historisches Lernen, in: Saskia Handro/Bernd Schönemann (Hg.), Raum und Sinn. Die räumliche Dimension der Geschichtskultur, Münster, Hamburg, Berlin, London 2014, S. 61-76.

Nadkarni, Maya, »But it's ours«. Nostalgia and the Politic of Authenticity in Post-Socialist Hungary, in: Maria Todorova/Zsuzsa Gille (Hg.), Post-Communist Nostalgia, New York 2012, S. 190-214.

Nadkarni, Maya; Shevchenko, Olga, The Politics of Nostalgia. A Case for Comparative Analysis of Post-Socialist Practices, in: Ab Imperio (2004) 2, S. 487-519.

Noy, Chaim, Pages as Stages. A Performance Approach to Visitor Books, in: Annals of Tourism Research, Bd. 35 (2008) 2, S. 509-528.

Olsen, Kjell, Authenticity as a Concept in Tourism Research. The Social Organization of the Experience of Authenticity, in: Tourist Studies (2002) 2, S. 159-182.

Ong, Walter J., Orality and literacy. The technologizing of the word, London 2009.

Österlund-Pötzsch, Susanne, Pedestrian Art. The Tourist Gait as Tactic and Performance, in: Ethnologia Europaea, Bd. 40 (2020) 2, S. 14-28.

Otto, Ulf, Re:Enactment. Geschichtstheater in Zeiten der Geschichtslosigkeit, in: Jens Roselt/Ulf Otto (Hg.), Theater als Zeitmaschine. Zur performativen Praxis des Reenactments. Theater- und kulturwissenschaftliche Perspektiven, Bielefeld 2014, S. 229-253.

Overend, David, Performing Sites. Illusion and Authenticity in the Spatial Stories of the Guided Tour, in: Scandinavian Journal of Hospitality and Tourism, Bd. 12 (2012) 1, S. 44-54.

Palmer, Catherine; Andrews, Hazel (Hg.), Tourism and Embodiment, Milton Park, Abingdon, Oxon 2021.

Pandel, Hans-Jürgen, Historisches Erzählen. Narrativität im Geschichtsunterricht, Schwalbach/Ts. 2010.

Pedersen, Sune Bechmann; Noack, Christian, Crossing the Iron Curtain. An introduction, in: Sune Bechmann Pedersen/Christian Noack (Hg.), Tourism and travel during the Cold War. Negotiating tourist experiences across the Iron Curtain, Abingdon, Oxon, New York, NY 2020, S. 1-20.

Pehe, Veronika, Velvet Retro. Postsocialist Nostalgia and the Politics of Heroism in Czech Popular Culture, New York 2020.

Petersson, Bodil; Holtorf, Cornelius (Hg.), The archaeology of time travel. Experiencing the past in the 21st century, Oxford 2017.

Petrescu, Cristina, »How We Survived Communism and Even Laughed«. Nostalgia for the Past before the Internet in the Romanian Transition to Democracy, Vortrag im September 2014, https://ahistcon.org/PDF/congresos/XII_tercera_circular.pdf [5. 5. 2017].

Pfoser, Alena; Keightley, Emily, Tourism and the dynamics of transnational mnemonic encounters, in: Memory Studies, Bd. 14 (2021) 2, S. 125-139.

Pfoser, Alena; Yusupova, Guzel, Memory and the everyday geopolitics of tourism. Reworking post-imperial relations in Russian tourism to the ›near broad‹, in: Annals of Tourism Research, Bd. 95 (2022), 103437.

Piekarska-Duraj, Łucja, Negotiating historical narratives for Nowa Huta – heritage as a factor for local identity building, in: Sebastian Schröder-Esch/Justus H. Ulbricht (Hg.), The politics of Heritage and Regional Development Strategies – Actors, Interests, Conflicts, Weimar 2006, S. 167-174.

Pine, B. Joseph; Gilmore, James, Welcome to the Experience Economy, in: Harvard Business Review, July 1, 1998.

Pink, Sarah, Doing sensory ethnography, Los Angeles, Calif. 2009.

Pirker, Eva Ulrike; Rüdiger, Mark, Authentizitätsfiktionen in populären Geschichtskulturen: Annäherungen, in: Eva Ulrike Pirker (Hg.), Echte Geschichte. Authentizitätsfiktionen in populären Geschichtskulturen, Bielefeld 2010, S. 11-30.

Pobłocki, Kacper, The Economics of Nostalgia. Socialist Films and Capitalist Commodities in Contemporary Poland, in: Oksana Sarkisova/Péter Apor (Hg.), Past for the eyes. East European representations of communism in cinema and museums after 1989, Budapest, New York 2010, S. 181-214.

Pond, Kathleen Lingle, The Professional Guide. Dynamics of Tour Guiding, New York 1993.

Prague City Tourism, Guests and nights, 2019, unter: https://www.praguecitytourism.cz/en/our-services/statistics/guests-and-nights-2012-2021-18006 [11. 7. 2022].

Prentice, Richard, Experiential Cultural Tourism. Museums & the Marketing of the New Romanticism of Evoked Authenticity, in: Museum Management and Curatorship, Bd. 19 (2001) 1, S. 5-26.

Quasthoff, Uta; Ohlhus, Sören, Mündliches Erzählen, in: Matías Martínez (Hg.), Erzählen. Ein interdisziplinäres Handbuch, Stuttgart 2017, S. 76-87.

Raab, Fanny, The Significance of Socialist Heritage for Tourism in Berlin: Neglectable Niche or Important Part of the Tourist Offer?, in: Andreas Kagermeier/Fanny Raab (Hg.), Wettbewerbsvorteil Kulturtourismus. Innovative Strategien und Produkte, Berlin 2010, S. 125-140.

Rapson, Jessica; Nisbett, Melissa, The Role of Ex-Paramilitaries and Former Prisoners in Political Tourism, in: Political Geography, Bd. 80 (2020), Artikel 102185.

Ravetto, Miriam, »Sehen Sie das?«. Zur verbalen Raumreferenz in Touristenführungen, in: Marcella Costa/Bernd Müller-Jacquier (Hg.),

Deutschland als fremde Kultur. Vermittlungsverfahren in Touristenführungen, München 2010, S. 189-213.

Reisinger, Yvette; Steiner, Carol J., Understanding Existential Authenticity, in: Annals of Tourism Research, Bd. 33 (2005) 2, S. 299-318.

Reynolds, Daniel P., Postcards from Auschwitz. Holocaust tourism and the meaning of remembrance, New York 2018.

Řezníčková, Eliška, Českoslovenští průvodci cestovního ruchu a jejich role ve společnosti v období tzv. normalizace, Praha 2016 (unveröff. Diplomarbeit), https://dspace.cuni.cz/bitstream/handle/20.500.11956/81084/120225206.pdf?sequence=1&isAllowed=y [15. 8. 2025].

Rickly, Jillian M., Performing Beyond the View. Embodiment and tourist experiences, in: Richard Sharpley (Hg.), Routledge Handbook of the Tourist Experience, Abingdon, Oxon, New York, NY, Ann Arbor, Michigan 2022, S. 140-152.

Rigney, Ann, Remembering Hope. Transnational activism beyond the traumatic, in: Memory Studies, Bd. 11 (2018) 3, S. 368-380.

Ritzer, George; Liska, Allan, »McDisneyization« and »post-tourism«. Contemporary perspectives on contemporary tourism, in: John Urry/Chris Rojek (Hg.), Touring Cultures. Transformations of Travel and Theory, London, New York 1997, S. 96-109.

Rohde, Katharina; Wildner, Kathrin, Urban Citizen Walkers. Methodologische Reflexionen zum kollaborativen Gehen in der Stadt, in: sub\urban. zeitschrift für kritische stadtforschung, Bd. 8 (2020) 3, S. 241-256.

Rohrscheidt, Armin Mikos von, W stronę przewdnictwa interpretatywnego. Nowe podejścia i nowe usługi na przykładzie wybranych miast europejskich, in: Turystyka Kulturowa (2016) 3, S. 21-41.

Rohrscheidt, Armin Mikos von, Współczesne przewodnictwo miejskie. Metodyka i organizacja interpretacji dziedzictwa: podręcznik, Kraków 2014.

Rojek, Chris, Indexing, Dragging and the Social Construction of Tourist Sights, in: John Urry/Chris Rojek (Hg.), Touring Cultures. Transformations of Travel and Theory, London, New York 1997, S. 52-74.

Rokem, Freddie, Performing history. Theatrical Representations of the Past in Contemporary Theatre, Iowa City 2000.

Rokicki, Konrad, Kłopotliwy dar. Pałac Kultury i Nauki, in: Jerzy Kochanowski/Piotr Majewski/Tomasz Markiewicz/Konrad Rokicki (Hg.), Zbudować Warszawę piękną … O nowy krajobraz stolicy (1944-1956), Warszawa 2003, S. 97-210.

Rolshoven, Johanna, Gehen in der Stadt, in: Justin Winkler (Hg.), Gehen in der Stadt. Ein Lesebuch zu Poetik und Rhetorik des städtischen Gehens, Weimar 2017, S. 95-112.

Ron, A. S.; Lurie, Y., The Intimacy of Mediation, in: Ethnologia Europaea, Bd. 48 (2018) 2, S. 55-67.

Ropers, Norbert (Hg.), Osteuropa. Ein Reisetagebuch in den Alltag, Reinbek bei Hamburg 1985.

Rosa, Hartmut, Beschleunigung. Die Veränderung der Zeitstrukturen in der Moderne, Frankfurt a. M. 2005.

Rössner, Michael (Hg.), Renaissance der Authentizität? Über die neue Sehnsucht nach dem Ursprünglichen, Bielefeld 2014.

Rüthers, Monica, Sowjetnostalgie und Stalinkult, in: Dekoder (2019), https://www.dekoder.org/de/gnose/sowjetnostalgie-stalinkult-geschichte-patriotismus [15. 8. 2025].

Rybár, Ctibor, Prag in einem Tag, Prag 1968.

Sabrow, Martin, Die DDR erinnern, in: Martin Sabrow (Hg.), Erinnerungsorte der DDR, München 2009, S. 11-27.

Said, Edward W., Orientalism, New York 1978.

Salazar, Noel B., Tourism and Glocalization. »Local« Tour Guiding, in: Annals of Tourism Research, Bd. 32 (2005) 3, S. 628-646.

Salazar, Noel B., Tourism Imaginaries. A conceptual approach, in: Annals of Tourism Research, Bd. 39 (2011) 2, S. 863-882.

Salazar, Noel B., Envisioning Eden. Mobilizing imaginaries in tourism and beyond, New York 2013.

Salazar, Noel B., Imagineering Otherness. Anthropological Legacies in Contemporary Tourism, in: Anthropological Quarterly, Bd. 86 (2013) 3, S. 669-696.

Salazar, Noel B., The Mechanics and Mechanisms of Tourism Brokering, in: Ethnologia Europaea, Bd. 48 (2018) 2, S. 111-116.

Samida, Stefanie, Kulturerbe als Herausforderung. Reflexionen zum »Heritage-Boom« aus fachübergreifender Perspektive, in: Werkstatt-Geschichte (2013) 64, S. 111-127.

Samida, Stefanie, Per Pedes in die Germania magna oder Zurück in die Vergangenheit? Kulturwissenschaftliche Annäherungen an ein performative Praktik, in: Sarah Willner/Georg Koch/Stefanie Samida (Hg.), Doing History. Performative Praktiken der Geschichtsaneignung, Münster, New York 2016, S. 45-62.

Samida, Stefanie, Schlachtfelder als touristische Destinationen. Zum Konzept des Thanatourismus aus kulturwissenschaftlicher Sicht, in: Zeitschrift für Tourismuswissenschaft, Bd. 10 (2018) 2, S. 267-290.

Samida, Stefanie; Willner, Sarah; Koch, Georg, Doing History – Geschichte als Praxis. Programmatische Annäherungen, in: Sarah Willner/Georg Koch/Stefanie Samida (Hg.), Doing History. Performative Praktiken der Geschichtsaneignung, Münster, New York 2016, S. 1-25.

Samuel, Raphael, Theatres of memory. Past and present in contemporary culture, London 2012.

Saryusz-Wolska, Magdalena; Stach, Sabine; Stoll, Katrin, Verordnete Geschichte. Nationalistische Narrative in Polen, in: Osteuropa, Bd. 68 (2018) 3-5, S. 447-464.

Satjukow, Elisa, Die andere Seite der Intervention. Eine serbische Erfahrungsgeschichte der NATO-Bombardierung 1999, Bielefeld 2020.

Saunders, Robert A., Branding Interrupted. The Impact of Alternative Narrators on Nation Brandings in the former Second World, in: Nadia Kaneva (Hg.), Branding Post-Communist Nations. Marketizing National Identities in the »New« Europe, New York 2012, S. 49-78.

Saupe, Achim, Der Historiker als Detektiv – der Detektiv als Historiker. Historik, Kriminalistik und der Nationalsozialismus als Kriminalroman, Bielefeld 2009.

Saupe, Achim, Historische Authentizität. Individuen und Gesellschaften auf der Suche nach dem Selbst – ein Forschungsbericht, 2017, https://www.hsozkult.de/literaturereview/id/fdl-136849 [25. 8. 2025].

Saupe, Achim; Wiemann, Felix, Narration und Narratologie. Erzähltheorien in der Geschichtswissenschaft, Version: 1.0, in: Docupedia-Zeitgeschichte, 28. 1. 2015.

Sawicki, Jakub, Der Warschauer Kultur- und Wissenschaftspalast in der polnischen Öffentlichkeit. Eine historisierende Verortung des größten Hauses Polens vor und nach 1989, in: Arnold Bartetzky/Christian Dietz/Jörg Haspel/John Ziesemer (Hg.), Von der Ablehnung zur Aneignung? Das architektonische Erbe des Sozialismus in Mittel- und Osteuropa. From rejection to appropriation? The architectural heritage of socialism in Central and Eastern Europe, Köln 2014, S. 127-140.

Scarboro, Cristofer; Mincytė, Diana; Gille, Zsuzsa (Hg.), The socialist good life. Desire, development, and standards of living in eastern Europe, Bloomington, Indiana 2020.

Schäfer, Robert, Tourismus und Authentizität. Zur gesellschaftlichen Organisation von Außeralltäglichkeit, Bielefeld 2015.

Scherle, Nicolai, Nichts Fremdes ist mir fremd. Reiseführer im Kontext von Raum und der systemimmanenten Dialektik des Verständnisses von Eigenem und Fremdem, in: Rudolf Jaworski/Peter Oliver Loew/Christian Pletzing (Hg.), Der genormte Blick aufs Fremde. Reiseführer in und über Ostmitteleuropa, Wiesbaden 2010, S. 52-70.

Scherle, Nicolai; Jonasson, Mikael, Performing Guided Tours, in: Scandinavian Journal of Hospitality and Tourism, Bd. 12 (2012) 1, S. 55-73.

Scherle, Nicolai; Nonnenmann, Almut, Swimming in Cultural Flows. Conceptualising Tour Guides as Intercultural Mediators and Cosmopolitans, in: Journal of tourism and cultural change, Bd. 6 (2008) 2, S. 120-137.

Schindler-Wisten, Petra, O chalupách a lidech. České chalupářství v období tzv. normalizace a transformace, Prague 2017.

Schlegel, Simon; Pfoser, Alena, Navigating contested memories in a commercialised setting: conflict avoidance strategies in Kyiv city tour guiding, in: International Journal of Heritage Studies, Bd. 27 (2021) 5, S. 487-499.

Schmidt, Catherine J., The Guided Tour. Insulated Adventure, in: Urban Life, Bd. 7 (1979) 4, S. 441-467.

Schmitt, Reinhold, »Ich werde Sie sehen lassen« oder: Über Möglichkeiten und Grenzen interaktiver Kulturvermittlung, in: Marcella Costa/Bernd Müller-Jacquier (Hg.), Deutschland als fremde Kultur. Vermittlungsverfahren in Touristenführungen, München 2010, S. 50-95.

Schneider, Rebecca, Performing Remains. Art and War in Times of Theatrical Reenactment, Milton Park, Abingdon, Oxon 2011.

Schnepel, Burkhard, Kulturerbe im Zeitalter des Massentourismus. Eine programmatische Einführung, in: Felix Girke/Eva-Maria Knoll/Burkhard Schnepel (Hg.), Kultur all inclusive, Bielefeld 2014, S. 21-43.

Schrey, Dominik, Analoge Nostalgie in der digitalen Medienkultur, Berlin 2017.

Schütz, Jutta, Ostalgie erfahren, NTV, 18. 8. 2003, https://www.n-tv.de/archiv/Ostalgie-erfahren-article104290.html [15. 8. 2025].

Schwarz, Angela, Pastness in the making. Von der Touristifizierung der verräumlichten Zeit in der Vergangenheit, in: Angela Schwarz/Daniela Mysliwietz-Fleiß (Hg.), Reisen in die Vergangenheit. Geschichtstourismus im 19. und 20. Jahrhundert, Wien, Köln, Weimar 2019, S. 25-44.

Seaton, Anthony V., Guided by the Dark. From Thanatopsis to Thanatourism, in: International Journal of Heritage Studies (1996) 2, S. 234-244.

Seidl, Daniella; Moser, Johannes, Dinge auf Reisen. Kulturwissenschaftliche Perspektiven auf die materielle Kultur in der Tourismusforschung, in: Johannes Moser/Daniella Seidl (Hg.), Dinge auf Reisen. Materielle Kultur und Tourismus, Münster, New York, NY, München, Berlin 2009, S. 11-24.

Selwyn, Tom, Introduction, in: Tom Selwyn (Hg.), The Tourist Image. Myths and Myth Making in Tourism, Chichester, New York, Brisbane, Toronto, Singapore 1996, S. 1-32.

Selwyn, Tom; Scott, Julie, Introduction. Thinking Through Tourism – Framing the Volume, in: Tom Selwyn/Julie Scott (Hg.), Thinking Through Tourism, Oxford u. a. 2010, S. 1-25.

Sharpley, Richard (Hg.), Routledge Handbook of the Tourist Experience, Abingdon, Oxon 2022.

Sharpley, Richard; Stone, Philip R. (Hg.), The darker side of travel. The theory and practice of dark tourism, Bristol, UK 2009.

Sima, Claudia, Communist heritage representation gaps and disputes, in: International Journal of Tourism Cities, Bd. 3 (2017) 3, S. 2010-2226.

Simoni, V., Informal Guiding, in: Ethnologia Europaea, Bd. 48 (2018) 2, S. 14-27.

Skála [Pauer], Jan, Die ČSSR. Vom Prager Frühling zur Charta 77, Berlin 1978.

Skinner, Jonathan, Walking the Falls. Dark Tourism and the Significance of Movement on the Political Tour of West Belfast, in: Tourist Studies, Bd. 16 (2016) 1, S. 23-39.

Smith, Laurajane, Emotional heritage. Visitor engagement at museums and heritage sites, London 2021.

Smith, Laurajane; Campbell, Gary, Nostalgia for the Future. Memory, Nostalgia and the Politics of Class, in: International Journal of Heritage Studies 23 (2017) 7, S. 612-627.

Sommer, Roy, Gruppenbildung, in: Matías Martínez (Hg.), Erzählen. Ein interdisziplinäres Handbuch, Stuttgart 2017, S. 257-259.

Sowiński, Paweł, Wakacje w Polsce Ludowej. Polityka władz i ruch turystyczny: 1945-1989, Warszawa 2005.

Spiritova, Marketa, Performing Memories. Erinnerungspraktiken zwischen Geschichtspolitik und Populärkultur am Beispiel Tschechiens, in: Zeitschrift für Volkskunde, Bd. 110 (2014) 1, S. 31-111.

Springer, Peter, Stalins Stiefel. Politische Ikonographie und künstlerische Aneignung, Bonn 2012.

Stach, Sabine, Narrating Jewish History in Free Walking Tours, in: Kultura Popularna 51 (2017) 1, S. 76-91.

Stach, Sabine, Urbanität und Nostalgie? Auf der Suche nach Entschleunigung in der touristischen Vermarktung des »kommunistischen Erbes«, in: Bianca Hoenig/Hannah Wadle (Hg.), Eden für jeden?, Göttingen 2019, S. 281-308.

Stach, Sabine, Geschichtstourismus. Version: 1.0, in: Docupedia-Zeitgeschichte (10.07.2020).

Stach, Sabine, Der »Wilde Osten« oder: Die 1990er Jahre in touristischen Stadtführungen in Ostmitteleuropa, in: Piotr Filipkowski/Paulina Gulińska-Jurgiel (Hg.), Historisierung der Transformation, Berlin 2021, S. 191-209.

Stach, Sabine, »Ich war gerne hier«. Ein Streifzug durch Ausstellungen über den Staatssozialismus: Leipzig, Berlin, Warschau, Prag, in: Zeithistorische Forschungen, Bd. 18 (2021) 1, S. 182-201.

Stach, Sabine, Tracing the Communist Past. Towards a Performative Approach to Memory in Tourism, in: History and Memory, Bd. 33 (2021) 1, S. 73-109.

Stach, Sabine, Zeit-Reisen? Ein Ausblick aus tourismustheoretischer Perspektive, in: Sabine Stach/Juliane Tomann (Hg.), Historisches Reenactment. Disziplinäre Perspektiven auf ein dynamisches Forschungsfeld, Berlin, Boston 2021, S. 209-232.

Stach, Sabine, From the Visual to Syn- and Kinaesthetics. Sensory Rhythms of Urban Heritage Tourism in Bratislava, in: Magdalena Banaszkiewicz/Karolina Nikielska-Sekula (Hg.), Cultural heritage and mobility from a multisensory perspective, Abingdon, Oxon, New York, NY 2024, S. 90-106

Stachel, Peter; Thomsen, Martina (Hg.), Zwischen Exotik und Vertrautem. Zum Tourismus in der Habsburgermonarchie und ihren Nachfolgestaaten, Bielefeld 2014.

Standley, Michelle, Experiencing communism, bolstering capitalism. Guided bus tours of 1970s East Berlin, in: Sune Bechmann Pedersen/ Christian Noack (Hg.), Tourism and travel during the Cold War. Negotiating tourist experiences across the Iron Curtain, Abingdon, Oxon, New York, NY 2020, S. 61-76.

Steinecke, Albrecht, Themenwelten im Tourismus. Marktstrukturen, Marketing-Management, Trends, München 2009.

Stewart, Susan, On longing. Narratives of the miniature, the gigantic, the souvenir, the collection, Durham 1993.

Stone, Philip R., A Dark Tourism Spectrum. Towards a typology of death and macabre related tourist sites, in: Tourism: An Interdisciplinary International Journal, Bd. 54 (2006) 2, S. 145-160.

Stone, Philip R., Making Absent Death Present. Consuming Dark Tourism in Contemporary Society, in: Richard Sharpley/Philip R. Stone (Hg.), The darker side of travel. The theory and practice of dark tourism, Bristol, UK, Buffalo, NY 2009, S. 23-55.

Sünwoldt, Sabine, Stadtrundfahrt – Die Vermittlung des Bildes einer Stadt als touristisches Erlebnisangebot, in: Dieter Kramer/Ronald Lutz (Hg.), Reisen und Alltag, Frankfurt a. M. 1992, S. 71-80.

Sutton-Smith, Brian, The Ambiguity of Play, Cambridge 1997.

Svoboda, Alois, Prag. Das tausendjährige, hunderttürmige Prag in Stadtwanderungen – ein intimer Führer durch Prags Schönheiten, Denkmäler, Sehenswürdigkeiten und romantische Winkel, Prag 1964.

Svoboda, Alois, Prague – an intimate guide to Czechoslovakia's thousand-year-old capital its beauties, its art-historical monuments, its sights, ancient and modern, its romantic nooks and corners, with their historical and literary associations, Prag 1968.

Szukam tego Niemca, żeby mu podziękować!, Deutsche Welle, 8.12.2011, unter: https://www.dw.com/pl/szukam-tego-niemca-%C5%BCeby-mu podzi%C4%99kowa%C4%87/a-15584287 [15.8.2025].

Tilden, Freeman, Interpreting Our Heritage, Chapel Hill 1977 [zuerst 1957].

Todorova, Maria, Imagining the Balkans, Oxford 2009 [zuerst 1997].

Tomann, Juliane, Living History. Version: 1.0, in: Docupedia-Zeitgeschichte (18.5.2020).

TripBarometer 2017/2018, unter: https://www.tripadvisor.com/TripAd visorInsights/w4594 [3.4.2024].

Tschofen, Bernhard, Vom Gehen: kulturwissenschaftliche Perspektiven auf eine elementare Raumpraxis, in: Schweizerisches Archiv für Volkskunde = Archives suisses des traditions populaires, Bd. 109 (2013) 1, S. 58-79.

Tschofen, Bernhard, »Eingeatmete Geschichtsträchtigkeit«. Konzepte des Erlebens in der Geschichtskultur, in: Sarah Willner/Georg Koch/Stefanie Samida (Hg.), Doing History. Performative Praktiken der Geschichtsaneignung, Münster, New York 2016, S. 137-148.

Tucker, Hazel, Welcome to Flintstones-Land. Contesting Place and Identity in Goreme, Central Turkey, in: Simon Coleman/Mike Crang (Hg.), Tourism. Between place and performance, New York, NY 2002, S. 143-159.

Tunbridge, J. E.; Ashworth, G. J., Dissonant heritage. The management of the past as a resource in conflict, Chichester 1996.

Turček, Martin; Mrvová, Iva, In the Heart of Europe: The Murder of the Slovak Journalist Ján Kuciak, in: Südosteuropa-Mitteilungen Bd. 58 (2018) 4, S. 6-17.

Turner, Victor, From ritual to theatre. The human seriousness of play, New York 1982.

Turystyka w Warszawie – Raport, 2019, unter: https://warsawtour.pl/wp-content/uploads/2021/09/Turystyka_w_Warszawie_Raport_2019.pdf [11.7.2022].

Unfried, Berthold, Das Museum ist kein Museum. Historische Museen und Musealisierung des »Realsozialismus«, in: Berthold Unfried (Hg.), Spuren des »Realsozialismus« in Böhmen und der Slowakei. Monumente – Museen – Gedenktage, Wien 1996, S. 115-129.

Urry, John, The Tourist Gaze. Leisure and Travel in Contemporary Society, London u.a. 1994 [zuerst 1990].

Urry, John; Larsen, Jonas, The tourist gaze 3.0, Los Angeles u.a. 2011.

V roku 1990 vyhodili bratislavské súsošie K. Gottwalda do vzduchu, in: vtedy.sk, https://www.vtedy.sk/pomnik-gottwald-odstrel [15.8.2025].

Vásquez, Camilla, Narrativity and involvement in online consumer reviews. The case of TripAdvisor, in: Narrative Inquiry, Bd. 22 (2012) 1, S. 105-121.

Veijola, Soile; Jokinen, Eeva, The Body in Tourism, in: Theory, Culture & Society, Bd. 11 (1994) 3, S. 125-151.

Verschaeve, Mathilde; Wadle, Hannah, Tourism and Post-socialist Heterotopias. Eastern Europe as an Imagined Rural Past, in: David Picard/Michael A. Di Giovine (Hg.), Tourism and the Power of Otherness. Seductions of Difference, Bristol, Buffalo, Toronto 2014, S. 74-91.

Vetter, Reinhold, Kaczyńskis PiS und die »Dekommunisierung«. Entprofessionalisierung durch Personalwechsel in Justiz, Diplomatie und Streitkräften, in: Polen-Analysen, 17.5.2017, https://www.bpb.de/248425/analyse-kaczyskis-pis-und-die-dekommunisierung-entprofessionalisierung-durch-personalwechsel-in-justiz-diplomatie-und-streitkraeften [15.8.2025].

Wang, Ning, Rethinking Authenticity in Tourism Experience, in: Annals of Tourism Research, Bd. 26 (1999) 2, S. 349-370.

Weiler, Betty; Black, Rosemary, The changing face of the tour guide. One way communicator to choreographer to co-creator of the tourist experience, in: Tourism Recreation Research, Bd. 40 (2015) 3, S. 364-378.

Weisshaar, Bertram, Einfach losgehen. Vom Spazieren, Streunen, Wandern und vom Denkengehen, Köln 2018.

Whigham, Kerry, Performing a future (in) performing a past. Identity, Cultural performance, and the Utopien impulse, in: Tourist Studies, Bd. 14 (2014) 2, S. 203-224.

White, Hayden V., Metahistory. Die historische Einbildungskraft im 19. Jahrhundert in Europa, Frankfurt a.M. 2015 [zuerst 1973].

Wieczorkiewicz, Anna, Apetyt turysty. O doświadczaniu świata w podróży, Kraków 2008

Williams, Polly, Performing interpretation, in: Scandinavian Journal of Hospitality and Tourism, Bd. 13 (2013) 2, S. 115-126.

Willner, Sarah, Atmosphären und Hierarchien der Geschichtserfahrung. Zum Verhältnis emotionaler Stile des Alpinismus und Konstruktion prähistorischer Lebensrealitäten, in: Sarah Willner/Georg Koch/Stefanie Samida (Hg.), Doing History. Performative Praktiken der Geschichtsaneignung, Münster, New York 2016, S. 63-80.

Willner, Sarah; Koch, Georg; Samida, Stefanie (Hg.), Doing History. Performative Praktiken der Geschichtsaneignung, Münster 2016.

Winkler, Martina, Panzer in Prag. Der fotografische Blick auf die Invasion von 1968, Düsseldorf 2018.

Wöhler, Karlheinz, Touristsein als temporäres Sein in alltagsabgewandten Räumen, in: Burkhart Lauterbach (Hg.), Auf den Spuren der Touristen. Perspektiven auf ein bedeutsames Handlungsfeld, Würzburg 2010, S. 175-198.

Wolff, Larry, Inventing Eastern Europe. The map of civilization on the mind of the enlightenment, Stanford, Calif. 2000.

Wynn, Jonathan R., The tour guide. Walking and talking New York, Chicago 2011.

Young, Craig; Light, Duncan, »Communist heritage tourism«. Between economic development and European integration, in: Dieter Hassenpflug/Burkhardt Kolbmüller/Sebastian Schröder-Esch (Hg.), Heritage and Media in Europe – Contributing towards Integration and Regional Development, Weimar 2006, S. 249-261.

Ypeij, A.; Krah, E.; van der Hout, F., Women Weavers and Male Tour Guides, in: Ethnologia Europaea, Bd. 48 (2018) 2, S. 68-81.

Yurchak, Alexei, Everything was forever, until it was no more. The last Soviet generation, Princeton, NJ 2006.

Z prac zarządu koła, in: Biuletyn Informacyjno-Szkoleniowy Koła przewodników Warszawskich 23-25 (1965), 17-20.

Gedruckt mit Unterstützung des Leibniz-Instituts für Geschichte und Kultur des östlichen Europa e. V. (GWZO). Diese Maßnahme wird mitfinanziert durch Steuermittel auf der Grundlage des vom Sächsischen Landtag beschlossenen Haushaltes.

Diese Publikation wurde im Rahmen des Fördervorhabens 16KOA026 mit Mitteln des Bundesministeriums für Forschung, Technologie und Raumfahrt im Open Access bereitgestellt.

Bibliografische Information der Deutschen Nationalbibliothek
Die Deutsche Nationalbibliothek verzeichnet diese Publikation in der Deutschen Nationalbibliografie; detaillierte bibliografische Daten sind im Internet über https://dnb.dnb.de abrufbar.

 https://orcid.org/0000-0002-5017-1655
Publikation: Wallstein Verlag GmbH, Göttingen 2025
Wallstein Verlag, Geiststraße 11, 37073 Göttingen
www.wallstein-verlag.de, info@wallstein-verlag.de
Vom Verlag gesetzt aus der Adobe Garamond und der Raleway
Umschlaggestaltung: Susanne Gerhards, Düsseldorf
Umschlagbild: Stadtführung vor dem Warschauer Kulturpalast, © Foto: Sabine Stach.
Lithographie: Wallstein Verlag
Druck und Verarbeitung: Elanders Waiblingen GmbH, Anton-Schmidt-Straße 15, 71332 Waiblingen
ISBN (Print) 978-3-8353-5924-6
ISBN (Open Access) 978-3-8353-8147-6
DOI https://doi.org/10.46500/83535924

Zugl.: Leipzig, Universität Leipzig, Fakultät für Sozialwissenschaften und Philosophie, Habilitation, 2025, u. d. T. Original Ostblock. Die Geschichte des Staatssozialismus in touristischen Stadtführungen.